NOAH THOMAS NEITZEL

Wohnraum denen, die drin wohnen?

Schriften zum Bürgerlichen Recht

Band 586

Wohnraum denen, die drin wohnen?

Rechtliche Ansätze zur Schaffung und Erhaltung von Wohnraum-Commons

Von

Noah Thomas Neitzel

Duncker & Humblot · Berlin

Der Fachbereich Rechtswissenschaft der Freien Universität Berlin
hat diese Arbeit im Jahre 2023 als Dissertation angenommen.

Bibliografische Information der Deutschen Nationalbibliothek

Die Deutsche Nationalbibliothek verzeichnet diese Publikation in
der Deutschen Nationalbibliografie; detaillierte bibliografische Daten
sind im Internet über http://dnb.d-nb.de abrufbar.

Erschienen bei Duncker & Humblot GmbH, Berlin
Satz: L101 Mediengestaltung, Fürstenwalde
Druck: CPI books GmbH, Leck
Printed in Germany

ISSN 0720-7387
ISBN 978-3-428-19211-3 (Print)
ISBN 978-3-428-59211-1 (E-Book)
DOI 10.3790/978-3-428-59211-1

Gedruckt auf alterungsbeständigem (säurefreiem) Papier
entsprechend ISO 9706 ♾

Verlagsanschrift: Duncker & Humblot GmbH, Carl-Heinrich-Becker-Weg 9,
12165 Berlin, Germany | E-Mail: info@duncker-humblot.de
Internet: http://www.duncker-humblot.de

Für Loveday

Vorwort

Die gerechte Verteilung von Wohnraum ist eine der drängendsten Herausforderungen unserer Zeit. Wohnraum-Commons bieten dafür gemeinschaftliche Lösungen „jenseits von Staat und Markt“. Dieses Buch führt in Wohnraum-Commons ein und geht den folgenden Fragen nach: Was genau sind (Wohnraum-)Commons und was können sie für unsere Gesellschaft leisten? Wie sieht die gegenwärtige Rechtspraxis von Wohnraum-Commons aus, und wie leistungsfähig ist sie? Durch welche Reformen könnten Commons im Allgemeinen und Wohnraum-Commons im Besonderen gestärkt werden?

Die vorliegende Untersuchung wurde im Frühjahr 2023 an der Freien Universität Berlin als Inaugural-Dissertation angenommen. Weite Teile der Arbeit entstanden während eines Forschungsaufenthalts an der Stanford Law School im akademischen Jahr 2021/2022. Literatur und Rechtsprechung sind grundsätzlich auf dem Stand von Sommer 2024.

Mein erster, herzlicher Dank gilt meinem Betreuer Prof. Dr. Bertram Lomfeld, ohne dessen einzigartiges Wissen als deutscher Rechtswissenschaftler und Commons-Forscher diese Arbeit nicht hätte entstehen können. Ihm danke ich auch für seine Unterstützung bei meiner Bewerbung für das FU-Berlin-Stanford-Fellowship. Prof. Dr. Anne Sanders danke ich für die zügige Erstellung des Zweitgutachtens und für die wunderbare weitere Zusammenarbeit zum Thema Verantwortungseigentum. Neben meinen Betreuern danke ich außerdem Prof. Dr. Andreas Engert für eine sehr anregende mündliche Prüfung.

Großer Dank gebührt dem FU-Berlin-Stanford-Fellowship, dessen großzügige finanzielle und akademische Unterstützung es mir erlaubte, ein Jahr unbeschwert in Kalifornien zu forschen und zu studieren. Mein Dank gilt auch Prof. Dr. Karsten Gaede für seine Unterstützung bei meiner Bewerbung. Prof. Michelle Anderson danke ich für meine Betreuung in Stanford und Prof. Paul Brest sowie dem Stanford Center on Philanthropy and Civil Society für die Unterstützung meiner Arbeit, auch zum Thema Verantwortungseigentum. Duncker & Humblot gilt mein Dank für die Aufnahme in die hiesige Reihe; Regine Schädlich, Diana Güssow und ihrem Team für die gute Zusammenarbeit.

Ganz besonderer Dank gilt den Menschen, die meine Manuskripte gelesen und sie mit ihren geistreichen Ideen und Anmerkungen grundlegend verbessert haben: André Sacharow, Bettina Barthel und Katja Schubel. Auch danke ich den Personen, die sich bereit erklärt haben, mir wertvolle Interviews zu geben: Benedikt Altrogge, Faizah Barlas, Prof. Dr. Sebastian Botzem, Tobias Just, Yuki Kidokoro, Dr. Jan Kuhnert, David Mathée, Rosemarie Oltmann, Dr. Norbert Rückriemen, Natalie Schaller und Ian Winters. Dr. Felicitas Sommer danke ich für ihre Hilfe mit meinen Fragen zur empirischen Methodik und für die enorm hilfreichen Gespräche zu meinem Thema.

Mein Dank gilt auch Silke Helfrich, die mir die große Ehre erwies, in einer gemeinsamen Veranstaltung meine Forschung zu besprechen, und ohne deren Texte meine Arbeit nicht in dieser Form hätte entstehen können. Es schmerzt mich sehr, dass sie die Fertigstellung nicht mehr miterleben konnte. Auch ihr ist diese Arbeit gewidmet. Mein Dank gilt zudem André Sacharow und Sabine Horlitz, die ihre Pionierarbeit zur Stadtbodenstiftung auf der Veranstaltung präsentierten. Auch danke ich Prof. Dr. Kilian Wegner für die Ermöglichung der Veranstaltung und für seine Bestärkung bei meiner Themenwahl.

Namentlich danken möchte ich auch Johann Steudle, der mich frühzeitig in die Commons eingeführt und vernetzt hat und ohne den diese Arbeit nicht hätte entstehen können. Ein besonderer Dank gilt auch dem „Forschungskolleg Verantwortungseigentum“, insbesondere Dr. Marvin Reiff, Oskar von Homeyer, Elisabeth Pichler und Dr. Vanessa Franke.

Schließlich gilt mein Dank den vielen wunderbaren Freund*innen und meiner Familie, deren Unterstützung und Liebe auch in der Promotionszeit das Wichtigste waren. Auch meinem Opa, der die Fertigstellung der Arbeit leider nicht mehr miterleben konnte, ist diese Arbeit gewidmet. My final thanks, of course, go out to you, Loveday. I am forever grateful for your love, support, and for all the memories during and after writing this thesis. To quote the commons researchers David Bollier and Silke Helfrich, I ask: Will you commit to being „free and creative people, governing ourselves through fair and accountable institutions and experiencing the aliveness of our authentic human presence“? Will you marry me?

Silke Helfrich schrieb: „Man darf sich die Commons-Welt nicht vorstellen wie ein Schlaraffenland, sondern wie ein Picknick, zu dem alle etwas beitragen.“ Ich hoffe, dass mein Beitrag künftigen Beiträgen nützlich sein wird.

Berlin, im November 2024 *Noah Neitzel*

Inhaltsverzeichnis

Abbildungsverzeichnis

Tabellenverzeichnis

A. Einleitung

Auf aktivistischen Transparenten finden sich zwei wiederkehrende Forderungen: „Wohnraum denen, die drin wohnen!“ und „Keine Rendite mit der Miete!“ Diese Forderungen treffen den Kern des von mir untersuchten Konzeptes: „Wohnraum-Commons“ entziehen Wohnraum – und insbesondere den zugehörigen Boden – dem Markt, sodass er nicht mehr profitorientiert verwertet werden darf. Dabei gelangt der Wohnraum in die Selbstverwaltung durch die jeweilige Bewohnerschaft. Wohnraum-Commons verknüpfen also das soziale Ziel, bezahlbaren Wohnraum zu schaffen, mit dem liberal-emanzipatorischen Ziel, Menschen Gestaltungsmacht über ihre privateste Umgebung zu verschaffen. Angesichts scharfer sozio-ökonomischer Ungleichheiten und Verdrängung auf dem Wohnungsmarkt haben Wohnraum-Commons damit enorme sozialpolitische Bedeutung und tiefgreifend transformatives Potenzial.[1]

Das Konzept ist dabei nicht bloß theoretischer Natur, sondern gelebte Praxis. Wohnraum-Commons werden in Deutschland und weltweit mit beeindruckendem juristischem Einfallsreichtum und großer Energie geschaffen und erhalten. Diese Rechtspraxis wird regelmäßig nicht ausdrücklich unter dem Begriff Wohnraum-Commons gefasst, auch wenn sie ihm inhaltlich entspricht.

Mit meiner Forschung werfe ich einen rechtswissenschaftlichen Blick auf Wohnraum-Commons. Ich untersuche, inwiefern drei ausgewählte rechtliche Ansätze aus der existierenden Praxis dazu geeignet sind, Wohnraum-Commons zu schaffen und zu erhalten. Darauf aufbauend untersuche ich, wie das geltende Recht reformiert werden könnte, um die Rechtspraxis von Wohnraum-Commons zu stärken. Ich hoffe, dass meine Forschung dazu beiträgt, die existierende Rechtspraxis von Wohnraum-Commons zu rationalisieren und dass sie Einsichten für ihre rechtliche Einordnung bietet. Dasselbe gilt für den zugehörigen rechtspolitischen Diskurs, dessen sozioökonomische Bedeutung kaum zu überschätzen ist. Gleichzeitig hoffe ich, dass meine Forschung auf grundlegender Ebene dazu beiträgt, Commons als Forschungsfeld und Forschungsgegenstand innerhalb der deutschen Rechtswissenschaft zu etablieren.[2]

---

[1] Siehe hierzu C. I. 2.

[2] Auch wenn die Forschung zu Commons in der deutschen Rechtswissenschaft weitgehend Neuland darstellt, erlebte sie außerhalb dieser Kreise zuletzt rasanten Aufwind. So gewann die Wissenschaftlerin *Elinor Ostrom* 2009 als erste Frau den Nobel-

Doch *was genau* sind nun Wohnraum-Commons? Um mein Forschungsziel und dessen Bedeutung näher zu erläutern, widme ich mich in der Einleitung dieser Frage im Überblick (A. I.).[3] Hierauf aufbauend erläutere ich mein Forschungsvorhaben im Detail (A. II.) und erkläre meine Forschungsmethoden (A. III.). Schließlich zeige ich auf, welchen Grenzen meine Forschung unterliegt (A. IV.).

I. Was sind Wohnraum-Commons?

Vereinfacht ausgedrückt, beschreibt der Begriff „Commons“ eine Konstellation, bei der mehrere Menschen ein Gut gemeinsam bewirtschaften und diesen Vorgang selbst verwalten. Commons bestehen also aus einer „Triade“, d.h. der Gesamtsumme von drei Bestandteilen: einem „Common“ (das gemeinsam genutzte Gut), den „Commoners“[4] (die Nutzerschaft) und dem „Commoning“ (die Praxis der gemeinsamen Bewirtschaftung). Zusammen bilden diese Teile ein Commons.[5] Auf Wohnraum übertragen bedeutet dies, dass der Wohnraum das Common ist, die Bewohnerschaft bildet die Commoners und ihre gemeinsame Praxis der selbstverwalteten Wohnraumbewirtschaftung und des Wohnens sind das Commoning. Diese Definition stellt eine Art Minimalkonsens dar. Was darüber hinaus den „Commons-Charakter“ einer gemeinsamen Bewirtschaftung ausmacht – wie das Wohnen und Erhalten des Wohnraums also ausgestaltet sein soll – ist im Einzelnen umstritten.[6]

Ich folge einem Teil der Commons-Forschung, indem ich unterstelle, dass Commons zwei Kerneigenschaften aufweisen, die ihren Commons-Charakter ausmachen: Sie sind dekommodifiziert und gleichrangig selbstverwaltet. Diese beiden Eigenschaften sind konzeptuell prägend und erzeugen gleichzeitig einen Commons-spezifischen Nutzen.

Selbstverwaltung ist Teil der genannten Konsens-Definition von Commons. Allgemein bedeutet sie schlicht, dass die Entscheidungsbefugnis über die Art

---

preis für Wirtschaftswissenschaften, u.a. für ihr Werk „Governing the Commons“, Nobel Prize Outreach AB 2022, Elinor Ostrom – Facts. Im deutschsprachigen Raum hat insbesondere die Arbeit von *Silke Helfrich* durch Werke wie „Frei, fair und lebendig – die Macht der Commons“ dazu beigetragen, Commons als Begriff bzw. Konzept zu verbreiten, *Helfrich/Bollier*, Frei Fair und Lebendig.

[3] Ich vertiefe die Antwort unter dem Abschnitt C. I. 1.

[4] Zur Verwendung geschlechtergerechter Sprache: Ich gendere soweit es den Lesefluss nicht zu stark beeinträchtigt. Wenn möglich vermeide ich geschlechterspezifische Sprache. Bei zusammengesetzten Worten verzichte ich zur besseren Lesbarkeit auf das Gendern.

[5] Siehe hierzu, C. I. 1. a) bb) (2).

[6] Einen (kritischen) Überblick über deutsche Definitionsansätze zu Commons gebend: *Gehrig*, Widersprüche 2015, 9–24, 10f.

und Weise der Bewirtschaftung einer Ressource bei der jeweiligen Nutzergruppe liegt und nicht bei einer außenstehenden Partei. Ein Teil der Commons-Forschung stellt an die Selbstverwaltung noch weitergehende Anforderungen. Es wird etwa der Anspruch der „Gleichrangigkeit“ der Nutzenden aufgestellt.[7] Dieser Meinung folge ich, indem ich Selbstverwaltung als grundsätzlich gleichberechtigten Vorgang verstehe.[8] Diese abstrakte Definition lässt sich für den Kontext von Wohnraum konkretisieren. Hierfür greife ich auf die Arbeit von *Amanda Huron* zurück: Sie versteht die Selbstverwaltung in Wohnraum-Commons als eine grundsätzlich gleichberechtigte, gemeinsame Kontrolle[9] über den physischen Wohnraum und über das soziale Wohnumfeld.[10]

Dekommodifizierung ist nicht Teil der Konsensdefinition.[11] Sie bedeutet, dass eine Ressource der kapitalistischen Marktwirtschaft entzogen wird.[12] Wenn eine Ressource dekommodifiziert ist, kann sie nicht profitorientiert verwertet werden.[13] Diesem Grundsatz folgend, ist Wohnraum dann dekommodifiziert, wenn er zu einem Betrag vermietet wird, der höchstens die erforderlichen Bewirtschaftungskosten, Kapitalkosten und Rückstellungen umfasst (Kostenmiete).[14] Ein über die Kostenmiete hinausgehender Profit ist ausgeschlossen. Zudem dürfen Commoners keine Gewinne durch Grundstücksver- und -ankäufe erzielen.

---

7 *Helfrich/Bollier*, Frei Fair und Lebendig, S. 72.

8 Für eine nähere Begründung und Auseinandersetzung mit der Thematik siehe C. I. 1. c) bb) (4) und C. I. 2. b) bb) (4).

9 Selbstverwaltung ist dabei als Selbstbestimmung im Sinne einer *Entscheidungsbefugnis* zu verstehen und nicht zwingend als die persönliche Übernahme von administrativen Tätigkeiten. Gruppenintern ist Selbstverwaltung von einer grundsätzlich gleichberechtigten demokratischen Entscheidungsfindung geprägt. Das schließt jedoch nicht die Delegierung von Aufgaben an außenstehende Personen aus.

10 Die Kontrolle über den physischen Wohnraum beinhaltet die Möglichkeit, selbstständig über Maßnahmen der Erhaltung und Gestaltung des Wohnraums bestimmen zu können. Kontrolle über das soziale Wohnumfeld bedeutet die selbstbestimmte Ausgestaltung von Verhaltensnormen über die Nutzung, etwa durch eine Hausordnung, *Huron*, Carving out the Commons, S. 100 ff.

11 Die prominenteste Vertreterin der Commons-Forschung, *Ostrom*, etwa sieht Dekommodifizierung nicht als zwingendes Merkmal von Commons an, vgl. *Ostrom*, Governing the Commons, S. 32.

12 Neben dem Ausschluss von Profiten beinhaltet die Dekommodifizierung die sog. „Co-Produktion“, siehe hierzu C. I. 1. c) bb) (5) (b) und C. I. 2. b) bb) (5) (c).

13 Für eine nähere Begründung und Auseinandersetzung mit der Thematik siehe C. I. 1. c) bb) (5) (a) und C. I. 2. b) bb) (5) (a).

14 Ich orientiere mich an dem Rechtsbegriff der Kostenmiete nach § 8 Abs. 1 WoBindG i. V. m. § 18 Abs. 1 BV, d. h., dass Kapitalkosten und die Bewirtschaftungskosten gedeckt werden. Die Kostenmiete allein ist jedoch nicht hinreichend, um die Dekommodifizierung sicherzustellen, siehe hierzu im Einzelnen, C. I. 2. b) bb) (5) (a).

Wohnraum-Commons zeichnen sich also dadurch aus, dass ihre Bewohnerschaft nur eine Kostenmiete zahlt und gemeinschaftlich gleichberechtigt über den physischen Wohnraum und über das soziale Wohnumfeld bestimmen kann.

II. Forschungsziel

Ich untersuche, inwiefern bestimmte rechtliche Ansätze[15] jeweils *de lege lata* und *de lege ferenda* geeignet sind, um Wohnraum-Commons zu schaffen und zu erhalten.

Bei meiner Untersuchung der Eignung *de lege lata* greife ich drei zentrale rechtliche Ansätze aus der Praxis auf und untersuche sie vergleichend: die Wohnungsgenossenschaft als eG[16], den Community-Land-Trust-Ansatz (CLT-Ansatz) und den Mietshäuser-Syndikat-Ansatz (MHS-Ansatz). Die Kriterien, anhand derer ich untersuche, inwiefern die Ansätze zur Schaffung und Erhaltung von Wohnraum-Commons geeignet sind, sind dabei sowohl konzeptueller als auch wirtschaftlicher und praktischer Natur. Ich untersuche also, ob die rechtlichen Ansätze konzeptuell darauf ausgelegt sind, Wohnraum-Commons zu schaffen und zu erhalten. Zudem untersuche ich, inwiefern sie auf Grundlage ihrer rechtlichen Struktur hierzu wirtschaftlich und praktisch in der Lage sind.

Hierauf aufbauend untersuche ich schließlich *de lege ferenda*, durch welche Reformen die Rechtspraxis zu Wohnraum-Commons bedarfsgerecht unterstützt werden könnte.

III. Methodik

Meine Untersuchung ist im Wesentlichen rechtsdogmatisch ausgerichtet. Das bedeutet, ich greife auf die rechtswissenschaftliche Auslegungsmethodik und auf rechtswissenschaftliche Literatur und Rechtsprechung zurück.

Die klassische rechtswissenschaftliche Methodik ist für mein Forschungsziel jedoch lediglich notwendig, nicht aber hinreichend. Um zu verstehen, welche rechtlich-strukturellen Eigenschaften dafür erforderlich sind, um

[15] Ich wähle bewusst den Begriff „Ansatz" anstatt „Rechtsform". Letzteres wird gemeinhin als bestimmter Typus der juristischen Personen verstanden. Meine Untersuchung soll jedoch weitergehend Kombinationen von verschiedenen juristischen Personen und Vertragsgestaltungen einschließen.

[16] Im Folgenden verwende ich – so weit nicht anderweitig gekennzeichnet – die Begriffe „Genossenschaft" und eingetragene Genossenschaft („eG") synonym. Mit „Wohnungsgenossenschaft" meine ich jeweils die Unterform der Rechtsform der eG.

Wohnraum-Commons erfolgreich zu schaffen und zu erhalten, muss ich ermitteln, was die wirtschaftlichen und tatsächlichen rechtspraktischen Bedürfnisse des Commonings sind.

Darüber hinaus muss ich ermitteln, wie genau die Rechtspraxis der von mir untersuchten rechtlichen Ansätze gestaltet ist. Nur so kann ich meinen Forschungsgegenstand klar und zutreffend definieren und untersuchen, inwiefern er den von mir herausgearbeiteten Untersuchungsmaßstab erfüllt.

Um meinen Untersuchungsmaßstab und meinen Untersuchungsgegenstand zu ermitteln, ziehe ich daher interdisziplinär verschiedene sozialwissenschaftliche Quellen heran. Im Vordergrund stehen dabei Quellen aus der Ökonomie, der Soziologie und der Anthropologie.

Darüber hinaus untersuche ich anhand von teilstrukturierten qualitativen Experteninterviews, welche wirtschaftlichen und praktischen Herausforderungen bei der selbstverwalteten Bewirtschaftung von Wohnraum bestehen. Die hieraus gewonnenen Erkenntnisse fließen in meine Eignungskriterien ein. Um meinen Untersuchungsgegenstand (d.h. die rechtlichen Ansätze) richtig zu erfassen, habe ich außerdem einen intensiven Austausch mit Mitgliedern von Genossenschaften, dem Mietshäuser Syndikat und der Stadtbodenstiftung geführt.

Im Zuge meiner Forschung hatte ich zudem die Gelegenheit, einen einjährigen Forschungsaufenthalt an der Stanford University in den USA zu verbringen. In dieser Zeit habe ich Gespräche mit Mitgliedern von kalifornischen CLTs geführt und konnte in Seminaren und Gesprächen mein Wissen über die US-amerikanische Praxis und Wissenschaft zu (Wohnraum-)Commons (insbesondere CLTs) ausbauen.

IV. Grenzen

Eine erste Begrenzung meiner Untersuchung ergibt sich aus dem Umfang meines Forschungsziels. Bei der Frage, inwiefern die von mir untersuchten rechtlichen Ansätze zur Schaffung und Erhaltung von Commons geeignet sind, kann ich nicht sämtliche denkbaren Aspekte der Eignung abdecken. In rechtlicher Hinsicht klammere ich insbesondere die steuerrechtliche Perspektive weitgehend aus. Auch bankaufsichts- und kapitalmarktrechtliche Aspekte berücksichtige ich nicht tiefgreifend. Meine Untersuchung konzentriert sich im Wesentlichen auf gesellschaftsrechtliche Inhalte.

Eine weitere zentrale Begrenzung ergibt sich aus meiner methodischen Ausrichtung. Zwar greife ich – soweit möglich – auch sozialwissenschaftliche Quellen für meine Untersuchung auf. Diese interdisziplinäre Untersuchung ist jedoch aufgrund meines rechtswissenschaftlichen Hintergrunds nur beschränkt tiefgreifend möglich. Im Vordergrund steht die rechtswissenschaftliche Betrachtung. Ich betrachte also vorrangig Rechtsquellen, wie etwa Gesetze, Satzungen, Vertragsmuster und Gerichtsentscheidungen. Die darüber hinausgehende empirische Betrachtung der Rechtspraxis bildet hierbei ein Korrektiv und nicht den Hauptgegenstand meiner Methode.[17]

Soweit ich relevante Aspekte aufgrund der Kapazität oder Methodik meiner Untersuchung auslasse, benenne ich sie in meinem Fazit unter dem Abschnitt „Forschungsbedarf" (F. I.).

[17] Bei der Auswertung der Transkripte der Interviews bin ich nicht einem Codierschema gefolgt. Angesichts der untergeordneten Rolle der Interviews in meiner Untersuchung und der Tatsache, dass meine Fragen sehr allgemeiner und grundsätzlicher Art waren, bestand aus meiner Sicht kein Bedürfnis für eine Codierung.

B. Gang der Untersuchung

Meine Untersuchung gliedert sich in vier Teile: In einem ersten Abschnitt definiere ich meinen Untersuchungsgegenstand und meinen Untersuchungsmaßstab (C.). Darauf folgt in einem zweiten Abschnitt meine Untersuchung nach geltendem Recht (D.) und in einem dritten Abschnitt meine Untersuchung de lege ferenda (E.). Meine Untersuchung endet mit einem Fazit (F.).

Zunächst stelle ich das Forschungsfeld der Commons dar (C. I. 1.). Auf Grundlage dieser Darstellung stelle ich eine Definition von Wohnraum-Commons auf (C. I. 2.). Sodann definiere ich meine konzeptuellen und sonstigen Kriterien, nach denen sich die Eignung zur Schaffung und Erhaltung von Wohnraum-Commons bestimmt (C. III.). Zudem erläutere ich in meinem ersten Teil die weiteren definitionsbedürftigen Begriffe meiner Forschungsfrage, d. h. „Schaffung" und „Erhaltung" (C. II.).

Nachdem ich mit den Eignungskriterien meinen Untersuchungsmaßstab definiert habe, definiere ich meinen Untersuchungsgegenstand: die Wohnungsgenossenschaft (C. IV.), den MHS-Ansatz (C. V.) und den CLT-Ansatz (C. VI.).

Die Untersuchung nach geltendem Recht erfolgt jeweils entlang der Eignungskriterien. Ich stelle die Ergebnisse schließlich vergleichend dar und ziehe daraus ein Zwischenfazit (D. IV.).

Bei meiner Untersuchung de lege ferenda (E.) schlage ich vor, eine Genossenschaftsvariante mit gebundenem Vermögen zu schaffen (eG-gebV). Ich erläutere zunächst die Zielsetzung und den Umfang dieser Reform (E. I.). Da mein Vorschlag wesentliche Inhalte aus dem Vorschlag zur Schaffung einer GmbH mit gebundenem Vermögen (GmbH-gebV) aufgreift, gehe ich zunächst auf die Reformbewegung zur GmbH-gebV ein (E. II.). Sodann folgt mein Vorschlag zur eG-gebV (E. III.).

In meinem Fazit werfe ich zunächst Thesen auf, die ich auf Grundlage meiner Untersuchungsergebnisse entwickle (F. I.). Sodann stelle ich den Forschungsbedarf dar, der sich im Zuge meiner Untersuchung offenbart hat (F. II.). Meine Dissertation endet mit einem Ausblick auf die Zukunft des Forschungsbereichs (F. III.).

C. Gegenstand und Grundlagen der Untersuchung

I. Commons

Ein Wohnraum-Commons ist eine spezielle Form des Commons. Daher stelle ich an dieser Stelle nicht bloß das Forschungsfeld der Wohnraum-Commons dar, sondern auch allgemein das der Commons.

1. Das Forschungsfeld der Commons

Im Forschungsfeld der Commons gibt es – wobei diese Unterteilung keinen Anspruch auf Trennschärfe erhebt – zwei wesentliche Strömungen mit unterschiedlichen Vorstellungen über Commons. Diese können als die institutionalistische und die alternative Strömung bezeichnet werden.[1]

Die Commons-Konzepte beider Strömungen – vor allem das der institutionalistischen Strömung – werden wesentlich durch den Diskurs um die sog. „Tragödie der Commons“ bzw. ein Narrativ des Scheiterns geprägt. Daher erläutere ich zunächst, was unter der „Tragödie der Commons“ zu verstehen ist. Sodann folgt die Darstellung der Strömungen. Schließlich erläutere ich den Begriff der „urbanen“ Commons, da die Erforschung von Wohnraum-Commons oftmals (in beiden Strömungen) unter diesem Begriff erfolgt und dabei die Besonderheiten von Commons im urbanen Raum erfasst werden.

a) Das Narrativ des Scheiterns

Das Narrativ, dass Commons zwangsläufig zum Scheitern verurteilt seien, ergibt sich wesentlich aus zwei sozialwissenschaftlichen Modellen. Das prominenteste dieser Modelle ist – treffend beschrieben – die „Tragödie der Commons“. Dieses Modell wurde u. a. dadurch popularisiert, dass es mithilfe des „Gefangenendilemmas“ als mathematisches Spiel beschrieben wurde. Zudem wirkte *Mancur Olsons* Theorie bzw. Modell zu gemeinschaftlichem Handeln (sog. „*Collective Action Theory*“) an der Herausbildung des Narratives mit.

---

[1] Für einen Überblick und eine historische Einordnung des Nebeneinanders dieser Strömungen siehe Huron, die die hier als alternativ bezeichnete Strömung als „alter-globalist“, d. h. „altermondialistisch“ bezeichnet, *Huron*, Carving out the Commons, 18 ff.

aa) Die Tragödie der Commons

Der Begriff der „Tragedy of the commons", d.h. der „Tragödie der Commons", wurde von *Garrett Hardin* in einem Aufsatz von 1968 geprägt. In diesem Aufsatz erklärte er, warum Commons zwangsläufig zum Scheitern verurteilt seien. Commons, so Hardin, seien davon geprägt, dass Commoner zwar rational agieren, aber dennoch ein für niemanden optimales Ergebnis erzielen und das Common durch Übernutzung zerstören.[2] Dies erklärt er dadurch, dass bei Commons strukturelle Anreize existieren, die zu einem sozialen Dilemma führen: Der Vorteil, der durch die Nutzung eines Common erzielt wird, ist internalisiert, während die Kosten der (Über-)Nutzung externalisiert sind. Dies führe dazu, dass jeder Commoner seine Nutzung immer weiter ausbaue, auf ein Maß, das zu Übernutzung und damit einhergehender Zerstörung des Common führt. Rational handelnde Personengruppen seien also nicht in der Lage, das Ergebnis herbeizuführen, das für alle am besten ist. Die Commoner sind nach Hardin also einer gnadenlosen Dynamik ausgesetzt, die zur Tragödie führt.

Hardin verdeutlichte dieses soziale Dilemma mit einem seitdem berühmt gewordenen Beispiel einer Schafweide:[3]

> „Picture a pasture open to all. It is to be expected that each herdsman will try to keep as many cattle as possible on the commons. Such an arrangement may work reasonably satisfactorily for centuries because tribal wars, poaching, and disease keep the numbers of both man and beast well below the carrying capacity of the land. Finally, however, comes the day of reckoning, that is, the day when the long-desired goal of social stability becomes a reality. At this point, the inherent logic of the commons remorselessly generates tragedy. As a rational being, each herdsman seeks to maximize his gain. Explicitly or implicitly, more or less consciously, he asks, ‚What is the utility to me of adding one more animal to my herd?' This utility has one negative and one positive component. 1) The positive component is a function of the increment of one animal. Since the herdsman receives all the proceeds from the sale of the additional animal, the positive utility is nearly +1. 2) The negative component is a function of the additional overgrazing created by one more animal. Since, however, the effects of overgrazing are shared by all the herdsmen, the negative utility for any particular decisionmaking herdsman is only a fraction of −1. Adding together the component partial utilities, the rational herdsman concludes that the only sensible course for him to pursue is to add another animal to his herd. And another; and another. ... But this is the conclusion reached by each and every rational herdsman sharing a commons. Therein is the tragedy. Each man is locked into a system that compels him to increase his herd without limit-in a world that is limited. Ruin is the destination toward which all men rush, each pursuing his own best interest in a society that believes in the freedom of the commons. Freedom in a commons brings ruin to all."

---

[2] *Hardin*, Science 1968, 1243–1248, 1244.

[3] *Hardin*, Science 1968, 1243–1248, 1244.

Im Kern beschreibt diese Beobachtung ein „Free-Rider“-, also „Trittbrettfahrer“-Problem. Commoners haben einen Anreiz, von den Früchten der Handlung oder Unterlassung anderer zu profitieren, ohne selbst zur Erzeugung der Früchte beizutragen. So würden Commoners, die die Maximalmenge[4] überschreiten, ihren Nutzen maximieren, auf Kosten anderer, die durch ihre Einhaltung der Maximalmenge zum Erhalt des Common beitragen. Niemand möchte in der Rolle „des Dummen“ sein, der am Ende Verzicht geübt hat, während die anderen Commoners sich ohnehin nicht beschränkten.

Es besteht also ein soziales Dilemma aus widerstreitenden Interessen, aus einerseits einem kollektiven und auch individuellen Interesse am langfristigen Erhalt der Ressource durch Vermeidung der Übernutzung und aus andererseits einem kurzfristigen Individualinteresse an Nutzenmaximierung durch Übernutzung. Angesichts dieses sozialen Dilemmas entscheiden sich die Commoners für die kurzfristige Nutzenmaximierung.

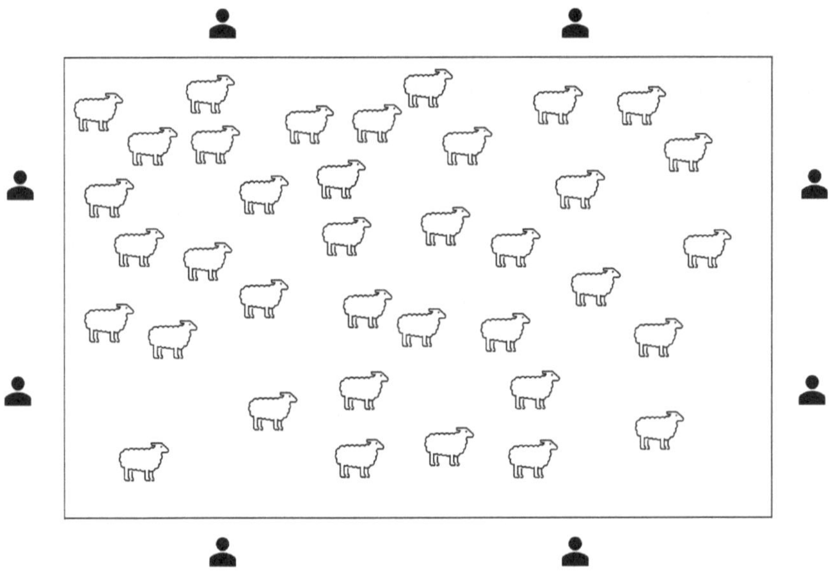

Quelle: Eigene Darstellung nach *Hardin*.

Abbildung 1: Die Schafsweide als Common

Als Lösung für dieses soziale Dilemma bieten sich nach Hardin nur zwei Lösungsmöglichkeiten an: die Aufteilung des Commons in Privateigentum

[4] Die Maximalmenge wäre hier die größtmögliche Menge an Schafen, welche nicht den dauerhaften Bestand der Weide gefährdet.

und ansonsten die Verwaltung des Commons durch staatliche Aufsicht und hoheitlichen Zwang.

Quelle: Eigene Darstellung nach *Hardin*.

Abbildung 2: Die Schafsweide als Privateigentum

Im Falle der Teilung in Privateigentum hätte jede Person in einen Anreiz, für den langfristigen Erhalt ihres Eigentums zu sorgen. Der Nutzen und die Kosten einer Handlung werden also internalisiert, das heißt voll auf Handelnde übertragen.[5] Im Falle der staatlichen Aufsicht würde eine staatliche Institution Nutzungsregeln aufstellen, bei deren Befolgung der langfristige Erhalt der Ressource sichergestellt ist. Sodann wird die Institution das Geschehen beobachten und Regelbrechende derart sanktionieren, dass sich ihr Regelbruch nicht lohnt.[6]

---

[5] So auch, *Demsetz*, The Economic Review 1967, 347–359, 356.

[6] *Hardin*, Science 1968, 1243–1248, 1247.

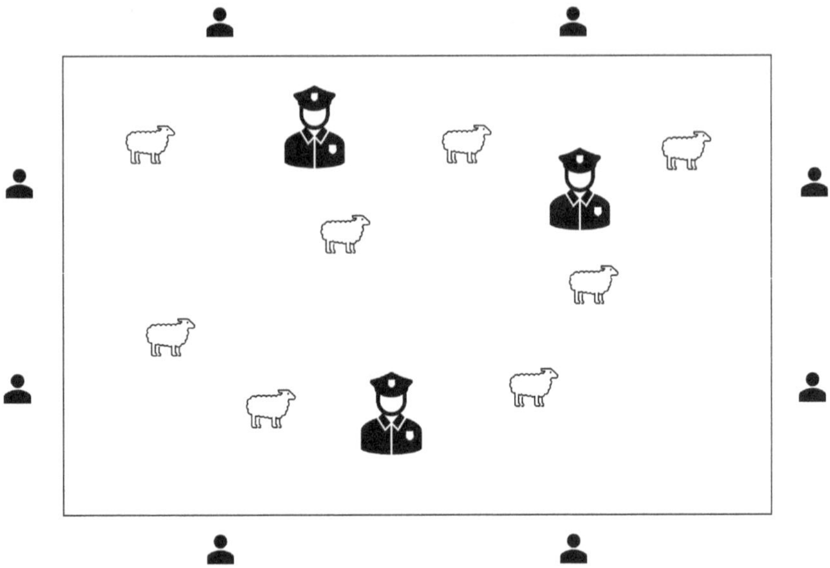

Quelle: Eigene Darstellung nach *Hardin*.

Abbildung 3: Die Schafsweide unter staatlicher Aufsicht und hoheitlichem Zwang

bb) Das Gefangenendilemma

Die Tragödie der Commons wurde wiederholt mithilfe eines Spiels aus der mathematischen Spieltheorie beschrieben, des „Gefangenendilemma[s]“.[7] Das Gefangenendilemma ist ein Szenario, in welchem zwei Gefangene jeweils eine „dominante“ Handlungsstrategie haben, welche für sie individuell betrachtet rational ist, aber nicht zu dem Ergebnis führt, das für alle Beteiligten am besten wäre.[8]

---

[7] *Edney/Harper*, Environmental Management, 1978, Vol. 2, No. 6, 491–507; *Dawes*, Formal Models of Dilemmas in Social Decision-Making, S. 8 ff.

[8] Das Szenario des Modells ist wie folgt: Zwei Tatverdächtige werden von der Polizei gefasst und voneinander getrennt. Die Staatsanwaltschaft ist sich sicher, dass die Tatverdächtigen eines schweren Verbrechens schuldig sind, hat aber nicht genug Beweise, um die Schuld im Hauptverfahren nachzuweisen. Sie erklärt gegenüber den Gefangenen, dass diese zwei Alternativen hätten: Sie können die Tat gestehen, von der die Ermittler sicher sind, dass sie sie begangen haben, oder sie können ihre Aussage verweigern. Wenn beide die Aussage verweigern, wird die Staatsanwaltschaft gegen beide Gefangenen Anklage erheben, wegen kleinerer nachweisbarer Vergehen wie Hausfriedensbruch und Waffenbesitzes. In diesem Fall werden beide geringfügige Strafen erhalten. Wenn beide die Tat gestehen, wird gegen beide wegen einer schwereren Tat Anklage erhoben, aber die Staatsanwaltschaft wird sich nicht für die Höchst-

Das Beispiel mit der Schafweide lässt sich wie folgt als Gefangenendilemma beschreiben:[9]

Es gibt zwei Spielende, welche gemeinsam eine Weide nutzen. Für die Weide existiert eine Obergrenze an Tieren, welche die Weide nutzen und am Ende der Saison wohlgenährt sein können. Die saisonale Obergrenze sei *L*. In einem Zweipersonen-Spiel wäre die „kooperative" Strategie, *L*/2 Tiere auf der Weide grasen zu lassen. Die „abweichende" Strategie wäre, dass die Spielenden sich nicht beschränken und jeweils so viele Tiere auf die Weide lassen, wie sie können. Wenn beide Spielenden sich auf *L*/2 beschränken, erhalten beide jeweils 10 Einheiten Profit. Wenn beide *L*/2 überschreiten, erhalten beide 0 Einheiten Profit. Wenn eine*r von beiden *L*/2 nicht überschreitet und der*die andere sich nicht beschränkt, erhält die*der „Abweichende" 11 Profiteinheiten. Der „Dumme", der sich nicht beschränkt hat, erhält -1 Profiteinheiten. In diesem Szenario haben beide Spielenden umfassendes Wissen über die erwartbaren Profiteinheiten, die mit verschiedenen Handlungen verknüpft sind. Gleichzeitig können sie nicht kommunizieren oder zumindest keine bindenden Vereinbarungen treffen.[10]

strafe aussprechen. Wenn aber nur eine Person gesteht und die andere schweigt, wird diejenige, die gesteht, eine milde Strafe erhalten und diejenige, die geschwiegen hat, „mit vollster Härte" verfolgt. In Bezug auf das erwartete Strafmaß kann das Spiel wie folgt zusammengefasst werden:

	Gefangene*r 2	
Gefangene*r 1	Schweigen	Gestehen
Schweigen	Jeweils 1 Jahr	10 Jahre für Gefangenen 1; 3 Monate für Gefangenen 2
Gestehen	3 Monate für Gefangenen 1; 10 Jahre für Gefangenen 2	Jeweils 8 Jahre

Godwin, Shepard, Western Political Quarterly, Vol. 32 issue 3, 1979, 265–277, 266.

[9] Siehe *Ostrom*, Governing the Commons, S. 3 f.

[10] *Ostrom*, Governing the Commons, S. 4.

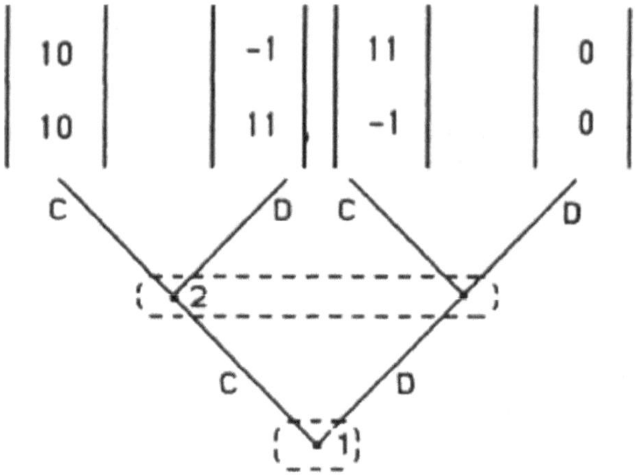

Quelle: Nach *Ostrom*, Governing the Commons, S. 4.

Abbildung 4: Probleme der Schafsweide als Gefangenendilemma,
C = „comply", D = „defect"

In dem Gefangenendilemma ist für beide Spielenden die abweichende Strategie jeweils dominant: Egal, welche Entscheidung die Gegenseite trifft, führt die abweichende Strategie individuell zu einem vorteilhaften Ergebnis. Dies führt zu einem Gleichgewicht, bei dem beide Spielenden die dominante Strategie wählen und dabei jeweils nur ihr drittbestes Ergebnis erzielen. Das Gleichgewicht ist also nicht pareto-optimal.[11]

cc) Collective Action Theory

Auch die Theorie gemeinsamen Handelns („Collective Action Theory") von Olson ist eng mit den zuvor genannten Modellen verknüpft und wurde herangezogen, um zu erklären, dass Menschen auch aus eigennützigen Motiven nicht in der Lage sind, kollektives Handeln so zu koordinieren, dass das für alle bestmögliche Ergebnis entsteht.[12] Nach *Olson* ist es schwierig, „öffentliche Güter" herzustellen und zu erhalten. Öffentliche Güter sind Ressourcen/Güter, bei denen es unmöglich oder mit hohen Kosten verbunden ist, Personen von der Nutzung auszuschließen.[13] Solche Güter sind etwa die öf-

[11] Ein Ergebnis ist dann pareto-optimal, wenn niemand bessergestellt werden könnte, ohne dabei jemand anderes schlechter zu stellen.

[12] *Ostrom*, Governing the Commons, S. 5 f. Siehe zu öffentlichen Gütern die Ausführungen unter C. I. 1. b) bb) (2).

[13] *Olson*, The Logic of Collective Action, S. 14 f.

fentliche Sicherheit, Leuchttürme oder Staudämme. Die Schaffung und Erhaltung dieser Güter begegnen dem Problem, dass individuelle Personen einen Anreiz haben, nicht daran mitzuwirken, weil sie ohne Weiteres kostenlos davon profitieren können, wenn andere Menschen diese Güter schaffen und erhalten.[14] Im Ergebnis kann es passieren, dass öffentliche Güter nicht geschaffen oder erhalten werden, obwohl sämtliche Beteiligten dadurch besser stünden.

Im Kern geht mit der Theorie von Olson die Prämisse einher, dass auch ein eigennütziger Antrieb Menschen nicht dazu in die Lage versetzt, gemeinsam das Ergebnis zu erreichen, das für alle am besten wäre.[15]

dd) Auswirkungen auf Wissenschaft und Politik

Auf Grundlage der dargestellten Theorien hat sich in der Politik ein Narrativ verselbstständigt, welches Commons kategorisch als unterlegen gegenüber Privateigentum oder Staatsverwaltung abtut.[16] Vor diesem Hintergrund wurde in der Entwicklungspolitik darauf gedrängt, dass Staaten funktionierende Commons auflösen und in Privat- oder Staatsverwaltung überführen.[17]

Diese Politik war in vielen Fällen jedoch verfehlt, weil die ausufernde, „metaphorische" Anwendung der Modelle auf Commons in vielen Fällen fehlerhaft war. Die dargestellten Modelle zum Scheitern von Commons sind nicht falsch. Sie sind jedoch auf einen eng umrissenen Kreis von Prämissen beschränkt und erfassen nicht die Realität, wenn diese Prämissen nicht erfüllt sind. Diese Prämissen sind beispielsweise hohe Diskontraten für die Zukunft

---

14 *Olson*, The Logic of Collective Action, S. 15.

15 „*The idea that groups tend to act in support of their group interests is supposed to follow logically from this widely accepted premise of rational, self-interested behavior. In other words, if the members of some group have a common interest or objective, and if they would all be better off if that objective were achieved, it has been thought to follow logically that the individuals in that group would, if they were rational and self-interested, act to achieve that objective. But it is not in fact true that the idea that groups will act in their self-interest follows logically from the premise of rational and self-interested behavior. It does not follow, because all of the individuals in a group would gain if they achieved their group objective, that they would act to achieve that objective, even if they were all rational and self-interested. Indeed, unless the number of individuals in a group is quite small, or unless there is coercion or some other special device to make individuals act in their common interest, rational, self-interested individuals will not act to achieve their common or group interests.*", *Olson*, The Logic of Collective Action, S. 1 f.

16 So etwa *Smith*, Cato Journal, Cato Institute, 1982, Vol. 1, Issue 2, 439–468.

17 *Ostrom*, Governing the Commons, S. 21 ff., 184.

unter den Commoners.[18] Weitere Prämissen sind fehlende Kapazitäten, um zu kommunizieren oder bindende Vereinbarungen zu schließen und ein individualisiertes Vorgehen. Insbesondere bei großen Commons mit vielen Commoners, die die genannten Eigenschaften aufweisen, beschreiben die Modelle die Realität.[19] Bei kleineren Commons sind die Modelle nicht anwendbar und ihre Anwendung führt zu fehlerhaften Annahmen.

b) Die institutionalistische Strömung

aa) Hintergrund

Das Narrativ der Privatisierung oder Verstaatlichung als einzige Lösungsmöglichkeit für die Tragödie der Commons stand von Anfang an im Widerspruch zur Tatsache, dass weltweit gemeinschaftlich bewirtschaftete Ressourcen langfristig Bestand hatten, ohne dass eine Form von Privateigentum oder staatlichem Zwang notwendig war.[20] Vor diesem Hintergrund erarbeitete eine Forschungsgruppe um Ostrom anhand verschiedener Fallstudien eine Meta-Analyse, um zu erforschen, welche Eigenschaften dafür ursächlich waren, dass in bestimmten Fällen die Tragödie durch Personengruppen abgewendet werden konnte, obwohl sie Ressourcen gemeinschaftlich bewirtschafteten. Diese Forschung mündete u.a. in der Formulierung von sog. „Designprinzipien“, das heißt Eigenschaften, die zur Nachhaltigkeit und Resilienz der Bewirtschaftung führen und so die Tragödie abwenden. Neben diesen Designprinzipien hat *Ostrom* mehrere kategoriale bzw. begriffliche Unterscheidungen für die Untersuchung von Commons konzipiert, die bei der Betrachtung von Commons mehr Trennschärfe und Klarheit bringen. Im folgenden Abschnitt erläutere ich die wesentlichsten dieser Begriffe im Überblick, damit sie als Grundlage meiner Untersuchung fruchtbar gemacht werden können.

bb) Grundbegriffe und Konzepte

(1) Open Access und Common Property

Zunächst unterscheidet Ostrom zwischen einem *Open Access Regime* und einem *Common Property Regime.* Bei einem Open Access Regime darf die Allgemeinheit uneingeschränkt eine Ressource nutzen und niemand darf eine

[18] Diskontraten sind Abschläge für erst zukünftig eintretende Vorteile. Menschen bewerten Vorteile, die erst in der Zukunft eintreten werden, i.d.R. als geringer, als wenn sie unmittelbar oder eher eintreten, *Ostrom*, Governing the Commons, S. 34.

[19] *Ostrom*, Governing the Commons, S. 183.

[20] *Ostrom*, Governing the Commons, S. 1.

andere Person von der Nutzung ausschließen.[21] Bei einem Common Property Regime kann eine Gruppe von Personen außenstehende Personen von der Nutzung ausschließen, sich gegenseitig aber nicht. Ein Common Property Regime wird daher z.T. auch als *Group Access* Regime bezeichnet, welches „*private property on the outside, common property on the inside*" darstellt.[22] Die Unterscheidung zwischen Open Access und Common Property ist also vorrangig rechtlicher Natur. Sie weist auf Ausschlussrechte des Nutzerkreises und korrelierende Pflichten Außenstehender hin. Stellenweise kann sie aber auch auf einen faktischen Zustand hinweisen, bei welchem theoretisch Ausschlussrechte einer Person oder Gruppe bestehen, diese aber nicht durchsetzbar sind.[23] Hardin beschreibt in seinem Weiden-Beispiel ein Open Access Regime, bei dem die Nutzung für alle unbeschränkt möglich ist. Einer der zentralen Kritikpunkte an Hardin ist, dass er zur unreflektierten Annahme beigetragen hat, dass Commons kategorisch open access sein müssen, obwohl die weit weniger „tragischen" Group-Access-Commons ebenso vorkommen.[24]

(2) Güterbezogene Eigenschaften und Rechtsregime

Eine weitere zentrale Unterscheidung macht *Ostrom* zwischen den güterbezogenen Eigenschaften eines Gutes und dem Rechts- bzw. Eigentumsregime, dem das Gut unterstellt ist.[25] Güterbezogene Eigenschaften sind im Wesentlichen physisch bedingte Eigenschaften eines menschengemachten oder natürlichen Gutes. Diese Eigenschaften sind von dem Eigentumsregime zu unterscheiden, welchem ein Gut unterliegt. Denkbare Eigentumsregime wären etwa gemeinschaftliches Eigentum, Privateigentum oder Staatseigentum.[26]

Nach Ostrom muss zwischen vier verschiedenen Formen von Gütern unterschieden werden: private Güter, öffentliche Güter, Klubgüter und Common Pool Resources (CPR).[27] Welche Form ein Gut hat, bestimmt sich anhand von zwei Eigenschaften: erstens dem Grad, zu dem ein Gut „rivalisierend" ist und zweitens dem Grad, zu dem ein Gut „ausschließbar" ist. Ein Gut ist dann rivalisierend, wenn die Nutzung des Gutes durch eine Person die Nutzung durch eine andere Person ausschließt.[28] Dies ist beispielsweise bei einem Hambur-

---

[21] *Hess/Ostrom*, Private and Common Property Rights, S. 6f.

[22] *Heller*, The Modern Law Review 2013, 6–25, 17.

[23] *Hess/Ostrom*, Private and Common Property Rights, S. 7.

[24] *Dagan*, *Heller*, Yale Law Yournal 2000, 549–631, 556f.

[25] Die Begriffe „Ressource" und „Gut" verwende ich synonym.

[26] *Hess/Ostrom*, Private and Common Property Rights, S. 8.

[27] *Ostrom/Gardener/Walker*, Rules, Games, and Common-Pool Resources, S. 6f.

[28] Die Personen sind in Bezug auf die Nutzung des Gutes „Rivalen", weil nur eine von beiden das Gut nutzen kann.

ger der Fall, dessen Konsum durch eine Person den Konsum durch eine andere Person ausschließt. Anders wäre es etwa bei einem Wetterbericht, dessen Informationen von beliebig vielen Personen aufgenommen und genutzt werden können, ohne dass dadurch jeweils die Nutzbarkeit anderer Personen beschränkt würde.[29] Ein Gut ist nicht ausschließbar, wenn die Nutzbarkeit des Gutes für andere Personen aufgrund seiner physischen Beschaffenheit nicht oder nur unter prohibitiv hohen Kosten ausgeschlossen werden kann. Dies wäre beispielsweise der Fall bei einem Hamburger, der aufgrund seiner Größe und Handlichkeit leicht durch Verpackung und andere Barrieren ausschließbar ist. Nichtausschließbar wäre etwa ein Feuerwerk, dessen Betrachtung von einer großen Fläche aus möglich ist, sodass es den Veranstaltern nicht möglich ist, Personen von der Betrachtung des Feuerwerks auszuschließen.[30]

Die Ausschließbarkeit wird „klassischerweise" als primär physische Eigenschaft einer Ressource begriffen, d.h., es kommt darauf an, ob es körperlich möglich und wirtschaftlich tragbar ist, Personen von der Nutzung auszuschließen.[31] In der (volkswirtschaftlichen) Literatur wird stellenweise kritisiert, dass diese Annahme nicht hinreichend die Realität erfasse. Die Möglichkeit, Personen von einem Gut auszuschließen, sei nicht bloß von den physischen Eigenschaften einer Ressource ableitbar, sondern auch von sozialen Gegebenheiten. Es müsse u.a. zusätzlich berücksichtigt werden, inwiefern ein Ausschluss sozial toleriert wird und dadurch durchsetzbar ist.[32] Dieser Einwand scheint mir realistisch und zutreffend. Der soziale und rechtliche Ausschluss von Personen von der Nutzung eines Gutes setzt in der Tat voraus, dass der Ausschluss physisch und wirtschaftlich möglich bzw. tragfähig ist. Gleichzeitig kann es jedoch sein, dass es physisch und auch wirtschaftlich möglich wäre, Personen von der Nutzung eines Gutes auszuschließen, der Ausschluss aber sozial nicht tragfähig wäre. Ich berücksichtige daher für die Zwecke meiner Untersuchung zumindest ergänzend die Frage, ob ein Ausschluss sozial akzeptiert wird.

---

29 *Ostrom*, Governing the Commons, S. 31.

30 *Ostrom*, Governing the Commons, S. 30.

31 Ostrom/Gardener/Walker begründen ihren Fokus auf die physische und wirtschaftliche Möglichkeit des Ausschlusses damit, dass auch die soziale bzw. rechtliche Befugnis des Ausschlusses letztlich darauf beruhe, dass diese physisch und wirtschaftlich möglich ist, *Ostrom/Gardener/Walker*, Rules, Games, and Common-Pool Resources, S. 6.

32 *Cowen*, Review of Social Economy, Volume 43, 1985, 53–63, 61.

	Nicht ausschließbar	Ausschließbar
Rivalisierend	Common pool Resource (CPR)	Privates Gut
Nicht rivalisierend	Öffentliches Gut	Gebührgut

Quelle: Eigene Darstellung, angelehnt an *Ostrom/Gardener/Walker*, Rules, Games, and Common-Pool Resources, Fig. 1.1

Abbildung 5: Klassifizierung der Güter in ein Vergleichsschema

Privatgüter sind einerseits rivalisierend und andererseits ausschließbar. Öffentliche Güter sind nicht ausschließbar und nicht rivalisierend. Klubgüter sind nicht rivalisierend und ausschließbar. CPR sind rivalisierend und nicht ausschließbar.[33]

Im Fokus der Forschung von *Ostrom* standen CPR. CPR sind aufgrund ihrer Eigenschaften anfällig für die Tragödie der Commons. So ist ein Fischgrund typischerweise ein CPR, weil dessen Fische einerseits rivalisierend sind und andererseits deren Entnahme aus dem Wasser nicht leicht auf einen bestimmten Kreis von Nutzenden beschränkt werden kann. Bei öffentlichen Gütern (etwa öffentliche Sicherheit) und Klubgütern (etwa Streamingdienst) kann keine Übernutzung eintreten. Bei Privatgütern (etwa Laptops) kann die Übernutzung durch Ausschluss ohne Weiteres verhindert werden.

(3) Ressourceneinheiten und Ressourcensysteme

Ostrom unterscheidet zwischen Ressourcensystemen und Ressourceneinheiten. Ressourceneinheiten werden von Ressourcensystemen produziert und ihnen entnommen, so wie z. B. Fische aus Fischgründen im Meer.[34] Die Entnahme von Ressourceneinheiten aus einem Ressourcensystem wird „Appropriation" genannt.[35] Auch wenn ein Ressourcensystem ein CPR ist, können

[33] Die Abgrenzung ist fließend. Auch wenn ein Streamingdienst oder eine Kinovorstellung oder eine Fernstraße nicht in dem Sinne rivalisierend sind, dass die Nutzung durch eine Person die Nutzung durch eine andere Person ausschließt, gilt dies nur, solange nicht die maximale Kapazität des Gebührgutes ausgeschöpft wird. Der Streamingdienst kann etwa mit der Zuschauerzahl technisch überfordert sein, der Kinosaal oder die Straße können überfüllt sein. Es handelt sich also um ein Spektrum und nicht um trennscharfe Kategorien. So auch *Ostrom/Gardener/Walker*: „*They* [die vier Formen von Gütern] *are similar to four large ‚continents' in the world of goods. Each of these four types of goods differs from the other three, notwithstanding the substantial variety present within each broad type.*", Rules, Games, and Common-Pool Resources, S. 7.

[34] *Ostrom*, Governing the Commons, S. 30 f.

[35] *Ostrom*, Governing the Commons, 46.

die Ressourceneinheiten nach der Appropriation Privatgüter sein. So kann es z. B. physisch unmöglich oder nicht wirtschaftlich tragfähig sein, den Nutzerkreis von Fischgründen zu beschränken. Die daraus entnommenen Fische können wiederum aufgrund ihrer Größe und Handlichkeit verpackt und nur einem bestimmten Kreis von Personen zugänglich gemacht werden. Insbesondere bei erneuerbaren Ressourcensystemen erlaubt die Unterscheidung zwischen Ressourceneinheiten und Ressourcensystemen eine Bestimmung der nachhaltigen Rate der Appropriation. Die Appropriationsrate ist nicht nachhaltig, wenn die Appropriationsrate – d. h. die entnommenen Ressourceneinheiten pro Zeiteinheit– die Rate der Regeneration – d. h. die erzeugten Ressourceneinheiten pro Zeiteinheit – übersteigt.[36]

In der institutionalistischen Commons-Literatur wird zudem weiter zwischen Common-Ressourcen („*common resource*") und Common-Einrichtungen („*common facility*") unterschieden.[37] Im Kern geht es bei dieser Unterscheidung jeweils um die Frage, ob ein Ressourcensystem natürlich ist (z. B. Fischgründe, Wälder, Grundwasser) oder ob ein Ressourcensystem von Menschen hergestellt und instand gehalten wird (z. B. Bewässerungsanlagen, Straßen, Bürgersteige und Parks). Common-Einrichtungen sind Ressourcensysteme, die menschlich hergestellt und erneuert werden müssen.[38] Im Zusammenhang mit Einrichtungen kann die Appropriation als Nutzung beschrieben werden. Nutzung ist insofern ein Überbegriff, welcher sowohl die Appropriation von Ressourcen-Einheiten als auch die Nutzung einer Einrichtung beschreibt.[39] Dabei drückt sich bei Common-Einrichtungen die Übernutzung i. d. R. in Überfüllung aus.[40] Gleichzeitig ist abeŀ auch langfristig eine Abnutzung der Common-Einrichtung ein denkbares Problem der Übernutzung. Ob die Nutzungsrate einer Common-Einrichtung nachhaltig ist, bestimmt sich danach, ob sie der Herstellungs- und Instandhaltungsrate entspricht.[41] Wenn

---

[36] *Ostrom*, Governing the Commons, S. 30; *Ostrom/Gardener/Walker* Rules, Games, and Common-Pool Resources, S. 7.

[37] *Choe*, The Organization of Urban Common-Property Institutions, S. 4 ff.

[38] Es kann aber auch bei Common-Ressourcen vorkommen, dass Menschen Maßnahmen der Herstellung und Instandhaltung vornehmen. So können gezüchtete Jungfische in „natürlichen" Fischgründen ausgesetzt werden, um den Bestand zu erneuern. Auch Grundwasserreserven werden z. T. künstlich aufgefüllt, *Choe*, The Organization of Urban Common-Property Institutions, S. 4, Fn. 3.

[39] *Choe*, The Organization of Urban Common-Property Institutions, S. 6; vgl. *Hess/Ostrom*, Private and Common Property Rights, S. 10.

[40] Dabei hängt der Grad der Überfüllung von der Art der Nutzung ab. In einem Park auf der Bank zu sitzen, schließt nicht andere Personen davon aus, auf der Rasenfläche zu sitzen. Golfsport hingegen schließt für viele andere Nutzenden die Möglichkeit aus, den Park in anderer Weise zu nutzen, *Choe*, The Organization of Urban Common-Property Institutions, S. 9.

[41] *Ostrom*, Governing the Commons, S. 30, Fn. 1.

etwa eine Brücke pro Zeiteinheit so viel befahren und abgenutzt wird, wie Instandhaltungsmaßnahmen die Brücke pro Zeiteinheit wiederherstellen, ist die Nutzung der Brücke nachhaltig.

Diese Unterscheidungen erlauben es, unterschiedliche Ressourcen-Eigenschaften und Probleme präzise zu beschreiben (siehe sogleich unter C. I. 1. b) bb) (4)).

(4) Verschiedene Typen von CPR-Problemen

Bei der gemeinsamen Bewirtschaftung von CPR können verschiedenartige Probleme auftreten. Die „Tragödie der Commons" in Form der übermäßigen – d. h. nicht nachhaltigen – Nutzung eines Ressourcensystems ist lediglich eines dieser verschiedenen CPR-Probleme. Diese lassen sich grob in die beiden Kategorien der „Nutzungsprobleme" und der „Bereitstellungsprobleme" teilen.[42]

Nutzungsprobleme betreffen insbesondere die Frage, wie der Fluss von Ressourceneinheiten unter Nutzenden aufgeteilt werden sollte. Eine unzureichende Aufteilung kann dazu führen, dass Übernutzung entsteht, dass Renten vergeudet werden und dass Unsicherheiten und Konflikte entstehen. Renten werden dann vergeudet, wenn die Grenzkosten für die Nutzung einer CPR den Grenznutzen übersteigen.[43]

Neben Problemen der Nutzung von CPR stellen sich Herausforderungen bei der Herstellung und Instandhaltung von Ressourcensystemen (sog. „Bereitstellung").[44] Probleme der Bereitstellung sind insbesondere bei menschengemachten Ressourcensystemen von Bedeutung: So kann beispielsweise bei einer gemeinsam genutzten Bewässerungsanlage das Problem bestehen, dass niemand die Anlage herstellt oder instand hält. In der Folge ist die Anlage für niemanden nutzbar. Bei der Bereitstellung von CPR kann wiederum zwischen angebotsseitigen („*supply side*") und nachfrageseitigen („*demand side*") Problemen unterschieden werden: Angebotsseitige Probleme betreffen Trittbrettfahrerverhalten bei der Herstellung und Instandhaltung von CPR.[45] So haben Commoners bzw. Nutzende von CPR (bzw. Common-Einrichtungen) den Anreiz, von der Produktion und Instandhaltung durch andere zu profitieren, ohne selbst dazu beizutragen. Bei der beispielhaft genannten Bewässerungsanlage wäre dies etwa das Problem, dass Nutzende keinen Anreiz haben, einen Beitrag zur Herstellung und Instandhaltung zu leisten, wenn oh-

42 *Ostrom*, Governing the Commons, S. 48 f.

43 *Ostrom*, Governing the Commons, S. 48.

44 *Ostrom/Gardener/Walker*, Rules, Games, and Common-Pool Resources, S. 9.

45 *Ostrom*, Governing the Commons, S. 49.

nehin andere Personen diese Arbeit verrichten und sie von den Früchten dieser Arbeit ohne Weiteres profitieren können.[46] Die Tragödie besteht schließlich darin, dass in dieser Lage niemand „der Dumme“ sein möchte, der die Arbeit macht, während andere als Trittbrettfahrer*innen davon profitieren. Im Ergebnis macht niemand die Arbeit und das Ressourcensystem bzw. die Bewässerungsanlage wird weder hergestellt noch instand gehalten.

Nachfrageseitige Probleme entstehen dadurch, dass Personen nicht gewillt sind, zur Produktion und Instandhaltung von Ressourcensystemen beizutragen, wenn nicht gesichert ist, dass sie anschließend von den Ergebnissen dieser Arbeit profitieren können (i.E. also Probleme der Nutzung).[47] So wird ein*e Nutzer*in einer Bewässerungsanlage keinen Anreiz haben, die Anlage herzustellen oder instand zu halten, wenn nicht gesichert ist, dass die Anlage nicht durch andere Nutzende derart schnell abgenutzt wird (aufgrund der großen Nachfrage nach der Anlage), dass sich die investierte Arbeitskraft nicht lohnt.

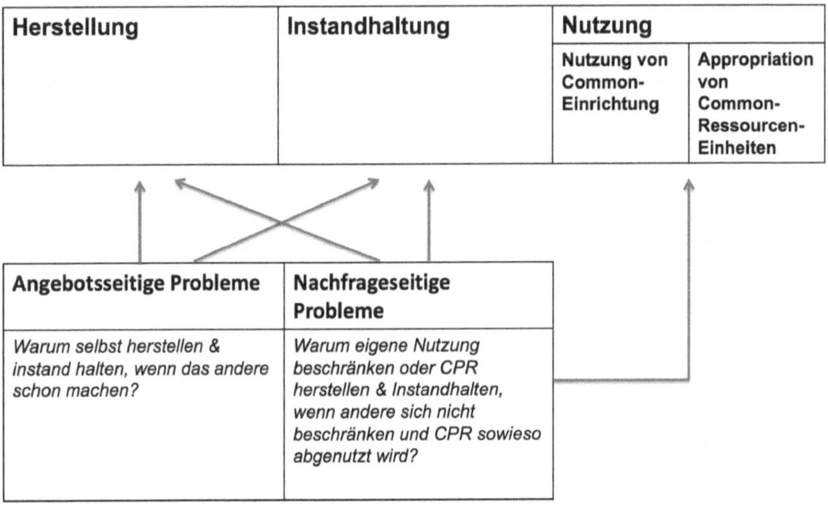

Quelle: Eigene Darstellung.

Abbildung 6: Übersicht zu verschiedenen Formen von CPR-Problemen

[46] Insofern sind angebotsseitige Bereitstellungsprobleme bei CPR gleich gelagert wie Bereitstellungsprobleme bei öffentlichen Gütern, *Ostrom*, Governing the Commons, S. 49.

[47] *Ostrom*, Governing the Commons, S. 48 f.

(5) Probleme der Selbstorganisation

CPR-Probleme können auf verschiedene Weisen überwunden werden. Zwei klassische Lösungswege, um das Handeln verschiedener Akteure so zu koordinieren, dass die CPR-Probleme überwunden werden können, sind die Organisation durch Unternehmen und durch den Staat. Diese Ansätze sind davon geprägt, dass sich Akteure in ein Verhältnis der Über- und Unterordnung begeben.[48] Darüber hinaus kommt jedoch die Selbstorganisation verschiedener Akteure als Commons in Betracht. Dabei erlegen sich die Commoners gemeinsam ein Regelwerk auf, welches als „Institution" bezeichnet werden kann. Die Institution definiert Regeln darüber, wer in welchem Forum Entscheidungen treffen kann, welche Handlungen erlaubt oder verboten sind, welche Verfahren zu befolgen sind, welche Informationen bereitgestellt werden müssen und welche Entlohnung für welche Handlung gewährt wird.[49] Wenn Institutionen funktionieren, sind sie in der Lage, dafür zu sorgen, dass bei der Nutzung keine Renten vergeudet werden, dass Unsicherheiten und Konflikte bei der Nutzung vermieden werden und das Ressourcensystem nicht übernutzt wird. Funktionierende Institutionen gewährleisten auch, dass die Herstellung und Instandhaltung des Ressourcensystems gewährleistet ist.[50] Bei der Lösung von CPR-Problemen durch Selbstorganisation bestehen jedoch Ostrom zufolge drei wesentliche Probleme: Probleme der Bereitstellung von Institutionen, Probleme der glaubhaften Selbstverpflichtung sowie Probleme der gegenseitigen Kontrolle.

Das Problem der Bereitstellung betrifft die Tatsache, dass Institutionen zur Selbstorganisation von Commons regelmäßig ihrerseits ein öffentliches Gut darstellen.[51] Um Institutionen zu schaffen, sind Kosten bzw. Aufwand erforderlich. Der Nutzen der Institutionen kommt wiederum sämtlichen Nutzenden zugute und es ist nicht möglich, Nutzende von dem Nutzen von Institutionen auszuschließen. Dadurch haben Nutzende einen Anreiz, als Trittbrettfahrer*in davon zu profitieren, dass andere Institutionen zur Selbstorganisation schaffen, während sie selbst nicht dazu beitragen. Dieses Problem wird daher als „soziales Dilemma zweiter Ordnung" beschrieben.[52] Es ist jedoch möglich,

48 Siehe hierzu, *Ostrom*, Governing the Commons, S. 40 f. m. w. N.

49 *Ostrom*, Governing the Commons, S. 51.

50 Vgl. *Ostrom*, Governing the Commons, S. 43.

51 Zur Definition von öffentlichen Gütern siehe C. I. 1. bb) (2).

52 „*Even if the payoffs were symmetric and all persons were made (equally) better off from the introduction of the institution, there would still be a failure of supply, since the institution would provide a collective good and rational individuals would seek to secure its benefits for free. The incentives to free-ride would undermine the incentives to organize a solution to the collective dilemma. Once again, the proposed institutional solution itself constitutes a collective dilemma. It is subject to the very incentive prob-*

durch Vertrauen und Gemeinschaft das Problem der Bereitstellung zu überwinden.[53]

Das Problem der glaubhaften Selbstverpflichtung beschreibt die Tatsache, dass Akteure selbst bei dem Vorhandensein von Institutionen dazu verleitet werden können, deren Regeln zu brechen. Wenn der Regelbruch gängig ist, möchte niemand „der Dumme" sein, der sich als Einziger an die Regeln hält. Dies führt wiederum dazu, dass Institutionen der Selbstorganisation zusammenbrechen können.[54] Mathematisch ausgedrückt haben Akteure in der Selbstorganisation die Option, zu einem bestimmten Zeitpunkt Regeln der Institutionen einzuhalten (E_t) oder diese zu brechen (B_t). Wenn nun der Nutzen von $B_t > E_t$, besteht die Gefahr des Regelbruchs. Daher ist es notwendig, als Teil der Selbstorganisation Sanktionen (S) zu schaffen, die den Regelbruch entwerten, sodass dieser sich nicht lohnt, d. h. $E_t, > B_t - S$.[55]

Dies führt zu dem Problem der gegenseitigen Kontrolle. Auch die Überwachung und Sanktionierung anderer Akteure ist mit Kosten verbunden, bei gleichzeitiger Verteilung des Nutzens auf die Gesamtheit der Akteure. Gegenseitige Kontrolle der Regeleinhaltung, d. h. Überwachung und Sanktionierung, ist damit ein öffentliches Gut. Dies führt wiederum zu einem sozialen Dilemma, welches Trittbrettfahrerverhalten begünstigt. Dies kann schließlich dazu führen, dass Institutionen nicht geschaffen werden, weil die Kosten ihrer Einführung sich mangels erwartbarer Einhaltung nicht lohnen würden.[56]

Trotz der Probleme der Selbstorganisation schaffen es einige Gruppen von Menschen erfolgreich, Institutionen zu schaffen und CPR in Selbstorganisation zu bewirtschaften. *Ostrom* hat in ihrer Forschung sog. „Designprinzipien" ermittelt, d. h. strukturelle Gemeinsamkeiten von erfolgreichen Commons. Auf diese gehe ich im Unterabschnitt C. I. 1. b) bb) (7) ein.

---

lems it is supposed to resolve.", *Bates*, Politics & Society, Vol. 16, Issue 2–3, 1988, 387–401, 394 f.

[53] *Ostrom*, Governing the Commons, S. 43. *Ostrom* stützt diesen Befund u. a. auf empirische Untersuchungen, welche aufzeigen, dass Nutzende zumindest bei unvollständiger Information über die möglichen positiven und negativen Folgen von Handlungsoptionen kooperieren, *Kreps/Milgrom/Wilson/Roberts*, Journal of Economic Theory, Vol. 27, Issue 2, 1982, 245–252.

[54] *Ostrom*, Governing the Commons, S. 43 f.

[55] *Ostrom*, Governing the Commons, S. 44.

[56] „*Dilemmas nested inside dilemmas appear to be able to defeat a set of principals attempting to solve collective-action problems through the design of new institutions to alter the structure of the incentives they face. Without monitoring, there can be no credible commitment; without credible commitment, there is no reason to propose new rules.*", *Ostrom*, Governing the Commons, S. 45.

(6) Verschiedene Ebenen der Betrachtung

Bei der Betrachtung von Institutionen der Selbstorganisation für die Bewirtschaftung von CPR unterscheidet Ostrom zwischen drei verschiedenen Ebenen der Betrachtung.[57] Zunächst existiert die operative Ebene. Dies ist die Ebene, welche das Geschehen um die Nutzung eines CPR beschreibt, inklusive der Probleme der Nutzung, Bereitstellung, Kontrolle und Sanktionierung. Das alltägliche Geschehen auf der operativen Ebene wird durch operative Regeln bestimmt, welche das Verhalten von Akteuren regulieren. Solche Regeln betreffen die Menge, Zeit und Weise der Nutzung, wer mit welchen Mitteln das Handeln anderer kontrollieren soll, welche Informationen geteilt oder geheim gehalten werden sollen, welche Handlungen, Unterlassungen oder Ergebnisse welche Sanktion oder Belohnung nach sich ziehen.[58] Die operativen Regeln und die operative Ebene sind durch die kollektive Entscheidungsebene bestimmt. Auf der kollektiven Entscheidungsebene werden die operativen Regeln entwickelt und erlassen. Die kollektive Entscheidungsebene ist wiederum durch die Verfassungsebene bestimmt. Auf dieser Ebene wird entschieden, wer auf welche Art und Weise an der kollektiven Entscheidungsebene mitwirken darf.[59]

Akteure bewegen sich in der Selbstorganisation zwischen den Ebenen hin und her.[60] Auf diese Weise können operative Regeln an veränderte Umstände angepasst und weiterentwickelt werden. Wenn die Nutzenden eines CPR jedoch nicht über die operativen Regeln entscheiden können, liegt die Kompetenz für die Erstellung dieser Regeln i.d.R. bei privaten Eigentümer*innen oder Vertreter*innen des Staates.[61]

---

[57] *Ostrom*, Governing the Commons, S. 50ff.

[58] *Ostrom*, Governing the Commons, S. 52.

[59] *Boudreaux/Holcombe* beschreiben etwa, wie Entwickler*innen und Verkäufer*innen von Wohnsiedlungen mit Gemeinschaftseinrichtungen Verfassungsregelwerke als Teil ihres Produktes entwerfen. Diese Regelwerke geben der gemeinsamen Entscheidungsfindung der zukünftigen Hauseigentümer*innen und Anwohner*innen einen Rahmen. Die Kund*innen sparen durch das Vorhandensein von Verfassungsregeln Kosten, die sie ansonsten für die Entwicklung von Verfassungsregeln aufwenden müssten, *Boudreaux/Holcombe*, Public Finance Quarterly, 1989, Vol. 17, Issue 3, 264–280.

[60] „*Individuals who have self-organizing capacities will switch back and forth between operational-, collective-, and constitutional choice arenas, just as managers of production firms switch back and forth between producing products within a set technology, introducing a new technology, and investing resources in technology development.*", *Ostrom*, Governing the Commons, S. 50.

[61] *Ostrom*, Governing the Commons, S. 54.

Die Regeln dieser Ebenen können mit rechtlichen Normen übereinstimmen, müssen es aber nicht.[62] Gemeint sind also sämtliche faktischen Verhaltensnormen, die den Akteuren bekannt sind.[63]

(7) Die Design-Prinzipien von Ostrom

Der Befund, dass Commons bzw. die gemeinschaftliche Nutzung von CPR zum Scheitern verurteilt seien, wurde bereits vor der Veröffentlichung von Hardins berühmtem Aufsatz zur Tragödie der Commons durch erfolgreiche Beispiele aus der Praxis widerlegt. Diese erfolgreichen Commons zeigen, dass sich die dargestellten Herausforderungen für die selbstorganisierte gemeinsame Nutzung von CPR bewältigen lassen. Die Frage ist jedoch, was erfolgreiche Commons von nicht erfolgreichen Commons unterscheidet. Ostrom erforschte die Frage anhand einer Metastudie von vielen verschiedenen Untersuchungen zu Commons, bei denen das Common ein CPR ist. Hierbei entdeckten sie und ihre Unterstützer*innen bestimmte strukturelle Merkmale, welche bei robusten und langfristig bestehenden CPR-basierten Commons bestehen. Diese Merkmale fasste sie als sog. „Design-Prinzipien" zusammen. Die Design-Prinzipien sind keine konkreten Regeln, sondern Elemente und Bedingungen von Commons, die für ihren Erfolg ursächlich sind. Konkrete operative Regelungen über Nutzung und Bereitstellung müssen notwendigerweise veränderlich und je nach Szenario unterschiedlich sein.[64]

Die Designprinzipien sind wie folgt:

(a) Klar definierte Grenzen

Die Personen und Haushalte, welche das Recht zur Nutzung haben, müssen klar definiert sein. Ebenso müssen die Grenzen des CPR klar definiert sein.

Im Kern geht es bei dem Kriterium der klaren Grenzen darum, dass CPR nicht im Rahmen eines Open-Access-Regimes genutzt werden sollten.[65] Dies ist deswegen erforderlich, weil Commoners bzw. Nutzende in einer Open-Access-Situation nicht wissen, ob ihre Bereitstellungsmaßnahmen für sie in der Zukunft einen Nutzen bringen werden. Wenn nämlich ein CPR besonders nachgefragt ist und die Allgemeinheit unbeschränkten Zugriff auf ein CPR

[62] Als „rechtliche Normen" verstehe ich in meiner Arbeit Normen, die zumindest potenziell hoheitlich durchgesetzt werden können. Zu einem differenzierten Überblick zu verschiedenen Verständnissen von „Recht" siehe *Baer*, Rechtssoziologie, S. 27 ff.

[63] *Ostrom*, Governing the Commons, S. 51.

[64] *Ostrom*, Governing the Commons, S. 89 f.

[65] *Ostrom*, Governing the Commons, S. 91.

hat, wird das CPR womöglich derart schnell abgenutzt oder aufgebraucht, dass es sich nicht lohnt, Maßnahmen der Bereitstellung zu ergreifen. Es drohen daher CPR-Probleme der (Über-)Nutzung und angebotsseitige Bereitstellungsprobleme.[66]

(b) Kongruenz zwischen Regeln und örtlichen Bedingungen und zwischen Nutzen und Aufwand

Das zweite Designprinzip teilt sich in zwei Unterprinzipien:

(aa) Kongruenz zwischen Regeln und örtlichen Bedingungen

Die operativen Regeln, welche die Nutzung beschränken (z. B. Zeit, Ort, technologische Mittel, Menge) sowie die Regeln über Herstellung und Instandhaltung des CPR (z. B. Einsatz von Zeit, Geld, Arbeitskraft) müssen mit den örtlichen Bedingungen bzw. Gegebenheiten und Eigenschaften des CPR kongruent sein. Verschiedene CPR erfordern also jeweils unterschiedliche operative Regeln, um sie erfolgreich bewirtschaften zu können.[67]

(bb) Kongruenz zwischen Nutzung und Bereitstellung

Die operativen Regeln, welche eine bestimmte Menge oder Dauer der Nutzung zuweisen, müssen in einem proportionalen Verhältnis zu den Regeln der Bereitstellung stehen. In anderen Worten müssen Commoners, die eine große Menge an Ressourceneinheiten nutzen können, eine größere Menge an Leistungen zur Bereitstellung leisten als Commoners, die nur eine kleinere Menge an Ressourceneinheiten nutzen können. Diese Proportionalität entspricht einem Grundsatz der Gleichbehandlung, bei dem alle Commoners denselben Preis für dieselbe Menge an Nutzung zahlen müssen. Dieser Grundsatz hilft dabei, dass Commoners operative Regeln als fair empfinden und über längere Zeiträume hinweg gewillt sind, die Regeln einzuhalten.[68]

---

66 *„If there are substantial numbers of potential appropriators and the demand for the resource units is high, the destructive potential should all be allowed to freely withdraw units from the CPR could push the discount rate used by appropriators towards 100 %. The higher the discount rate, the closer the situation is to that of a one-shot dilemma in which the dominant strategy of all participants is to overuse the CPR.“*, *Ostrom*, Governing the Commons, S. 91.

67 *Ostrom*, Governing the Commons, S. 92.

68 *Ostrom*, Understanding Institutional Diversity, S. 263 f.

(c) Vorkehrungen für kollektive Entscheidungsfindung

In erfolgreichen (d. h. robust und langfristig bestehenden) Commons mit CPR als Common können die meisten Commoners die operativen Regeln beeinflussen. Dies stellt sicher, dass die operativen Regeln an veränderliche Gegebenheiten des CPR angepasst werden und dass dadurch das zweite Designprinzip fortlaufend erfüllt wird. Gleichzeitig müssen die Kosten, um die operativen Regeln anzupassen, gering genug sein, damit die fortlaufende Anpassung gewährleistet wird.[69] Dies stellt entsprechende Effizienzanforderungen an die Regeln auf Verfassungsebene, d. h. die Regeln, welche die Modalitäten für die Abänderung der operativen Regeln bestimmen.[70]

(d) Gegenseitige Kontrolle

Die Erfüllung der ersten drei Designprinzipien genügt nicht, um sicherzustellen, dass im Rahmen eines Commons langfristig erfolgreich ein CPR bewirtschaftet werden kann. Es muss durch Kontrolle sichergestellt werden, dass die aufgestellten operativen Regeln auch eingehalten werden. Hieraus ergibt sich das vierte Designprinzip, welches die Art und Weise der Kontrolle der Regeleinhaltung betrifft: Diejenigen, die den Zustand der CPR und das Verhalten der Commoners kontrollieren, müssen gegenüber den Commoners verantwortlich oder selbst Commoners sein.[71]

Erfolgreiche Commons schaffen es dabei, das Dilemma zu überwinden, dass die Kontrolle Kosten verursacht und gleichzeitig allen Commoners nutzt, sodass ein Anreiz dazu besteht, von der Kontrolle durch andere zu profitieren, ohne selbst dazu beizutragen.[72] Ostrom erklärt hierzu unter Bezugnahme auf Margaret Levi, dass die Kosten der Kontrolle i. d. R. dadurch sinken, dass Commoners quasi-freiwillig die Regeln befolgen, auch wenn sie nicht lückenlos überwacht werden.[73] Die quasi-freiwillige Regelbefolgung („quasi“, weil die Nichtbefolgung bei Entdeckung Sanktionen nach sich zieht) setzt voraus, dass Regelunterworfene zwei Annahmen treffen: Ersten müssen Regelunterworfene glauben, dass die Regeln ihren Zweck erfüllen. Zweitens müssen die Betroffenen glauben, dass andere Regelunterworfene ebenfalls die Regeln einhalten.[74] Indem Commoners bei der Durchführung der Überwachung Einblicke in die

---

[69] *Ostrom*, Governing the Commons, S. 93.

[70] Siehe C. I. 1. b) bb) (6).

[71] *Ostrom*, Governing the Commons, S. 93 f.

[72] Siehe C. I. 1. b) bb) (5).

[73] *Ostrom*, Governing the Commons, S. 94 ff.

[74] *Ostrom*, Governing the Commons, S. 95; in Bezug auf die Bereitschaft, Steuern an den Staat zu zahlen, *Levi*, Of Rule and Revenue, S. 11 ff.

Regelerfüllung durch andere erlangen, haben sie zudem einen „privaten" Vorteil, der nicht oder nur mittelbar auf andere Mitglieder verteilt wird. Commoners können durch die Kontrolle ermitteln, ob sie sich angesichts der Regeleinhaltung oder fehlenden Regeleinhaltung anderer Commoners selbst an die Regeln halten wollen.[75] Darüber hinaus ist die Kontrolle bei vielen Commons ein Beiprodukt der Nutzung und erfordert keine zusätzlichen Kosten.[76]

(e) Graduelle Sanktionen

Auch die quasi-freiwillige Regelbefolgung setzt voraus, dass Regelverstöße sanktioniert werden.[77] Hieraus ergibt sich das fünfte Designprinzip:

Commoners, welche die operativen Regeln verletzen, sind wahrscheinlich graduellen (je nach Schwere und Zusammenhang des Verstoßes) Sanktionen ausgesetzt. Diese werden durch andere Commoners verhängt oder durch Personen, die gegenüber den Commoners verantwortlich sind.

Sanktionen sollten der Schwere des Verstoßes und seinen Umständen angemessen sein. So ist in vielen Fällen eine geringe Sanktion angemessen und eine sofortige Eskalation der Sanktionen kann Unwillen und den Zusammenbruch von Kooperation hervorrufen.[78] In einigen Situationen hätte ein Regelverstoß allerdings derart gravierende Folgen, dass eine hundertprozentige Regelbefolgung durch starke Sanktionen sichergestellt werden muss.[79]

(f) Konfliktlösungsmechanismen

Das sechste Designprinzip lautet wie folgt: Commoners müssen schnellen Zugang zu kostengünstigen lokalen Foren für die Konfliktlösung zwischen Commoners und Verantwortlichen haben.

Das Bedürfnis nach Konfliktlösungsmechanismen erwächst aus der Tatsache, dass auch bei vermeintlich klaren und einfachen (operativen) Regeln Unklarheiten und Zweifelsfälle hinsichtlich deren Auslegung im Einzelfall entstehen können. Wenn nun keine Konfliktlösungsmechanismen verfügbar sind, können hieraus resultierende Konflikte den Bestand eines Commons gefährden.[80]

---

75 *Ostrom*, Governing the Commons, S. 97.

76 *Ostrom*, Governing the Commons, S. 95 f.

77 Sanktionen sind für die quasi-freiwillige Regelbefolgung wichtig, indem sie glaubhaft machen, dass andere Commoners die Regeln befolgen werden, *Ostrom*, Governing the Commons, S. 95.

78 *Ostrom*, Governing the Commons, S. 97.

79 *Ostrom*, Governing the Commons, S. 98.

80 *Ostrom*, Governing the Commons, S. 100 f.

(g) Mindestmaß an Anerkennung durch staatliche Stellen

Das siebte Designprinzip lautet wie folgt: Das Recht der Commoners, eigene Institutionen zu schaffen, wird nicht durch äußere staatliche Stellen infrage gestellt.

Dies ist wichtig, weil Commoners häufig informelle Absprechen treffen, die sich nicht bewusst an rechtlichen Kategorien und Formerfordernissen orientieren.[81] Wenn ein Rechtssystem diese Absprachen nicht anerkennt, können Commoners das Rechtssystem benutzen, um die operativen Regeln zu ihren eigenen Gunsten zu brechen.[82]

(h) Polyzentrische Governance

Das letzte Designprinzip gibt Folgendes vor: Die Nutzung, Bereitstellung, Kontrolle, Sanktionierung, Konfliktlösung und Verwaltungsaktivitäten sind auf mehreren Ebenen von ineinander eingebetteten Systemen organisiert.[83]

Das letzte Designprinzip zielt auf die Herausforderung ab, die gemeinsame Nutzung von größeren, komplexeren CPR zu organisieren. So ist es bei verschiedenen miteinander verbundenen Organisationseinheiten eines Gesamtsystems vorteilhaft, dass jeweils dezentral passende Institutionen geschaffen werden, die lokale Begebenheiten betreffen. Gleichzeitig sollte gewährleistet bleiben, dass auf der Gesamtebene Regeln entwickelt und Entscheidungen getroffen werden können, soweit dies sämtliche Einheiten betrifft.[84]

Das achte Designprinzip verweist auf den in der Commons-Forschung verbreiteten Ansatz der „polyzentrischen Governance“. Dies beschreibt ein System, in welchem Entscheidungen dezentralisiert von autonomen Einheiten getroffen werden, die aber gleichzeitig miteinander verknüpft sind und übergeordnete Ebenen der Entscheidung aufweisen.[85] Damit Regeln den örtlichen Gegebenheiten entsprechen und eine hinreichende Vertrauensbasis zwischen Commoners gewährleistet ist, sollten Verwaltungseinheiten so klein wie mög-

---

[81] *Ostrom*, Governing the Commons, S. 51.

[82] *Ostrom*, Governing the Commons, S. 101.

[83] „*Appropriation, provision, monitoring, enforcement, conflict resolution, and governance activities are organized in multiple layers of nested enterprises.*“, *Ostrom*, Governing the Commons, S. 101.

[84] *Ostrom*, Governing the Commons, S. 101 f.

[85] Eine Einführung gebend, *Marshall*, Ecological Economics, Vol. 68, Issue 5, 2009, 1507–1520, 1508 f.

lich und so groß wie nötig zugeschnitten werden.[86] Hieraus ergibt sich eine föderale Organisationsform, in welcher verschiedene Ebenen der Organisation vernetzt werden.[87] In diesem System wird situiertes Wissen zwischen den jeweils vernetzten CPR geteilt und einzelne CPR bzw. Commons können mit Institutionen experimentieren und die Ergebnisse der Experimente weitergeben.[88] Dadurch, dass Commons jeweils eigenständig die Modalitäten der gegenseitigen Kontrolle ausgestalten können, können jeweils kosteneffiziente Systeme entwickelt werden, die ein vergleichsweise hohes Maß an Legitimation bei den Betroffenen haben.[89]

(8) Eigentum als Bündel von Rechten[90]

Innerhalb der institutionalistischen Strömung gibt es ein abgestuftes Konzept von Eigentum. Eigentum wird im Ausgangspunkt als Recht verstanden, welches das Verhältnis zwischen Personen und einer Sache bestimmt.[91] In Bezug auf CPR hat die institutionalistische Strömung auf dieser Grundlage ein Eigentumskonzept entwickelt, welches Eigentum in fünf zentrale Rechte aufgliedert. Von geringfügig bis stark beinhalten diese Rechte: Zugang, Entnahme, Verwaltung, Ausschluss und Veräußerung.[92]

---

[86] *„Since one of the important threats is the effort to impose uniform rules and large boundaries on systems so they are more comprehensible to academics and policymakers, I [urge] readers to think more positively about the complex, polycentric systems of governance that are created by individuals who have considerable autonomy to engage in self-governance. Given the wide variety of ecological problems that individuals face at diverse scales, an important design principle is getting the boundaries of any one system roughly to fit the ecological boundaries of the problem it is designed to address. Since most ecological problems are nested from very small local ecologies to those of global proportions, following this principle requires a substantial investment in governance systems at multiple levels – each with some autonomy but each exposed to information, sanctioning, and actions from below and above [...].*“, *Ostrom*, Understanding Institutional Diversity, S. 257 f.

[87] Vgl. *Ostrom*, Understanding Institutional Diversity, S. 280.

[88] *Ostrom*, Understanding Institutional Diversity, S. 284.

[89] *Ostrom*, Understanding Institutional Diversity, S. 281 f.

[90] Die institutionalistische Strömung ist nicht Erfinderin der Theorie bzw. der Metapher der „bundle of rights“. Siehe zur Begriffsgeschichte *Baron*, University of Cincinnati Law Review, Vol. 82, No. 1, 2014, 57–101, 62 ff.

[91] *Hess/Ostrom*, Private and Common Property Rights, S. 11.

[92] *Hess/Ostrom*, Private and Common Property Rights, S. 11 ff.

Tabelle 1

Verschiedene Ebenen des Eigentums nach der institutionalistischen Strömung

Recht	Definition
Zugang („*Access*")	Das Recht, einen bestimmten physischen Bereich betreten zu können und nicht verbrauchende Vorteile genießen zu können (z. B. wandern, Kanu fahren, in der Sonne liegen)
Entnahme („*Withdrawal*")	Das Recht, Ressourcen-Einheiten oder Produkte eines Ressourcen-Systems zu erlangen (z. B. Fische fangen, Wasser umleiten)
Verwaltung („*Management*")	Das Recht, Muster der Nutzung zu verändern und die Ressource durch Erhaltungsmaßnahmen zu gestalten
Ausschluss („*Exclusion*")	Das Recht, entscheiden zu können, wer Zugangsrechte und/oder Nutzungsrechte erlangen soll und ob und wie diese Rechte übergehen sollen
Veräußerung („*Alienation*")	Das Recht, andere Rechte zu verkaufen oder zu vermieten

Quelle: *Hess/Ostrom,* Private and Common Property Rights, S. 11

Diese einzelnen Begriffsdefinitionen decken sich nicht mit denen der deutschen Eigentumsdogmatik. Insbesondere wird in der deutschen Rechtswissenschaft unter „Veräußerung" („*Alienation*") der Vorgang verstanden, bei dem eine Sache zumindest auch übereignet wird (vgl. § 932 BGB). Die Vermietung ohne dingliche Übertragung ist hingegen keine Veräußerung. Gleichzeitig hat sich jedoch auch in der deutschen Rechtswissenschaft das Verständnis von Eigentum als Bündel von Rechten weitgehend durchsetzen können.[93] Insofern besteht zwischen dem Eigentumsverständnis der institutionalistischen Strömung und der deutschen Eigentumsdogmatik kein notwendiger Konflikt.

Das Verständnis von Eigentum als „Bündel von Rechten" kann dabei helfen, präziser zu bestimmen, wie Wohnraum-Commons in den Diskurs zu Commons einzuordnen sind. Darüber hinaus ist das Anliegen der Institutionalisten zu verdeutlichen, dass Eigentum nicht als binäres Konzept verstanden werden muss. Auch wer nicht Inhaber*in eines Veräußerungsrechts ist, kann nach dieser Vorstellung als Eigentümer*in gelten. Eigentum als „Bündel von Rechten" zu verstehen, ist also einerseits ein Mittel zur Schaffung begrifflicher Präzision (welche Befugnisse werden in Bezug auf Sachen und Personen tatsächlich praktiziert?), andererseits kann es als normative Aussage verstanden werden, welche die Vorstellung hinterfragt, dass nur die restlos vorhan-

[93] Ausführlich, *Zech*, ACP, 219, 2019, 488–592; *Wagner*/MüKoBGB, § 823 Rn. 214 m. w. N.

dene absolute Verfügungsgewalt über eine Sache als Eigentum gelten kann (auch der- oder diejenige ist „Eigentümer*in“, der*die nicht das Veräußerungsrecht über eine Sache innehat).

cc) Zusammenfassung

Es lässt sich festhalten, dass die institutionalistische Strömung das Forschungsziel verfolgt, CPR-Probleme zu identifizieren, zu verstehen und zu lösen. Diese Lösungen sollen in gemeinsamer Selbstverwaltung gefunden werden. Für dieses Ziel hat die institutionalistische Strömung einen beeindruckenden Werkzeugkasten an analytischen Unterscheidungen gefunden, welcher es erlaubt, die Akteure und Verhältnisse in einem Commons genau zu beschreiben und zu untersuchen. Die daraus gewonnenen Einsichten wirken dem Narrativ entgegen, dass die Tragödie der Commons nur durch Privatisierung oder durch staatliche Aufsicht gelöst werden könne.

Trotz ihrer begrifflichen Präzision ist auffällig, dass die institutionalistische Strömung recht wenig zur Definition des Begriffs „Commons“ ausführt. Der Schwerpunkt liegt oftmals in der Beschreibung der oben ausgeführten Begriffe und Konzepte, insbesondere von CPR und CPR-Problemen. Der Begriff „Commons“ ist für die institutionalistische Strömung oft ein Synonym für CPR.[94]

c) Die alternative Strömung

aa) Hintergrund

Die alternative Strömung der Commons-Forschung ist gleichermaßen sowohl in der Wissenschaft als auch im Aktivismus verwurzelt. Für diese Strömung liegen Commons „jenseits von Markt und Staat“ und stellen eine Alternative zu kapitalistischen Wirtschaftsstrukturen dar.[95] Commons werden als Mittel verstanden, um selbstbestimmt – bedürfnis- statt profitorientiert – zu wirtschaften. Dabei wird betont, dass der Begriff „Commons“ nicht (nur) eine physische Ressource beschreibt, sondern einen sozialen Prozess.[96]

---

[94] So etwa *Hofmokl*, International Journal of the Commons, Vol. 4, Nr. 1, 2009, 226–250, 228; *Choe*, The Organization of Urban Common-Property Institutions, S. 4.

[95] Die Einordnung von Commons als „jenseits von Markt und Staat“ findet sich sowohl in der institutionalistischen als auch der alternativen Strömung, *Caffentzis/Federici*, Community Development Journal, Vol. 49, 2014, Supplement 1, i92-i105; *Helfrich/Bollier*, Frei, Fair und Lebendig, S. 98; *Ostrom*, Governing the Commons, S. 1.

[96] *Harvey*, Rebel Cities, S. 73; *Kratzwald*, Urban Commons, S. 30 f.

Im Gegensatz zur institutionalistischen Strömung besteht bei der alternativen Strömung eine größere Vielfalt an unterschiedlichen und auch unklaren Begriffsverwendungen. Nichtsdestotrotz lassen sich auch hier einige Konzepte und Begriffe ausmachen, die breite Anerkennung finden.

bb) Grundbegriffe und Konzepte

(1) Die Triade der Commons

In der alternativen Commons-Forschung wird oft die in der Einleitung geschilderte Definition von Commons als „Triade“ von Common, Commoners und Commoning verwendet.[97] In der institutionalistischen Commons-Forschung findet sich diese Bezeichnung hingegen kaum. Nichtsdestotrotz kann auch die Commons-Konzeption der Institutionalisten mit der Triade beschrieben werden. *Ostrom* setzt in ihrem ersten Designprinzip voraus, dass klar definierte Grenzen von Ressource (Common) und Nutzenden (Commoners) bestehen. Die übrigen Designprinzipien beschäftigen sich mit den Institutionen der Appropriation, Herstellung und Instandhaltung der Ressource (Commoning).[98] Insofern besteht in dieser Hinsicht kein Widerspruch zwischen den Strömungen.

(2) Sozialer Prozess statt Ressource

In der Literatur zur alternativen Commons-Forschung findet sich regelmäßig die Aussage, dass Commons keine Ressource seien, sondern ein sozialer Prozess – „Commons sind nicht, sondern sie werden gemacht“.[99] Darin liegt einerseits eine empirisch-analytische Kritik an der institutionalistischen Strömung, andererseits soll dadurch die soziale bzw. politische Rolle von Commons in den Vordergrund gestellt werden. An der institutionalistischen Strömung wird kritisiert, dass sie CPR als statisch-physische Ressource in den Mittelpunkt stelle. Daran sei einerseits empirisch falsch, dass etwa die Ausschließbarkeit von CPR nicht bloß physisch bedingt sei, sondern eben auch

---

[97] *„Commons are not things, per se. They are composed of three elements: a resource, i.e. the ‚common good,‘ a group of people that use, tend, preserve, and reproduce this resource, and the rules that these people make to achieve these ends.“*, *Kratzwald*, Urban Commons, S. 30; abstrakter, aber i.E. gleichlaufend, *„Commoning wirkt, wie der Name schon sagt, in drei Bereichen: im sozialen Leben (Social Life), in der bewussten Selbstorganisation (Peer Governance) und bezüglich der Befriedigung von Bedürfnissen (Commons Provisioning).“*, *Helfrich/Bollier*, Frei, Fair und Lebendig, S. 90.

[98] *Bieniok* et al., Seizing the (Every)Day: Welcome to the Urban Commons!, S. 14.

[99] *Helfrich/Bollier*, Frei, Fair und Lebendig, S. 14.

Ergebnis sozialer Verhältnisse.[100] Wenn der Ausschluss von Personen von der Nutzung sozial nicht durchsetzbar ist, ist nicht relevant, ob der Ausschluss theoretisch physisch möglich wäre. Insofern ist dieser Punkt valide, wird aber auch in institutionalistischen Kreisen anerkannt und in der Forschung berücksichtigt.[101]

Weitreichender ist die Betonung der sozialen und politischen Bedeutung von Commons. Commons sollen eine alternative Form der Wirtschafts- und Gesellschaftsordnung ermöglichen. Dabei soll weniger die Lösung von CPR-Problemen im Mittelpunkt stehen, sondern die Neuordnung der Art und Weise, wie Menschen bei der Befriedigung ihrer wirtschaftlichen und sozialen Bedürfnisse vorgehen und miteinander umgehen.[102]

(3) Offenheit

Commons brauchen nach dem ersten Designprinzip von Ostrom klar definierte Grenzen. Dies ist aber nach Vorstellung vieler Vertreter der alternativen Strömung eine zu starke Einschränkung des Commons-Konzeptes bzw. steht einer potenziellen sozial-transformativen Wirkung entgegen.[103] Anstatt Grenzen nach außen zu setzen, sollen Commons und Commoners nach dieser Vorstellung auch für Außenstehende geöffnet bleiben. Dies steht potenziell in Konflikt mit CPR-Problemen. Wenn CPR keine Beschränkung des Nutzerkreises erfahren, laufen sie Gefahr, überbenutzt zu werden.[104] Die alternative Strömung begegnet diesem Problem teils damit, dass Commons nicht immer CPR als Common zum Gegenstand haben bzw. dass das Common nicht immer rivalisierend ist.[105] In diesem Fall ist in der Tat eine Begrenzung des

---

[100] Vgl. *Helfrich/Bollier*, Frei, Fair und Lebendig, S. 21.

[101] Siehe hierzu bereits C. I. 1. b) bb) (2).

[102] Aus der prozessorientierten Perspektive ergibt sich gleichzeitig, dass nicht rivalisierende Güter wie Daten potenziell Teil eines Commons werden können. Insofern erweitert die prozessorientierte Sichtweise den Blick auf Commons erheblich.

[103] So etwa *Shiva*, Foreword, S. x; kritisch zu diesem Aspekt der alternativen Strömung *Huron*, Carving out the Commons, S. 34.

[104] Dieses Problem wird auch von Vertretern der alternativen Strömung erkannt, *Helfrich/Bollier*, Frei, Fair und Lebendig, S. 70.

[105] Zum Teil wird in diesem Zusammenhang neben dem Konzept der Commons das verwandte Konzept des „Common" genannt (nicht gleichzusetzen mit der eingangs genannten Definition von „Common" als Bestandteil der Triade der Commons). Das „Common" ist ein groß angelegter Begriff und beschreibt die Gesamtheit der geteilten natürlichen Ressourcen, wie Luft, Wasser, Erde. Dazu gehört darüber hinaus die Gesamtheit der sozial hergestellten Güter, die für menschliche Kommunikation notwendig sind, so wie Wissen, Sprache, Code oder Information. Grenzen des Common können nach diesem großflächigen Ansatz nicht gezogen werden, *Hardt/Negri*, Commonwealth, S. viii.

Nutzerkreises nicht aus dem Grund erforderlich, dass eine Übernutzung des Commons drohen könnte.[106]

Sofern dies aber der Fall ist, wird befürwortet, Wege zu finden, wie Commoners für die Gesellschaft offenbleiben können. Helfrich/Bollier befürworten etwa, dass Commoners erstens „*Wissen großzügig weitergeben*“ und zweitens das Common „*weitergeben und bewahren*“.[107] Dieser Ansatz leuchtet insofern ein, als Wissen nicht rivalisierend ist und auch dann entsteht, wenn ein Common ein CPR ist. So können Commoners Erfahrungen und Einsichten, die sie aus dem Commoning gewonnen haben, mit außenstehenden Personen teilen.[108] Darüber hinaus kann die Erhaltung eines Common für künftige Generationen von Commoners den Zugang ermöglichen, auch wenn die zeitgleiche Nutzung nur eingeschränkt möglich ist.

Schließlich kann die Offenheit eines Wohnraum-Commons dadurch gefördert werden, dass Commoners Vorkehrungen treffen, um neue Commoners möglichst diskriminierungsfrei auszuwählen.

(4) Gleichrangige Selbstverwaltung

Für die alternative Commons-Strömung ist Selbstverwaltung bzw. Selbstorganisation ein zentraler Begriff. Er beschreibt nicht nur die Tatsache, dass Commoners ihre wirtschaftlichen Bedürfnisse eigenständig erfüllen. Darüber hinaus werden Ansprüche an die Art und Weise der Selbstverwaltung formuliert, etwa unter dem Stichpunkt der „Gleichrangigkeit“[109] oder „Autonomie“.[110] In diesem Punkt überschneidet sich das Commons-Konzept der alternativen Strömung mit dem der institutionalistischen Strömung, denn Selbstverwaltung ist auch für Ostrom ein selbstverständlicher Teil ihres Commons-Verständnisses. Die alternative Strömung lädt die Selbstverwaltung jedoch noch weitergehend mit gesellschaftspolitischen Vorstellungen und An-

---

[106] Es können in diesem Fall andere Gründe für eine Begrenzung sprechen, etwa um die Kommerzialisierung von Gütern zu ermöglichen und so Anreize für deren Herstellung zu setzen; kritisch zu diesem Argument *Shiffrin*, The Incentives Argument for Intellectual Property Protection, S. 94 ff.

[107] *Helfrich/Bollier*, Frei, Fair und Lebendig, S. 70 f.

[108] Gemeint ist, dass Wissen nicht dadurch weniger wird, dass es zwischen Menschen geteilt wird. Wissen kann durch soziale und rechtliche Mechanismen wie etwa geistigem Eigentum verknappt werden, indem die Weitergabe des Wissens erschwert wird. Diese Mechanismen ändern jedoch nichts an der Tatsache, dass Wissen als solches (d. h. die Kenntnis von Fakten, Erfahrungswerten, etc.) nicht rivalisierend ist.

[109] *Helfrich/Bollier*, Frei, Fair und Lebendig, S. 72.

[110] *Di Robilant*, McGill Law Journal, Vol. 58, No 2, 2012, 265–320, 293 ff.

sprüchen auf.[111] Dabei wird etwa auf das Konzept der „Peer-Governance“ abgestellt. Commoners sollen hiernach als „Peers“, d.h. als Gleichgestellte, handeln und behandelt werden. Helfrich/Bollier sprechen von „[...] einem fortdauernden, dialogorientierten Prozess der Koordination und der Selbstorganisation unter Gleichrangigen.“[112] Der Begriff wird teils in Abgrenzung von der „Partizipation“ verstanden.[113] So soll in Commons nicht etwa *für andere* oder *mit* anderen regiert werden, sondern *durch* die Commoners selbst. Gemeint ist, dass nicht einzelne Personen Entscheidungen treffen, an denen andere Personen teilhaben können oder sollen, sondern dass diese Personen integraler Bestandteil des Entscheidungsprozesses selbst sein sollen. Die Governance soll also von allen Commoners ausgehen und von allen initiiert werden können, nicht nur von einem Teil von ihnen.[114]

(5) Dekommodifizierung

Ein Kernkonzept der alternativen Strömung ist die Dekommodifizierung.

Die Dekommodifizierung kann in zwei Kernaspekte geteilt werden: erstens den Ausschluss der profitorientierten Verwertung des Commons und zweitens die Co-Produktion.

(a) Ausschluss von Profiten

Dekommodifizierung bedeutet, dass ein Gut nicht zu profitorientierten Zwecken verwertet werden darf. Commons, so diese Vorstellung, sollen ein dekommodifiziertes Mittel der Befriedigung menschlicher Bedürfnisse sein. Das bedeutet im Gegenzug, dass Commons kein Mittel zum Zwecke der profitorientierten Wirtschaft darstellen sollen. Ressourcen bzw. Ressourcen-Einheiten, die Teil eines Commons sind, sollen der Marktwirtschaft entzogen werden und nicht zur Erwirtschaftung eines Profits an Dritte veräußert werden.[115] Diese Vorstellung ist Ausdruck der antikapitalistischen Haltung der

---

111 *„Commoning shall be described as voluntary and inclusively self organized activities and mediation of peers who aim at satisfying needs.“ Euler*, Ecological Economics Vol. 143, 2018, 10–16, 12.

112 *Helfrich/Bollier*, Frei, Fair und Lebendig, S. 115.

113 Vgl. *Helfrich/Bollier*, Frei, Fair und Lebendig, S. 309; zu verschiedenen Verständnissen des Begriffs „Partizipation“, die nicht unbedingt mit der „Peer-Governance“ in Konflikt stehen müssen, siehe die Literaturübersicht bei *Hartz* et al., Partizipationspraktiken in Genossenschaften, S. 187 ff.

114 *Helfrich/Bollier*, Die Macht der Commons, S. 65, 82.

115 Ausführlich, *Helfrich/Bollier*, Frei, Fair und Lebendig, S. 215 ff.; *Peredo/McLean*, Organization 2020, Vol. 27, Issue 6, 817–839.

alternativen Strömung und findet ihre intellektuellen Wurzeln u. a. bei Marx[116] und Polanyi.[117]

Ein Gut ist also grundsätzlich dann dekommodifiziert, wenn es nicht gegen einen Profit veräußert/weitergegeben wird, sondern höchstens gegen einen kostendeckenden Betrag. Es ist jedoch auch möglich, weitergehend zu fordern, dass die Dekommodifizierung jegliche Veräußerung des Commons ausschließt, auch wenn die Commoners durch die Veräußerung keinen Profit für sich erlangen.[118] Im Kern geht es um die Frage, ob die Dekommodifizierung verlangt, dass ein Gut einem bestimmten Träger zugeordnet bleiben muss oder ob dieser das Gut veräußern darf und die Erlöse für andere – nicht profitorientierte Zwecke – verwenden darf. Diese konzeptuelle Frage wird in der Literatur zu Commons kaum direkt adressiert. Sie wird jedoch im Zusammenhang mit rechtspolitischen Diskursen zur „Vermögensbindung“ im Gesellschaftsrecht diskutiert (siehe hierzu E. II. 2. b) cc) (2)). Insofern lässt sich konzeptuell von einem „engen“ und einem „weiten“ Begriff der Dekommodifizierung sprechen.

Dekommodifizierung findet sich als Konzept nicht nur bei der alternativen Commons-Strömung, sondern existiert in gewisser Form auch in der kapitalistischen Marktwirtschaft. Transaktionen von Waren und Dienstleistungen innerhalb eines Unternehmens sind etwa dekommodifiziert.[119] Es ist jedoch zu unterscheiden zwischen einer durchgängigen Dekommodifizierung und einer partiellen Dekommodifizierung. Bei einem Unternehmen sind zwar die unternehmensinternen Transaktionen dekommodifiziert, aber sie laufen am Ende auf eine profitorientierte Transaktion nach außen gegenüber Kund*innen hinaus. Bei der Dekommodifizierung im Sinne der alternativen Strömung soll dieser letzte Schritt der profitorientierten Transaktion unterbleiben. Stattdessen soll die Produktion der subsistenzwirtschaftlichen (d. h. auf den Eigenverbrauch gerichteten) Bedürfnisbefriedigung dienen.[120]

---

116 Gedanklich knüpft diese Vorstellung etwa an die marxistischen Begriffe des Tauschwerts und Gebrauchswerts einer Sache an, vgl. hierzu *Marx*, Das Kapital, Erster Band, Buch I, S. 63 ff.; Commons, so die Vorstellung aus der alternativen Strömung, sollen den Gebrauchswert einer Sache, nicht jedoch ihren Tauschwert, realisieren, vgl. *Angelis*, e-flux, Journal 2010.

117 *Polanyi* erklärte, dass moderne Marktkräfte bestimmte Dinge wie Geld, Arbeitskraft oder Land zu „fiktiven Gütern“ machten. Der Handel mit diesen Dingen sei unnatürlich, weil sie nicht zum Zwecke des Handels erstellt wurden, *Polanyi*, The great Transformation, S. 71 ff.; siehe hierzu auch *Bollier*, Why Karl Polanyi Still Matters, On the Commons, 24. 02. 2009.

118 So anscheinend Helfrich und Bollier, die von der „Unveräußerlichkeit“ sprechen, *Helfrich/Bollier*, Frei, Fair und Lebendig, S. 215.

119 Arbeitnehmende eines Betriebes müssen beim Austausch von Leistungen grundsätzlich kein Entgelt entrichten, *De Angelis*, e-flux Journal, 2010.

120 So etwa De Angelis: „Thus we might state as a guiding principle that whatever is produced in the common must stay in the common in order to expand, empower, and

Das Konzept der durchgängigen Dekommodifizierung stellt eine Abkehr von der institutionalistischen Strömung dar. Nach Ostrom ist die Veräußerung von Ressourcen-Einheiten am Markt ohne Weiteres denkbar.[121] Die dekommodifizierte Bewirtschaftung eines Gutes ist jedoch nicht mit dem Verzicht auf wirtschaftliche Vorteile – die aus der Bewirtschaftung bzw. dem Commoning erwachsen – gleichzusetzen. So kann etwa mangels Profitgenerierung durch das Commoning eine Ware oder Dienstleistung zu einem kostendeckenden Preis erlangt werden. Hierdurch können für Commoners Kostenersparnisse entstehen, indem diese Waren oder Dienstleistungen nicht mehr zu Marktpreisen erwerben müssen.

(b) Co-Produktion

Das Commoning ist davon geprägt, dass das Common gemeinsam durch die Commoners geschaffen und genutzt wird (sog. „*Co-Produktion*").[122] Dies folgt daraus, dass das Common nicht profitorientiert verwertet werden darf, sondern zur Befriedigung von darüber hinausgehenden Bedürfnissen.[123] Das Commoning ist also nicht darauf gerichtet, ein Gut für den profitorientierten Vertrieb an beliebige Dritte zu erzeugen. Stattdessen wird gemeinsam ein Gut hergestellt und/oder instandgehalten, damit dieses gemeinsam genutzt werden kann. Das gemeinsame Schaffen erfolgt dabei grundsätzlich nicht nur durch finanzielle Beiträge, sondern so weit wie möglich durch den gemeinsamen Einsatz eigener Arbeitskraft.[124]

---

sustain the commons independently from capitalist circuits.", *De Angelis*, e-flux Journal, 2010. Oder auch Euler: „*commons is the social form of (tangible and/or intangible) matter that is determined by commoning. Hence, a matter only becomes a commons if people predominantly relate to it by commoning and if, there with, the social form is determined by these very practices. With this formulation it is made clear that social forms that are determined by other social factors are not to be considered commons. This includes, for example, production processes that involve commoning but ultimately aim at selling the products (e.g. in cooperatives). With the term social form the way of relating to the matter is included.*" *Euler*, Ecological Economics 143, 2018, 10–16, 12.

121 *Ostrom*, Governing the Commons, S. 31.

122 *Euler*, Ecological Economics 143, 2018, 10–16, 13; *Quilligan*, Why Distinguish Common Goods from Public Goods?, S. 78; siehe die Ausführungen unter dem Begriff „*Produsage*", *Bruns*, Blogs, Wikipedia, Second Life, and Beyond: From Production to Produsage, S. 15 ff.; *Helfrich/Bollier*, Frei, Fair und Lebendig, S. 155 ff.

123 Commons sind so verstanden auf „Subsistenz" ausgerichtet, d.h. das „*unmittelbare, selbstversorgende und fürsorgliche Tun*", *Bennholdt-Thomsen*, Geld oder Leben, Was uns wirklich reich macht, S. 45; vgl. hierzu auch *Helfrich*, ila 2010, 336, 59–60.

124 Vgl. *Helfrich/Bollier*, Frei, Fair und Lebendig, S. 161; vgl. *Helfrich/Knaffl/Meretz*, Commons statt Gemeinschaft – Anders bauen und wohnen, S. 49.

Die Co-Produktion hat mehrere Folgen:

Erstens folgt das gemeinsame Schaffen von Leistungen für den gemeinsamen Eigenverbrauch einer erheblich anderen Logik als die Deckung von Bedürfnissen durch den Erwerb von Leistungen auf dem profitorientierten Markt. Am profitorientierten Markt treffen Anbieter*innen von Leistungen und Verbraucher*innen mit divergierenden Interessen aufeinander. Bei der Eigenproduktion sind Anbieter*innen und Verbraucher*innen jedoch identisch, sodass keine divergierenden Interessen bestehen.[125] Dies führt einerseits zu einer potenziellen Kostenersparnis für die Nutzung der geschaffenen Leistung. Zudem kann ein Eigenwert darin gesehen werden, dass die Leistung nicht auf dem Wege der Aushandlung mit einer Partei erlangt werden muss, die divergierende Interessen verfolgt.[126] Darüber hinaus kann auch in dem gemeinschaftlichen Schaffen einer Leistung bzw. des Common selbst ein Wert gesehen werden. So kann die gemeinsame Betätigung den Bedürfnissen nach Schaffung, Sinn und Gemeinschaft dienen.[127]

Die Dekommodifizierung bzw. Co-Produktion bietet insofern drei potenzielle Vorteile: finanzielle Ersparnisse durch Verzicht auf Profite, Aufhebung der antagonistischen Logik bei Bedürfnisbefriedigung am Markt und gemeinschaftliches Miteinander des Commonings.

Die Co-Produktion hat auch potenzielle Nachteile und Herausforderungen. So setzt die Kostenersparnis des Commonings im Vergleich zur marktbasierten Bedürfnisbefriedigung voraus, dass das Commoning ein Mindestmaß an Effizienz aufweist. Wenn die Kosten des gemeinsamen Schaffens nämlich derart hoch sind, dass die erzeugte Leistung teurer ist als vergleichbare marktwirtschaftliche Leistungen, besteht kein Kostenvorteil. Darüber hinaus kann das „Selbermachen“ Produktivkräfte und Zeit binden, die anderweitig besser verwendet werden könnten.[128] Zudem kann das Erfordernis, Zeit und andere Ressourcen für das Commoning aufzubringen, Personen ausschließen, die diese nicht aufbringen können.

---

[125] Diese Dynamik entspricht der genossenschaftlichen Förderwirtschaft, *Beuthien*, AG 2006, 53–62, 58; siehe auch *Beuthien*, GenG, § 1 Rn. 11.

[126] Vgl. *Helfrich/Bollier*, Frei, Fair und Lebendig, S. 161 ff.

[127] *Euler*, Ecological Economics 143, 2018, 10–16, 13; *Helfrich/Bollier*, Frei, Fair und Lebendig, S. 161 f.

[128] Gleichzeitig entspricht es der Logik der Dekommodifizierung, dass eine nutzenmaximierende Betrachtungsweise im Sinne kapitalistischer Wertschöpfung abgelehnt wird. Opportunitätskosten sind insofern nur eingeschränkt entscheidungsrelevant.

(6) Einhegung „enclosure" und Rückeroberung „reclaiming"

Einhegung beschreibt den Vorgang, in dem Commons in Privateigentum überführt werden.[129] Er lehnt sich begrifflich an die Annexion von historisch als Commons genutzten Weideflächen ab dem 16. Jahrhundert durch den englischen Adel an.[130]

Für Vertreter*innen der alternativen Strömung ist die Einhegung von Commons eine fortwährende Gefahr, die vor allem in profitorientierten Verwertungsinteressen wurzelt und sowohl von dem Markt als auch dem Staat ausgehen kann.[131] Im Zusammenhang mit dem Begriff wird stellenweise die Kritik geäußert, dass die institutionalistische Strömung sich zu sehr auf die Governance existierender Commons beschränke. Die Bedrohung existierender Commons durch Einhegung durch Ausverkauf werde nicht hinreichend untersucht.[132] Insgesamt mag es stimmen, dass die institutionalistische Strömung sich nicht besonders mit der Bedrohung von Commons durch Kommerzialisierung auseinandersetzt. Gleichzeitig finden sich aber Beispiele, in denen aus Kreisen institutionalistischer Forschung etwa auf die Gefahr der Einhegung durch den Staat hingewiesen wird.[133]

Die Umkehr der Einhegung stellt die Rückeroberung dar – „reclaiming".[134] So können Commons nach diesem Begriff „zurückerobert" werden und vormals profitorientierte, privateigentumsorientierte Prozesse der Bedürfnisbefriedigung in Commons-Strukturen überführt werden. Gedanklich wird hier-

---

129 *Helfrich/Bollier*, Die Macht der Commons, S. 74; *Kratzwald*, Urban Commons, S. 30f.

130 Eingehend hierzu *Runge/Dedrancesco*, World Development Vol. 34, Issue 10, 2006, 1713–1727, 1714ff.; *Pistor*, The Code of Capital, S. 29ff. Ein ähnliches Beispiel für die wortwörtliche Umzäunung ist die Verwendung von Stacheldraht, um Anbauflächen im Westen der USA gegen Viehherden abzusichern. Die Erfindung des Stacheldrahts machte die Umzäunung kostengünstig möglich und beendete so die Lebensweise der Cowboys, die mit ihren Viehherden über verschiedene Landflächen zogen, *Heller/Salzmann*, Mine!, Introduction.

131 *Kratzwald*, Urban Commons, S. 30.

132 Deutlich etwa *Kratzwald*, *„Here the weaknesses of Ostrom's research become visible. She investigated institutions which were relatively closed, and examined them during or after their establishment. What preceded the establishment, the conflicts and power relations that led to their formation, is not present. All of the struggles for commons in the course of the enforcement of capitalism, as described in detail by Linebaugh or Polanyi, do not play a role in institutional research. This is why these theories fall short, even if they are very helpful in some situations.*", *Kratzwald*, Urban Commons, S. 35; *Huron*, Carving out the Commons, S. 4f.

133 *Hess/Ostrom*, Private and Common Property Rights, 8.

134 *Klein*, New Left Review, 9, May/June 2001, 81–89; *Kratzwald*, Urban Commons, S. 35.

bei stellenweise suggeriert, dass Commons eine Art Urzustand darstellen und dass die Schaffung von Commons nicht die Herstellung eines neuen Zustandes ist, sondern die Wiederherstellung eines früher vorhandenen Zustandes. Zum Teil wird dies mit der Theorie der „ursprünglichen Akkumulation“ von *Marx* verknüpft.[135]

Unabhängig von der Frage, ob die historischen Prämissen dieser Theorie valide sind oder nicht, steht fest, dass die alternative Strömung – anders als die institutionalistische Strömung – sich aktivistisch mit der Frage befasst, wie Commons in einer kapitalistischen Marktwirtschaft entstehen können und wie sie vor einer Privatisierung bewahrt werden können.

(7) Fazit

Insgesamt lässt sich festhalten, dass Commons für die alternative Strömung der Commons-Forschung ein Praxisfeld mit potenziell transformativer Wirkung für das Soziale darstellen. Commons werden nicht mit CPR gleichgesetzt, sondern sie bestehen aus der Triade der Commons. Das Common mag ein CPR darstellen, die empirische Analyse der CPR-Probleme und deren Lösung stehen für die alternative Strömung jedoch nicht im Vordergrund. Stattdessen wird das Potenzial von Commons, eine Form der Bedürfnisbefriedigung jenseits von Markt und Staat, in den Mittelpunkt gestellt. Die sozialtransformative Wirkung setzt dabei voraus, dass Commons dekommodifiziert sind und dass ihre Governance dem Grundsatz der Gleichrangigkeit folgt. Zudem sollen Commons sich nicht von der Gesellschaft absondern, sondern offen für Menschen und Ideen sein. Dabei steht nicht nur die Frage im Mittelpunkt, wie Commons als Praxis ausgestaltet werden können oder sollen, sondern auch, wie Commons in einer kapitalistischen Marktwirtschaft als Alternative jenseits von Markt und Staat geschaffen und bewahrt werden können.

d) Urbane Commons

Commons, insbesondere Wohnraum-Commons, existieren häufig in urbanen Räumen. Diese Räume sind im Vergleich zu nichturbanen Räumen von besonderen Merkmalen bzw. Bedingungen geprägt, die sich auf Commons auswirken. Sie verändern dadurch die Anforderungen, die an das Commoning gestellt werden.

Neben den beiden beschriebenen Strömungen der Commons-Forschung gibt es daher einen Teilbereich der Commons-Forschung, der Commons im

---

135 So etwa *Peekhaus*, Science & Society, Vol. 75, No. 4, 2011, 529–554, 542 ff.; *De Angelis*, The Commoner, Issue 02, September 2001.

urbanen Raum untersucht. Dabei können „urbane Commons" sowohl aus der Perspektive der institutionalistischen als auch aus der der alternativen Commons Forschung betrachtet werden.[136] In beiden Bereichen spielen Einsichten der Stadtforschung eine wesentliche Rolle. Wohnraum-Commons bzw. die mit ihnen einhergehende Dekommodifizierung von Wohnraum ist vor allem im urbanen Raum von großer Bedeutung.[137] Daher stelle ich die Forschung zu urbanen Commons an dieser Stelle kursorisch dar, sodass dadurch Anforderungen an die Schaffung und Erhaltung von Wohnraum-Commons abgeleitet werden können. Ausgangspunkt ist dabei eine Definition von „*Urbanität*", also die Frage, was „*das Urbane*" ausmacht. Sodann erörtere ich, welche Folgen die Eigenschaften des Urbanen für Commons haben.

aa) Merkmale der Urbanität

Definitionen von Urbanität können nur begrenzte Aussagekraft haben, weil Übergänge von Urbanem zu Nicht-Urbanem zwangsläufig fließend sind.[138] Darüber hinaus besteht kein Konsens darüber, was Urbanität ausmacht, sondern es finden sich vielfältige Definitionen, welche Ausdruck verschiedener Forschungsdisziplinen und ihrer Unterbereiche sind.[139]

Das Urbane bzw. die Urbanität ist nach herrschender Ansicht jedoch kein Ort, also die physische Stadt selbst, sondern ein Prozess.[140] Um zu bestimmen, ob sich Wohnraum im urbanen Raum befindet, ist es also nicht entscheidend, auf einer Karte zu prüfen, ob sich dieser Wohnraum innerhalb einer Stadtgrenze oder einer bestimmten Art der Bebauung befindet. Vielmehr ist es entscheidend, auf die Lebensweise zu schauen, in deren Zusammenhang bzw. Wirkungsbereich sich Wohnraum befindet.[141]

---

[136] Als Beispiel der alternativen Strömung siehe etwa *Kip*, Moving Beyond the City: Conceptualizing Urban Commons from a Critical Urban Studies Perspective. Für die institutionalistische Strömung, *Ling* et al., IJBES Vol. 6 No. 2 2019, 13–21.

[137] Siehe hierzu C. I. 1. d) aa) (2) und C. I. 2. b) bb) (5) (b).

[138] Gleichzeitig liegt in der Definition von Urbanität ein potenzieller analytischer Mehrwert, d.h. die Möglichkeit, bestimmte Prozesse bzw. Kausalzusammenhänge in der Welt besser zu verstehen. Daher kann eine Definition trotz ihrer inhärenten Beschränkungen sinnvoll sein. Entscheidend ist dabei die Einsicht, dass die Definition nur beschränkt aussagekräftig ist und dass sie fortlaufend hinterfragt und erneuert werden sollte.

[139] *Russo*, Projekt Stadt: Eine Geschichte der Urbanität, S. 6; *Wüst*, Urbanität: Ein Mythos und sein Potential, S. 7; für eine Übersicht siehe etwa *Bieniok* et al., Seizing the (Every)Day: Welcome to the Urban Commons!, S. 16 f.

[140] *Wirth*, American Journal of Sociology Vol. 44, No. 1, 1938, 1–24, 4 ff.; *Huron*, Carving out the Commons, S. 44.

[141] Der mit der Urbanität verwandte Begriff der „Stadt" wird in Deutschland vom Bundesinstitut für Bau-, Stadt- und Raumforschung anhand der Bevölkerungsanzahl

Die US-amerikanische Commons-Forscherin Amanda Huron hat auf dieser Grundlage (und mittels vielfältiger Quellen aus der Stadtforschung) postuliert, dass Urbanität durch drei Eigenschaften gekennzeichnet ist: erstens eine relativ große, dichte und diverse Bevölkerung, zweitens die Akkumulation von Kapital, drittens die starke Präsenz des Staates durch hohe staatliche Regelungsdichte und Überwachung. Dieser Dreiteilung folge ich für die Zwecke meiner Forschung und reichere sie stellenweise mit zusätzlichen Überlegungen an.

(1) Relativ große, dichte und diverse Bevölkerung

In urbanen Räumen lebt im Verhältnis zu ländlichen Räumen eine große Anzahl von Menschen.[142] Dieses Definitionsmerkmal ist je nach Region unterschiedlich, da die Bevölkerungsgröße in einigen Staaten auf dem Land deutlich geringer als in anderen Staaten sein kann.[143] Eine zentrale Folge einer großen Bevölkerung ist jedoch, dass Menschen nur mit einem kleinen Anteil der Personen, die ihnen täglich begegnen, eine persönliche Beziehung haben. Charakteristisch ist also, dass Menschen von Fremden umgeben sind.[144]

Diese relativ große Zahl von Menschen lebt dicht beieinander.[145] Zudem ist die relativ große Zahl von dicht beieinander lebenden Menschen divers. Divers sind einerseits ihre kulturellen Hintergründe, welche sie u. a. durch ihren Zuzug von anderen Orten mitbringen,[146] andererseits gehen die Menschen in urbanen Räumen vielfältigen Erwerbstätigkeiten nach.[147]

Diese Größe bzw. Anonymität, Dichte und Diversität kann zu Konflikten führen. Sie kann aber auch einen bereichernden Austausch bewirken.[148]

---

und ihrer „zentralörtlichen Funktion", d. h. ihrer Versorgungsfunktion, definiert, BBSR, Laufende Stadtbeobachtung – Raumabgrenzungen.

142 Vgl. etwa *Wirth*, „*For sociological purposes, a city may be defined as a relatively large, dense, and permanent settlement of socially heterogeneous individuals*", *Wirth*, American Journal of Sociology Vol. 44, No. 1, 1938, 1–24, 8.

143 So gelten – nach den Definitionen der jeweiligen lokalen Regierungen – Orte in Grönland mit mehr als 200 Einwohner*innen als urban, während in Italien Kommunen mit mehr als 10.000 Einwohner*innen als urban gelten, UN, World Urbanization Prospects: The 2018 Revision, S. 88 f.

144 *Huron*, Carving out the Commons, S. 45; grundlegend zu den Auswirkungen dieser Fremdheit *Simmel*, Die Großstädte und das Geistesleben.

145 *Wirth*, American Journal of Sociology Vol. 44, No. 1, 1938, 1–24, 11.

146 *Huron*, Carving out the Commons, S. 45; *Wirth*, American Journal of Sociology Vol. 44, No. 1, 1938, 1–24, 11.

147 *Huron*, Carving out the Commons, S. 46.

148 *Huron*, Carving out the Commons, S. 45.

(2) Kapitalakkumulation und -konzentration

In urbanen Räumen wird eine Vielzahl von Dingen und Prozessen akkumuliert, unter anderem Kapital. Kapitalakkumulation soll in diesem Zusammenhang als die relative Größe von vier Kennzahlen verstanden werden: dem Pro-Kopf-Einkommen, der Arbeitsproduktivität, dem Bildungsgrad der arbeitenden Bevölkerung und der Ausrichtung der örtlichen Wirtschaft auf den Dienstleistungssektor.[149] Darüber hinaus geht Urbanität mit einem hohen Anteil der örtlichen Wirtschaftsleistung an der gesamtnationalen Wirtschaftsleistung einher, gemessen als Bruttoinlandsprodukt.[150]

Die Akkumulation und Konzentration von Kapital wird in der Stadtforschung im Zusammenhang mit der „produktiven Rolle" der Stadt im Allgemeinen diskutiert.[151] So argumentiert Lefebvre, dass die wesentliche Eigenschaft der Stadt in ihrer Zentralität liegt. Sie bringt Menschen, Dinge und Prozesse zusammen. Dabei entfalten sich enorme Produktivkräfte.[152] Ein Resultat ist, dass in der Stadt einerseits immense Vermögenswerte entstehen und andererseits Personen und Unternehmen mit großen Vermögen um die Ressourcen der Stadt konkurrieren. Hierbei entstehen Preissteigerungen von Grundstücken, die auf die Gesamtleistung der umliegenden Stadt zurückgeführt werden können, nicht aber auf Arbeit bzw. Investitionen der Grundstückseigentümer*innen. In urbanen Räumen entstehen so regelmäßig „leistungslose" Gewinne von Grundstückseigentümer*innen.[153] Gleichzeitig entsteht Kommerzialisierungsdruck auf vorhandene Flächen.[154]

---

149 *Kloosterman/Lambregts*, Urban Geography Vol. 28, Nr. 1, 54–73, 67.

150 *Kloosterman/Lambregts*, Urban Geography Vol. 28, Nr. 1, 54–73, 67.

151 *Huron*, Carving out the Commons, S. 47 m. w. N.

152 *„Die Stadt bringt das zusammen, was anderswo angelegt ist, durch die Natur oder durch Arbeit: Früchte und Objekte, Produkte und Produzenten, Arbeiten und Kreationen, Aktivitäten und Situationen. Was erschafft die Stadt? Nichts. Sie zentralisiert das Schaffen. Und doch erschafft die Stadt alles. Nichts existiert ohne Austausch, ohne Einheit, ohne Nähe, das heißt, ohne Beziehungen.* […] *Das Urbane ist daher reine Form: ein Ort der Begegnung, der Versammlung, Gleichzeitigkeit. Diese Form hat keinen spezifischen Inhalt, aber sie ist Mittelpunkt der Anziehung und des Lebens."* *Lefebvre*, La Révolution urbaine, 117 f.

153 *Huron*, Carving out the Commons, S. 52 m. w. N.; siehe hierzu auch C. I. 2. b) bb) (5) (b).

154 In deutschen Großstädten waren Nettokaltmieten im ersten Halbjahr 2022 rund 30 % höher als auf dem Land, Destatis, Pressemitteilung Nr. N 071 vom 19. 12. 2022. Der Begriff der Großstadt bezieht sich auf die Einwohnerzahl (mindestens 100.000) und ihre zentralörtliche Funktion, BBSR, Laufende Stadtbeobachtung – Raumabgrenzungen. Damit ist der Begriff der Großstadt nicht zwingend deckungsgleich mit den hier beschriebenen Kriterien der Urbanität. Gleichzeitig dürfte der Begriff der Großstadt als Indikator für Urbanität gelten.

(3) Präsenz des Staates

In urbanen Räumen ist der Staat präsent durch einen hohen Grad der Dichte von staatlichen Regelungen und einen hohen Grad der Regeldurchsetzung.[155] Dies führt dazu, dass Wohnraum-Commons in hohem Maße darauf angewiesen sind, dass der Staat die Selbstverwaltungsstrukturen des Commons anerkennt.[156] Gleichzeitig eröffnen sich auch potenzielle Chancen für Kooperationen zwischen der öffentlichen Hand und Commons.[157]

bb) Konsequenzen für urbane Commons

Aus den beschriebenen Eigenschaften der Urbanität lassen sich Konsequenzen für Commons ableiten. In der Commons-Forschung wird teils postuliert, dass die Designprinzipien von Ostrom in urbanen Kontexten nicht anwendbar seien, sondern modifiziert werden müssten.[158]

Es liegt jedenfalls nahe, dass in urbanen Räumen die Basis für das gemeinsame Commoning durch die Anonymität und Heterogenität der Commoner infrage gestellt wird.[159] Ostrom beschreibt, dass es für Commons zuträglich ist, wenn der Kreis der Commoners möglichst homogen ist und wenn die Commoners die Erwartung haben, eine gemeinsame Vergangenheit und eine gemeinsame Zukunft zu teilen.[160] Dies ist in urbanen Räumen anders. Personen können weniger darauf vertrauen, eine gemeinsame Vergangenheit und Zukunft zu teilen. Dies kann dazu führen, dass Commoners Unsicherheiten über künftige Ereignisse haben, sodass sich ihre Diskontrate erhöht.[161]

Die intensive Akkumulation von Kapital in urbanen Räumen kann wiederum zur Kommodifizierung von Commons beitragen. So ist die Versuchung, ein günstig erlangtes Commons gewinnbringend zu veräußern, umso größer, je mehr Gewinne damit verbunden sind.[162]

---

155 *Huron*, Carving out the Commons, S. 49 f.

156 *Huron*, Carving out the Commons, S. 50.

157 Siehe hierzu etwa *Jerchel/Pape*, Diskussionspapier: CPPs, 2022.

158 *Foster/Iaione*, Ostrom in the City: Design Principles and Practices for the Urban Commons, S. 240.

159 *Choe*, The Organization of Urban Common-Property Institutions, S. 34; *Huron*, Carving out the Commons, S. 87.

160 *Ostrom*, Governing the Commons, S. 88.

161 Vgl. *Ostrom*, Governing the Commons, S. 88; gleichzeitig werden aber auch urbane Commons generationsübergreifend von Familienmitgliedern genutzt, siehe etwa die Beschreibung bei *Huron*, Carving out the Commons, S. 135.

162 *Huron*, Carving out the Commons, S. 128 ff.

Auch die verstärkte Präsenz des Staates wirkt sich auf Commons aus. Commons können durch staatliche Stellen beschränkt oder staatlicher Kontrolle unterworfen werden.[163] Gleichzeitig kann der Staat Commons aber auch fördern und unterstützen.[164] In jedem Fall ist im urbanen Raum die Konfrontation von Commons mit dem Staat weniger vermeidbar als in ländlichen Regionen.

e) Fazit

Unter dem Begriff der Commons lassen sich einerseits deskriptiv-analytische Inhalte und andererseits philosophisch-normative Inhalte fassen. Die institutionalistische Strömung betrifft vorrangig erstere Kategorie, indem sie Kausalzusammenhänge bei Commons beschreibt und verständlich macht. Die alternative Strömung ist vorrangig in der zweiten Kategorie angesiedelt, indem sie Commons als Mittel ansieht, um eine als erstrebenswert gesehene Gesellschaft zu erreichen. Beide Strömungen befassen sich mit Commons im urbanen Kontext und ergänzen sich gegenseitig. Eine philosophisch-normative Beschreibung von Commons ist auch dann unzulänglich, wenn man sich ihr inhaltlich anschließt und ihre Sozialutopie für richtig und erstrebenswert befindet. Denn erst dann, wenn verständlich ist, wie diese Ziele erreicht werden können, erlangt die Sozialutopie tatsächliche Bedeutung.

Im Gegenzug ist die rein deskriptiv-analytische Beschreibung der Kausalzusammenhänge von Commons insofern unzulänglich, als aus ihrem Erkenntnisgewinn noch keine Handlungsanleitung folgt. Es mag einem wissenschaftlichen Anspruch entgegenkommen, wenn ein Feld versucht, die Welt bloß zu beschreiben, aber das Beschriebene nicht zu bewerten. Dennoch gewinnt die Erkenntnis erst dann tatsächliche Bedeutung, wenn sie praktisch verwertet wird. Diese praktische Verwertung sollte möglichst durchdacht und bewusst erfolgen. An dieser Stelle leistet die alternative Strömung einen wertvollen Beitrag, indem sie tiefgreifende und umfassende Überlegungen dazu anstellt, welche Rolle Commons für die Gesellschaft spielen können und sollen.

Erst in der Zusammenschau beider Strömungen ergibt sich also ein Gesamtbild, welches in der Lage ist, gesellschaftliche Herausforderungen angemessen zu adressieren und gesellschaftliche Verbesserungen zu bewirken.

---

[163] *Huron*, Carving out the Commons, S. 50.

[164] Vgl. *Jerchel/Pape*, Diskussionspapier: CPPs, 2022.

2. Definition von Wohnraum-Commons

Auf Grundlage der Darstellung der institutionalistischen und der alternativen Strömungen der Commons-Forschung stellt sich die Frage, welche Definition von Wohnraum-Commons meiner Untersuchung zugrunde gelegt werden soll.

Um diese Frage zu beantworten, gehe ich in drei Schritten vor: Zunächst werfe ich eine Definition von „Wohnraum“ auf (a)). Sodann prüfe ich, wie sich diese Definition in die dargestellten Commons-Konzepte der jeweiligen Strömungen der Commons-Forschung einfügt (b)). Auf dieser Grundlage bilde ich schließlich eine Arbeitsdefinition für die weitere Untersuchung (c)).

a) Definition von Wohnraum

Wohnraum setzt sich aus zwei Komponenten zusammen: Wohnraum besteht aus einer physischen Ressource (Gebäude, Boden, etc.) und einer Zweckwidmung (die Ressource soll zu Wohnzwecken dienen).[165]

Meine Definition von Wohnraum soll nicht den juristischen Diskurs um diesen Begriff aufgreifen.[166] Vielmehr soll die Arbeitsdefinition funktional, mit Blick auf das Erkenntnisziel der Arbeit, aufgestellt werden.[167] Sie soll also berücksichtigen, dass im Forschungsfeld der Commons Einigkeit darüber besteht, dass Commons „gemeinschaftlich“ genutzte Ressourcen sind. Dementsprechend soll Wohnraum betrachtet werden, der dazu bestimmt und geeignet ist, von mehr als nur einer Person zur gleichen Zeit bewohnt und bewirtschaftet zu werden. Diese Einschränkung auf die Eignung und Bestimmung für potenziell zeitgleiche Nutzung ist keinesfalls trivial oder selbstverständlich. Sie berührt Grundfragen der Diskussion darüber, was unter dem prägenden Merkmal der „gemeinsamen“ Nutzung des Common zu verstehen ist:

Es ist nämlich auch denkbar, dass eine „gemeinsame“ Nutzung auch „nacheinander“, d. h. „konsekutiv“ geschehen kann. Denkbar wäre es also, mehrere Generationen von Nutzenden einer Wohnung als „Gemeinschaft“ zu verste-

---

165 So sind weder der Raum ohne Zweckwidmung noch die Zweckwidmung ohne Raum geeignet, dieselbe Funktion wie Wohnraum zu erfüllen.

166 Etwa zu Art. 13 Abs. 1 GG, § 2 WoGG oder § 244 Abs. 1 Nr. 3, Abs. 2 StGB.

167 Es soll also möglichst ein Wohnraumbegriff zugrunde gelegt werden, welcher zumindest potenziell der Theorie und Praxis der Commons entspricht. Die drei Fragen, was genau für ein Wohnraumbegriff zugrunde gelegt wird und wie dieser in das Forschungsfeld der Commons einzuordnen ist und welche Arbeitsdefinition daraus abgeleitet werden soll, können und sollen also nicht gänzlich voneinander abgeschichtet werden. Sie gehen vielmehr ineinander über.

hen, welche die Wohnung „gemeinschaftlich“ nacheinander nutzen. Die Folge wäre, dass auch eine Hütte mit Raum für eine Einzelperson als Commons verstanden werden könnte.

Dennoch untersuche ich Wohnraum für Einzelpersonen nicht, weil er nicht dem Wohnraum entspricht, der typischerweise von den untersuchten rechtlichen Ansätzen geschaffen und erhalten wird.[168] Darüber hinaus entspricht er nicht dem typischen Wohnraum im urbanen Kontext, bei welchem die Dekommodifizierung ein besonders relevantes Kriterium darstellt.[169] Daher besteht der von mir untersuchte Wohnraum grundsätzlich aus Wohneinheiten für mehrere Haushalte und zugehörigen Gemeinschaftseinrichtungen.

Auf dieser Grundlage stelle ich folgende Arbeitsdefinition für „Wohnraum“ auf:

> Wohnraum umfasst Boden und Bebauung. Diese bilden gemeinsam eine Einrichtung mit mehreren Wohneinheiten, die von mehreren Haushalten hauptsächlich zu Wohnzwecken hergestellt und instandgehalten wird. Die Einrichtung ist daher für die potenziell zeitgleiche gemeinschaftliche und nacheinander erfolgende generationsübergreifende Nutzung bestimmt. Dabei beinhaltet der Wohnraum Bestandteile, die zur privaten Nutzung bestimmt sind (insb. Wohnungen) und Bestandteile, die zur gemeinschaftlichen Nutzung bestimmt sind (z. B. Fassade, Treppenhaus, Innenhof, Gärten und Gemeinschaftsräume).

b) Wohnraum als Commons

Es stellt sich die Frage, wie Wohnraum als Commons konzipiert werden kann bzw. wie der oben beschriebene Wohnraum in die Perspektive der Commons-Forschung einzuordnen ist.

aa) Institutionalistische Strömung

Aus Sicht der institutionalistischen Strömung ist die wesentliche Frage für die weitere Untersuchung, ob Wohnraum ein CPR darstellt. Von dieser Frage hängt ab, welche Anforderungen ein rechtlicher Ansatz zu Schaffung und Erhaltung von Wohnraum-Commons erfüllen muss. Wenn Wohnraum ein CPR ist und dadurch CPR-Problemen begegnet, muss der rechtliche Ansatz zur

---

[168] Vgl. für die eG, BBSR, Neues Wohnen – Gemeinschaftliche Wohnformen bei Genossenschaften, S. 19. Die Hausprojekte im MHS haben im Median 18 Bewohner*innen – nach eigener Berechnung auf Grundlage von MHS, Projekte in Deutschland. Zur Stadtbodenstiftung fehlt insofern eine bisherige Rechtspraxis. Angesichts der Lage in Kreuzberg ist jedoch eine entsprechende künftige Projektstruktur naheliegend.

[169] Vgl. C. I. 1. d) aa) (1).

Schaffung und Erhaltung von Wohnraum-Commons strukturell in der Lage sein, diesen CPR-Problemen zu begegnen. CPR sind – wie oben dargestellt – dadurch gekennzeichnet, dass sie rivalisierend sind und es schwierig bzw. teuer ist, Personen von der Nutzung auszuschließen. Da der untersuchte Wohnraum aus unterschiedlichen Teilen besteht (private Wohnung, gemeinschaftlich genutzte Teile), muss die Antwort differenziert ausfallen.[170]

(1) Grad der Ausschließbarkeit

Es ist grundsätzlich ohne prohibitiv hohe Kosten möglich, durch Mauern und Schlösser Personen von der Nutzung von Wohnraum auszuschließen. Dies trifft sowohl auf die einzelnen Wohneinheiten als auch auf die Gemeinschaftseinrichtungen zu. Insofern tragen einige Bestandteile von Wohnraum eher die Züge eines Privatgutes bzw. Gebührgutes anstatt eines CPR.[171] Dennoch ist es bei Wohnraum mit mehreren Haushalten und Gemeinschaftseinrichtungen regelmäßig ausgeschlossen, die Folgen der Nutzung und Bereitstellung durch bzw. für eine Person nur auf diese Person zu beschränken. Insbesondere bei Gemeinschaftseinrichtungen können per Definition regelmäßig nur außenstehende Personen ausgeschlossen werden, nicht aber andere Personen, die Teil der Gemeinschaft sind. Die Gemeinschaftseinrichtungen entsprechen daher einem Group-Access-Szenario, in welchem CPR-Probleme auftreten können.[172] Darüber hinaus sind auch bei der alltäglichen Nutzung

---

[170] In der Commons-Forschung sticht zur Frage, ob (gemeinschaftlich genutzter) Wohnraum ein CPR ist, vor allem die Arbeit von Jaesong Choe hervor. Choe hat in einer ausführlichen Arbeit Residential Community Associations (RCAs) in Seoul untersucht. RCAs entsprechen weitgehend der oben genannten Definition von Wohnraum. Das Ergebnis dieser Untersuchung war, dass RCAs verschiedene CPR-Probleme aufweisen: So bestanden bei den untersuchten Projekten Herausforderungen in Bezug auf Nutzungsregelungen, d. h. die Regelung, welche Personen den Wohnraum nutzen können, und die Regelung der Art und Weise der Nutzung. Die Bewohnerschaft der untersuchten RCAs griff jeweils auf externe Dienstleister zurück, um Zugang und Nutzung des Wohnraums zu regulieren. Hierbei traten Probleme beim Verhalten dieser Dienstleister auf. Insgesamt waren die Projekte jedoch erfolgreich in ihren Bemühungen, die Nutzung des Wohnraums zu regulieren. Die Instandhaltung des Wohnraums war hingegen problematischer – nur mit Unterstützung von staatlichen Stellen waren RCAs in der Lage, sicherzustellen, dass notwendige Investitionen in den Wohnraum erfolgten. Dies deutet darauf hin, dass Wohnraum jedenfalls in Bezug auf die Erhaltung CPR-Probleme aufweist und auch in der Nutzungsregelung CPR-Problemen begegnen kann, *Choe*, The Organization of Urban Common-Property Institutions.

[171] *Choe/Yun*, Development and Society, 2017, Vol. 46, 113–129, 121 f.

[172] Darüber hinaus kommt es praktisch auch vor, dass Wohnraum zumindest faktisch open access ist. Choe beschreibt eindrucksvoll die CPR-Probleme von open access-Wohnraum sowie die daraus resultierenden Spill-over-Effekte für die umliegende Nachbarschaft, *Choe*, The Organization of Urban Common-Property Institutions, S. 33 f.

einer Wohneinheit oft zwangsläufig andere Wohneinheiten mitbetroffen. So kann die im Wohnraum vorhandene Ruhe als CPR verstanden werden.[173] Wenn nun ein Haushalt in seiner Wohnung laut Musik hört, nutzt er gleichzeitig die in anderen Wohnungen vorhandene Ruhe. Zudem kommt bei Wohnraum in Mehrfamilienhäusern mit Gemeinschaftseinrichtungen der Nutzen von Bereitstellungsmaßnahmen regelmäßig einem größeren Kreis von Personen zu. Dementsprechend können angebotsseitige Probleme der Bereitstellung auftreten, in Form von Trittbrettfahrerverhalten.[174]

Insgesamt ist der von mir betrachtete Wohnraum aufgrund seiner gemeinschaftlichen Ausrichtung zumindest in Teilen schwer ausschließbar.

(2) Grad der Rivalisierung

Wohnraum ist zu einem hohen Grad rivalisierend. Ein Gut ist dann rivalisierend, wenn dessen Nutzung durch eine Person die Nutzung durch eine andere Person ausschließt. Bei Wohnraum drückt sich dies im Wesentlichen durch Überfüllung aus. Insbesondere die Nutzung einer Wohnung bzw. Wohneinheit durch einen Haushalt schließt die Nutzung durch weitere Personen regelmäßig faktisch aus. Überfüllung kann auch bei Gemeinschaftseinrichtungen eintreten. Neben der Tatsache, dass Wohnraum als physische Ressource überfüllt werden kann, drückt sich die Rivalisierung auch in weniger körperlichen Vorgängen aus. Dies betrifft insbesondere Güter wie Ruhe, Sauberkeit oder Geruchsneutralität.[175]

(3) Zwischenfazit

Es kann insgesamt festgehalten werden, dass der von mir untersuchte Wohnraum in erheblichen Teilen ein CPR in Form einer Common-Einrichtung ist.[176] Als solcher unterliegt er CPR-Problemen.

---

173 Ausführlich zur Ruhe als CPR *Dumyahn/Pijanowski*, Landscape Ecology, 2011, Vol. 26, 1311–1326, 1312.

174 Siehe hierzu C. I. 1. b) bb) (4).

175 Ein Blick in die deutsche Rechtspraxis zu nachbarschaftlichen Streitigkeiten in diesen Bereichen gibt Aufschluss über das Ausmaß dieser Probleme. Eine umfassende Übersicht zur Rechtsprechung zu Nutzungskonflikten in Mehrfamilienhäusern gebend, *Meyer-Abich*, NZM 2022, 113–123.

176 Zum Begriff der Common-Einrichtung, C. I. 1. b) bb) (3).

bb) Alternative Strömung

Ich stelle an dieser Stelle dar, wie sich die oben dargestellte Definition von Wohnraum in das Commons-Konzept der alternativen Strömung einfügt bzw. wie Wohnraum auf Grundlage dieser Definition ausgestaltet sein müsste, um in das Konzept der alternativen Strömung zu passen. In der alternativen Strömung hat es verschiedene Auseinandersetzungen mit der Frage gegeben, was ein Wohnraum-Commons ausmacht.[177] Diese Quellen werden einbezogen und gehen zum Teil in den hier genannten Merkmalen auf.

(1) Triade

Bei einem Wohnraum-Commons bildet die Bewohnerschaft die Gruppe der Commoners. Der Wohnraum ist das Common und die gemeinsame Praxis des Wohnens und der Schaffung und Erhaltung des Wohnraums stellt das Commoning dar.[178]

(2) Sozialer Prozess

Nach der alternativen Strömung ist das Commoning, d.h. die gemeinsame Praxis des Wohnens und des Schaffens und Erhaltens des Wohnraums, prägend für die Eigenschaft als Wohnraum-Commons. Im Gegensatz zur institutionalistischen Strömung ist nicht entscheidend, inwiefern Wohnraum ein CPR darstellt oder nicht. Ob ein Wohnraum-Commons vorliegt, kann nur unter Betrachtung des sozialen Prozesses bestimmt werden.[179]

(3) Offenheit

Wohnraum und Offenheit stehen in einem Spannungsverhältnis. Wie dargestellt, ist Wohnraum zu einem hohen Grad rivalisierend, sodass eine gemeinsame Nutzung durch mehrere Personen gleichzeitig nur sehr eingeschränkt möglich ist. Sofern Wohnraum open access ausgestaltet ist, begegnet er zudem

---

[177] *Helfrich, Knaffl* und *Meretz* skizzieren etwa fünf Grundmuster des Commonsmäßigen Bauens und Wohnens: einbeziehend und kooperativ entscheiden; Wissen und Knowhow großzügig weitergeben; Auftragsvergabe minimieren und selbst beitragen; Direktkredite sammeln und Bankkredite scheuen; Boden und Wohnraum dem Markt entziehen, *Helfrich/Knaffl/Meretz*, Commons statt Gemeinschaft – Anders bauen und wohnen, S. 49 ff.

[178] Siehe hierzu bereits die Einleitung.

[179] *Helfrich/Knaffl/Meretz*, Commons statt Gemeinschaft – Anders bauen und wohnen, S. 47.

schnell massiven CPR-Problemen, sodass Übernutzung bei gleichzeitigem Mangel an Erhaltungsmaßnahmen droht.[180] Das bedeutet, dass der Kreis der Commoners zwangsläufig begrenzt werden muss, damit Wohnraum als Commons geschaffen und erhalten werden kann. Dies gilt insbesondere im urbanen Kontext, da aufgrund der Größe und Dichte der Bevölkerung verstärkte Konkurrenz um Wohnraum besteht.[181] Der Ausschluss aus dem Kreis der Commoners ist dabei klar und folgenreich: Entweder man ist Teil der Gruppe der Commoners und hat Zugang zum Wohnraum oder man gehört nicht dazu und profitiert nicht davon.[182]

In der Literatur zur alternativen Commons-Forschung finden sich jedoch Ansätze, die den Anspruch der Offenheit mit der Notwendigkeit der Begrenzung des Kreises der Commoners von Wohnraum in Einklang zu bringen versuchen. So dient Wohnraum zwar immer den konkreten physischen Bedürfnissen einer aktuellen Bewohnerschaft, gleichzeitig kann Wohnraum aber auch auf einer größeren gesellschaftlichen Ebene existieren. Dabei dient er einer Art Versprechen an Nicht-Bewohner*innen, dass auch sie potenzielle künftige Bewohner*innen werden und damit letztlich von dem Wohnraum profitieren können.[183] Damit rückt die zeitlich nacheinander erfolgende generationsübergreifende Nutzung von Wohnraum in den Vordergrund. Damit diese gewährleistet bleibt, hat jede Generation von Commoners die Stellung einer Treuhänderin, die den Wohnraum auch für künftige Generationen erhalten muss. Eng hiermit verknüpft ist der Grundsatz, dass Wohnraum dekommodifiziert sein soll. Denn neben der Erhaltung der physischen Bausubstanz ist auch die Erhaltung der Dekommodifizierung notwendig, um das Versprechen der Offenheit für künftige Generationen aufrechtzuerhalten. Nur wenn künftige Generationen keine Marktpreise für den Wohnraum zahlen müssen, bleibt das Commons für Personen mit geringem Einkommen offen.

Ein weiteres Mittel, um notwendige Geschlossenheit mit dem Anspruch der Offenheit in Einklang zu bringen, ist es, Wohnraum-Commons auf Expansion anzulegen. So kann jede Generation von Commonerd den Auftrag erhalten, das Common zu vergrößern, damit mehr Menschen die Möglichkeit haben, Wohnraum-Commons zu nutzen.[184] Dies kann über ein potenziell begrenzt

---

180 Siehe zu den Folgen von Open-Access-Szenarien bei Wohnraum *Choe*, The Organization of Urban Common-Property Institutions, S. 33 f.

181 *Lee/Webster*, GeoJournal 66, 2006, 27–42, 31; *Huron*, Carving out the Commons, S. 54.

182 *Huron*, Carving out the Commons, S. 55.

183 *Huron*, Carving out the Commons, S. 56; *Bruun*, Critique of Anthropology, Vol. 38, Issue 2, 2018, 140–155, 154.

184 *Huron*, Carving out the Commons, S. 56; bemerkenswert ist etwa die *Bin-Zip*-Bewegung in Südkorea, welche, versucht Wohnraum-Commons strukturell auf Vergrö-

exponentielles Wachstum die sozial-transformative Wirkung eines Wohnraum-Commons erheblich steigern. Gleichzeitig ist die Gründung eines weiteren Wohnraum-Commons bzw. der Beitrag dazu mit erheblichen Kosten und erheblichem Aufwand verbunden. Dies kann sich wiederum abträglich auf die Offenheit eines Wohnraum-Commons auswirken, indem weniger Menschen in der Lage sind, daran teilzunehmen, weil sie dem Expansionsauftrag nicht gerecht werden können.

Darüber hinaus können Wohnraum-Commons dem Anspruch der Offenheit gerecht werden, indem sie Wissen, welches durch das Commoning generiert wird, großzügig weitergeben.[185] Wissen ist kein CPR, sodass es ohne Probleme des Verbrauchs an andere (potenzielle) Wohnraum-Commons weitergegeben werden kann.[186] Hierdurch können existierende Wohnraum-Commons andere Gruppen dazu befähigen, ihrerseits Wohnraum-Commons zu schaffen oder diese zu erhalten.

Schließlich können Wohnraum-Commons Bemühungen unternehmen, um Commoners möglichst diskriminierungsfrei auszuwählen. Dies ist bei Wohnraum-Commons von besonderer Relevanz, da Diskriminierung auf dem Wohnungsmarkt ein erhebliches Ausmaß annimmt.[187]

Es lässt sich also Folgendes festhalten: Wohnraum bedarf eines klar definierten und geschlossenen Kreises an Commoners. Um dem Anspruch der Offenheit gerecht zu werden, kann an die Commoners der Anspruch gestellt werden, dass diese den Wohnraum für künftige Generationen erhalten müssen und nicht nur für sich selbst und nahestehende Personen verbrauchen oder ihn verfallen lassen. Zudem kann der Anspruch gestellt werden, dass die Stellung als Commoner nicht gewinnbringend veräußert werden darf, um finanzielle Hürden für den Zugang zu Wohnraum-Commons abzubauen. Darüber hinaus können die Commoners den Auftrag haben, das Common zu vergrößern bzw. weitere Commons zu schaffen, um mehr Menschen Zugang zu Wohnraum-Commons zu ermöglichen. Schließlich können Commoners Wissen großzügig weitergeben und Anstrengungen unternehmen, um neue Commoners möglichst diskriminierungsfrei auszuwählen.

ßerung auszulegen, *Han/Imamasa*, Overcoming Privatized Housing in South Korea: Looking through the Lens of „Commons" and „the Common", S. 91 ff.

185 *Helfrich/Knaffl/Meretz*, Commons statt Gemeinschaft – Anders bauen und wohnen, S. 47.

186 Siehe bereits, C. I. 1. c) bb) (3).

187 Empirisch zu rassistischer Diskriminierung auf dem deutschen Wohnungsmarkt *Auspurg/Hinz/Schmid*, Journal of Housing Economics Vol. 35, Issue C, 2017, 26–36.

(4) Gleichrangige Selbstverwaltung

Bei der gleichrangigen Selbstverwaltung kann zwischen den beiden Komponenten der Selbstverwaltung und ihrer Gleichrangigkeit unterschieden werden:

(a) Selbstverwaltung

Bei Wohnraum bedeutet Selbstverwaltung, dass die jeweilige Bewohnerschaft Entscheidungen über das gemeinsame Wohnen und die gemeinsame Bewirtschaftung des Wohnraums trifft. Dies bedeutet insbesondere, dass grundsätzlich keine außenstehende Partei Einfluss auf die Entscheidungsprozesse nimmt, wie etwa ein*e Vermieter*in.

In Bezug auf die Entscheidungsbereiche kann unterteilt werden in den physischen Wohnraum und in das soziale Wohnumfeld:[188] So können Commoners eines Wohnraum-Commons gemeinsam entscheiden, in welcher Farbe das Treppenhaus gestrichen werden soll und welche Blumen im Blumenbeet am Eingang gepflanzt werden sollen. Im Bauprozess können sie darüber hinaus etwa den Grundriss, verwendete Baustoffe und Energiestandards bestimmen. Die Kontrolle über das soziale Wohnumfeld würde beispielsweise die Kontrolle über eine Hausordnung umfassen, die etwa Ruhezeiten und sonstige Verhaltensregeln festlegt.[189]

Selbstverwaltung schließt nicht die Aufteilung von Arbeit und Entscheidungsprozessen aus. Insbesondere die Auslagerung von Tätigkeiten an Dritte auf Grundlage einer eigenständigen Entscheidung kann mit der Selbstverwaltung vereinbar sein.[190]

Die Selbstverwaltung ist dabei nicht Selbstzweck, sondern sie bedeutet Selbstbestimmung, welche sich in gesteigerter Wohn- und Lebensqualität ausdrücken kann. Empirische Untersuchungen legen nahe, dass die Bewohnerschaft von selbstverwaltetem Wohnraum im Vergleich zur Bewohnerschaft von Mietwohnungen ein erhöhtes Maß an Kontrolle über den physischen Wohnraum und das soziale Wohnumfeld schätzt.[191] Ergänzt wird dieser Befund durch Untersuchungen zu „psychologischem Eigentum", also der psy-

---

188 Diese Sphären des Wohnraums sind wiederum von finanziellen Entscheidungen geprägt, welche ebenfalls in der Hand der Commoners liegen.

189 *Huron*, Carving out the Commons, S. 100 ff.

190 Dies kann jedoch in einem Spannungsverhältnis mit dem Grundsatz der Co-Produktion stehen, siehe C. I. 2. b) bb) (5) (c).

191 Siehe die eingehenden Fallstudien von Huron zu „*Limited Equity Co-Ops*" in Washington D. C., *Huron*, Carving out the Commons, S. 100 ff. m. w. N.

chisch empfundenen Stellung als Eigentümer, welche unabhängig von juristischen Zuordnungen ist. Psychologisches Eigentum kann etwa bei Unternehmen zum Wohlbefinden der Mitarbeiterschaft beitragen. Es entsteht u. a. durch gefühlte Kontrolle über Sachen und Prozesse.[192] Selbstverwaltung kann durch gefühlte und tatsächliche Kontrolle psychologische Eigentümerschaft schaffen und dadurch das Wohlergehen der Bewohnerschaft fördern.[193] Damit bieten Wohnraum-Commons Potenziale gegenüber staatlichen Maßnahmen zur Wohnraum-Versorgung, welche lediglich die profitorientierte Verwertung ausschließen, nicht aber zur Selbstverwaltung der Bewohnerschaft führen.[194]

Eine Grenze der Selbstbestimmung muss in den anderen Grundsätzen der alternativen Commons-Strömung liegen. So kann es den Commonern nicht gestattet sein, entgegen dem Grundsatz der Dekommodifizierung zu handeln. Zudem sollen Commoners das Common für künftige Generationen erhalten, sodass sie in ihrer Entscheidungsfreiheit über Maßnahmen der Erhaltung besonderen Sorgfaltspflichten unterliegen. Mit Blick auf den Grundsatz der Offenheit wäre auch zu überlegen, ob Commoner verpflichtet sein sollten, die Schaffung weiterer Commons zu unterstützen.[195]

(b) Gleichrangigkeit

Die nähere (rechtliche) Bestimmung des Inhalts der „Gleichrangigkeit" ist (in Bezug auf Wohnraum-Commons) weniger einfach. So geht der Anspruch, dass Commoners nicht nur an Entscheidungen partizipieren sollen, sondern selbst originäre Entscheidungsträger sein sollen, über eine formale Gleichberechtigung der Commoners hinaus.[196]

In rechtlicher Hinsicht kann jedoch die Gleichstellung in Bezug auf das Stimmgewicht als Mindestmaß von Gleichrangigkeit festgehalten werden. Darüber hinaus dürfte gelten, dass Commoners grundsätzlich an Entscheidungen zu beteiligen sind und die hierfür erforderlichen Informationen erhalten müssen. Dies betrifft nicht bloß die Stimmgleichheit, sondern auch die Ent-

---

[192] *Englisch/Sieger/Zellweger*, Psychologisches Eigentum, S. 15, 26; zur Selbstwahrnehmung als Eigentümer*in bei Mitgliedern von Wohnungsgenossenschaften *Huron*, Carving out the Commons, S. 100 ff.

[193] Damit soll nicht gesagt sein, dass Wohnraum-Commons nicht auch rechtlich oder philosophisch Eigentum an die Commoners vermitteln. Siehe hierzu C. I. 1. b) bb) (9).

[194] So etwa bei Sozialwohnungen in Staatshand oder staatlich geförderten sozialen Wohnungen, die von privater Seite vermietet werden. Einen Überblick über verschiedene Maßnahmen gebend: *Balmer/Bernet*, Housing as a Common Resource?, S. 183 ff.

[195] Siehe hierzu bereits C. I. 2. b) bb) (3).

[196] Siehe hierzu bereits C. I. 1. c) bb) (4).

scheidungskompetenz und Informationspflichten von Personen, die mit Geschäftsführungsmaßnahmen betraut sind.

(5) Dekommodifizierung

Dekommodifizierung bedeutet, dass Wohnraum als Common nicht zu profitorientierten Zwecken verwendet werden darf. Andererseits bedeutet Dekommodifizierung, dass Wohnraum co-produziert, d.h. gemeinsam aus dem Kreis der Commoners heraus geschaffen und erhalten wird. Im Folgenden werfe ich jeweils auf, was der Ausschluss von Profitorientierung und Co-Produktion in Bezug auf Wohnraum konkret bedeutet (C. I. 2. b) bb) (5) (a) und C. I. 2. b) bb) (5) (c)). Sodann gehe ich jeweils darauf ein, welche Folgen und potenziellen Vorteile sich hieraus ergeben können (C. I. 2. b) bb) (5) (c) und C. I. 2. b) bb) (5) (d)).

(a) Ausschluss von profitorientierter Nutzung

Wie oben dargestellt, bedeutet Dekommodifizierung, dass Wohnraum nicht zum Zwecke der Erwirtschaftung einer Kapitaldividende verwertet werden darf, sondern zur Befriedigung der Bedürfnisse der Commoners. Daraus folgt einerseits, dass insbesondere die profitorientierte Vermietung und die profitorientierte Veräußerung des Wohnraums ausgeschlossen sein müssen.

Um den Grundsatz der Dekommodifizierung in Bezug auf die nicht profitorientierte Vermietung näher zu bestimmen, kann auf den Rechtsbegriff der Kostenmiete zurückgegriffen werden.[197] Die Kostenmiete umfasst nach § 8 Abs. 1 WoBindG i.V.m. § 18 Abs. 1 BV Kapitalkosten und Bewirtschaftungskosten. Ein Profit ist in der Kostenmiete nicht enthalten.[198] Wer in dekommodifiziertem Wohnraum wohnt, darf also höchstens eine Kostenmiete zahlen.

Über die Kostenmiete hinaus setzt die Dekommodifizierung voraus, dass ausgeschlossen ist, dass Commoners „ihren“ Wohnraum veräußern und den daraus resultierenden Veräußerungserlös für sich selbst einnehmen. Die Veräußerung des Wohnraums an sich widerspricht jedoch nicht zwingend der Dekommodifizierung, sofern der Veräußerungserlös nicht an die Commoners fließt. Die Dekommodifizierung bedeutet insofern – zumindest nach dem von mir zugrunde gelegten „weiten Verständnis“[199] der Dekommodifizierung – keine Erstarrung einer bestimmten Form von Vermögen, sondern dass ausge-

197 So auch *Balmer/Bernet*, Selbstverwaltet bezahlbar wohnen?, S. 265.

198 Zu den Einzelheiten der Berechnung siehe etwa *Bister/Hannemann/Wiegner*, Münchener Anwaltshandbuch Mietrecht, § 25 Rn. 1 ff.

199 Siehe C. I. 1. c) bb) (5) (a).

schlossen ist, dass sich irgendwer gegenwärtig oder zukünftig an dem darin verkörperten Verkehrswert[200] bereichern kann. Der Grundsatz, dass Commons treuhänderische für kommende Generationen erhalten werden sollten, dürfte jedoch dazu anhalten, restriktiv mit Veräußerungen umzugehen.

Neben der Abschöpfung des Verkehrswertes über die Vermietung oder Veräußerung müssen auch vergleichbare Geschäfte ausgeschlossen sein, unabhängig von ihrer rechtlichen Gestalt.

Insgesamt verstehe ich also unter dem Ausschluss der „profitorientierten" Nutzung, dass Wohnraum lediglich zur Kostenmiete bewirtschaftet wird und nicht zur Erlangung eines Profites einzelner Mitglieder veräußert oder sonst verwertet wird. Der Kostenvorteil, der durch die Nutzung von Wohnraum zur Kostenmiete entsteht, stellt für mich ausdrücklich keinen „Profit" dar.

(b) Folgen des Ausschlusses der profitorientierten Nutzung

Die Dekommodifizierung von Wohnraum hat mehrere tiefgreifende Folgen.

Zunächst wirkt sich die Kostenmiete grundsätzlich darin aus, dass Commoners Mietkosten in Höhe der Differenz zwischen Kostenmiete und marktüblicher Miete einsparen. Diese Ersparnis kann die Miete für Geringverdiener, die sich eine marktübliche Miete für den betreffenden Wohnraum nicht leisten könnten, erst leistbar machen. Aus dieser Tatsache folgt ein weitergehender Vorteil, der sich aus der Dekommodifizierung ergibt: Die Schaffung von Gleichheit der Autonomie.[201] So kann argumentiert werden, dass Autonomie,

---

[200] Der Begriff des „Verkehrswert[s]" bezieht sich im Folgenden auf die gesetzliche (und auch im Privatrecht gebräuchliche) Definition nach § 194 BauGB: *„Der Verkehrswert (Marktwert) wird durch den Preis bestimmt, der in dem Zeitpunkt, auf den sich die Ermittlung bezieht, im gewöhnlichen Geschäftsverkehr nach den rechtlichen Gegebenheiten und tatsächlichen Eigenschaften, der sonstigen Beschaffenheit und der Lage des Grundstücks oder des sonstigen Gegenstands der Wertermittlung ohne Rücksicht auf ungewöhnliche oder persönliche Verhältnisse zu erzielen wäre.*"

[201] Insbesondere di Robilant hat sich eingehend mit diesem Aspekt im Zusammenhang mit Wohnraum-Commons befasst. Dabei schlüsselt di Robilant den Begriff der Autonomie auf und legt dar, dass dekommodifizierte (Wohnraum-)Commons verschiedene Bereiche der Autonomie fördern, indem sie andere beschränken: *„The autonomy that most advocates of full property rights have in mind is ‚negative freedom', that is, the absence of external restraints imposed by the state or voluntarily placed by others.* [Die Dekommodifizierung beschränkt insofern diese negative Autonomie.] *By contrast, the autonomy that common ownership fosters is a ‚thicker' or multi-dimensional type of autonomy. one that many have proposed in recent debates within liberalism.* […] *It involves the availability of means that enable individuals to be autonomous.* […] *Autonomy requires, along with negative freedom, positive freedom, that is, the basic material resources (a home, food, education) that enable us to have a meaningful set of options.* […] *Further, to be autonomous, we need the ability to communicate*

verstanden als die Möglichkeit, Entscheidungen frei treffen zu können, auch die Möglichkeit umfassen muss, diese Entscheidungen umzusetzen. Autonomie bedeutet hiernach nicht nur die Abwesenheit von Beschränkungen, sondern auch die Anwesenheit von Ressourcen zur Durchführung von Entscheidungen.[202] So verstanden, kann die Schaffung und Erhaltung von kostengünstigem Wohnraum die Autonomie von Menschen mit geringem Einkommen steigern. Durch die Dekommodifizierung von Wohnraum in einer hochpreisigen Wohngegend können dort potenziell Menschen wohnen, die ansonsten von dieser Gegend ausgeschlossen wären. An den Zugang zu begehrten Wohnlagen sind wiederum verschiedene Vorteile geknüpft, die über den bloßen Wohnraum hinausgehen. Dies kann etwa die Nähe zu Bildungs-, Beschäftigungs- und kulturellen Angeboten sein. Die Dekommodifizierung kann also die Teilhabe an zentral gelegenen Ressourcen steigern und somit zur Autonomie von Menschen mit geringem Einkommen beitragen.[203] Insofern schränkt die Dekommodifizierung Autonomie nicht nur ein, sondern ermöglicht sie auch. Der gewinnbringende Verkauf oder die gewinnbringende Untervermietung von Wohnraum würden die Autonomie der Commoners fördern (mehr Geld, was wiederum mehr Handlungsfreiheit bringt), nicht aber die Autonomie potenzieller künftiger Generationen von Commoners. Dass die Verdrängung aus urbanen Räumen und die damit einhergehende Ungleichheit von Autonomie kein hypothetisches Szenario darstellt, belegen der rasante Anstieg[204] von

---

and debate ideas in order to make, and take responsibility for, choices that we feel are authentically ‚our own'. […] *Second, I am concerned with patterns of distribution of autonomy. If this thicker autonomy is important for human flourishing, then it should be distributed more equally. Common-ownership regimes such as affordable-housing co-operatives and community gardens promote greater equality in the latter two dimensions of autonomy. First, they provide co-owners with a relational network that facilitates ‚authentic' choices. Second, they are an important item in any package of policy proposals that ensure equality of access to basic resources such as housing or green space, and their related social and health benefits.*", *Di Robilant*, McGill Law Journal, Vol. 58, No. 2, 2012, 265–320, 268 ff.

202 Grundlegend hierzu *Anderson/Honneth*, Autonomy, Vulnerability, Recognition, and Justice, S. 127 ff.; zum Eigentum und darauf bezogener „negativer" und „positiver" Handlungsfreiheit bzw. Autonomie, *Christman*, The Myth of Property, S. 68 ff.

203 Die Dekommodifizierung kann damit als Mittel zur Umsetzung des Konzeptes eines „Rechts auf Stadt" gesehen werden. Das „Recht auf Stadt" geht auf den Philosophen *Lefebvre* und dessen Text „Le droit à la ville" von 1968 zurück. Das Recht auf Stadt richtet sich gegen den Ausschluss aus Leistungen und Vorzügen der urbanen Gesellschaft. Siehe zum Recht auf Stadt *Holm*, Blätter, 8, 2011, 89–97.

204 So betrug im Jahr 1962 die durchschnittliche Bruttokaltmiete pro Quadratmeter bundesweit 1,33 € und im Jahr 2017 7,09 € – ein Anstieg um 533 %, während der Verbraucherpreisindex in dieser Zeit um 303,8 % anstieg, *Vogel*, Mehr Gerechtigkeit, S. 37 ff. Gleichzeitig stieg die Mietbelastung in Ballungsräumen überproportional an, *Michelsen/Mense*, Evaluation der Mietpreisbremse, 2018, S. 1 f.

Mietpreisen und die daraus folgende Tatsache, dass Mietzahlungen für immer mehr Menschen nicht leistbar sind.[205]

Die Kostenmiete übersetzt sich jedoch nicht zwangsläufig in eine günstigere Miete als bei einer profitorientierten Vergleichsmiete. So können die Bewirtschaftungskosten bei Wohnraum mit Kostenmiete höher sein, als wenn derselbe Wohnraum durch einen effizienteren profitorientierten Anbieter vermietet würde. Darüber hinaus kann ein profitorientierter Anbieter kostengünstigeren Zugang zu Kapital haben. Die Kostenmiete erzeugt also nur dann einen Preisvorteil, wenn die darin enthaltenen Bewirtschaftungskosten und Kapitalkosten nicht höher sind als die Bewirtschaftungskosten, Kapitalkosten plus Profitmarge einer profitorientierten Vergleichsmiete.[206] Die Profitmarge ist wiederum das Ergebnis der Höhe der Nachfrage.[207]

Daher ist es entscheidend, dass die Selbstverwaltung bzw. das Commoning effizient stattfindet, damit die Bewirtschaftungskosten gering genug bleiben, dass die Miete auch für Personen mit geringem Einkommen bezahlbar bleibt. Zudem brauchen Wohnraum-Commons erschwingliche Möglichkeiten, sich Kapital zu beschaffen. Der Grundsatz der Dekommodifizierung in Verbindung mit dem Grundsatz der Offenheit (Wohnraum soll bezahlbar und dadurch für mehr Menschen erreichbar sein) zwingt also indirekt zur Wirtschaftlichkeit der Mittelverwendung.

Gleichzeitig muss berücksichtigt werden, dass es nicht genügt, Boden „dem Markt zu entziehen". Baulandkostenpreise sind zwar ein maßgeblicher Anteil

---

[205] Etwa 40 % aller bundesdeutschen Haushalte haben im Jahr 2014 mehr als 30 % ihres Einkommens für Mietkosten aufgewendet. Die 30 %-Marke wird – auch von Vermieterseite – i. d. R. als Verträglichkeitsgrenze für Mietkosten betrachtet. Ab 30 % wird vermieterseitig von der Gefahr von Zahlungsausfällen ausgegangen, *Lebuhn/Holm/Junker/Neitzel*, Wohnverhältnisse in Deutschland, S. 69

[206] Dass die Kostenmiete für sich genommen nicht hinreichend ist, um die Dekommodifizierung sicherzustellen, zeigt sich eindrucksvoll an Entwicklungen der immobilienwirtschaftlichen Praxis: So hatten etwa in Berlin Bauträger öffentlich geförderten Wohnraum hergestellt und sich im Gegenzug verpflichtet, eine Vermietung zur Kostenmiete sicherzustellen. Da insbesondere die Finanzierungskosten enorm hoch waren, überstieg die Kostenmiete jedoch teils deutlich die ortsübliche Vergleichsmiete, siehe hierzu *Holm*, MieterEcho Nr. 312, 2005, 10–11; *Mieder*, MieterMagazin Nr. 3, 2018, 22.

[207] Die Vergleichsmiete ist bei dekommodifiziertem Wohnraum also niedriger, wenn (i) der Effizienzvorteil und/oder (ii) der Kapitalkostenvorteil des Marktes nicht zu stark sind und/oder (iii) der Druck durch Nachfrage hoch genug wäre, die Profitmarge entsprechend höherzutreiben. Selbst, wenn eine hohe Nachfrage bedeutet, dass die profitorientierte Vergleichsmiete für dekommodifiziert bewirtschafteten Wohnraum geringer wäre, hebt dies nicht das Gebot der Effizienz auf. Wohnraum kann auch dann aufgrund von Ineffizienz unerschwinglich sein, wenn die profitorientierte Vergleichsmiete sogar noch höher wäre.

von Mietkosten, aber hohe Baulandpreise entstehen auch durch berechtigte Renditeerwartungen, aufgrund hoher erzielbarer Mietpreise.[208] Wenn also eine Investorin und Bauherrin unterhalb des Marktpreises Bauland erwirbt, aber dann ohne Restriktionen durch Maximierung der Miethöhe ihren Profit maximieren kann, wird dadurch kein bezahlbarer Wohnraum geschaffen. Stattdessen werden Profite der Investorin sogar „subventioniert". Daher ist es zur Schaffung und Erhaltung von bezahlbarem Wohnraum kumulativ erforderlich, dass einerseits profitorientierte Veräußerungen von Boden untersagt werden und dass andererseits die profitorientierte Vermietung des Bodens und/oder dessen Bebauung untersagt sind.

Die Dekommodifizierung von Wohnraum ist nicht nur aus Sicht der Bewohnerschaft, die potenziell davon profitieren würde, vorteilhaft. Sie eröffnet auch aus sozialstaatlicher und fiskalischer Sicht Chancen. Wenn der Staat die Bezahlbarkeit von Wohnraum für Menschen mit geringem Einkommen fördern möchte, bieten sich ihm unterschiedliche Mittel an, etwa die Subventionierung des Immobilienerwerbs oder die Deckelung von Mietpreisen.[209] Die Dekommodifizierung kann in diesem Zusammenhang zu Kostenersparnissen führen und unbeabsichtigte negative Folgen von Maßnahmen (negative Spillover-Effekte) vermeiden:

Kostenersparnisse können sich etwa dann ergeben, wenn der Staat den Kauf von Wohnraum durch dekommodifiziert wirtschaftende Akteure subventioniert. *Davis* und *Jacobus* fassen diesen Vorteil unter dem Begriff der „subsidy retention", d.h. der „Subventionseinbehaltung".[210] Hiermit ist der Effekt gemeint, dass staatliche Subventionen für den Erwerb von Wohnraum nur einmalig anfallen müssen, wenn der Wohnraum nach dem Erwerb dauerhaft dekommodifiziert ist. Der Kostenvorteil wird deutlich beim Vergleich mit der Subvention des Wohnraumerwerbs ohne gleichzeitige Dekommodifizierung: Wenn die Person, die von der Subvention profitiert hat, zu einem späteren Zeitpunkt ihren Wohnraum wieder veräußert, kann sie dabei den Verkehrswert ihrer Immobilie verlangen. Das bedeutet, dass der Staat erneut Subventionen zahlen muss, wenn er auch für den Zweiterwerb sicherstellen will, dass Personen mit geringem Einkommen die Immobilie erwerben können. Dabei muss die Subvention höher ausfallen, wenn der Marktpreis der Immobilie inzwischen gestiegen ist. Die Dekommodifizierung sorgt also dafür, dass Subventionen für den Erwerb von Wohnraum über Generationen

---

[208] Lesenswert hierzu *Löhr*, Marktgerechte Erbbaurechte, S. 21.

[209] Eine Übersicht über verschiedene staatliche Maßnahmen zur Förderung der Bezahlbarkeit von Wohnraum gebend *Balmer/Bernet*, Housing as a Common Resource?, S. 183 ff.

[210] *Davis/Jacobus*, The City-CLT Partnership, S. 6 ff.

hinweg wirken.[211] Ein Kostenvorteil stellt sich im Vergleich mit der Subventionierung von Mietzahlungen am profitorientierten Wohnungsmarkt ein.

Der eben beschriebene Kostenvorteil lässt sich exemplarisch am sog. „Wohngeld“ aufzeigen. Das Wohngeld kann nach § 1 WoGG an einkommensschwache Personen entweder als Mietzuschuss oder als Lastenzuschuss gezahlt werden. Als Mietzuschuss subventioniert das Wohngeld die Miete (§ 9 WoGG). Als Lastenzuschuss subventioniert das Wohngeld den Kapitaldienst und die Bewirtschaftungskosten (§ 10 WoGG). Wenn die öffentliche Hand an einem Standort dauerhaft die Bezahlbarkeit des Wohnraums durch den Mietzuschuss gewährleisten will, müssen diese Zahlungen potenziell auf unbeschränkte Dauer getätigt werden. Wenn der Staat an einem Standort dasselbe Ziel durch den Lastenzuschuss verfolgt, muss der Lastenzuschuss mit jeder fremdfinanzierten Veräußerung des Wohnraums erneut den Kapitaldienst für den Kaufpreis subventionieren. Der Staat muss aber nur einmalig den Kapitaldienst für den fremdfinanzierten Wohnraumerwerb finanzieren, wenn nach dem Erwerb die profitorientierte Vermietung und Veräußerung ausgeschlossen ist.

Schließlich vermeidet die dauerhaft abgesicherte Dekommodifizierung unbeabsichtigte Spillover-Effekte, die bei Mietpreisregulierungen entstehen können. So können mietenbeschränkende Maßnahmen wie der seinerzeitige „Berliner Mietendeckel“ nachteilige Sekundärfolgen entfalten.[212] Beschränkungen dieser Art bergen das Risiko, Anreize für die Umwandlung von Mietwohnungen in Eigentumswohnungen zu setzen, was wiederum zur Verringerung des Angebots an Mietwohnungen führt. Eine Eigentumswohnung zu erwerben ist wiederum typischerweise für weniger Menschen leistbar, als zur Miete zu wohnen. Daher hat dieser Umwandlungsvorgang Verdrängungseffekte zur Folge.[213] Um die Umwandlung von Mietwohnungen zu Eigentumswohnungen zu vermeiden, werden z. T. Umwandlungsverbote nach § 250 BauGB angewandt.[214] Diese Verbote sind jedoch zwingend befristet und mit Ausnahmen versehen, sodass die Dekommodifizierung auf Ebene des Eigentums wirksame und nachhaltige Verdrängungseffekte verhindern kann.[215]

---

211 Ein langfristiger Kostenvorteil ist auch im Vergleich mit der Subventionierung von Mietausgaben denkbar: Wenn die öffentliche Hand den Erwerb von Wohnraum subventioniert, unter der Bedingung, dass dieser langfristig dekommodifiziert vermietet wird, kann dies im Ergebnis günstiger sein als die kontinuierliche Subvention von Mietausgaben.

212 Auf Landesebene begegnen derartige Maßnahmen zudem verfassungsrechtlichen Hürden, BVerfG, Beschluss vom 25.03.2021 – 2 BvF 1/20 –, BVerfGE 157, 223–298.

213 *Diamond/McQuade/Qian*, American Economic Review, 3365–3394, 3383 f.

214 Siehe zum Zweck der Regelung BT-Drs. 19/24838, 1.

215 Mietenbeschränkungen haben gegenüber der Dekommodifizierung von Wohnraum auch Vorteile. Insbesondere kann die Deckelung von Mietpreisen schneller und

(c) Co-Produktion von Wohnraum

Die Co-Produktion bedeutet, dass Wohnraum durch die Commoners selbst geschaffen und erhalten wird.[216] Hierbei bedeutet Co-Produktion nicht, dass jede denkbare Tätigkeit vollständig durch die Commoners übernommen wird, sondern dass Commoners für die Bewirtschaftung für den Eigenbedarf verantwortlich sind.[217] Arbeitsschritte können delegiert und ausgelagert werden. Eine Folge davon ist, dass die Bewohnerschaft den Wohnraum primär für die eigene Nutzung und nicht für die Vermietung an Dritte bewirtschaftet. Daraus folgt jedoch nicht zwangsläufig, dass jede Tätigkeit der Bewirtschaftung durch die Bewohnerschaft selbst übernommen werden muss. Insbesondere bei Wohnraum liegt es nahe, dass viele Prozesse der Bewirtschaftung zu aufwendig, spezialisiert und komplex sind, um sie selbst durchzuführen. Helfrich/Knaffl/Meretz schlagen in diesem Zusammenhang vor, Lohnarbeit nur einzusetzen, wenn es unumgänglich ist.[218]

(d) Folgen der Co-Produktion

Die Co-Produktion kann dem Ziel dienen, die Kreditnotwendigkeit und damit finanzielle Abhängigkeiten und Risiken zu senken. Gleichzeitig können Lern- und Selbstermächtigungsaspekte für das „*gemeinsame Selbermachen*“ sprechen.[219] Darüber hinaus kann durch die Co-Produktion das potenziell antagonistische Verhältnis von Mieter*in und Vermieter*in überwunden werden. Insbesondere das Risiko der Eigenbedarfskündigung besteht bei der Co-Produktion nicht (vgl. § 573 Abs. 2 Nr. 2 BGB).

Trotz dieser potenziellen Vorteile kann die Co-Produktion in einem Spannungsverhältnis zur Offenheit eines Wohnraum-Commons stehen. Je mehr

flächendeckender wirken. Dies kann in Kombination mit Umwandlungsverboten dem Staat eine unmittelbare Reaktionsmöglichkeit auf einsetzende Gentrifizierungsprozesse bieten. Gleichzeitig muss berücksichtigt werden, dass derartige Mietenbeschränkungen in Deutschland nicht auf Landesebene eingeführt werden können, BVerfG, Beschluss vom 25.03.2021 – 2 BvF 1/20 –, BVerfGE 157, 223–298.

216 *Euler*, Ecological Economics 143, 2018, 10–16, 13; *Quilligan*, Why Distinguish Common Goods from Public Goods?, S. 78; siehe die Ausführungen unter dem Begriff „*Produsage*“, *Bruns*, Blogs, Wikipedia, Second Life, and Beyond: From Production to Produsage, S. 15 ff.; *Helfrich/Bollier*, Frei, Fair und Lebendig, S. 155 ff.

217 An dieser Stelle bestehen Überschneidungen mit dem Grundsatz der Selbstverwaltung. Es zeigt sich, dass die hier genannten Konzepte eng verflochten und teils deckungsgleich sind.

218 *Helfrich/Knaffl/Meretz*, Commons statt Gemeinschaft – Anders bauen und wohnen, S. 49.

219 *Helfrich/Knaffl/Meretz*, Commons statt Gemeinschaft – Anders bauen und wohnen, S. 49.

eigene Zeit, Arbeitskraft und Expertise aufgewendet werden müssen, desto weniger können bestimmte vielbeschäftigte Personen an diesen Prozessen teilhaben.[220] Gleichzeitig bestätigen Fallstudien, dass die Verantwortung für die Bewirtschaftung von Wohnraum eine ermächtigende Wirkung haben kann, indem sie für die Bewohnerschaft eine Gelegenheit bietet, Verantwortung für große Vermögen zu übernehmen und daran zu lernen und zu wachsen.[221]

(6) Einhegung und (Rück)Eroberung

Wohnraum ist in der gegenwärtigen Gesellschaft in der Regel nicht in Commons-Form verfasst oder dekommodifiziert. Um ein Wohnraum-Commons zu schaffen, muss im Regelfall Wohnraum am profitorientierten Immobilienmarkt erworben werden. Dieser Vorgang kann aus Sicht der alternativen Strömung als „(Rück)Eroberung" („*reclaiming*") verstanden werden. Wenn dies geschafft wurde, droht einem Wohnraum-Commons wiederum der Ausverkauf unter Aufhebung der Dekommodifizierung und dem Wiedereintritt in den profitorientierten Immobilien- und Bodenmarkt („Einhegung").[222]

(a) (Rück)Eroberung

Der Prozess der (Rück)Eroberung von Wohnraum durch den Erwerb von Grundstücken und Immobilien zur Schaffung eines Wohnraum-Commons wirft unterschiedliche Herausforderungen auf. So müssen für den Erwerb von Wohnraum in aller Regel Bankkredite aufgenommen werden. Diese werden in der Regel als Annuitätendarlehen mit gleichbleibenden Tilgungsraten über Jahre abbezahlt.[223] Das bedeutet, dass die Gründungsgeneration bzw. die Generation an Commoners, welche diesen Kredit abbezahlt, grundsätzlich eine größere finanzielle Last trägt als die nachfolgende Generation, welche nur die Instandhaltungskosten für den Wohnraum tragen muss. Dies wird teils als ungerecht empfunden.[224] Zudem kann dies dazu führen, dass die Gründungs-

---

220 *Huron*, Carving out the Commons, S. 139 f.; praktisch kann auf längere Sicht dadurch das Bedürfnis entstehen, externe Veraltungsdienstleister zu beauftragen, *Altrogge*, Experteninterview vom 02.06.2021; *Kuhnert*, Experteninterview vom 18.06.2021.

221 *Huron*, Carving out the Commons, S. 148 ff.

222 Siehe hierzu bereits C. I. 1. c) bb) (6).

223 Üblich ist dabei in Deutschland ein Annuitätendarlehen, *Wiktorin*, Was ein Annuitätendarlehen ausmacht; vgl. auch *Kuhnert*, Experteninterview vom 18.06.2021; *Altrogge*, Experteninterview vom 02.06.2021.

224 *Mathée*, Experteninterview vom 05.05.2021; vgl. auch *Kuhnert*, Experteninterview vom 18.06.2021; vgl. auch die Ausführungen zur Entstehung des Solidarbeitrags im MHS-Ansatz, C. V. 1.

generation verstärkt einen Anspruch auf den Verkehrswert empfindet, welcher in dem Wohnraum verkörpert ist.[225] Dies kann dazu führen, dass die Gründungsgeneration den Wohnraum veräußert und damit die Dekommodifizierung aufhebt.[226] Das Problem der Generationengerechtigkeit stellt sich jedoch nicht immer in gleicher Schärfe. So muss die Gründergeneration, die ein Grundstück erwirbt und dort ein neues Gebäude errichten lässt, i. d. R. wenig Instandhaltungskosten aufwenden. Diese treffen dann spätere Generationen, wenn das Gebäude altert. Insbesondere in urbanen Räumen wird jedoch oft Altbau zu hohen Marktpreisen erworben, sodass auch die Gründergeneration mit Instandhaltungskosten konfrontiert ist und darüber hinaus mit der Tilgung des Kaufpreises.[227] Einschränkend muss schließlich berücksichtigt werden, dass das Problem der Generationengerechtigkeit nur bei einem Vergleich zwischen kommodifiziertem Volleigentum und dekommodifiziertem Commons besteht. Nur wenn die Alternative zur Schaffung eines Wohnraum-Commons der Erwerb des Wohnraums ohne Dekommodifizierung ist, stellt der Verzicht auf den Zugriff auf den Verkehrswert des Wohnraums ein Opfer der Gründergeneration bzw. einen Vorteil der nachfolgenden Generationen dar. Wenn aber die Schaffung eines Wohnraum-Commons mit der profitorientierten Miete von Wohnraum verglichen wird, stellt sich das Problem nicht. Folgendes Beispiel zur Veranschaulichung: Investor A kauft fremdfinanziert ein Mehrfamilienhaus. Er vermietet die Wohnungen des Hauses und finanziert über die Mieteinnahmen die Kapitalkosten, Verwaltung und Instandhaltungskosten. Mit zunehmender Entschuldung bleibt die Miethöhe inflationsbereinigt konstant. Gleichzeitig steigt der Profit von A im Verhältnis zu den sinkenden Kapitalkosten an. In diesem – keineswegs unüblichen – Szenario ist keine Generation der Mieterschaft gegenüber anderen Generationen benachteiligt. Dies liegt daran, dass anders als bei einem dekommodifizierten Wohnraum-Commons sinkende Kapitalkosten nicht in Mietsenkungen umgelegt werden, sondern in Profite des Vermieters.[228]

Insgesamt sollte das Problem der Generationengerechtigkeit – trotz der dargestellten Relativierungen – nicht ignoriert werden. Ich prüfe daher als

---

225 Vgl. *Mathée*, Experteninterview vom 05. 05. 2021; *Rückriemen*, Experteninterview vom 03. 03. 2021.

226 Die Veräußerung ist jedoch nicht nur eine Gefahr bei der Gründergeneration. Auch zu späteren Zeitpunkten kann die Aussicht, substanzielle Vermögenswerte zu erlangen, zur Veräußerung oder anderweitigen Aufhebung der Dekommodifizierung führen, vgl. *Neuling*, Auf fremden Pfaden, S. 20 f.; detailliert beschrieben bei *Huron*, Carving out the Commons, S. 125 ff.; *Barthel*, juridicum 2020, 366–375, 369 f.

227 *Rückriemen*, Experteninterview vom 03. 03. 2021.

228 Etwas anderes könnte sich theoretisch daraus ergeben, dass sich ein Wettkampf zwischen Vermietern entwickelt, der niedrigere Kosten in niedrigere Mieten umsetzt.

Eignungskriterium für die Schaffung und Erhaltung von Wohnraum-Commons, inwiefern rechtliche Ansätze diesem Problem begegnen.[229]

(b) Einhegung

In der Veräußerung von dekommodifiziertem Wohnraum liegt das Problem der Einhegung. Wohnraum – insbesondere in Orten mit massiven Preissteigerungen für Boden – kann Begehrlichkeiten wecken. So kann es dazu kommen, dass eine Generation von Commoners sich an dem Wohnraum bereichern will, welchen sie von der vorherigen Generation von Commoners erhalten hat.[230] Dadurch können beträchtliche Gewinne erzielt werden und gleichzeitig künftigen Generationen die Chance genommen werden, an dem Wohnraum-Commons teilzuhaben. Das Problem der Einhegung kann auch als CPR-Problem beschrieben werden: Dekommodifizierung ist im Kontext von Wohnraum eine sozial konstruierte Eigenschaft eines physischen Gebäudes. Das bedeutet, dass die (physische) Nutzung von dekommodifiziertem Wohnraum durch eine Person die Nutzung durch eine andere Person ausschließt. Insofern ist dekommodifizierter Wohnraum akzessorisch zum physischen Gebäude rivalisierend. Gleichermaßen ist er auch ausschließbar, sodass er insgesamt als CPR gesehen werden kann. Unterschiede ergeben sich jedoch bei der Art der Übernutzung.

Dekommodifizierung kann derart wirtschaftlich ausgebeutet werden, dass sie „überbenutzt“ wird und dadurch verloren geht. Denkbar ist dies etwa dadurch, dass jemand eine Wohnung zu einem kostendeckenden Preis mietet, diese gewinnbringend untervermietet und selbst in einer anderen Wohnung wohnt. Die*die Untervermiete schöpft hierbei entgegen dem Normanspruch der Dekommodifizierung den Differenzbetrag zwischen dem kostendeckenden Preis und dem Marktpreis ab. In diesem Fall ist der mit der Dekommodifizierung intendierte Nutzen (Wohnraum zu schaffen, der Menschen mit geringerem Einkommen die freiere Wahl des Wohnortes ermöglichen soll) verloren gegangen.[231] Darüber hinaus kann die Dekommodifizierung dadurch

---

229 Siehe C. III. 6.

230 Dieses Risiko besteht nicht nur bei Wohnraum-Commons. Auch Wohnraum der öffentlichen Hand kann auf Seiten der Regierung als Chance gesehen werden, einfach den Haushalt zu entlasten. Beispielhaft ist etwa eine Privatisierungswelle in Berlin in den 2000er Jahren, *Schönball*, Tagesspiegel vom 07.08.2004; *Kuhnert*, Experteninterview vom 18.06.2021. Diese Verkäufe wurden inzwischen von verschiedener Seite kritisiert, siehe etwa *Weckwerth*, Zeit Online vom 22.02.2013; *Paul*, Berliner Zeitung vom 17.05.2022. Insofern kann die Dekommodifizierung bei Wohnraum-Commons unter Umständen noch stärker abgesichert sein als bei dekommodifiziertem Wohnraum in staatlicher Trägerschaft.

231 Streng genommen kann auch in diesem Szenario der dekommodifizierte Wohnraum Menschen mit geringem Einkommen materielle Autonomie bei der Wahl ihres

verlorengehen, dass ein dekommodifiziertes Gebäude veräußert wird und dadurch die Dekommodifizierung als Anspruch gänzlich aufgehoben wird. Dieses Problem beschreibt ein soziales Dilemma, wie es für CPR typisch ist. Einerseits haben Commoners strukturell ein Interesse daran, den Verkehrswert ihrer Immobilien abzuschöpfen. Andererseits haben sie auch ein Interesse daran, dass andere Commoners dies unterlassen, denn Mitglieder, die den Verkehrswert ihrer Immobilie abschöpfen, können dies nur deswegen tun, weil andere vor ihnen dies nicht getan haben.

(c) Zwischenfazit

Zusammengefasst lässt sich festhalten, dass die Schaffung von Wohnraum-Commons oftmals nur über massiven Einsatz von Geld möglich ist. Dabei stellt sich das Gerechtigkeitsproblem, dass die Gründungsgeneration dieses Geld aufbringen muss und dadurch eine höhere Last trägt als spätere Generationen, die von günstigem Wohnraum profitieren. Zudem besteht das Problem der Einhegung, welches sich als CPR-Problem beschreiben lässt. Commoners unterliegen der Verlockung, das Common „zu Geld zu machen" und dadurch die Dekommodifizierung zeitweise oder sogar dauerhaft aufzuheben.

c) Definition von Wohnraum-Commons

Auf Grundlage des dargestellten Forschungsstandes zu Wohnraum-Commons bilde ich nun folgende Arbeitsdefinition von Wohnraum-Commons als Grundlage für die weitere Untersuchung:[232]

> Wohnraum-Commons sind ein auf Dauer ausgelegter, offener Zusammenschluss, bestehend aus einer erneuerbaren Bewohnerschaft (Commoners), welcher Wohnraum (Common) gemeinsam, gleichrangig und in dekommodifizierter Art und Weise bewirtschaftet (Commoning).
>
> Der Wohnraum umfasst den Boden und seine Bebauung. Diese bilden gemeinsam eine zusammenhängende Einrichtung, die von den Commoners hauptsächlich zu Wohnzwecken hergestellt und instandgehalten wird und für die potenziell zeitglei-

---

Wohnortes ermöglichen. Dies ist nämlich dann der Fall, wenn derjenige, der den Wohnraum gewinnbringend untervermietet, selbst ein geringes Einkommen hat und durch den Profit wiederum anderweitigen Wohnraum bezahlen kann, den er sich sonst nicht hätte leisten können. Ich werte die profitorientierte Untervermietung dennoch als Verstoß gegen die Dekommodifizierung, da sie zumindest nicht mit dem Grundsatz der Co-Produktion vereinbar ist.

232 Im Wesentlichen greife ich für diese Definition auf die alternative Strömung der Commons-Forschung zurück. Die institutionalistische Strömung ist – wie dargestellt – eher hilfreich, um zu verstehen, welche Merkmale rechtliche Ansätze aufweisen müssen, um CPR-Problemen begegnen zu können.

che gemeinschaftliche und nacheinander erfolgende generationsübergreifende Nutzung bestimmt ist. Dabei beinhaltet der Wohnraum Bestandteile, die zur privaten Nutzung bestimmt sind, und Bestandteile, die zur gemeinschaftlichen Nutzung bestimmt sind.

II. Schaffung und Erhaltung

Die Schaffung des Wohnraums umfasst den dinglichen und schuldrechtlichen Erwerb von Wohnraum bzw. den Bau des Wohnraums zu dem Zweck, ein Wohnraum-Commons zu gründen.[233]

Die Erhaltung umfasst sämtliche Maßnahmen und Investitionen zur Aufrechterhaltung und Erneuerung der Bausubstanz mit dem Ziel, diese für künftige Generationen von Commoners zu bewahren. Darüber hinaus umfasst die Erhaltung die Beibehaltung der Grundsätze des Commoning.[234]

III. Eignung

Was sind nun die Kriterien, die bestimmen, ob bzw. inwiefern ein rechtlicher Ansatz dazu geeignet ist, Wohnraum-Commons zu schaffen und zu erhalten?[235]

---

233 Bei meiner Betrachtung klammere ich die Aneignung von leerstehendem Wohnraum durch rechtswidrige Besetzung und ggf. nachfolgende „Legalisierung" aus. Zwar stellt die Hausbesetzung politisch eine vieldiskutierte Kategorie der Schaffung von Wohnraum-Commons dar, die Betrachtung dieser Praxis würde jedoch den Rahmen meiner Untersuchung sprengen. Monographisch zur Geschichte der Hausbesetzung *Sichtermann*, Das ist unser Haus: eine Geschichte der Hausbesetzung.

234 Diese Aussage ist gewissermaßen überflüssig, weil ein Wohnraum-Commons, das keine gemeinsame gleichrangige Mitbestimmung der Commoners praktiziert, auch kein Commons mehr darstellt. Als Verdeutlichung ist die Aussage m. E. aber dennoch sinnvoll. Darüber hinaus ist die Eigenschaft eines Zusammenschlusses als „Commons" nicht binär mit „ja" oder „nein" zu beantworten, weil Commons auf einem Spektrum existieren und Zusammenschlüsse zu Commons werden können. Insofern ist nicht klar zu beantworten, ob ein Commons, dass die Grundsätze des Commoning wenig oder nur teils erfüllt, kein Commons darstellt. So auch *Helfrich/Bollier*, „[…] *Commoning* [funktioniert] *nicht wie ein Ein-/Aus-Schalter* […], *wie etwas, das entweder existiert oder nicht; eher wie ein Dimmer, der die Intensität des Lichts behutsam regeln kann. So können die Muster des Commoning* […] *eine Praxis schwach oder stark prägen, je nachdem, was die Menschen tatsächlich tun. So wie wir zu jedem Zeitpunkt per Dimmer mehr oder weniger Leuchtkraft erzeugen können, haben wir auch jederzeit die Möglichkeit, das Commoning zu vertiefen, zu verflachen oder gar aufzugeben.*", *Helfrich/Bollier*, Frei, Fair und Lebendig, S. 97.

235 Die Aussagekraft meiner Prüfung bzw. meiner Prüfungskriterien ist begrenzt. Dies liegt daran, dass funktionierendes Commoning nicht rechtlich vordeterminiert werden kann. Wenn ein rechtlicher Ansatz etwa den Commoners formal das Recht und

Ein Teil der Kriterien ergibt sich unmittelbar aus der Arbeitsdefinition von Wohnraum-Commons. Die rechtlichen Ansätze müssen der Definition konzeptuell-strukturell entsprechen. Zu den konzeptuellen Commons-Merkmalen der Definition gehören insbesondere die gleichrangige Selbstverwaltung (C. III. 1.), die Dekommodifizierung (C. III. 2.) und die Offenheit (C. III. 3.).

Darüber hinaus müssen die rechtlichen Ansätze strukturell in der Lage sein, den wirtschaftlichen Herausforderungen zu begegnen, die mit der Schaffung und Erhaltung von Wohnraum-Commons verbunden sind. Welche Herausforderungen dies sind, habe ich unter anderem durch Experteninterviews ermittelt. Hierzu gehört insbesondere die Möglichkeit, ausreichend Kapital aufzubringen (C. III. 4.), Kosten und Komplexität des Ansatzes müssen handhabbar sein (C. III. 5.) und Gerechtigkeitsprobleme zwischen Generationen von Commonern sollten adressiert werden (C. III. 6.). Schließlich sollten die rechtlichen Ansätze in der Lage sein, CPR-Problemen zu begegnen. In einem letzten Schritt untersuche ich daher, inwiefern die rechtlichen Ansätze den Design-Prinzipien von *Ostrom* entsprechen (C. III. 7.).

1. Gleichrangige Selbstverwaltung

Als erstes Eignungskriterium prüfe ich, inwiefern der jeweilige rechtliche Ansatz eine gleichrangige Selbstverwaltung ermöglicht. Dieses Eignungskriterium zerfällt also in zwei Unterpunkte: die Selbstverwaltung und ihre Gleichrangigkeit.

---

die Pflicht zur gleichrangigen Selbstverwaltung einräumt, dann ist damit noch nicht zwangsläufig gesagt, dass die gelebte Praxis des rechtlichen Ansatzes diesem Leitbild entspricht. Darüber hinaus kann die gerichtliche Durchsetzung von Rechtsansprüchen zwischen Commoners faktischen Hürden ausgesetzt sein. So können einerseits finanzielle Ressourcen oder Kenntnisse fehlen. Andererseits kann die Klageerhebung gegenüber anderen Commoners als Vertrauensbruch empfunden werden, welcher zum Ausschluss aus der Gruppe führt. Die Bedeutung von Rechtsnormen für das Commoning darf also nicht übergewichtet werden. Damit Commoning funktionieren kann, darf die dafür bestehende rechtliche Organisationsgrundlage den Grundsätzen des Commonings aber nicht widersprechen. So ist trotz der begrenzten Aussagekraft der formalen Rechtsnormen der rechtlichen Ansätze ihre Übereinstimmung mit den Grundsätzen des Commonings wichtig. Ansonsten müssten die Commoners bzw. Bewohnerschaft sich über die Rechtsnormen ihres rechtlichen Ansatzes hinwegsetzen, um den Grundsätzen des Commonings zu entsprechen. Dies wäre im besten Fall lästig und könnte im schlimmsten Fall das Commoning unmöglich machen, etwa indem Commoners sich per Klage über die Dekommodifizierung oder die Gleichrangigkeit hinwegsetzen, siehe auch das Designprinzip von *Ostrom* zum Mindestmaß rechtlicher Anerkennung, C. I. 1. b) (6) (g). Dass die rechtlichen Ansätze formal den Merkmalen von Wohnraum-Commons entsprechen, ist also bestenfalls notwendige, nicht aber hinreichende Bedingung für eine funktionierende Praxis des Commonings.

Selbstverwaltung bedeutet, dass die jeweilige Bewohnerschaft – soweit dies innerhalb der Commons-Grundsätze möglich ist – über ihr soziales und physisches Wohnumfeld bestimmen kann.[236]

Darüber hinaus prüfe ich, inwiefern diese Selbstverwaltung strukturell gleichrangig ist.[237] Dies bedeutet, dass Commoners grundsätzlich gleiche Rechte und Pflichten innerhalb des Commons haben, insbesondere Stimmgleichheit. Neben der bloß formalen Gleichberechtigung erfordert die „Gleichrangigkeit" grundsätzlich eine darüberhinausgehende egalitäre Ausrichtung des Commonings.[238] Aufgrund der strukturell-rechtlichen Ausrichtung meiner Untersuchung beschränke ich mich darauf, zu untersuchen, inwiefern die rechtlichen Ansätze formal gleiche rechtliche Entscheidungsbefugnisse gewährleisten.

2. Dekommodifizierung

Beim zentralen Merkmal der Dekommodifizierung prüfe ich, inwiefern die rechtlichen Ansätze die profitorientierte Verwertung des Wohnraums ausschließen. Mit profitorientierter Verwertung ist insbesondere die über die Kostenmiete hinausgehende Vermietung und Veräußerung gemeint. Darüber hinaus prüfe ich, inwiefern sonstige Formen der profitorientierten Verwertung ausgeschlossen sind.[239] Neben der grundsätzlichen Ausrichtung auf den Ausschluss von Profiten prüfe ich, inwiefern die rechtlichen Ansätze dagegen absichern, dass die Mehrheit der Commoners eines Wohnraum-Commons beschließen, den Ausschluss von Profiten aufzuheben. Dieser Aspekt ist insbesondere in urbanen Räumen von Bedeutung, in denen Marktkräfte einen hohen Verwertungsdruck erzeugen.[240]

In einem weiteren Schritt prüfe ich, inwiefern die rechtlichen Ansätze auf die Co-Produktion ausgelegt sind.[241]

---

236 Siehe hierzu bereits C. I. 2. b) bb) (4).

237 Siehe C. I. 1. c) bb) (4), C. I. 2. b) bb) (4)).

238 Nach *Hartz* et al. ist für Partizipation in Genossenschaften neben Rechtsnormen eine „*explizit partizipative Agenda*", welche durch weitere „*formale oder informelle Partizipationsformate, initiiert durch Mitglieder oder Unternehmensleitung, ergänzt* [wird]", erforderlich, *Hartz* et al., Partizipationspraktiken in Genossenschaften, S. 114.

239 Siehe hierzu bereits C. I. 2. b) bb) (5) (a).

240 Siehe C. 1. d) aa) (2).

241 Ich prüfe dabei, inwiefern die rechtlichen Ansätze strukturell darauf ausgelegt sind, dass sämtliche Commoners an der Schaffung und Erhaltung des Wohnraums beteiligt werden können – ihn also gemeinsam „co-produzieren", siehe hierzu bereits C. I. 2. b) bb) (5) (c)).

3. Offenheit

Das Kriterium der Offenheit geht in weiten Teilen in der Dekommodifizierung und den Design-Prinzipien auf.[242] An dieser Stelle prüfe ich, inwiefern die rechtlichen Ansätze darauf angelegt sind, sich zu vergrößern und weitere Wohnraum-Commons zu schaffen. Zudem prüfe ich, inwiefern die rechtlichen Ansätze darauf ausgelegt sind, dass Wohnraum-Commons Wissen mit anderen Personen oder Gruppen teilen. Ebenfalls prüfe ich, ob und inwiefern durch besondere rechtliche Vorkehrungen sichergestellt wird, dass Commoner diskriminierungsfrei ausgesucht werden und so der Zugang zum Common „offen" gestaltet ist.

4. Möglichkeiten der Kapitalaufbringung

Um ein Wohnraum-Commons zu schaffen und zu erhalten, ist es unabdingbar, dass die Commoners ausreichend Eigen- und Fremdkapital aufbringen. Dies gilt insbesondere für die Schaffung durch den Bau oder den Erwerb (ggf. mit anschließender Sanierung) von Wohnraum. In aller Regel können die Commoners dieses Kapital nicht selbst aufbringen und sind auf weitere Kapitalgeber*innen angewiesen, insbesondere Banken.[243] Die Fremdfinanzierung wird wesentlich dadurch erleichtert, dass das Eigentum am Grundstück bzw. der darin verkörperte wirtschaftliche Wert als Kreditsicherungsmittel verwendet werden kann.[244] Der Wohnraum als Kreditsicherungsmittel ist aus Sicht sowohl der Sicherungsnehmenden als auch der Sicherungsgebenden vorteilhaft. Aus Sicht der Sicherungsnehmenden ist der wirtschaftliche Wert des Wohnraums relativ stabil und berechenbar. Aus Sicht der Sicherungsgebenden ist die dingliche Belastung ihres Wohnraums nicht mit signifikanten Einschränkungen ihrer Nutzungsmöglichkeiten verbunden.[245] Trotz der Tatsache, dass Commoners ihren Wohnraum als Kreditsicherungsmittel zur Verfügung haben, ist die Fremdfinanzierung zur Schaffung und Erhaltung des

---

[242] Siehe C. I. 2. b) bb) (3).

[243] In Deutschland sind zur Immobilienfinanzierung Annuitätendarlehen üblich. Hierbei wird über die Gesamtlaufzeit ein fester Prozentsatz des Gesamtbetrags der Gesamtdarlehenssumme getilgt.

[244] *Bettina Barthel* wies mich auf die paradoxe Natur dieses Befundes hin: Die Eignung des Grundeigentums als Kreditsicherungsmittel ermöglicht es Commoners regelmäßig überhaupt erst, Wohnraum zu dekommodifizieren. Gleichzeitig setzt die Verwendung als Kreditsicherungsmittel strukturell voraus, dass der Wohnraum veräußerlich bleibt. Hierin drückt sich das ambivalente Verhältnis zwischen Commoning und marktförmigem Handeln aus.

[245] Zur Attraktivität grundpfandrechtlicher Kreditsicherung *Kern*/BeckOGK, 01.02.2022, BGB, § 1113 Rn. 23f.

Wohnraums nicht ohne Weiteres möglich. Insbesondere müssen Banken nach § 18 Abs. 1 S. 1 KWG eine Kreditwürdigkeitsprüfung auf Grundlage der offengelegten Vermögensverhältnisse des Kreditnehmers vornehmen.[246] Bei der Vergabe von Krediten für den Bau oder Ankauf von Wohnraum fordern Banken von Kreditnehmer*innen in der Regel, dass diese mindestens 20 % der Gesamtkosten in Eigenkapital aufbringen können.[247] Der maximale Betrag, der über einen Bankkredit finanziert werden kann, hängt schließlich von der Größe der erwarteten Mieteinnahmen abzüglich der Kosten für Bewirtschaftung, Rücklagen, Mietausfallwagnis[248] und Instandhaltung ab.[249] Wenn der Kauf- bzw. Baupreis den ermittelten Gesamtwert der möglichen Kreditfinanzierung übersteigt, ist in Höhe des fehlenden Betrages Eigenkapital erforderlich.[250] Eigenkapital muss also in Höhe der etwaigen Finanzierungslücke zwischen Darlehenssumme und Gesamtkosten bestehen, mindestens jedoch in Höhe von 20 % der Gesamtkosten.

Auf dieser Grundlage untersuche ich, inwiefern die jeweiligen Ansätze rechtlich-strukturell dazu geeignet sind, genug Eigen- und Fremdkapital für die Immobilienfinanzierung aufzubringen.

5. Kosten und Komplexität

Neben den Möglichkeiten, Kapital aufzubringen, sollen auch die Kosten der rechtlichen Ansätze für die Schaffung und Erhaltung von Wohnraum-

---

246 Banken sind nach § 18 Abs. 1 S. 1 KWG bei der Vergabe von Krediten von über 750.000 € verpflichtet, sich die Vermögensverhältnisse des*der Kreditnehmer*in offenlegen zu lassen und diese vor Vergabe und ggf. laufend zu prüfen. Diese Schwelle ist bei der Immobilienfinanzierung regelmäßig überschritten. Eine Kreditwürdigkeitsprüfung für Immobiliar-Verbraucherdarlehensverträge nach § 505a Abs. 1 S. 1 BGB ist zumindest bei der Darlehensvergabe an eine juristische Person hingegen nicht erforderlich. Die Darlehensvergabe an eine juristische Person stellt keinen Immobiliar-Verbraucherdarlehensvertrag i. S. v. § 491 Abs. 3 S. 1 BGB dar, EuGH, Urteil vom 22. 11. 2001 – C-541/99, C-542/99, C-541-99 –, NJW 2002, 205; BGH, Urteil vom 23. 10. 2001 – XI ZR 63/01 –, NJW 2002, 368–369, 368.

247 *Schaller*, Experteninterview vom 07. 04. 2021; *Altrogge*, Experteninterview vom 02. 06. 2021; *Noosten*, Die private Bau- und Immobilienfinanzierung, S. 11 f.

248 Das Mietausfallwagnis besteht aus Ertragsminderungen wegen Leerstand oder dem Ausfall von Mietzahlungen bei Raum, der zur Vermietung bestimmt ist, § 9 Zweite Berechnungsverordnung – II. BV.

249 *Altrogge*, Experteninterview vom 02. 06. 2021; der Maximale Kreditbetrag ergibt sich nach der folgenden Formel:

$$\text{Kreditbetrag} = \frac{\text{max. monatliche Belastung} \times 12 \times 100}{\text{Zinssatz} + \text{Tilgungssatz}}$$, *Noosten*, Die private Bau- und Immobilienfinanzierung, S. 11.

250 *Altrogge*, Experteninterview vom 02. 06. 2021.

Commons in meine Bewertung einfließen. Das umfasst insbesondere Rechtsformkosten. Eng verbunden mit den Kosten ist die Komplexität des rechtlichen Ansatzes, welche die erforderlichen Kosten und aufzuwendende Zeit erhöhen kann. Dies wirkt sich wiederum auf die Offenheit eines Ansatzes aus, sodass hier eine gewisse Deckungsgleichheit besteht. Bei den Kosten sind auch strukturelle Kosten zu berücksichtigen, die dafür anfallen, dass die Einhaltung konzeptueller Regeln im Commoning überwacht und durchgesetzt wird.[251]

6. Generationengerechtigkeit

Ich prüfe zudem, inwiefern die rechtlichen Ansätze strukturell in der Lage sind, das Problem der Generationengerechtigkeit zu lösen oder abzumildern.[252] Das Problem besteht darin, dass die Generation, welche Wohnraum zu Marktpreisen erwirbt und in ein Wohnraum-Commons überführt, den Marktpreis abbezahlen muss. Nachfolgende Generationen profitieren von einer geringen Miete, sodass die Gründergeneration insofern ein Opfer erbringen muss.

7. *Ostroms* Design-Prinzipien

Wie aufgezeigt, begegnet der untersuchte Wohnraum CPR-Problemen.[253] Um diesen Problemen in Bezug auf die Nutzung, Herstellung und Instandhaltung des Wohnraums zu begegnen, sollten die rechtlichen Ansätze den Design-Prinzipien von *Ostrom* entsprechen. Hierbei ist meine Untersuchung im Wesentlichen auf die Analyse der rechtlichen Struktur der Ansätze beschränkt. Eine umfassende empirische rechtssoziologische Analyse der rechtlichen Ansätze würde den Rahmen dieser Arbeit sprengen. Gleichzeitig bestehen in diesem Bereich Bedarf und Chancen für weitere Forschung.[254]

Im Folgenden beschreibe ich, welchen Untersuchungsmaßstab ich für die jeweiligen Designprinzipien ansetze. Der Maßstab ergibt sich aus den unter C. I. 1. b) bb) (7) dargestellten Designprinzipien und der Beschränkung, dass meine Untersuchung rechtlich-struktureller Art ist.

---

[251] *Löhr*, Marktgerechte Erbbaurechte, S. 43 ff.

[252] Siehe C. I. 2. b) bb) (6).

[253] Siehe C. I. 2. b) aa) (1).

[254] Siehe hierzu, F. I.

a) Klar definierte Grenzen[255]

In Bezug auf das erste Designprinzip untersuche ich, inwiefern die Ansätze jeweils rechtlich einem klar definierten Personenkreis ein zeitlich, räumlich und inhaltlich klar definiertes Nutzungsrecht zuweisen. Inwiefern in der Praxis der physische Wohnraum, welcher von den rechtlichen Ansätzen bewirtschaftet wird, eine klare Grenzziehung zulässt, muss wiederum im Einzelfall empirisch bewertet werden.

b) Kongruenz zwischen Regeln und örtlichen Bedingungen und Kongruenz zwischen Nutzung und Bereitstellung

Das zweite Designprinzip gliedert sich in zwei Unterprinzipien:

aa) Kongruenz zwischen Regeln und örtlichen Bedingungen[256]

Ich prüfe, inwiefern die Ansätze rechtlich-strukturell gewährleisten, dass die operativen Regeln mit örtlichen Bedingungen kongruent sind. Insbesondere prüfe ich, ob die Ansätze hinreichende Flexibilität bei der Ausgestaltung der operativen Regeln bieten. Dabei prüfe ich lediglich, ob die operativen Regeln flexibel gestaltet werden können. Die Frage, ob diejenigen Commoners, die von den operativen Regeln betroffen sind, diese mit vertretbarem wirtschaftlichem Aufwand abändern können, betrifft das nächste Designprinzip.

bb) Proportionalität zwischen Nutzung und Bereitstellung[257]

In Bezug auf diesen Teil des zweiten Designprinzips untersuche ich, inwiefern die untersuchten rechtlichen Ansätze darauf ausgelegt sind, dass die Nutzungsberechtigung von Commonern jeweils proportional zu den dazu erforderlichen Bereitstellungsmaßnahmen ist. Das bedeutet, dass Commoners

---

[255] Die Personen und Haushalte, welche das Recht zur Nutzung des Wohnraums haben, müssen klar definiert sein. Ebenso müssen die Grenzen des genutzten Wohnraums bzw. CPR klar definiert sein, siehe C. I. 1. b) bb) (7) (a).

[256] Die operativen Regeln, welche die Nutzung beschränken (z. B. Zeit, Ort, technologische Mittel, Menge) sowie die Regeln über Herstellung und Instandhaltung des CPR (z. B. Einsatz von Zeit, Geld, Arbeitskraft) müssen mit den örtlichen Bedingungen bzw. Gegebenheiten kongruent sein, siehe C. I. 1. b) bb) (7) (b) (aa).

[257] Die operativen Regeln müssen Commoners gleichbehandeln in Bezug auf den erforderlichen Aufwand zur Bereitstellung, den Commoner jeweils für die gleiche Menge an Nutzung leisten müssen, siehe C. I. 1. b) bb) (7) (b) (bb).

jeweils gleichbehandelt werden, in Bezug auf die Leistungen, die sie erbringen müssen, um eine bestimmte Menge des Wohnraums nutzen zu dürfen. Hierbei fokussiere ich mich insbesondere auf die Gleichbehandlung in Bezug auf Mietzahlungen bzw. Nutzungsgebühren pro Quadratmeter vergleichbarer Nutzfläche.

Die Aussagekraft dieses Eignungskriteriums ist jedoch signifikant beschränkt: So liegt der Sinn der Gleichbehandlung darin, dass sichergestellt ist, dass die Commoners die operativen Regeln als gerecht empfinden und daher eher bereit sind, diese einzuhalten.[258] Es kann jedoch sein, dass Commoners gerade die solidarische Ungleichbehandlung als gerecht empfinden und eine zwingende Gleichbehandlung als ungerecht. Nach solch einem Verständnis würden Commoners mit geringerer finanzieller Leistungsfähigkeit weniger Miete pro vergleichbarem Quadratmeter Wohnraum zahlen als Commoners mit größerer finanzieller Leistungsfähigkeit. Soweit solch ein Gerechtigkeitsempfinden unter den Commoners herrschend ist, kann die zwingende Gleichbehandlung in dem beschriebenen Sinne sogar hinderlich sein.[259]

c) Vorkehrungen für kollektive Entscheidungsfindung[260]

In Bezug auf das dritte Designprinzip untersuche ich, inwiefern Commoners rechtlich befugt sind, die sie betreffenden operativen Regelungen zu beeinflussen.

d) Gegenseitige Kontrolle[261]

Bei der Untersuchung anhand dieses Designprinzips prüfe ich zunächst, ob und wer rechtlich befugt und verpflichtet ist, die Einhaltung der operativen Regeln zu kontrollieren. Darauf aufbauend prüfe ich, inwiefern die kontrollierenden Personen gegenüber den Commoners rechtlich verantwortlich sind.

---

[258] Siehe C. I. 1. b) bb) (7) (b) (bb).

[259] Auch in solch einem Solidarsystem dürfte jedoch insofern ein Gebot der Gleichbehandlung gelten, als die Kriterien für die Bemessung der finanziellen Leistungsfähigkeit gleichmäßig angewandt werden müssen.

[260] Die meisten Personen, die von operationellen Regelungen betroffen sind, müssen diese Regelungen beeinflussen können, siehe C. I. 1. b) bb) (7) (c).

[261] Commoners, welche die operativen Regeln verletzen, müssen mit hinreichender Wahrscheinlichkeit graduellen (je nach Schwere und Zusammenhang des Verstoßes) Sanktionen ausgesetzt sein. Diese werden durch andere Commoners verhängt oder durch Personen, die gegenüber den Commoners verantwortlich sind, siehe C. I. 1. b) bb) (7) (d).

e) Graduelle Sanktionen[262]

In Bezug auf dieses Designprinzip prüfe ich, inwiefern Verletzungen von operativen Regeln rechtliche Sanktionen nach sich ziehen können und inwiefern diejenigen, die Sanktionen verhängen, gegenüber den Commoners verantwortlich sind. Dabei erfasst meine Prüfung durch meine rechtliche Ausrichtung nur eine Teilmenge der nach *Ostrom* relevanten Sanktionen. Insbesondere die praktisch wichtigen informellen Ermahnungen und damit einhergehende Reputationsverluste erfasse ich bei meiner Untersuchung nicht.[263] Angesichts der Tatsache, dass bei wiederholten oder schweren Verstößen schwerere Sanktionen erforderlich sind, ist meine Prüfung jedoch insofern von Bedeutung, als sie feststellt, ob ein Ansatz erforderliche formelle bzw. schwerere Sanktionen ermöglicht. Ich untersuche hierbei nicht empirisch, ob es auf Grundlage des Rechts tatsächlich wahrscheinlich ist, dass Regelverstöße in angemessenen Fällen mit diesen Sanktionen geahndet werden. Soweit Indizien aus Befunden anderer empirischer Forschung vorliegen, ziehe ich diese heran. Zudem kann die Regelungsdichte zur gegenseitigen Kontrolle einen Hinweis darauf geben, ob es auf Grundlage des Rechts wahrscheinlich ist, dass Regelverstöße sanktioniert werden.

f) Konfliktlösungsmechanismen

Commoners müssen schnellen Zugang zu kostengünstigen lokalen Foren für die Konfliktlösung zwischen Commoners und Verantwortlichen haben.[264] Dies gilt auch im Rahmen von Wohnraum-Commons.

g) Mindestmaß an Anerkennung durch staatliche Stellen

Das Recht der Commoners, eigene Institutionen[265] zu schaffen, darf nicht durch äußere staatliche Stellen infrage gestellt werden.[266] Ansonsten könnten sich Commoners mithilfe staatlicher Stellen über die Regeln des Commonings hinwegsetzen, was wiederum die Funktionsfähigkeit des Commons gefährden würde.

Da meine Untersuchung ohnehin rechtlich ausgerichtet ist, geht das siebte Designprinzip weitgehend in meiner Untersuchung zu den anderen Designprin-

---

262 Siehe C. I. 1. b) bb) (7) (e).

263 Siehe C. I. 1. b) bb) (7) (e).

264 Siehe C. I. 1. b) bb) (7) (f).

265 Zum Begriff der Institution siehe C. I. 1. b) bb) (5).

266 Siehe hierzu bereits C. I. 1. b) bb) (7) (g).

zipien auf. So prüfe ich beispielsweise bei meiner Untersuchung des ersten Designprinzips, inwiefern rechtliche Ausschlussrechte bestehen. Dasselbe gilt etwa für meine Untersuchung des dritten Designprinzips, bei dem ich prüfe, inwiefern Commoners operative Regeln *rechtlich bindend* vereinbaren können.

Dementsprechend ist das siebte Designprinzip nicht eigenständiger Teil meiner Untersuchung, sondern geht in meiner sonstigen Prüfung auf.

h) Polyzentrische Governance[267]

Bei meiner Untersuchung der jeweiligen rechtlichen Ansätze prüfe ich, inwiefern diese den oben beschriebenen Grundsätzen der polyzentrischen Governance entsprechen.

IV. Wohnungsgenossenschaft

Die Wohnungsgenossenschaft ist als erster „rechtlicher Ansatz", den ich untersuche, gleichzeitig auch eine einzelne Rechtsform.[268]

Um Wohnungsgenossenschaften als Untersuchungsgegenstand zu konkretisieren, stelle ich zunächst knapp dar, was die wesentlichen Merkmale der Rechtsform der Wohnungsgenossenschaft sind.[269] Hierzu gehören zunächst der historische Kontext und die Herkunft der (Wohnungs)Genossenschaft (C. IV. 1.) sowie die derzeitige Situation und Bedeutung der Wohnungsgenossenschaft (C. IV. 2.). Darauf aufbauend gehe ich auf die Rechtsnatur der Genossenschaft und ihre Grundprinzipien ein (C. IV. 3.). Dann stelle ich die Organe der Genossenschaft (C. IV. 4.) und die Grundzüge des genossenschaftlichen Prüfungswesens (C. IV. 5.) dar. Sodann erkläre ich das Konzept des genossenschaftlichen Geschäftsanteils und des Geschäftsguthabens (C. IV. 6.). Schließlich stelle ich dar, wie „genossenschaftliches Wohnen" grundsätzlich konzipiert ist (C. IV. 7.).

---

[267] Nutzung, Bereitstellung, Kontrolle, Sanktionierung, Konfliktlösung und Verwaltungsaktivitäten müssen auf mehreren Ebenen von ineinander eingebetteten Systemen der polyzentrischen Governance organisiert sein, siehe hierzu bereits C. I. 1. b) bb) (7) (h).

[268] Wohnungsgenossenschaften gehören z. T. „Dachgenossenschaften" an, vgl. *Bura/Markones/Töllner*, Potentiale und Grenzen genossenschaftlicher Kooperationen, S. 14. Die Kombination aus Dachgenossenschaft mit zugehörigen Wohnungsgenossenschaften ist jedoch nicht Gegenstand meiner Untersuchung. Siehe zu Dachgenossenschaften jedoch D. IV.

[269] Da das Genossenschaftsrecht auch der juristisch vorgebildeten Leserschaft regelmäßig fremd sein dürfte, umreiße ich dabei auch genossenschaftsrechtliche „Selbstverständlichkeiten".

1. Historischer Kontext und Herkunft der Wohnungsgenossenschaft

Der Begriff der Genossenschaft kann einerseits im weiteren Sinne eine rechtsformunabhängige Organisationsform bezeichnen, welche bestimmten genossenschaftlichen Prinzipien folgt,[270] andererseits kann der Begriff im engeren Sinne eine eigenständige Form der juristischen Person bezeichnen, welche im GenG kodifiziert ist.[271]

Das deutsche Genossenschaftswesen in kodifizierter Gestalt geht auf das Engagement von *Hermann Schulze-Delitzsch* und *Friedrich Wilhelm Raiffeisen* zurück.[272] Erstmals wurde es durch das preußische Gesetz betreffend die privatrechtliche Stellung der Erwerbs- und Wirtschaftsgenossenschaften vom 27.03.1867 gesetzlich geregelt.[273] Wesentlicher Beweggrund für die Schaffung von Genossenschaften war das Ziel, Notlagen von wirtschaftlich schwachen Bevölkerungskreisen durch kollektive Selbsthilfe zu beseitigen.[274] So waren die ersten Genossenschaften im engeren Sinne Kreditgenossenschaften, mit denen sich ärmere Betriebe und Haushalte gegenseitig Kapital verschafften, als der Staat, Banken und wohlhabendere Bevölkerungskreise die Kreditvergabe versagten.[275]

Wohnungsgenossenschaften haben als Unterform der Genossenschaft ihren Ursprung im späten 19. Jahrhundert. Zu dieser Zeit entstand zunehmend eine Wohnungsnot in Städten, ausgelöst durch Urbanisierung und Industrialisierung.[276] Diese führte zur Verelendung der Arbeiterschaft und Wohnungsge-

---

270 *Holthaus/Lehnhoff*/Lang/Weidmüller, GenG, § 1 Rn. 2; *Beuthien*, GenG, Einleitung, Rn. 1; *Fandrich*/Pöhlmann/Bloehs, GenG, § 1 Rn. 24; vgl. *Geibel*/Henssler/Strohn, Gesellschaftsrecht, GenG, § 1 Rn. 14; siehe zu diesen Prinzipien C. IV. 3.

271 *Holthaus/Lehnhoff*/Lang/Weidmüller, GenG, § 1 Rn. 2.

272 Siehe zur Geschichte des Genossenschaftswesens *Martens*, Das Genossenschaftsgesetz von 1889 und der Gründungsboom in Hamburg, S. 6 ff.; *Faust*, Geschichte der Genossenschaftsbewegung; *Greve*, Genossenschaften: Entwicklung und Bedeutung; *Beuthien*, GenG, Einleitung, Rn. 1 ff. Die Genossenschaft im weiten Sinne geht auf germanische Sippenverbände und Organisationen wie Mark- und Deichgenossenschaften zurück, *Greve*, Genossenschaften: Entwicklung und Bedeutung, S. 110 m. w. N.

273 Das Gesetz wurde in veränderter Fassung am 04.07.1868 als norddeutsches Bundesgesetz verkündet und am 01.05.1889 in deutlich entwickelter Form als Reichsgesetz, *Dülfer*, ZfgG 1989, 93–111, 93 f.; *Beuthien*, GenG, Einleitung, Rn. 1.

274 Diese Notlagen gingen von Verwerfungen aus, die auf den aufkommenden wirtschaftlichen Liberalismus zurückgingen, welcher mit der Aufhebung des Zunftwesens, der Einführung der Gewerbefreiheit und der Bauernbefreiung einherging, *Beuthien*, GenG, Einleitung, Rn. 1; *Dülfer*, ZfgG 1989, 93–111, 94 ff.

275 *Greve*, Genossenschaften: Entwicklung und Bedeutung, S. 111.

276 *Theurl*, APuZ, 02.10.2020; *Mayer/Mayeres*, Historische Genese der Wohnungsfrage.

nossenschaften stellten eine selbstorganisierte Antwort auf dieses Problem dar. Sie ermöglichten der Arbeiterschaft, Wohnraum jenseits des profitorientierten Marktes für sich selbst zu produzieren und anschließend gemeinschaftlich zu verwalten.[277]

Insgesamt ist die Genossenschaft und auch die Wohnungsgenossenschaft also ein Instrument der gemeinschaftlichen Selbsthilfe, welches aus Erfahrungen der wirtschaftlichen Not heraus entwickelt wurde.

2. Derzeitige Situation und Bedeutung

Am 30.09.2019 bestanden rund 1.930 Wohnungsgenossenschaften in Deutschland. Diese Wohnungsgenossenschaften hielten ca. 2,2 Millionen Wohnungen, hatten ca. 2,8 Millionen Mitglieder und beschäftigten 23.880 Mitarbeitende.[278] Wohnungsgenossenschaften haben damit einen Gesamtanteil von ca. 9% am deutschen Wohnungsmarkt.[279] Sie investieren jährlich insgesamt über 5,5 Milliarden Euro in Neubau, Instandhaltung und Modernisierung.[280] Im Vergleich zu anderen Unternehmen der Wohnungswirtschaft wiesen Wohnungsgenossenschaften in den vergangenen Jahrzehnten ein stetiges Investitionsverhalten sowie steigende Investitionsvolumina auf.[281] Die durchschnittliche Kaltmiete pro Quadratmeter liegt in der Wohnungsgenossenschaft unterhalb der von anderen Wohnungsunternehmen, während die Wohnungsgröße bei Genossenschaften hingegen überdurchschnittlich ist.[282]

Aus diesen Zahlen ergibt sich, dass Wohnungsgenossenschaften einerseits eine bedeutende wirtschaftliche Rolle am Wohnungsmarkt spielen und dass andererseits genossenschaftliches Wohnen für eine große Zahl von Menschen in Deutschland Alltag ist.

---

277 *Mayer/Mayeres*, Historische Genese der Wohnungsfrage, S. 19.

278 *Stappel*, Genossenschaften in Deutschland, S. 6.

279 Die Bedeutung dieses Anteils wird dadurch verdeutlicht, dass privatwirtschaftliche Unternehmen einen Marktanteil von insgesamt 13% haben, *Schenk*, Eigentümerstruktur am Wohnungsmarkt, S. 3.

280 *Theurl*, APuZ, 02.10.2020.

281 *Theurl*, APuZ, 02.10.2020.

282 *Theurl*, APuZ, 02.10.2020.

3. Rechtsnatur und Grundprinzipien der Genossenschaft

Die eG ist aus gesellschaftsrechtlicher Sicht zunächst eine Körperschaft.[283] Das bedeutet, dass ihre Rechtspersönlichkeit auf die Rechtsform des eingetragenen Vereins (und nicht die GbR) zurückgeht. Das Verhältnis zu ihren Mitgliedern ist in der Folge stärker rechtlich verselbstständigt als bei Personengesellschaften.[284] Gleichzeitig wird die eG als „personalistische Körperschaft" eingeordnet. Das bedeutet, sie wird stärker von dem Verhältnis zwischen Mitgliedern geprägt als sonstige Körperschaften, wie etwa die AG oder GmbH.[285]

Die Genossenschaft wird als Rechtsform auf Grundlage ihrer Geschichte und konzeptuellen Wurzeln von ungeschriebenen genossenschaftlichen Grundprinzipien geprägt.[286] Auch diese „überpositiven"[287] Prinzipien schlagen sich jedoch in gesetzlichen Regelungen des GenG nieder.

Die genossenschaftlichen Grundprinzipien sind die folgenden:

a) Förderprinzip

Das wichtigste Grundprinzip ist das in § 1 Abs. 1 GenG niedergelegte Prinzip der Mitgliederförderung („Förderprinzip").[288] Hiernach muss der Zweck der Genossenschaft darauf gerichtet sein, die Mitglieder zu fördern. Dabei darf die Förderung nicht lediglich in der Akkumulation von Kapitalrenditen liegen.[289] Stattdessen muss die Genossenschaft ihre Mitglieder durch darüber

---

283 *Beuthien*, GenG, § 1 Rn. 2; *Holthaus/Lehnhoff*/Lang/Weidmüller, GenG, § 1 Rn. 9; *Fandrich*/Pöhlmann/Bloehs, GenG, § 1 Rn. 1.

284 §§ 21 ff. BGB finden daher auch z. T. analoge Anwendung auf die eG, *Fandrich*/Pöhlmann/Bloehs, GenG, § 1 Rn. 1; mit Einschränkungen für Analogien aus dem Aktienrecht *Holthaus/Lehnhoff*/Lang/Weidmüller, GenG, § 1 Rn. 4.

285 Dies drückt sich etwa in dem Förderprinzip nach § 1 Abs. 1 GenG aus oder darin, dass Genossenschaftsanteile nicht veräußerlich sind, vgl. § 15 GenG und RG, RG, Urteil vom 21.12.1915 – II 294/15 –, RGZ 87, 408–412, 411; *Geibel*/Henssler/Strohn, Gesellschaftsrecht, GenG, § 1 Rn. 2; *Beuthien*, GenG, § 1 Rn. 3; mit weiteren Beispielen, *Althanns*, Genossenschafts-Handbuch 3200,§ 1 Rn. 8.

286 So zumindest die allgemeine Ansicht in der Literatur, *Beuthien*, GenG, § 1 Rn. 39 ff.; *Holthaus/Lehnhoff*/Lang/Weidmüller, GenG, § 1 Rn. 45 ff.; *Fandrich*/Pöhlmann/Bloehs, GenG, § 1 Rn. 24 ff.; *Althanns*, Genossenschafts-Handbuch 3200,§ 1 Rn. 128 ff.

287 *Beuthien*, GenG, § 1 Rn. 37.

288 Vgl. *Beuthien*, GenG, § 1 Rn. 8; *Holthaus/Lehnhoff*/Lang/Weidmüller, GenG, § 1 Rn. 26 ff.

289 Insbesondere ist der Betrieb einer sog. „Dividendengenossenschaft", d. h. einer Genossenschaft, die allein Kapitalrenditen für ihre Mitglieder durch Geschäfte mit beliebigen Kunden erwirtschaftet, unzulässig, BGH, Beschluss vom 16.03.2009 – II

hinausgehende Naturalleistung fördern.[290] Bei einer Wohnungsgenossenschaft liegt diese Förderleistung regelmäßig in der *„guten, sicheren und sozial verantwortbaren Wohnungsversorgung“*.[291]

b) Identitätsprinzip

Das Identitätsprinzip besagt, dass Mitglieder und Kund*innen der eG identisch sein sollen. Dieses Prinzip ist letztlich eine Folge des Förderprinzips: Indem die Genossenschaft ihre Mitglieder durch Naturalleistungen fördert, sind die Mitglieder Kund*innen „ihrer“ Genossenschaft.[292] Bei der Wohnungsgenossenschaft führt dies zu einer grundsätzlichen Identität von Mitgliedern und Wohnungsnutzenden.[293]

c) Selbsthilfeprinzip

Nach dem Selbsthilfeprinzip haben die Mitglieder der Genossenschaft im Rahmen ihrer Mitgliedschaft die notwendigen finanziellen Ressourcen für die Mitgliedsförderung solidarisch aufzubringen. Hierdurch soll der Förderzweck durch Selbst- statt durch Fremdhilfe erreicht werden.[294]

d) Selbstverwaltungsprinzip

Das Selbstverwaltungsprinzip besagt grundsätzlich, dass die Mitglieder der Genossenschaft sich selbst verwalten.[295] Dies ist im Gesellschaftsrecht zunächst nichts Außergewöhnliches, da auch andere Personengesellschaften und Körperschaften darauf ausgelegt sind, dass Gesellschafter*innen ihre Angele-

---

ZR 138/08 –, juris, Rn. 12; RG, Beschluss vom 29.06.1931 – II B 12/31 –, RGZ 133, 170–179, 178. Das zwingende Förderprinzip verhindert auch, dass die eG missbraucht wird, um Kapitalaufbringungs- und Kapitalerhaltungsvorschriften anderer Rechtsformen zu umgehen. Dies wäre angesichts der Regelung nach §§ 2, 6 Nr. 3, 8 GenG andernfalls zu erwarten, *Beuthien*, AG 2006, 53–62, 54.

290 Den Förderzweck weit ziehend BayObLG, Beschluss vom 05.12. 1984 – BReg 3 Z219/84 –, ZfgG 1987, 102–105, 105; *Holthaus/Lehnhoff*/Lang/Weidmüller, GenG, § 1 Rn. 27.

291 *Drasdo*, NZM 2012, 585–599, 586.

292 *Beuthien*, GenG, § 1 Rn. 8.

293 *Drasdo*, NZM 2012, 585–599, 586.

294 *Fandrich*/Pöhlmann/Bloehs, GenG, § 1 Rn. 25; *Holthaus/Lehnhoff*/Lang/Weidmüller, GenG, § 1 Rn. 6.

295 Unter Bezugnahme auf § 43 Abs. 1 GenG als positivrechtliche Verankerung *Holthaus/Lehnhoff*/Lang/Weidmüller, GenG, § 1 Rn. 6.

genheiten durch Kontroll- und Mitwirkungsrechte selbst regeln.[296] Hierüber hinausgehend diktiert das Selbstverwaltungsprinzip jedoch, dass Mitglieder der eG in besonderem Maße an der Willensbildung der eG zu beteiligen sind und möglichst unmittelbaren Einfluss nehmen können sollen.[297]

e) Demokratieprinzip

Mitglieder der eG sollen möglichst gleichberechtigt an der Willensbildung teilhaben (Demokratieprinzip). Dies drückt sich etwa in dem Grundsatz der Stimmgleichheit, unabhängig von der Kapitalbeteiligungsgröße, aus (§ 43 Abs. 3 GenG). Teil des Demokratieprinzips der eG ist ein Gleichbehandlungsgebot innerhalb der eG gegenüber allen Mitgliedern.[298]

4. Organe der Genossenschaft

Das Genossenschaftsrecht kennt grundsätzlich drei Organe der eG. Nach verbreiteter Ansicht bilden diese Organe ein System der „Gewaltenteilung“, d.h. der gegenseitigen Kontrolle.[299]

a) Die Generalversammlung

Die Generalversammlung besteht aus allen Mitgliedern und ist das oberste Organ zur Willensbildung der Genossenschaft. In der Literatur wird die Generalversammlung auch als das „Parlament“ der Genossenschaft bezeichnet, da sie das unentziehbare Recht zur Satzungsgebung hat (§ 16 Abs. 1 GenG).[300] Über Maßnahmen der Geschäftsführung kann die Generalversammlung jedoch nur in Ausnahmefällen entscheiden (vgl. § 27 Abs. 1 S. 1 GenG), wenn der Vorstand aufgrund der existenziellen Bedeutung der Entscheidung die Sache der Generalversammlung zum Beschluss vorzulegen hat.[301]

Ab einer Größe von 1.500 Mitgliedern kann die Satzung nach § 43a Abs. 1 GenG bestimmen, dass eine Vertreterversammlung die Generalversammlung

---

[296] *Beuthien*, AG 2006, 53–62, 53.

[297] *Beuthien*, GenG, § 1 Rn. 39; vgl. *Althanns*, Genossenschafts-Handbuch 3200,§ 1 Rn. 130.

[298] *Fandrich*/Pöhlmann/Bloehs, GenG, § 1 Rn. 29; *Beuthien*, GenG, § 1 Rn. 41.

[299] Vgl. BGH, Urteil vom 15.01.2013 – II ZR 83/11 –, BGHZ 196, 76–95, juris, Rn. 49; *Steding*, BB 1992, 937–941, 939f.

[300] *Holthaus/Lehnhoff*/Lang/Weidmüller, GenG, § 53 Rn. 3.

[301] OLG Frankfurt, Urteil vom 28.09.1989 – 6 U (Kart) 37/89 –, juris, Rn. 50.

ersetzt. Die Vertreterversammlung ist darauf ausgelegt, dass Mitglieder repräsentativ vertreten werden (§ 43a Abs. 3 GenG).

b) Der Vorstand

Der Vorstand leitet gem. § 27 Abs. 1 S. 1 GenG im Innenverhältnis die Genossenschaft „unter eigener Verantwortung“. Damit kommt ihm eine umfassende Geschäftsführungsbefugnis zu, die nur durch Gesetz oder gem. § 27 Abs. 1 S. 2 GenG durch die Satzung beschränkt werden kann.[302] Bei Genossenschaften mit weniger als zwanzig Mitgliedern kann die Satzung gem. § 27 Abs. 1 S. 3 GenG vorschreiben, dass der Vorstand an die Weisungen der Generalversammlung gebunden ist. Im Außenverhältnis vertritt der Vorstand die Genossenschaft gem. § 27 Abs. 2 GenG unbeschränkt und unabhängig von Weisungen der Generalversammlung oder des Aufsichtsrats.[303]

c) Der Aufsichtsrat

Die Überwachung der Geschäftsführung des Vorstands obliegt nach § 38 GenG zwingend dem Aufsichtsrat. Gem. § 9 Abs. 1 S. 2 GenG kann bei Genossenschaften mit nicht mehr als zwanzig Mitgliedern auf einen Aufsichtsrat verzichtet werden. In diesem Fall übernimmt die Generalversammlung die Aufgaben des Aufsichtsrats (§ 9 Abs. 1 S. 3 GenG).

---

[302] Diese Regelung wurde 1973 in Anlehnung an § 76 Abs. 1 AktG eingeführt. Vor diesem Zeitpunkt war die Generalversammlung auch in Geschäftsführungsangelegenheiten das oberste Organ, *Holthaus/Lehnhoff*/Lang/Weidmüller, GenG, § 27 Rn. 1. Die Regelung wurde mit der Begründung eingeführt, dass die „Wettbewerbsfähigkeit“ der Genossenschaft im Vergleich zu anderen Rechtsformen gesteigert werden sollte, indem die Geschäftsführung effizienter gemacht würde. So der seinerzeitige Regierungsentwurf (unter Federführung des SPD-geführten BMJ): *„Der Charakter der Genossenschaft als einer Förderungsgemeinschaft ihrer Mitglieder mag es zwar nahelegen, den Vorstand nur als den verlängerten Arm der (selbst nicht handlungsfähigen) Generalversammlung anzusehen und ihn deshalb ihren Weisungen zu unterstellen. Die Genossenschaft steht jedoch im Wettbewerb mit Unternehmen anderer Rechtsformen, bei denen der Vertretungsberechtigte in eigener Zuständigkeit die Geschäfte führen und damit die Geschäftspolitik rasch und unkompliziert den jeweiligen wirtschaftlichen Erfordernissen anpassen kann. Im Hinblick darauf bedarf auch der Vorstand einer Genossenschaft heute einer stärkeren Stellung, als sie ihm § 27 Abs. 1 GenG bisher einräumt.* [...] *Um dem Vorstand die Stellung zu verschaffen, die er als Leiter eines genossenschaftlichen Unternehmens unserer Zeit haben muß, wird in dem neuen § 27 Abs. 1 Satz 1 in Übereinstimmung mit § 76 Abs. 1 AktG bestimmt, daß er die Genossenschaft unter eigener Verantwortung zu leiten hat.*“, BT-Drs. 7/97, 1.

[303] Für Näheres siehe D. I. 1. a) bb) (2).

5. Genossenschaftliches Prüfungswesen

Ein prägendes Merkmal von Genossenschaften ist das genossenschaftliche Prüfungswesen. Genossenschaften müssen sich bei ihrer Gründung einer Gründungsprüfung unterziehen und danach einer fortlaufenden Pflichtprüfung. Die Prüfungen werden von einem Prüfverband[304] durchgeführt, dem Genossenschaften gem. § 54 GenG verpflichtend angehören müssen.[305]

a) Funktion

Die Daseinsberechtigung des genossenschaftlichen Prüfungswesens hat unterschiedliche Begründungsansätze. Das Prüfungswesen soll einerseits die Mitglieder der Genossenschaft und andererseits ihre Gläubiger*innen und die Allgemeinheit schützen. Dies gilt insbesondere vor dem Hintergrund, dass Genossenschaften die persönliche Haftung ihrer Mitglieder ausschließen (§ 2 GenG) und gleichzeitig weder ein Mindesteigenkapital (vgl. § 8a GenG) noch eine verpflichtende Nachschusspflicht der Mitglieder (§ 6 Nr. 3 GenG) vorgesehen sind. Von staatlicher Seite wird befürchtet, dass hierdurch Absicherungen gegen riskante Geschäftsführungspraktiken fehlen, welche zur Insolvenz der Gesellschaft führen könnten.[306] Das Prüfungswesen soll also verhindern, dass es zur Insolvenz kommt und sicherstellen, dass der Förderzweck der eG eingehalten wird. Tatsächlich hatte die eG 2021 mit einer Insolvenzquote von 0,1 % die niedrigste Insolvenzquote aller deutschen Rechtsformen (gemein-

---

[304] Prüfverbände sollen gem. § 63b Abs. 1 S. 1, Abs. 2 GenG als eV verfasst sein und müssen die Prüfung ihrer Mitglieder zum Zweck haben. Die regionalen Prüfungsverbände von Wohnungsgenossenschaften sind im „GdW Bundesverband deutscher Wohnungs- und Immobilienunternehmen e. V." in Berlin zusammengeschlossen, *Holthaus/Lehnhoff*/Lang/Weidmüller, GenG, Einf. Rn. 7.

[305] Die Pflicht der Genossenschaft, sich extern prüfen zu lassen, entstand in den 1870er-Jahren aus dem Bedürfnis nach Beratung und Betreuung. Die Pflicht, Mitglied in einem Prüfverband zu sein, entstand 1934, *Holthaus/Lehnhoff*/Lang/Weidmüller, GenG, § 53 Rn. 2 f. In der Literatur wird weitgehend behauptet, dass schlechte Erfahrungen von Genossenschaften in der Wirtschaftskrise der 1920er-Jahre zur Einführung der Pflichtmitgliedschaft und damit einhergehenden engmaschigeren Kontrollen geführt hätten, so *Holthaus/Lehnhoff*/Lang/Weidmüller, GenG, § 53 Rn. 3; *Kaltenborn* widerspricht dem jedoch und erklärt, das Kontrollbedürfnis des seinerzeitigen faschistischen Regimes habe zur Einführung der Pflichtmitgliedschaft geführt, *Kaltenborn*, Die historischen Wurzeln des Anschlusszwanges der Genossenschaften an Prüfungsverbände, S. 54 ff.

[306] Dies würde die Gläubiger der eG und mittelbar gesamtwirtschaftliche Allgemeininteressen gefährden, BVerfG, Beschluss vom 19.01.2001 – 1 BvR 1759/91 –, NJW 2001, 2617–2619, 2617 f.; BT-Ds 16/1025, 83.

sam mit der OHG).[307] Neben seiner Rolle als Kontrollinstanz tritt der Prüfverband auch beratend und unterstützend auf.[308]

b) Arten der Prüfung

Die Gründungsprüfung ist zwingender Bestandteil der Genossenschaftsgründung. Gem. § 11 Abs. 2 Nr. 3 GenG setzt die Gründung voraus, dass der Vorstand beim zuständigen Registergericht ein Gründungsgutachten eines Prüfverbands einreicht.[309] Ohne ein entsprechendes Prüfungsgutachten (und zusätzliche Prüfung des Registergerichts) kann eine Genossenschaft nicht gegründet werden.[310] Die laufende Prüfung findet gem. § 53 Abs. 1 S. 1 GenG mindestens alle zwei Jahre statt. Ihr konkreter Umfang und ihre Häufigkeit variieren je nach Größe der eG.[311]

---

[307] Die Insolvenzquote gibt wieder, welchen Anteil die eG an allen angemeldeten Insolvenzen aus dem Jahr 2021 hatte. Bei 99,9% aller angemeldeten Insolvenzen in diesem Zeitraum handelte es sich also nicht um die Insolvenz einer eG. Hierbei wird jedoch auch die Kategorie „Gewerbebetrieb/Einzelunternehmen/Freie Berufe" berücksichtigt, d.h. Unternehmer, die sich ohne Rechtsform organisieren, Insolvenzen in Deutschland 2021, S. 10.

[308] *Beuthien*, NZG 2021, 500–505, 501; *Holthaus*, NZG 2019, 54–57, 55; *Rückriemen*, Experteninterview vom 03.03.2021.

[309] Das Gründungsgutachten prüft gem. § 11 Abs. 2 Nr. 3 GenG, „ob nach den persönlichen oder wirtschaftlichen Verhältnissen, insbesondere der Vermögenslage der Genossenschaft, eine Gefährdung der Belange der Mitglieder oder der Gläubiger der Genossenschaft zu besorgen ist." Das Registergericht prüft sodann nach § 11a GenG auf Grundlage des Gutachtens (ohne daran gebunden zu sein, vgl. § 17 Nr. 1 lit. a) RPflG), ob die eG ordnungsgemäß in das Genossenschaftsregister eingetragen werden kann und damit gegründet wird (vgl. §§ 13, 17 GenG). Gem. § 11a Abs. 2 S. 1 GenG lehnt das Gericht die Eintragung ab, wenn „offenkundig oder auf Grund der gutachtlichen Äußerung des Prüfungsverbandes eine Gefährdung der Belange der Mitglieder oder der Gläubiger der Genossenschaft zu besorgen ist".

[310] Die Genossenschaft hat jedoch aufgrund der teils monopolistischen Stellung der Prüfverbände ggf. einen Anspruch auf Aufnahme und Durchführung der Prüfung, BayObLG, Beschluss vom 28.06.1990 – BReg. 3 Z 62/90 –, NJW-RR 1990, 1446–1449, 1449. Auch wenn ein solcher Anspruch besteht, benötigt die Genossenschaft jedoch weiterhin ein positives Prüfgutachten.

[311] Ab einer Bilanzsumme von 2 Millionen Euro findet die Prüfung jährlich statt (§ 53 Abs. 1 S. 2 GenG). Ab einer Bilanzsumme von über 1,5 Millionen Euro, bei Umsatzerlösen über 3 Millionen Euro, umfasst die Prüfung den Jahresabschluss unter Einbeziehung von Buchführung und Lagebericht (§ 53 Abs. 2 GenG). Kleinstgenossenschaften können jede zweite Prüfung als vereinfachtes Prüfverfahren durchführen lassen, gem. § 53a GenG.

Die Maßstäbe beider Prüfungen sind grundsätzlich inhaltsgleich.[312] Der Prüfverband untersucht jeweils, ob die Genossenschaft ihrem Förderzweck nachkommt, ob ihre Einrichtungen[313] und ihre Vermögenslage ordnungsgemäß sind und ob die Geschäftsführung zweckmäßig ist.[314] Wann die Geschäftsführung zweckmäßig ist, wird nicht näher gesetzlich konkretisiert. Den einzelnen Prüfer*innen kommt daher ein erheblicher Einschätzungsspielraum zu.[315]

Unterschiede zwischen Gründungsprüfung und laufender Prüfung ergeben sich bei den Handlungsmöglichkeiten des Prüfverbands. In der Gründungsprüfung hat der Prüfverband durch seine entscheidende Rolle für die Gründung eine unmittelbar mächtige Stellung, während er bei der laufenden Prüfung ein abgestuftes Sanktionssystem zur Verfügung hat. Zwar kann auch die laufende Prüfung im Extremfall in der Zwangsauflösung der eG münden. Dies geschieht grundsätzlich dadurch, dass der Prüfverband die Genossenschaft ausschließt und diese dann in einem gerichtlichen Verfahren nach § 54a Abs. 2 GenG aufgelöst wird.[316] Im Regelfall beschränken sich die Sanktionsmöglichkeiten des Prüfverbands aber darauf, dass er Ergebnisse besprechen und Genossenschaftsmitglieder über empfundene Mängel informieren kann.[317]

6. Geschäftsanteil und Geschäftsguthaben

Die Mitgliedschaft in der Genossenschaft geht mit der Zeichnung von mindestens einem Geschäftsanteil einher. Zum Verständnis der weiteren Untersuchung ist es nötig, die Begriffe des „Geschäftsanteils" und des „Geschäftsguthabens" im GenG zu kennen und zu verstehen. Dies gilt umso mehr, als sie im System des Gesellschaftsrechts unüblich sind.[318]

---

312 Obwohl der Wortlaut der jeweiligen Prüfungsregelungen nicht identisch ist, *Beuthien*, NZG 2021, 500–505, 501.

313 Mit „Einrichtungen" sind personelle und sachliche Organisationsstrukturen gemeint, die dazu dienen, den Förderzweck gegenüber den Mitgliedern zu erfüllen, *Geibel*/Henssler/Strohn, Gesellschaftsrecht, GenG, § 53 Rn. 2.

314 Dass der Prüfverband die Einrichtungen begutachtet und untersucht, ob die Geschäftsführung der eG zweckmäßig ist, ist dabei eine Besonderheit gegenüber anderen Rechtsformen. Bei anderen Rechtsformen erfolgt bloß eine Prüfung der Rechtmäßigkeit der Geschäftsführung, nicht aber ihrer Zweckmäßigkeit, *Glenk*, Genossenschaftsrecht, Rn. 806 ff.

315 *Selchert*, ZfgG, 1980, 93–99, 96.

316 Daneben existiert ein Verfahren zur Auflösung auf Antrag der obersten Landesbehörde nach § 81 GenG.

317 Vgl. §§ 58 Abs. 4, 59 Abs. 3, 60, 62 Abs. 3 GenG; eingehend hierzu *Holthaus*, NZG 2019, 54–57, 56; *Beuthien*, GenG, § 53 Rn. 12.

318 Der Geschäftsanteil ist insbesondere in keiner Weise mit dem Geschäftsanteil der GmbH gem. § 14 GmbHG vergleichbar, vgl. die Begriffskritik von *Beuthien*, GenG, § 7 Rn. 1.

a) Geschäftsanteil

Der Geschäftsanteil ist ein in Euro festgelegter Maximalbetrag, mit dem sich Mitglieder an der Genossenschaft beteiligen *können* (§ 7 Nr. 1 GenG). Die Satzung kann vorsehen, dass Mitglieder mehrere Geschäftsanteile übernehmen können (§ 7a Abs. 1 GenG). Sie können sich dann jeweils mit dem für einen Geschäftsanteil festgelegten Maximalbetrag beteiligen. Wenn z. B. der Maximalbetrag bei 1.000 € liegt und die maximale Anzahl an Geschäftsanteilen bei fünf Stück liegt, können sich Mitglieder mit maximal 5.000 € an der Genossenschaft beteiligen. Der Geschäftsanteil ist jedoch nicht mit dem tatsächlich eingezahlten Betrag zu verwechseln. Mitglieder sind verpflichtet, mindestens einen Geschäftsanteil zu übernehmen und mindestens ein Zehntel auf den Geschäftsanteil einzuzahlen (§ 7 Nr. 1 HS. 2 GenG). Die Satzung kann vorschreiben, dass Mitglieder mehrere Geschäftsanteile übernehmen müssen und mehr als ein Zehntel auf diese einzahlen müssen (§ 7 Nr. 1 HS. 2 GenG). Indem die Geschäftsanteile nur wiedergeben, wie viel Mitglieder einzahlen *dürfen* oder einzahlen *müssen* (nicht also, wie viel sie tatsächlich eingezahlt haben), sind Geschäftsanteile nicht im Eigenkapital zu verbuchen.[319]

b) Geschäftsguthaben

Das Geschäftsguthaben ist der Betrag, der tatsächlich auf den oder die Geschäftsanteile eingezahlt wurde. Dieser Betrag wird jeweils durch Gewinnzuschreibungen oder durch Verlustzuschreibungen erhöht oder verringert.[320] Dementsprechend ist das Geschäftsguthaben als Eigenkapital zu bilanzieren (§§ 337 Abs. 1 S. 1, 272 Abs. 1 S. 1 HGB).

7. Grundkonzeption genossenschaftlichen Wohnens

Die Überlassung von Wohnraum von Genossenschaften an ihre Mitglieder und an Nichtmitglieder ist rechtlich nicht speziell geregelt.[321] Grundsätzlich ergibt sich aus dem Förderzweck der Genossenschaft, dass Wohnungsgenossenschaften nur an ihre Mitglieder Wohnungen überlassen.[322] Dieser Grundsatz ist jedoch nicht zwingend, sodass in der Praxis auch Nichtmitglieder Wohnraum durch Genossenschaften überlassen bekommen (vgl. § 8 Abs. 1 Nr. 5 GenG).[323]

---

[319] Vgl. *Holthaus/Lehnhoff*/Lang/Weidmüller, GenG, § 7 Rn. 29.

[320] Eingehend hierzu *Beuthien*, GenG, § 7 Rn. 5.

[321] Weder das BGB noch das GenG enthält hierzu Vorgaben, *Drasdo*, NZM 2012, 585–599, 586.

[322] *Drasdo*, NZM 2012, 585–599, 586.

[323] *Drasdo*, NZM 2012, 585–599, 586.

Das Verhältnis zwischen der Genossenschaft und den Wohnenden hat in der Regel eine „Doppelnatur“. Das bedeutet, es ist einerseits vertragsrechtlich durch einen Überlassungsvertrag und andererseits gesellschaftsrechtlich durch die Mitgliedschaft geprägt. Möglich sind aber insgesamt drei Konstellationen: erstens die Ausgestaltung durch Gesellschaftsrecht *und* Vertrag, zweitens *nur* durch Vertrag, drittens *nur* durch Gesellschaftsrecht.[324]

Soweit Wohnende Mitglieder der Genossenschaft sind, richtet sich das Rechtsverhältnis gem. § 18 GenG zunächst nach der Satzung. Diese darf von den Bestimmungen des GenG nur insoweit abweichen, als dies ausdrücklich für zulässig erklärt ist. Soweit das Wohnverhältnis durch die Satzung der eG ausgestaltet ist, muss jedoch auch hier der soziale Schutz der Vorschriften der §§ 535 ff. BGB beachtet werden. Auch beim Wohnen im Rahmen einer eG darf also das Mieterschutzniveau des BGB-Mietrechts nicht unterwandert werden, auch wenn Genossenschaftsmitglieder keinen Mietvertrag geschlossen haben.[325]

Eigentumsrechtlich sind Genossenschaftswohnungen vollständig der jeweiligen Wohnungsgenossenschaft zugeordnet. Die Genossenschaft wird wiederum durch ihre Mitglieder beherrscht. Dadurch kontrollieren die Mitglieder mittelbar das Eigentum am Gesamtbestand der Wohnungen. Darüber hinaus haben sie als nutzende Mitglieder berechtigten Besitz an einer konkreten Wohnung.

V. Mietshäuser Syndikat

Der MHS-Ansatz ist ein Zusammenschluss verschiedener „Hausprojekte“. Die Hausprojekte bestehen jeweils aus einem „Haus-Verein“ und einer „Haus-GmbH“. Die Hausprojekte befinden sich aber unter dem Dach der Mietshäuser Syndikat GmbH (im Folgenden: „MHS-GmbH“) und des Mietshäuser Syndikat Vereins (im Folgenden: „MHS-Verein“).[326]

Im Kern verfolgt der MHS-Ansatz drei Ziele: Wohnraum soll erstens dem Markt entzogen werden, sodass er nicht mehr zu profitorientierten Zwecken verwendet werden kann. Zweitens soll der Wohnraum gemeinschaftlich in

---

324 *Drasdo*, NZM 2012, 585–599, 587.

325 BGH, Urteil vom 10.10.2003 – VIII ZR 22/03 –, juris, Rn. 11.

326 Ich unterscheide zwischen dem *Mietshäuser Syndikat* und dem daraus ableitbaren *MHS-Ansatz*: Das Mietshäuser Syndikat ist ein existierender Zusammenschluss und seine Rechtspraxis steht exemplarisch für den MHS-Ansatz. Der MHS-Ansatz ist jedoch nicht zwingend an das Mietshäuser Syndikat geknüpft, sondern könnte von anderen Personengruppen reproduziert werden. Da bislang nur das Mietshäuser Syndikat als Beispiel für die Umsetzung des MHS-Ansatzes existiert, ist allein dessen Rechtspraxis maßgeblich für meine Untersuchung.

„Selbstorganisation“ bewohnt und bewirtschaftet werden. Drittens soll der MHS-Ansatz Wohnprojekte miteinander verknüpfen, sodass eine Solidargemeinschaft entsteht.[327] Diese Ziele werden dadurch verfolgt, dass verschiedene GmbHs sowie eingetragene und nicht eingetragene Vereine durch Beteiligungen miteinander verknüpft werden. Hierdurch entsteht ein zirkuläres Gesamtkonstrukt, in welchem sich alle Beteiligten gegenseitig kontrollieren und unterstützen sollen.

Um den MHS-Ansatz als Untersuchungsgegenstand näher zu konkretisieren, stelle ich zunächst den historischen Kontext und die Herkunft des MHS-Ansatzes (C. V. 1.) sowie dessen derzeitige Situation und Bedeutung (C. V. 2.) dar. Darauf aufbauend beschreibe ich den Grundaufbau (C. V. 3.) und die einzelnen Bestandteile (C. V. 4.) des MHS-Ansatzes. Schließlich werfe ich knapp auf, wie Wohnen im MHS-Ansatz konzipiert ist (C. V. 5.).

1. Historischer Kontext und Herkunft des MHS-Ansatzes

Der MHS-Ansatz wurzelt in Wohn- und Stadtteilprojekten aus der Hausbesetzerszene in Freiburg, die Ende der 1970er-Jahre gegründet wurden.[328] Mittelpunkt der Projekte war das Gelände der 1870 erbauten „Grether Fabrik“.[329] Die Fabrik wurde in der Nachkriegszeit stillgelegt und gelangte in das Eigentum einer Erbengemeinschaft. Die Erbengemeinschaft vermietete Teile des Geländes an eine Gruppe, die dort eine Nähstube und eine Tischlerei betrieb. 1979 kündigte die Erbengemeinschaft den Mietvertrag, um die Gebäude abzureißen und das Gelände neu bebauen zu können. Die ehemaligen Mieter*innen schlossen sich daraufhin zu einem Verein zusammen und besetzten Teile des Geländes, um den Abriss zu verhindern und das Gelände für Wohn- und Gewerberäume zu erhalten.[330] Dieser Konflikt mündete darin, dass die Stadt das Gelände 1983 von der Erbengemeinschaft kaufte.[331]

Im Anschluss begannen Verhandlungen mit den Besetzer*innen über den Abschluss eines Nutzungsvertrags. Die Verhandlungen dauerten vier Jahre und waren von Polizeieinsätzen gegen die Hausbesetzer*innen und von politischen Konflikten geprägt.[332] 1987 schloss die Stadt schließlich mit dem Verein „Grether Baukooperative für Instandsetzung in Selbsthilfe“ einen Erbbau-

---

[327] Siehe Mietshäuser Syndikat, Die Verbundbausteine.

[328] Einerseits das „Gasthaus Krone“, andererseits der „Grether Verein“, *Flieger*, Expertise, S. 6.

[329] Mietshäuser Syndikat, Contraste 2003, 7–10, 7.

[330] *Flieger*, Expertise, S. 7.

[331] Mietshäuser Syndikat, Contraste 2003, 7–10, 7.

[332] *Flieger*, Expertise, S. 8.

vertrag ab, welcher die Nutzung durch die ehemaligen Hausbesetzer*innen erlaubt und zum Ende der Laufzeit ein Erwerbsrecht des Vereins vorsieht.[333] Die Gruppe um die ehemaligen Hausbesetzer*innen führte in der Folgezeit weitreichende Sanierungsarbeiten an dem Grundstück durch.

1989 stieß sie dabei auf eine erhebliche Finanzierungslücke.[334] Eine Arbeitsgruppe des Vereins schlug daraufhin eine neue Finanzierungsstrategie vor: Die Finanzierungslücke sollte über Direktkredite aus dem Umfeld des Hausprojektes geschlossen werden. Die Kreditgebenden sollten dabei das Versprechen erhalten, dass ihr Beitrag nicht nur dem Grether-Projekt zugutekommt, sondern auch künftigen Hausprojekten. Dies sollte dadurch ermöglicht werden, dass das Grether-Projekt im Laufe seiner zunehmenden Entschuldung Teile der Mieteinnahmen in einen „Solidarfonds" einzahlt. Dieser Fonds sollte wiederum die Initiierung neuer Hausprojekte finanzieren. Die so finanzierten neuen Projekte sollten ihrerseits bei zunehmender Entschuldung in den Fonds einzahlen. Die Kernidee war dabei, dass das Grether-Projekt und Hausprojekte allgemein mit zunehmender Entschuldung ihre Miete zwar senken könnten, aber dabei ungenutzte Potenziale für solidarisches Handeln verstreichen lassen würden.[335]

Auf dieser Grundlage entschied sich das Grether-Projekt dazu, einen Solidarzusammenschluss verschiedener Hausprojekte zu gründen, in welchem ältere Projekte neuere Projekte finanziell und durch Wissenstransfer unterstützen. Bei der Suche nach einer geeigneten rechtlichen Struktur für dieses Vorhaben griff das Grether-Projekt auf die Dissertation von *Matthias Neuling* zurück.[336] *Neuling* forschte zu gesellschaftsrechtlichen Gestaltungsmöglichkeiten für „Alternativbetriebe", d. h. Unternehmen, die „kapitalneutralisiert" und „selbstverwaltet" sein sollten. Unter Selbstverwaltung verstand Neuling

> „die innerbetriebliche Organisation aufgrund absolut gleicher Rechte und Pflichten aller im Betrieb arbeitenden Menschen."[337]

Kapitalneutralisierung definierte Neuling als einen Rechtszustand, bei dem

> „das [Betriebs]Kapital keinem Menschen, weder direkt noch indirekt [gehört], sondern eine verselbstständigte Vermögensmasse […] [ist], die einer juristischen Person zugeordnet ist, die selbst über dieses Vermögen nicht ungebunden verfügen kann. Ein etwa produzierter Mehrwert steht allein dem Unternehmen zu und ist damit dem Zugriff einzelner entzogen. Es besteht damit eine ‚Ewigkeitsgarantie' des

---

[333] Der Vertrag hat eine Laufzeit bis zum 31.12.2062, Mietshäuser Syndikat, Contraste 2003, 7–10, 7.

[334] Das sog. „schwarze Loch", Mietshäuser Syndikat, Contraste 2003, 7–10, 7 f.; *Flieger*, Expertise, S. 7.

[335] Mietshäuser Syndikat, Contraste 2003, 7–10, 7.

[336] *Neuling*, Auf fremden Pfaden.

[337] *Neuling*, KJ 1986, 309–326, 309; *Neuling*, Auf fremden Pfaden, S. 19.

Unternehmens. Zahlungen aus dem Betrieb erhalten allein die dort tatsächlich arbeitenden Menschen.“

Die arbeitenden Menschen sollten sich also weder über ihren Lohn hinaus einen erwirtschafteten Mehrwert aneignen dürfen noch zum Zwecke des Gewinns den Betrieb veräußern dürfen. Der Verzicht auf Kapitalrendite bedeute, „*daß der Betrieb nicht nach der Gewinn-, sondern nach der Kostendeckungsmaxime arbeiten*“ könne.[338] Neuling verglich unterschiedliche rechtliche Modelle, die Alternativbetrieben potenziell eine geeignete rechtliche Struktur geben sollten.[339] Das Mietshäuser Syndikat griff eines dieser Modelle, das sog. „externe Kontrollmodell“ auf und gründete darauf aufbauend 1996 die „Mietshäuser Syndikat GmbH“, welche den Grundstein für den heuten MHS-Ansatz bildet.[340]

2. Derzeitige Situation und Bedeutung

Stand 2021 umfasste das Mietshäuser Syndikat bundesweit über 159 Hausprojekte und 15 Projektinitiativen, die Hausprojekte werden wollen.[341] Hieraus ergab sich, dass (Stand November 2020) im Syndikat Vermögen in Höhe von ca. 170 Millionen Euro gebunden war.[342] Dabei weisen die Hausprojekte eine große Bandbreite auf. So umfassen einige Hausprojekte fünf und andere 280 Mitglieder.[343]

Das Mietshäuser Syndikat ist also in seinem inzwischen über dreißigjährigen Bestehen deutlich gewachsen und wächst weiterhin. Hierdurch fand der MHS-Ansatz zunehmende Verbreitung. Zudem wurden die Grundsätze des MHS-Ansatzes inzwischen auf andere Zusammenhänge übertragen. So hat sich etwa das „Ackersyndikat“ entwickelt, welches bestimmte Elemente des MHS-Ansatzes imitiert und an landwirtschaftliche Zusammenhänge anpasst.[344] Insofern lässt sich u. U. auch von einem übergeordneten „Syndikats-Ansatz“ sprechen, von dem der MHS-Ansatz eine Ausprägung darstellt.

---

338 *Neuling*, KJ 1986, 309–326, 310; *Neuling*, Auf fremden Pfaden, S. 20 f.

339 *Neuling*, Auf fremden Pfaden, S. 29 ff.

340 Mietshäuser Syndikat, Contraste 2003, 7–10, 8 f.

341 *Albrecht* et al., MHS-Broschüre Nr. 8, S. 8.

342 Mietshäuser Syndikat, Finanzierung.

343 *Albrecht* et al., MHS-Broschüre Nr. 8, S. 1.

344 Ackersyndikat, Das Ackersyndikat: Woher kommts?

3. Grundaufbau

Der Grundaufbau des MHS-Ansatzes ist wie folgt:[345]

Ein dem MHS-Ansatz zugehöriges Grundstück steht im Eigentum einer Haus-GmbH. Die Haus-GmbH hat zwei Gesellschafter, die 49 % und 51 % der Anteile an der Haus-GmbH halten. Erster Gesellschafter ist ein Hausverein (als e. V. oder nicht eingetragener Verein). Mitglieder des Hausvereins sind die jeweilige Bewohnerschaft des Grundstücks. Die zweite Gesellschafterin ist die MHS-GmbH. Die MHS-GmbH hat als alleinigen Gesellschafter den MHS-Verein als nicht eingetragenen Verein. Die Mitglieder des MHS-Vereins sind Hausvereine sowie bestimmte Einzelpersonen und Gruppen.

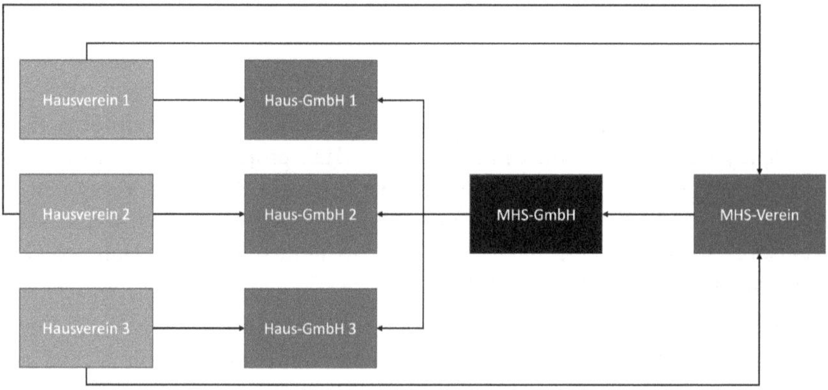

Quelle: Eigene Darstellung.

Abbildung 7: Veranschaulichung der zirkulären Beteiligungsstruktur des MHS-Ansatzes. Die Anzahl der Hausvereine und Haus-GmbHs setzt sich – grundsätzlich unbeschränkt – weiter fort

4. Bestandteile des MHS-Ansatzes

Der MHS-Ansatz besteht wie dargestellt aus verschiedenen Bestandteilen.[346] Diese bilden ein gemeinsames Gesamtsystem. Um die jeweilige Rolle jedes Bestandteils verständlich zu machen, stelle ich die Bestandteile und ihre Funktion an dieser Stelle jeweils knapp einzeln dar:

[345] Siehe eingehend zum Grundaufbau *Flieger*, Expertise, S. 14 ff.

[346] Da es sich anders als bei der Wohnungsgenossenschaft nicht um eine einzelne juristische Person handelt, sondern um einen Zusammenschluss aus mehreren juristischen Personen, handelt es sich bei den Bestandteilen nicht um Organe.

a) Die MHS-GmbH

Die MHS-GmbH fungiert im Wesentlichen als Holdinggesellschaft. Sie ist dabei lediglich finanziell und nicht operativ an den Haus-GmbHs beteiligt. Ihr satzungsmäßiger Unternehmensgegenstand ist *„die Beteiligung an selbstorganisierten Mietshäusern“; „die Verwaltung von Beteiligungs-Fonds, Zweckvermögen und Solidarfonds“* und *„die Beteiligung an Unternehmen mit gleicher oder ähnlicher Zielsetzung“*.[347]

Alleiniger Gesellschafter der MHS-GmbH ist der MHS-Verein.[348]

Zwischen der MHS-GmbH und den Haus-GmbHs wird jeweils eine Vereinbarung zur Kostenbeteiligung geschlossen. Gemäß diesen Verträgen erbringt die MHS-GmbH für einzelne Haus-GmbHs Leistungen, für welche die MHS-GmbH eine jährliche Vergütung erhält. Zu diesen Leistungen gehören Öffentlichkeitsarbeit, die Herstellung und Verteilung von einer gemeinsamen Zeitschrift, Werbung des MHS für Investitionen in das Hausprojekt in Form von Direktkrediten und Beratung zur Organisation und finanziellen Verwaltungsangelegenheiten.[349]

b) Der MHS-Verein

Der MHS-Verein ist Anteilseigner der MHS-GmbH. Mitglieder des MHS-Vereins sind Haus-Vereine und nahestehende Einzelpersonen und Organisationen, die für die Ziele des MHS eintreten.[350] Der MHS-Verein verbindet dadurch sämtliche Hausprojekte und bildet ein Forum zu ihrer gemeinschaftlichen Willensbildung. Gemäß seinem Satzungszweck ist der MHS-Verein

> „ein Solidarzusammenschluß im Mietshausbereich. Es ist gemeinsames Ziel aller Vereinsmitglieder, die Entstehung selbstorganisierter Mietshausprojekte zu unterstützen und politisch durchzusetzen: *menschenwürdiger Wohnraum, das Dach über dem Kopf, für alle.*“ [351]

Aufgrund seiner fehlenden Eintragung ist der MHS-Verein gem. § 54 S. 1 BGB als nicht rechtsfähiger Verein einzuordnen und ab dem 01.01.2024 als „Verein ohne Rechtspersönlichkeit“.[352] Auf ihn finden grundsätzlich die Vor-

---

[347] § 2 des Gesellschaftsvertrags des MIETSHÄUSER *SYNDIKATS*, MHS-Handbuch, S. 53.

[348] § 3 Gesellschaftsvertrag MIETSHÄUSER *SYNDIKAT*, MHS-Handbuch, S. 53.

[349] Die Vergütung beträgt 0,07 € × m² × Monat, Vereinbarung zur Kostenbeteiligung, MHS-Handbuch, S. 56.

[350] Ziff. 2 Statut MIETSHÄUSER *SYNDIKAT*, MHS-Handbuch, S. 52.

[351] Hervorhebung im Original, Ziff. 1.1 Statut MIETSHÄUSER *SYNDIKAT*, MHS-Handbuch, S. 52.

[352] Der MHS-Verein ist jedoch entgegen diesen Bezeichnungen nach heute herrschender Auffassung rechtsfähig, BT-Drs. 19/27635, S. 123 f.; BGH, Urteil vom

schriften des Vereins nach §§ 24 bis 53 BGB entsprechend Anwendung.[353] Die entsprechende Anwendung setzt indes voraus, dass der Verein nicht wirtschaftlich tätig ist.[354] Ist der Verein hingegen wirtschaftlich tätig, findet im Außenverhältnis das Recht der OHG Anwendung, einschließlich der persönlichen Haftung.

Für die Abgrenzung von nicht eingetragenen Idealvereinen[355] und nicht eingetragenen wirtschaftlichen Vereinen gelten die anhand der §§ 21 und 22 BGB entwickelten Grundsätze zur Vereinsklassenabgrenzung.[356] Hiernach ist ein Verein als wirtschaftlicher Verein einzustufen, wenn er einen wirtschaftlichen Geschäftsbetrieb unterhält. Das ist nach ständiger Rechtsprechung des BGH der Fall,

> „wenn der Verein planmäßig, auf Dauer angelegt und nach außen gerichtet, das heißt über den vereinsinternen Bereich hinausgehend, eigenunternehmerische Tätigkeiten entfaltet, die auf die Verschaffung vermögenswerter Vorteile zugunsten des Vereins oder seiner Mitglieder abzielen."[357]

Der MHS-Verein ist darauf ausgerichtet, Hausprojekte zu unterstützen und das politische Ziel von „menschenwürdigem Wohnraum, das Dach über dem Kopf, für alle" zu fördern. Seine wirtschaftliche Tätigkeit ist dabei gemäß seiner Vereinssatzung und auch in seiner Rechtspraxis auf die MHS-GmbH

02.07.2007 – II ZR 111/05 –, NJW 2008, 69–75, 74; *Leuschner*/MüKoBGB, BGB, § 54 Rn. 18ff.; jedoch offengelassen in BGH, Beschluss vom 21.01.2016 – V ZB 19/15 –, NZG 2016, 666–669, Rn. 9ff.

[353] Das gilt entgegen dem Wortlaut von § 54 S. 1 BGB, RG, Urteil vom 15.03.1926 – IV 604/24 –, RGZ 113, 125–136, 135; BGH, Urteil vom 11.07.1968 – VII ZR 63/66 –, BGHZ 50, 325–335, juris, Rn. 9ff. Ab dem 01.01.2024 ergibt sich dies unmittelbar aus § 54 S. 1 BGB.

[354] Vereine werden privilegiert, indem sie ihren Mitgliedern eine Haftungsbeschränkung ermöglichen und gleichzeitig im Verhältnis zu Kapitalgesellschaften (z.B. AG oder GmbH) nur reduzierte Anforderungen an den Verkehrsschutz stellen (z.B. keine Mindestkapitalausstattung). Wenn ein Verein nicht wirtschaftlich tätig ist, folgt aus dieser Kombination von Haftungsbeschränkung und Abwesenheit von Sicherungsvorkehrungen keine signifikante Gefährdung des Geschäftsverkehrs. Wirtschaftliche Tätigkeiten unter Rückgriff auf die Rechtsform des Vereins sind hingegen aus Gründen des Verkehrsschutzes nur dann zulässig, wenn sie nicht unter Rückgriff auf andere Rechtsformen zumutbar sind. Faktisch wird daher in seltensten Fällen der Rückgriff auf die Rechtsform des wirtschaftlichen Vereins erlaubt. Wenn ein nicht eingetragener Verein wirtschaftlich tätig wird, findet daher jedenfalls im Außenverhältnis das Recht der OHG Anwendung, BT-Drs. 19/27635, S. 124; BGH, Urteil vom 29.11.1956 – II ZR 282/55 –, NJW 1957, 218–219, 219; BVerwG, Urteil vom 24.04.1979 – 1 C 8/74 –, NJW 1979, 2261–2263, 2263; *Segna*/BeckOGK BGB, § 22 Rn. 14.

[355] „Idealverein" ist die gebräuchliche Bezeichnung für nicht wirtschaftliche Vereine, *Segna*/BeckOGK BGB, § 21 Rn. 71.

[356] BT-Drs. 19/27635, S. 124.

[357] BGH, Beschluss vom 16.05.2017 – II ZB 7/16 –, NJW 2017, 1943–1945, Rn. 19.

ausgelagert.[358] Insbesondere laufen sämtliche Beteiligungen an und Vertragsbeziehungen mit Haus-GmbHs über die MHS-GmbH und nicht über den MHS-Verein. In dieser Hinsicht agiert der MHS-Verein lediglich als Holdinggesellschaft, welche die MHS-GmbH kontrolliert. Die wirtschaftliche Tätigkeit der MHS-GmbH ist dem MHS-Verein gemäß den Grundsätzen der sog. „ADAC-Rechtsprechung" nicht zuzurechnen.[359] Es ist nur darauf abzustellen, ob der MHS-Verein selbst eigenunternehmerische Tätigkeiten verfolgt. Der MHS-Verein ist daher als nicht eingetragener Idealverein einzuordnen. Als solcher ist er in der Lage, Anteilseigner der MHS-GmbH zu sein.[360]

c) Die Hausvereine

Die Hausvereine verstehen sich als „*Solidarzusammenschlüsse*" zu dem Zweck der Selbstorganisation von Mietern.[361] Als Gesellschafter der Haus-GmbHs koordinieren Hausvereine die kollektive Willensbildung der Bewohnerschaft eines Hausprojekts zur Stimmrechtsausübung in ihrer jeweiligen Haus-GmbH.

Durch ein vom MHS bereitgestelltes Vertragsmuster wird angeregt, dass Hausprojekte eine sog. „Binnenvereinbarung im Hausprojekt" abschließen.[362] Dies ist eine vertragliche Vereinbarung zwischen den Mitgliedern des Hausvereins, welche die wesentliche Grundlage für die Regelung des Zusammenlebens bilden soll.[363]

Das MHS[364] regt außerdem an, dass ein „Plenum" als vorrangiges Entscheidungsgremium für das Hausprojekt dienen und über die Binnenvereinbarung beschließen soll.[365] Im Ergebnis dürfte das Plenum als Mitgliederver-

358 Ziff. 4.4 Statut MIETSHÄUSER *SYNDIKAT*, MHS-Handbuch, S. 52.

359 Wesentliches Argument des BGH ist, dass der Verkehrsschutz dadurch gewahrt bleibt, dass die Gläubiger im Rahmen der wirtschaftlichen Tätigkeit mit einer Kapitalgesellschaft und nicht mit einem Verein kontrahieren, BGH, Urteil vom 29.09.1982 – I ZR 88/80 –, NJW 1983, 569–574, 570 f.; u. a. bestätigt im medienwirksamen Verfahren zum FC Bayern München e. V., AG München, Entscheidung vom 15.09.2016 – VR 2463 –, juris.

360 *Leuschner*/MüKoBGB, BGB, § 54 Rn. 33.

361 § 2 Satzung eines eingetragenen Vereins (nicht gemeinnützig), MHS-Handbuch, S. 9.

362 MHS-Handbuch, S. 8.

363 Ob die Vereinbarung gerichtlich oder schiedsgerichtlich durchsetzbar sein soll, hängt vom erklärten Rechtsbindungswillen im Einzelfall ab. Das Vertragsmuster regt die Vereinbarung einer Schiedsklausel an, Ziff. 6 von Einleitung 5.1., MHS-Handbuch.

364 „Das MHS" bezieht sich hier insb. auf die Mitgliederversammlung des MHS-Vereins, welche zumindest rechtlich das Forum zur gemeinsamen MHS-übergreifenden Willensbildung darstellt.

365 MHS-Handbuch, S. 8 ff.

sammlung des Hausvereins einzuordnen sein, da es dem satzungsmäßigen Zweck der Selbstorganisation dient und sämtliche Mitglieder umfasst.[366]

Hausvereine sind zudem Mitglieder im MHS-Verein und engagieren sich dort im Sinne von dessen Vereinszweck,[367] d.h. zur gemeinschaftlichen Willensbildung sämtlicher Hausprojekte im MHS.

d) Die Haus-GmbHs

Die Haus-GmbHs erwerben und halten Eigentum an Häusern und Grundstücken sowie Erbbaurechten. Zudem beteiligen sie sich an Unternehmen mit ähnlicher Zielsetzung.[368]

Hierdurch sollen folgende satzungsmäßige Gesellschaftszwecke verfolgt werden: Sie sollen ihr Eigentum zur „*sozialgebundenen Vermietung und Verwaltung in Selbstorganisation*" einsetzen. Dadurch sollen wiederum übergeordnete „*altruistische*" Ziele verfolgt werden:

> „Sozial verträgliche Mieten in den erworbenen Objekten langfristig und generationsübergreifend sowie unabhängig von dem an Wertsteigerung der Immobilien orientierten Immobilienmarkt zu garantieren."

Zudem soll der Mieterschaft „*die Selbstorganisation ihres Wohnraums*" ermöglicht werden.

> „Eine Vermögensbildung, welche die nötigen Mittel zur Realisierung des Unternehmensgegenstandes überschreitet, wird ebenso wie eine private Vermögensbildung ausdrücklich nicht angestrebt. Die Unterstützung anderer Gesellschaften mit gleicher Zielsetzung bildet darüber hinaus einen Teil des ideellen Gesellschaftszwecks. Die Gesellschafter haben der Sache nach die Stellung von Treuhändern, die zur uneigennützigen Verwendung des ideellen Zwecken gewidmeten Gesellschaftsvermögens berufen sind."[369]

Gesellschafter*innen der Haus-GmbHs sind jeweils ein Haus-Verein und die MHS-GmbH.[370] Die Gesellschafter*innen haben unabhängig von ihrer Kapitalbeteiligung jeweils nur eine Stimme. Beschlüsse bedürfen der Mehrheit der abgegebenen Stimmen. Die MHS-GmbH hat jedoch nur für folgende Punkte ein Stimmrecht:

---

[366] Die Mitgliederversammlung kann als Organ namentlich anders bezeichnet werden, *Notz*/BeckOGK BGB, § 32 Rn. 11 f.

[367] „*Selbstorganisierte und sozial gebundene Mietshausprojekte zu schaffen und zu unterstützen, das Recht auf Wohnraum für alle!*" § 2 Satzung eines eingetragenen Vereins (nicht gemeinnützig), MHS-Handbuch, S. 9.

[368] § 2 des Muster-Gesellschaftsvertrags für eine Haus-GmbH, MHS-Handbuch, S. 19.

[369] § 3 des Muster-Gesellschaftsvertrags für eine Haus-GmbH, MHS-Handbuch, S. 19.

[370] Vgl. § 4 des Muster-Gesellschaftsvertrags für eine Haus-GmbH, MHS-Handbuch, S. 19.

„a) Kauf oder Verkauf von Grundstücken, Erbbaurechten oder Teilen davon
b) Vergabe von Erbbaurechten, Teilerbbaurechten, Dauerwohn- und Dauernutzungsrechten auch nach Wohnungseigentumsgesetz WEG
c) Aufteilung von Grundstücken und Erbbaurechten, auch nach Wohnungseigentumsgesetz WEG
d) Belastung mit Grundpfandrechten
e) sowie bei den Buchstaben a) bis d) vergleichbaren Geschäften
f) Änderungen des Gesellschaftsvertrages oder der Geschäftsordnung
g) Beteiligungen an anderen Unternehmen, Beherrschungs- und Gewinnabführungsverträge
h) Feststellung des Jahresabschlusses und Entscheidung über Ergebnisverwendung“[371]

Die Mustersatzung des MHS sieht vor, dass Gesellschafter*innen kündigen und aus der Haus-GmbH austreten können. In diesem Fall wächst ihr Anteil der Gesellschaft an und die verbleibende Gesellschafterin (grds. Die MHS-GmbH) bestimmt *„einen/eine neue/n, die ideellen Ziele der Gesellschaft teilende/n Gesellschafter/in“*.[372] Darüber hinaus kann im Falle der Zwangsvollstreckung in den Geschäftsanteil oder der Insolvenz eines Gesellschafters dessen Geschäftsanteil eingezogen werden.[373] Die Geschäftsführer*innen werden von der Gesellschafterversammlung gewählt (vgl. § 46 Nr. 5 GmbHG), wobei die MHS-GmbH kein Stimmrecht hat, sodass dem Hausverein die alleinige Kompetenz zur Bestellung zukommt.[374]

Eine Abfindung für den Fall der Einziehung von Gesellschaftsanteilen oder des Austritts von Gesellschafter*innen ist ausgeschlossen.[375]

e) Der Solidarfonds

Der Solidarfonds setzt sich aus der „Solidarfonds GmbH“ und dem „Verein Solidarisch Wirtschaften“ zusammen. Ziel des Solidarfonds ist es, einen „Solidartransfer“ zwischen alten und neuen Hausprojekten zu schaffen. Das be-

---

[371] § 6 des Muster-Gesellschaftsvertrags für eine Haus-GmbH, MHS-Handbuch, S. 20.

[372] § 10 Abs. 2 des Muster-Gesellschaftsvertrags für eine Haus-GmbH, MHS-Handbuch, S. 21.

[373] § 11 des Muster-Gesellschaftsvertrags für eine Haus-GmbH, MHS-Handbuch, S. 21.

[374] §§ 6, 7 des Muster-Gesellschaftsvertrags für eine Haus-GmbH, MHS-Handbuch, S. 21; § 7 Anmerkungen zum Gesellschaftsvertrag der Haus-GmbH, MHS-Handbuch, S. 31.

[375] § 12 des Muster-Gesellschaftsvertrags für eine Haus-GmbH, MHS-Handbuch, S. 21; § 12 Anmerkungen zum Gesellschaftsvertrag der Haus-GmbH, MHS-Handbuch, S. 32.

deutet, dass ältere Projekte vor dem Hintergrund ihrer zunehmenden Entschuldung neue Projekte finanziell unterstützen sollen.[376]

Dies geschieht wesentlich dadurch, dass entschuldete Projekte sich in Form von Unterbeteiligungen gem. § 230 HGB an den Beteiligungen der MHS-GmbH an neuen Projekten beteiligen. Anstatt dass sich ältere Projekte unmittelbar an neueren Projekten beteiligen oder unmittelbar an der Beteiligung von der MHS-GmbH an neueren Projekten, werden alle Beteiligungen über die Solidarfonds GmbH gebündelt. Die Solidarfonds GmbH ist wiederum an den Beteiligungen der MHS-GmbH unterbeteiligt.

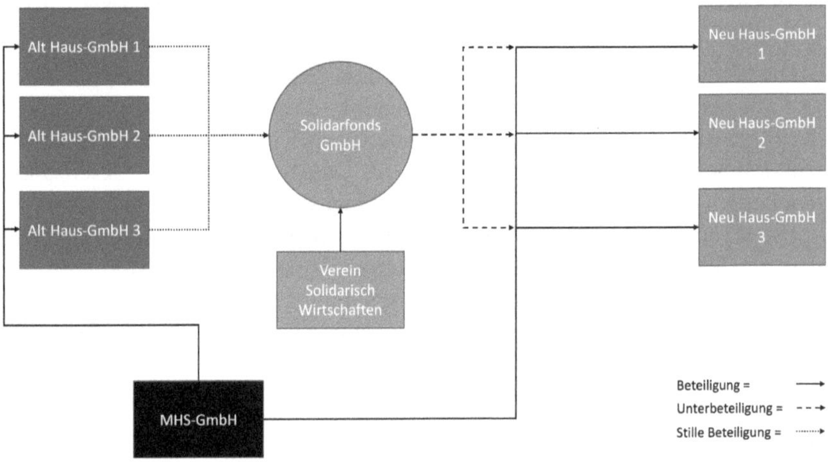

Quelle: Eigene Darstellung, angelehnt an MHS-Handbuch, S. 63.

Abbildung 8: Grafische Übersicht zur Struktur des Solidarfonds, Der Übersichtlichkeit halber wurde von der Darstellung der Mitgliedschaft der Haus-GmbHs im Verein Solidarisch Wirtschaften abgesehen

aa) Die Solidarfonds GmbH

Alleiniger Gesellschafter der Solidarfonds GmbH ist der Verein Solidarisch Wirtschaften. Die Solidarfonds GmbH ist in Form von Unterbeteiligungen an Beteiligungen der MHS-GmbH an Haus-GmbHs beteiligt. Haus-GmbHs sind wiederum an der Solidarfonds GmbH als stille Gesellschafterinnen beteiligt.

Nicht nur ältere Projekte beteiligen sich an dem Solidartransfer, sondern auch neue Projekte schließen von Beginn an eine stille Beteiligung mit der Solidarfonds GmbH. Diese wächst mit zunehmender Entschuldung kontinu-

[376] Vgl. hierzu bereits C. V. 1.

ierlich an. So beginnt der Solidarbeitrag bei 0,10 €/m² und steigt jedes Jahr um mindestens 0,5 % der Jahresnettokaltmiete des Vorjahres.[377] Steigerungen des Solidarbeitrags können auf Antrag ausgesetzt werden, wenn die Gesamtbelastung 80 % der ortsüblichen Vergleichsmiete i. S. v. § 558 BGB übersteigt.[378] Bei der Kalkulation der Gesamtmietbelastung werden Aufwendungen für Instandhaltung, Verwaltung und ggf. Zinsen berücksichtigt. Dabei sollen Tilgungen nur in „üblicher Höhe" einkalkuliert werden, d. h. „*(1–2 Prozent)*".[379]

bb) Der Verein Solidarisch Wirtschaften

Die Mitglieder des Vereins Solidarisch Wirtschaften sind die Haus-GmbHs. In ihm findet die Willensbildung des Solidarfonds statt, welche gem. § 35 Abs. 1 GmbHG im Wesentlichen durch die Geschäftsführer*innen der Haus-GmbHs vorgenommen wird. Sie ist jedoch durch die Kontrolle der MHS-GmbH eingeschränkt. So ist in den Satzungen der Haus-GmbHs der Gesellschaftszweck der „Beteiligung an Unternehmen mit ähnlicher Zielsetzung" verankert. Eine Änderung dieser Satzungsbestimmung bedarf der Zustimmung der MHS-GmbH.[380]

5. Wohnen im MHS-Ansatz

Ähnlich wie bei der Wohnungsgenossenschaft wird das Wohnen im MHS-Ansatz durch mehrere Rechtsverhältnisse bestimmt, die sich überlagern.

So schließen Bewohner*innen zunächst einen Mietvertrag mit der Haus-GmbH.[381] Darüber hinaus werden Bewohner*innen Mitglied im Hausverein.[382] Zudem wird teils eine vertragliche Vereinbarung zwischen den Bewohner*innen eines Hausprojektes geschlossen, welche die Modalitäten des gemeinsamen Wohnens und der Entscheidungsfindung anleiten soll.[383]

VI. Community Land Trust

Der CLT-Ansatz ist ein Zusammenschluss aus drei – namensgebenden – Komponenten: einem Trust, einer Community und Land. Der Trust ist eine

---

377 Ziff. 3, Zusatzvereinbarung, MHS-Handbuch, S. 60.

378 Aussetzung der Steigerung, Zusatzvereinbarung, MHS-Handbuch, S. 61.

379 MHS-Handbuch, S. 55.

380 MHS-Handbuch, S. 63 f.

381 Mietvertrag, MHS-Handbuch, S. 92.

382 Mietvertrag, MHS-Handbuch, S. 92.

383 5.1. Binnenvertrag/Binnenvereinbarung in Hausprojekten, MHS-Handbuch, S. 17 ff.

juristische Person und Eigentümerin von Grundstücken (Land). Dieses Land befindet sich in der örtlichen Gemeinde bzw. Nachbarschaft des Trusts (Community). Die Community ist wiederum in der Verwaltung des Trusts involviert.[384]

Der CLT-Ansatz zielt darauf ab, Wohnraum dauerhaft aus dem profitorientierten Markt herauszulösen und in eine nachbarschaftsweite Selbstverwaltung zu überführen. Anders als die Wohnungsgenossenschaft und der MHS-Ansatz ist der CLT-Ansatz in Deutschland bisher kaum verbreitet. Lediglich ein Pilotprojekt, „die Stadtbodenstiftung" in Berlin, versucht den CLT-Ansatz auch in Deutschland umzusetzen. Damit hat einerseits die ausländische Rechts- und Organisationspraxis für meine Untersuchung eine besondere Bedeutung, andererseits ist die Stadtbodenstiftung für meine Untersuchung besonders bedeutend.

Um meinen Untersuchungsgegenstand näher zu definieren, stelle ich zunächst den historischen Kontext und die Herkunft des CLT-Ansatzes dar (C. VI. 1.).[385] Sodann beschreibe ich die derzeitige Situation (C. VI. 2.) und den Grundaufbau (C. VI. 3.) des CLT-Ansatzes. Auf dieser Grundlage beschreibe ich die Rechtspraxis der Stadtbodenstiftung (C. VI. 4.) und werfe eine konkrete Definition meines Untersuchungsgegenstands auf (C. VI. 5.).

1. Historischer Kontext und Herkunft des CLT-Ansatzes

CLTs sind in ihrer heute verbreiteten Form aus vielfältigen Bewegungen und Ideen entstanden.[386] Wesentlicher Ursprungsort sind die USA, aber u.a. auch in Indien,[387] Israel,[388] England[389] oder Mexiko[390] finden sich Wurzeln des CLT-Ansatzes.

---

[384] Siehe C. VI. 3.

[385] Das Verständnis dieser Geschichte bzw. Wurzeln erleichtert es, die Zweckrichtung des CLT-Ansatzes zu verstehen und so die organisatorischen Bestandteile in ein historisch gewachsenes normatives Leitbild einzuordnen, so ausdrücklich auch *Davis*, Preface, S. x f.

[386] Umfassend zur Geschichte von CLTs *Davis*, Origins and Evolution of the Community Land Trust in the United States; einen prägnanten und anschaulichen Überblick gebend *Horlitz*, Community Land Trusts in den USA.

[387] Etwa die Bhoodan- und Gramdan-Bewegung, *Davis*, Origins and Evolution of the Community Land Trust in the United States, S. 13 ff.

[388] Insbesondere die Kibbutz- und Moshav-Bewegungen, *Davis*, Origins and Evolution of the Community Land Trust in the United States, S. 15 ff.

[389] Insbesondere die „Garden Cities", *Davis*, Origins and Evolution of the Community Land Trust in the United States, S. 6 f.

[390] So etwa die sog. „Ejidos", *Swann* et al., The CLT, A Guide to a New Model for Land Tenure in America, S. 8 f.

In den USA waren die Positionen von *Henry George* ein Ausgangspunkt der Ideengeschichte der CLTs.[391] Auf Grundlage seiner Schriften gründeten sich in den 1920er- und 30er-Jahren sog. „Single-Tax Colonies". Diese sollten Privateigentum an Boden ausschließen, indem sie Eigentum von Boden und Bebauung trennten. Lediglich an der Bebauung sollte Privateigentum durch Nutzende der Grundstücke möglich sein.[392] Insbesondere der Agrarwissenschaftler *Borsodi* gründete in diesem Zuge Single-Tax Colonies, die erstmals als „Land Trusts", bezeichnet wurden und teilweise bis heute Bestand haben.[393]

Die Idee, den Boden dauerhaft in treuhänderischem Eigentum zu halten, wurde durch *Bob Swann* und *Slater King* weiterentwickelt und um den Aspekt der „Community" ergänzt. Als Aktivisten der damaligen Bürgerrechtsbewegung gründeten sie in den späten 1960er-Jahren „New Communities Inc.". Dieser im Bundesstaat Georgia gelegene CLT sollte schwarzen Farmern Zugang zu Wohnraum und Agrarland eröffnen. Gegenstand des CLT war dabei nicht bloß die Trennung von Eigentum an Boden und Bebauung, sondern die gemeinschaftliche Selbstverwaltung des Trusts.[394] Obwohl New Communities nach nur 20 Jahren scheiterte, bildete das Projekt den Anstoß für die Gründung zahlreicher weiterer CLTs.[395]

---

391 Diese Positionen hielt er wesentlich in seinem 1883 erschienenen Werk *„Social Problems"* fest. *George* vertrat die Ansicht, dass privates Grundeigentum ein unmoralisches Konzept sei, welches zu sozial ungerechten Ergebnissen führe. Boden sei eine göttliche Schöpfung und kein Produkt menschlicher Arbeit. Anders als Produkte menschlicher Arbeit sei Land zudem nicht vermehrbar und beständig über Generationen hinweg. Auf dieser Grundlage müsse Boden der Menschheit insgesamt gehören und Einzelne könnten darauf keinen Anspruch erheben.

Es sei insbesondere ungerecht, wenn Grundeigentümer*innen, die keine baulichen Veränderungen oder Verbesserungen auf ihrem Grundstück vornehmen, dieses dennoch gewinnbringend veräußern oder überlassen könnten. Grundeigentümer*innen könnten zudem ihre Miete/Pacht dann erhöhen, wenn Mieter/Pächter*innen durch Arbeit ihre eigene wirtschaftliche Lage verbessern und dadurch ihre Kaufkraft erhöhen. Dadurch würden Grundeigentümer*innen eine „unsichtbare Steuer auf Unternehmertum" erheben, aber im Gegenzug keinerlei Wert erzeugen. Als korrigierende Gegenmaßnahme schlug George eine Steuer auf Einnahmen aus der Überlassung oder Veräußerung von Grundeigentum vor. Diese Steuer sollte die leistungslosen Gewinne der Gesamtgesellschaft zugutekommen lassen, *George*, Social Problems, 276 ff.

392 Damit setzten die Single-Tax Colonies anders als George nicht bei der Besteuerung und Vergesellschaftung von Erträgen aus Grundeigentum, sondern beim Eigentum selbst an, *Davis*, Origins and Evolution of the Community Land Trust in the United States, S. 7.

393 *Horlitz*, Community Land Trusts in den USA, S. 282. So besteht etwa noch das Bryn Gweled Homestead in Pennsylvania, siehe Bryn Gweled Homesteads, History.

394 *Davis*, Origins and Evolution of the Community Land Trust in the United States, S. 15 ff.

395 Das Scheitern ist maßgeblich auf rassistische Benachteiligungen zurückzuführen. So wurden einerseits versprochene Subventionen für den Wohnungsbau nicht ge-

In den 1980er-Jahren wurden CLTs vermehrt in urbanen Räumen gegründet. Diese CLTs sollten der Verdrängung von Bevölkerungsgruppen entgegenwirken, welche von steigenden Preisen betroffen waren, ausgelöst durch die zunehmende Gentrifizierung in Städten. Anders als die bisherigen CLTs banden diese urbanen Projekte stark heterogene Community-Gruppen in ihre Entscheidungsfindung ein und entwickelten so den Ansatz weiter.[396]

Die weitere rasante Entwicklung von CLTs – und ihre Entwicklung insgesamt – wurde maßgeblich durch das „Institute for Community Economics" (ICE) gefördert.[397] Das ICE wurde 1967 unter dem Namen International Independence Institute gegründet und begann Schulungsmaterial, Workshops und Vernetzungsmöglichkeiten anzubieten, um den CLT-Ansatz zu verbreiten.[398] 2004 ging aus ICE das „National Community Land Trust Network" hervor, aus welchem wiederum 2016 das heute existierende „Grounded Solutions Network" (GSN) hervorging.[399] Das GSN veröffentlicht mit dem Community Land Trust Technical Manual ein Standardwerk, welches Vertragsdokumente, Formulare und Erklärungen zu CLTs für die Praxis bündelt.[400]

---

währt, sodass das Projekt auf die Agrarwirtschaft beschränkt blieb. Darüber hinaus verweigerte das US-Landwirtschaftsministerium vielen schwarzen Farmer*innen die Auszahlung von Überbrückungskrediten während Dürren in den 1980er-Jahren. In der Folge wurden die Grundstücke von New Communities Inc. zwangsversteigert. 1997 konnte New Communities Inc. jedoch durch Beteiligung an einer Sammelklage gegen das Landwirtschaftsministerium eine Entschädigungszahlung erstreiten. Mit diesem Geld finanzierte New Communities Inc. den Erwerb einer 6,5 km^2 großen ehemaligen Plantage und führt dort das ursprüngliche Vorhaben fort, *Horlitz*, Community Land Trusts in den USA, S. 282 f.

396 *Davis*, Origins and Evolution of the Community Land Trust in the United States, S. 18 f. Diese Rolle von CLTs spiegelt sich auch in den Aussagen von *Barlas* wider, der von mir interviewten Leiterin der Finanzen und des operative Geschäfts des Beverly-Vermont Community Land Trusts in Los Angeles: „[…] *the vision of BVCLT, as of 2021, is we envision a world where multiracial working class communities exercise collective decision making power over how land is used in our neighborhoods so that we can live healthy, resilient lives in right relationship with the place that we call home. And, this vision really connects to our relationship to the community that currently exists in Koreatown, which is very multiracial, that we want to keep from being displaced.*" *Barlas*, Experteninterview vom 18.02.2022.

397 *Davis*, Origins and Evolution of the Community Land Trust in the United States, S. 29; *Horlitz*, Community Land Trusts in den USA, S. 284; *Davis*, Origins and Evolution of the Community Land Trust in the United States, S. 29.

398 *Horlitz*, Community Land Trusts in den USA, S. 284.

399 Siehe Public Interest Management Group, Introducing Grounded Solutions Network.

400 Das CLT Technical Manual geht auf das Community Land Trust Legal Manual zurück, welches 1991 erstmals von ICE veröffentlicht wurde und seitdem eine prägende Rolle spielte, *White*, Preface.

Für die Entwicklung von CLTs war schließlich entscheidend, dass eine Definition von CLTs in den Housing and Community Development Act of 1992 aufgenommen wurde.[401] Dies war u. a. deswegen maßgebend, weil diese Aufnahme bedeutete, dass CLTs bevorzugt Fördergelder auf Grundlage des Cranston-Gonzalez National Affordable Housing Act of 1990 erhalten konnten.[402] Dieser Prozess wurde wesentlich durch den damaligen Kongressabgeordneten und Bürgermeister von Burlington, Virginia, *Bernie Sanders*, begleitet. Er stellte sicher, dass die gesetzliche Definition von CLTs den Vorstellungen der seinerzeitigen CLT-Bewegung entsprach.[403]

2. Derzeitige Situation

Inzwischen hat sich die Zahl der CLTs in den USA seit Ende der 90er-Jahre von rund 100 auf 302 verdreifacht.[404] Zudem haben 15 US-Bundesstaaten Gesetze erlassen, um CLTs zumindest teilweise zu regulieren und besondere

---

[401] Die Definition lautet gem. 42 U.S. Code § 12704 [...] „*the term ‚community land trust' means a community housing development organization* [...]

(1) that is not sponsored by a for-profit organization;
(2) that is established to carry out the activities under paragraph (3);
(3) that
  (A) acquires parcels of land, held in perpetuity, primarily for conveyance under long-term ground leases;
  (B) transfers ownership of any structural improvements located on such leased parcels to the lessees; and
  (C) retains a preemptive option to purchase any such structural improvement at a price determined by formula that is designed to ensure that the improvement remains affordable to low- and moderate-income families in perpetuity;
(4) whose corporate membership is open to any adult resident of a particular geographic area specified in the bylaws of the organization; and
(5) whose board of directors –
  (A) includes a majority of members who are elected by the corporate membership; and
  (B) is composed of equal numbers of (i) lessees pursuant to paragraph (3)(B), (ii) corporate members who are not lessees, and (iii) any other category of persons described in the bylaws of the organization."

[402] 42 U.S. Code § 12771 lautet: „*For a period of 18 months after funds under subtitle A are made available to a jurisdiction, the jurisdiction shall reserve not less than 15 percent of such funds for investment only in housing to be developed, sponsored, or owned by community housing development organizations.*" CLTs werden durch 42 U.S. Code § 12704 ausdrücklich als „*community housing development organizations*" definiert, sodass sie nach 42 U.S. Code § 12771 vorrangig gefördert werden.

[403] *Davis*, Origins and Evolution of the Community Land Trust in the United States, S. 29 f.

[404] *Horlitz*, Community Land Trusts in den USA, S. 284; Center for CLT Innovation, Global CLT Map + Directory.

rechtliche Gestaltungsmöglichkeiten einzuräumen.[405] Regelmäßig haben Trusts darüber hinaus den steuerbegünstigten Status nach Section 501(c)(3), wodurch sie u. a. steuerbefreit Zuwendungen erhalten können.[406]

Aus der US-Bewegung ist zudem eine globale Bewegung entstanden, sodass CLTs sich in Großbritannien, Belgien, Frankreich, Brasilien, Kanada oder Bolivien finden.[407] In Berlin hat die Stadtbodenstiftung den ersten und bislang einzigen deutschen CLT gegründet, der daher ein bedeutendes Pionierprojekt darstellt.[408]

3. Grundaufbau

CLTs bestehen – wie bereits dargelegt – aus drei Bestandteilen: einer juristischen Person *(Trust)*, welche Eigentümerin an Grundstücken *(Land)* ist. Dieses Land befindet sich in der örtlichen Gemeinde bzw. Nachbarschaft des Trusts *(Community)*.[409]

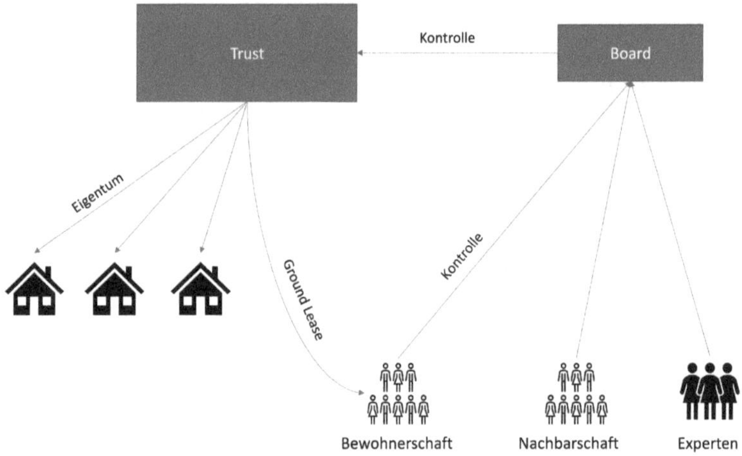

Quelle: Eigene Darstellung.

Abbildung 9: Übersicht zur Kontroll- und Eigentumsstruktur im CLT-Ansatz

---

[405] Stand 2018, *Decker*, Journal of Affordable Housing & Community Development Law, 2018, Vol. 26, No. 3, 489–530, 496.

[406] *Davis*, Origins and Evolution of the Community Land Trust in the United States, Fn. 50; zur Rechtsgrundlage siehe 26 U.S. Code § 501.

[407] Siehe die informative Weltkarte, Center for CLT Innovation, Global CLT Map + Directory; *Davis*, Origins and Evolution of the Community Land Trust in the United States, S. 7 ff.

[408] Siehe hierzu, C. VI. 4.

[409] 42 U.S. Code § 12704.

Der Trust vergibt sog. *„Ground Leases"* an Personen, die auf dem Land des Trusts wohnen. Diese Ground Leases vermitteln Eigentum an der Bebauung des Grundstücks, nicht aber an dem Grundstück selbst.[410] Die Ground Leases werden i. d. R. für 99 Jahre vergeben.[411] Inhaber der Ground Leases sind entweder einzelne natürliche Personen oder juristische Personen wie Genossenschaften.[412]

In dem Ground-Lease-Vertrag werden typischerweise Konditionen festgehalten, welche die Nutzung des Grundstücks an bestimmte soziale Kriterien binden. Diese Beschränkungen fallen allgemein in vier Kategorien:[413] erstens Beschränkungen über den Kaufpreis bei der Weiterveräußerung von Ground Leases, zweitens Beschränkungen über den Kreis von potenziellen Käufern bei Weiterveräußerung des Ground Leases, drittens Beschränkungen über die Art und Weise der Nutzung und Instandhaltung von Gebäuden.[414] Schließlich sind viertens Beschränkungen über die Belastung des Erbbaurechts mit Grundpfandrechten enthalten.

Die maximale Höhe des Kaufpreises bei der Weiterveräußerung bestimmt sich nach einer rechtlich determinierten Formel (sog. „resale formula").[415] Der Trust hat zudem ein Vorkaufsrecht für den Fall der Veräußerung und kann das Ground Lease zu einem Preis erwerben, welcher durch die Formel determiniert ist.[416] Typischerweise können Inhaber*innen von Ground Leases den vollen Wert der baulichen Verbesserungen und Instandsetzungsmaßnahmen verlangen, welche sie an ihrem Gebäude vorgenommen haben. Darüber hinaus können sie i. d. R. 25 % des Verkehrswertes ihrer Ground Lease als Kaufpreis verlangen. Hierdurch wird zugelassen, dass Inhaber*innen von Ground Leases ein gewisses Maß an marktgetriebenem Vermögenszuwachs durch ihre

---

410 Die Aufspaltung von Eigentum an Grundstücken und Eigentum an Bebauung ist daher ein prägendes Merkmal von CLTs.

411 Art. 3.1, 2011 CLT Network Model Ground Lease.

412 *Davis*, Origins and Evolution of the Community Land Trust in the United States, S. 36; GSN, CLTs and Limited Equity Housing Coops, S. 1.

413 Siehe hierzu GSN, Implementing Restrictions on Ownership, S. 1 f.

414 Sofern der Wohnraum vermietet wird, gehören dazu regelmäßig Mietobergrenzen und die Pflicht, diesen nicht unterzuvermieten, GSN, Implementing Restrictions on Ownership, S. 2.

415 GSN, Resale Formula Design, S. 1.

416 Der Ankaufspreis für den Trust ist i. d. R. der geringere Wert von entweder dem Verkehrswert der Ground Lease oder dem Wert, der sich durch die Wiederverkaufsformel ergibt, GSN, Resale Formula Design, S. 2.

Rechtsposition abschöpfen können.[417] Die genaue Festlegung der Formel ist komplex und erfordert eine Abwägung verschiedener Ziele.[418]

Das Board (d.h. das Verwaltungsorgan) des Trusts ist im klassischen Aufbau eines CLT nach dem sog. „Tripartite"-Schema besetzt.[419] Das bedeutet, dass der Trust gemeinsam von drei Personengruppen verwaltet wird: erstens Ground-Lease-Inhaber*innen, zweitens Personen aus der Nachbarschaft, welche keine Erbbaurechte des Trusts halten, drittens Personen mit Expertise aus der Stadtverwaltung. Das Ziel dieser Aufteilung ist es, sämtliche bodenbezogenen Interessensgruppen in die Entscheidungsfindung über die Ausgestaltung des Trusts und dessen Grundstücke einzubeziehen. Dadurch, dass keine Interessensgruppe eine Mehrheit hat, ist dabei für Mehrheitsbeschlüsse jeweils ein Kompromiss erforderlich. Zudem hat die Gruppe der Inhaber von Ground Leases keine alleinige Stimmmehrheit, was der Absicherung des Ausschlusses von Profiten dienen soll.[420]

4. Rechtspraxis in Deutschland – die Stadtbodenstiftung

Die Stadtbodenstiftung wurde 2021 als erster deutscher CLT in Berlin gegründet. Im folgenden Abschnitt stelle ich zunächst die Ziele der Stadtbodenstiftung (VI. 4. a)) und ihren Grundaufbau (VI. 4. b)) dar. Darauf aufbauend werfe ich knapp auf, wie Erbbaurechte als wesentlicher Bestandteil der Praxis der Stadtbodenstiftung wirken (VI. 4. c)).

---

417 „*In other words, as far as possible, value produced or purchased by the homeowner should be allocated to the homeowner and should add to the owner's equity. Value produced by other social and economic factors should be ‚retained by the CLT'.*", GSN, Resale Formula Design, S. 2, 13.

418 Zwei wesentliche Ziele sind, die Bezahlbarkeit des Wohnraums zu gewährleisten und dem veräußernden Teil eine gerechte Entlohnung für vergangene Investitionen zu gewähren. Darüber hinaus sollen der langfristige Erwerb von Erbbaurechten begünstigt werden und kurzfristige spekulative Käufe vermieden werden. Zudem soll die (soziale) Mobilität der Inhaber von Ground Leases gewährleistet werden. Insbesondere soll es nach Ansicht einiger Stimmen ausziehenden Personen ermöglicht werden, an anderen Orten Wohnraum zu erwerben, indem sie anteilig von dem marktgetriebenen Wertzuwachs ihrer Ground Lease profitieren. Dieses Ziel steht jedoch in Konflikt damit, die Bezahlbarkeit des Wohnraums durch möglichst geringe Preise zu gewährleisten, GSN, Resale Formula Design, S. 3.

419 Siehe die prägnante Übersicht, *Davis*, 7-Key Characteristics of CLTs, S. 3; *Gray*, Journal of Community Practice, 2008, Vol. 16, No. 1, 65–78, 69f.

420 *Davis*, 7-Key Characteristics of CLTs, S. 3.

a) Zielsetzung

Die Stadtbodenstiftung engagiert sich gemäß ihrer Satzungspräambel „*für eine sozial gerechte, diskriminierungsfreie, ökologische Stadt*". Dies soll u. a.

> „im Rahmen der Vermögensverwaltung durch die treuhänderische Verwaltung von Boden und seine Bereitstellung vorwiegend durch Erbbaurechte an gemeinwohlorientierte Träger ermöglicht werden."

Dabei orientiert sich die Stadtbodenstiftung

> „an den Zielsetzungen und der nachbarschaftlich-demokratischen Struktur des Community Land Trust Modells und versteht sich als Teil der damit zusammenhängenden internationalen Bewegung."[421]

Als konkrete Vorgaben über die Verwendung des Stiftungsvermögens schreibt die Satzung der Stadtbodenstiftung vor, dass die Stiftung „*Grundstücke und aufstehende Gebäude*" erwerben darf. Diese sollen im Rahmen eines Erbbaurechts an Dritte u. a. „*für den Erhalt und die Schaffung von bezahlbarem Wohnraum*" zur Verfügung gestellt werden. Dabei sollen die „*dauerhaft sozial orientierte Nutzung und die Projektziele im jeweiligen Erbbaurecht vertraglich*" festgeschrieben werden.[422] Die Grundstücke sollen grundsätzlich ewig im Vermögen der Stiftung verbleiben und niemals veräußert werden.[423]

b) Grundaufbau

Für den Trust hat die Stadtbodenstiftung die Rechtsform der privatrechtlichen Stiftung gewählt.[424] Die Stiftung hat drei verschiedene Organe: einen Vorstand, ein Kuratorium und ein Stiftungskomitee.

Der Vorstand ist als gesetzliches Pflichtorgan gem. § 84 Abs. 1, Abs. 2 S. 1 BGB für die Vertretung der Stiftung nach außen zuständig. Der Vorstand übernimmt zudem die Geschäftsführung der Stiftung im Rahmen von Zielsetzungen und Richtlinien, die vom Kuratorium verabschiedet wurden.[425]

---

[421] § 1 Satzung der Stadtbodenstiftung vom 16. 12. 2020; siehe zum Hintergrund auch *Horlitz*, Community Land Trusts – Ein Modell auch für Berlin?

[422] § 2 Abs. 2 Satzung der Stadtbodenstiftung vom 16. 12. 2020.

[423] § 2 Abs. 8 Satzung der Stadtbodenstiftung vom 16. 12. 2020.

[424] § 2 Abs. 2 Satzung der Stadtbodenstiftung vom 16. 12. 2020. Die Rechtsform der Stiftung sei deshalb ausgewählt worden, weil diese bestimmte Satzungsinhalte – anders als andere Rechtsformen – unabänderlich festlegen könne. Die Stiftung biete damit den größtmöglichen Schutz vor einer marktförmigen Verwertung ihres Vermögens, Stadtbodenstiftung, Struktur und Organe.

[425] § 7 Abs. 1 Satzung der Stadtbodenstiftung vom 16. 12. 2020.

Das Kuratorium fungiert also als „*strategisches und konzeptionelle*[s] *Rückgrat sowie als Kontrollorgan der Stiftung*".[426] Es ernennt Vorstandsmitglieder und soll seinerseits aus 13 Mitgliedern bestehen.[427] Diese Kuratoriumsmitglieder setzen sich aus fünf Personengruppen zusammen: vier Vertreter*innen der Nutzenden, vier Vertreter*innen der Nachbarschaft, ein*e Vertreter*in der Stifter*innen und drei

> „Expert*innen oder Personen des öffentlichen Lebens", die „in der gemeinwohlorientierten Immobilien- und Stadtpolitik tätig sind oder die sich für die Belange von Mieter*innen oder Wohnungssuchenden, von Gewerbetreibenden oder für den Naturschutz einsetzen."

Schließlich fungiert ein Kuratoriumsmitglied als Vertreter der öffentlichen Körperschaften, die „*Zustiftungen oder Zuwendungen in substantieller Höhe an die Stiftung getätigt haben.*"[428] Die Mitglieder des Kuratoriums werden grundsätzlich vom Stiftungskomitee gewählt. Ausgenommen sind hiervon die Expert*innen, die vom Kuratorium ernannt werden, und Vertreter*innen öffentlicher Körperschaften, welche von diesen berufen werden.[429]

Das Stiftungskomitee ist das größte Organ der Stiftung und soll die Interessen der Nutzenden, der Nachbarschaft und der Stifter*innen vertreten.[430] Es soll nach Ansicht der Stadtbodenstiftung „*vom Charakter her mit einer Mitgliederversammlung vergleichbar*" sein, indem dort „*basisdemokratische Diskussion, Themenfindung und Meinungsbildung*" stattfinden.[431] Über die Aufnahme in das Stiftungskomitee entscheidet der Vorstand, wobei das Stiftungskomitee aufgrund eines Vetos diese Entscheidung überstimmen kann.[432] Um Mitglied im Stiftungskomitee zu werden, müssen Personen entweder zum Kreis der Nutzenden, der Nachbarschaft oder der (Zu)Stifter*innen gehören.[433] Diese drei Gruppen bilden jeweils einen von drei Blöcken, welche jeweils gemeinsam eine repräsentativ gewichtete Stimme abgeben.[434]

---

426 § 9 Abs. 1 Satzung der Stadtbodenstiftung vom 16. 12. 2020.

427 §§ 6 Abs. 3 S. 1, 8 Abs. 1 S. 1 Satzung der Stadtbodenstiftung vom 16. 12. 2020.

428 § 8 Abs. 2 Satzung der Stadtbodenstiftung vom 16. 12. 2020.

429 § 8 Abs. 5 S. 3, S. 4 Satzung der Stadtbodenstiftung vom 16. 12. 2020.

430 § 11 Abs. 1 Satzung der Stadtbodenstiftung vom 16. 12. 2020.

431 Stadtbodenstiftung, Struktur und Organe.

432 § 11 Abs. 3 Satzung der Stadtbodenstiftung vom 16. 12. 2020.

433 § 11 Abs. 9 Satzung der Stadtbodenstiftung vom 16. 12. 2020.

434 § 11 Abs. 10 Satzung der Stadtbodenstiftung vom 16. 12. 2020.

c) *Erbbaurechte*

Die Stadtbodenstiftung setzt das Konzept der Ground Leases mittels des deutschen Erbbaurechts um.[435] Dies ist angesichts der Funktionsweise von Erbbaurechten konsequent:

Erbbaurechte sind im ErbbauRG geregelte dingliche Rechte an der Bebauung eines Grundstücks. Über Erbbaurechte kann der*die Eigentümer*in eines Grundstücks also das Eigentum an der Bebauung abtrennen und an andere Personen überlassen (§ 1 ErbbauRG).

Das Erbbaurecht bestimmt sich nach einem Erbbauvertrag, welcher dingliche Wirkung entfaltet (vgl. § 2 ErbbauRG). In der Regel wird im Erbbaurechtsvertrag gem. § 1 Abs. 2 ErbbauRG vereinbart, dass sich das Erbbaurecht nicht bloß auf die Bebauung eines Grundstücks erstreckt, sondern auch auf die unbebauten Nebenflächen.[436] Damit ist der*die Erbbauberechtigte wirtschaftlich für die Laufzeit des Erbbaurechts grundsätzlich vollständig in der Position einer Grundstückseigentümerin.[437] Der Erbbaurechtsvertrag kann jedoch für bestimmte Bereiche Beschränkungen für beide Parteien vorsehen. So können Nutzungsmodalitäten wie z. B. die Errichtung, Instandhaltung und Verwendung der Bebauung geregelt werden (§ 2 Nr. 1 ErbbauRG). Das Erbbaurecht kann dadurch mit dinglicher Wirkung an individuelle Bedürfnisse angepasst werden und erlaubt eine Vielzahl möglicher Ausgestaltungen.

Zu den dinglich vereinbarten Kerninhalten des Erbbaurechts gehört in aller Regel – aber nicht zwingend – eine Gegenleistung in Form einer Erbbauzinsreallast. Das bedeutet, dass sich der*die Erbbauberechtigte für die Laufzeit des Erbbaurechts zur regelmäßigen Leistung eines Geldbetrags verpflichtet. In der Regel wird dieser Betrag – angesichts der langen Vertragslaufzeiten – an eine Wertsicherungsklausel geknüpft, sodass der Erbbauzins proportional zur allgemeinen Inflation angepasst wird.[438]

---

[435] § 1 Abs. 1 Satzung der Stadtbodenstiftung vom 16. 12. 2020.

[436] Vgl. *Heinemann*/MüKoBGB, ErbbauRG, § 1 Rn. 24; *Winkler/Schlögel*, Erbbaurecht, § 2 Rn. 67.

[437] Dies ergibt sich vorrangig daraus, dass gem. § 11 S. 1 ErbbauRG die Vorschriften über Grundstücke und Ansprüche aus dem Eigentum auf das Erbbaurecht entsprechend anwendbar sind, BGH, Urteil vom 22. 2. 1974 – V ZR 67/72 –, NJW 1974, 1137–1138, 1137. In der Folge können Erbbauberechtigte etwa Ansprüche auf Herausgabe aus § 985 BGB geltend machen, BGH, Urteil vom 27. 06. 2014 – V ZR 51/13 –, NJW-RR 2014, 1423–1426, 1425; möglich sind auch Abwehransprüche aus § 1004 Abs. 1 BGB, BGH, Urteil vom 12. 12. 1975 – V ZR 114/74 –, NJW 1976, 570.

[438] Da der CLT-Ansatz sich auf Wohnraum bezieht, ist hierbei die Beschränkung nach § 9a ErbbauRG zu beachten.

5. Untersuchungsgegenstand

Als Untersuchungsgegenstand ziehe ich in erster Linie die Rechtspraxis der Stadtbodenstiftung heran. Das heißt, dass ich annehme, dass der Trust die Rechtsform der privatrechtlichen Stiftung hat. Darüber hinaus lege ich die Governance-Struktur der Stadtbodenstiftung als Untersuchungsgegenstand zugrunde. Schließlich lege ich zugrunde, dass der Trust Ground Leases in Form von Erbbaurechten vergibt. Soweit keine untersuchbare Rechtspraxis der Stadtbodenstiftung zum Untersuchungszeitpunkt besteht, gehe ich von der US-amerikanischen Praxis aus, so wie ich sie in meiner Literaturrecherche und Interviews ermittelt habe.

Die Stadtbodenstiftung ist zwar als einzelnes neugegründetes Projekt keineswegs Ausdruck einer gefestigten deutschen Rechtspraxis. Gleichzeitig ist die Stadtbodenstiftung aber durch die Berliner Stiftungsaufsicht anerkannt. Daher lassen sich an ihr erste staatlich anerkannte Rechtspraktiken im Sinne des CLT-Ansatzes prüfen.[439] Zudem ist diese Rechtspraxis an den deutschen rechtlichen und sozioökonomischen Kontext angepasst und muss in diesem existieren. Daher meine ich, dass der Erkenntniswert meiner Untersuchung am größten ist, wenn ich vorrangig die Rechtspraxis der Stadtbodenstiftung untersuche und erst subsidiär die Praxis aus den USA. Meine Untersuchung soll letztlich Aussagen über die Eignung verschiedener rechtlicher Ansätze im deutschen rechtlichen und sozioökonomischen Kontext treffen.

---

[439] Vgl. das bis zum 01.07.2023 geltende Stiftungsrecht, § 2 Abs. 1 Berliner Stiftungsgesetz i.V.m. §§ 80 Abs. 2 S. 1, 81 Abs. 1 BGB a.F.; bei meiner Untersuchung lege ich, soweit nicht wie hier anders gekennzeichnet, das ab dem 01.07.2023 geltende Stiftungsrecht zugrunde.

D. Untersuchung de lege lata

Nachdem ich im vorigen Abschnitt die Grundlagen, den Maßstab und den Gegenstand meiner Untersuchung definiert habe, folgt in diesem Abschnitt die Untersuchung nach geltendem Recht. Dabei untersuche ich zunächst den rechtlichen Ansatz der Wohnungsgenossenschaft (D. I.), dann den MHS-Ansatz (D. II.) und schließlich den CLT-Ansatz (D. III.). Die Untersuchung nach geltendem Recht endet mit einer Gegenüberstellung der Ergebnisse und einem Zwischenfazit (D. IV.).

I. Wohnungsgenossenschaft

Meine Untersuchung folgt dem Inhalt und der Abfolge der oben genannten Eignungskriterien (C. III.).

1. Gleichrangige Selbstverwaltung

Die gleichrangige Selbstverwaltung teilt sich in zwei Bestandteile: Erstens prüfe ich, inwiefern die Wohnungsgenossenschaft auf Selbstverwaltung ausgelegt ist (D. I. 1. a)). In einem weiteren Schritt prüfe ich, inwiefern die (Selbst)Verwaltung auf (D. I. 1. b)) Gleichrangigkeit der Commoner ausgelegt ist.

a) Selbstverwaltung

Selbstverwaltung bedeutet, dass die Commoners die Kontrolle über den physischen Wohnraum und über das soziale Wohnumfeld ausüben. Das bedeutet insbesondere, dass keine äußere Instanz außerhalb der Bewohnerschaft über diese Bereiche Entscheidungen treffen kann.[1]

Die Wohnungsgenossenschaft entspricht in ihrer rechtlichen Struktur grundsätzlich dem Kriterium der Selbstverwaltung (D. I. 1. a) aa)). Dieser Befund wird jedoch durch mehrere Strukturmerkmale der eG und darauf beruhender möglicher Praktiken relativiert (D. I. 1. a) bb)).

---

[1] Siehe hierzu bereits C. III. 1.

aa) Grundsatz der Selbstverwaltung

Dass Wohnungsgenossenschaften grundsätzlich auf Selbstverwaltung ausgelegt sind, ergibt sich aus dem Förderprinzip nach § 1 Abs. 1 GenG und daraus, dass die eG gem. § 9 Abs. 2 S. 1 GenG auf Selbstorganschaft ausgerichtet ist. Darüber hinaus ist die Selbstverwaltung an sich ein anerkannter Grundsatz der Genossenschaft.[2]

Nach dem Förderprinzip muss der Zweck der Genossenschaft darin liegen, die Belange ihrer Mitglieder durch Naturalleistungen zu fördern.[3] Hieraus folgt das Identitätsprinzip, also der Grundsatz, dass Mitglieder und Kund*innen der Genossenschaft identisch sind.[4] Die Förderung von Nichtmitgliedern (sog. Nichtmitgliedergeschäft) ist grundsätzlich untersagt (vgl. § 8 Abs. 1 Nr. 5 GenG). Dadurch sind diejenigen, die in der Wohnungsgenossenschaft Leistungsempfänger*innen sind, d.h. in ihrem Wohnraum wohnen, auch Mitglieder der Genossenschaft. Das Recht, die Geschicke der Genossenschaft zu bestimmen, ergibt sich aus der Mitgliedschaft. Mitglieder haben insbesondere gem. § 43 Abs. 1 GenG das Recht, in der Generalversammlung abzustimmen. Zudem können gem. § 9 Abs. 2 S. 1 GenG ausschließlich Genossenschaftsmitglieder Teil des Vorstands oder Aufsichtsrats werden.

Daher können in der Wohnungsgenossenschaft grundsätzlich nur die Bewohnerschaft bzw. Commoners rechtliche Kontrolle über den physischen Wohnraum und ihr soziales Wohnumfeld ausüben. Daraus ergibt sich, dass die eG *grundsätzlich* auf Selbstverwaltung ausgelegt ist.

bb) Relativierende Strukturmerkmale und Praktiken

(1) Investierende Mitglieder

Der Grundsatz der Selbstverwaltung wird dadurch verwässert, dass das GenG sog. „investierende Mitglieder“ zulässt.[5] Investierende Mitglieder sind keine Commoners und haben dennoch Einfluss auf die Entscheidungsfindung in der Genossenschaft. Gleichzeitig haben sie strukturelle Interessenskonflikte mit den Commoners.

---

[2] Siehe C. IV. 3. d).

[3] Siehe C. IV. 3. a).

[4] Siehe C. IV. 3. b).

[5] Die Möglichkeit investierender Mitglieder wurde 2006 eingeführt und gleicht das Recht der deutschen eG an das Recht der europäischen Genossenschaft (SCE) an, BT-Drs. 16/1025, 81.

Gem. § 8 Abs. 2 S. 1 GenG kann die Satzung der eG bestimmen, dass Mitglieder zugelassen werden, die lediglich durch ihre Geschäftsanteile bzw. Geschäftsguthaben zur Finanzierung der Genossenschaft beitragen, aber ihre Leistung selbst nicht nutzen. Damit ist denkbar, dass bei einer Wohnungsgenossenschaft Personen an der Ausgestaltung der Wohnverhältnisse beteiligt sind, obwohl sie selbst nicht den Wohnraum nutzen und damit keine Commoners sind.

Aufgrund ihrer Rolle als reine Kapitalgeber*innen haben investierende Mitglieder zudem strukturell andere Interessen als nutzende Mitglieder.[6] Die investierenden Mitglieder haben ein Interesse daran, ihre Erträge zu maximieren, entweder in Form von der Gewinnverteilung nach § 19 Abs. 1 GenG (auch „Dividende" genannt) oder durch Zinszahlungen auf ihr Geschäftsguthaben nach § 21a Abs. 1 GenG.[7] Die nutzenden Mitglieder haben hingegen ein Interesse daran, dass die Leistungen der eG möglichst kostengünstig erbracht werden und daher möglichst wenig Überschüsse entstehen.[8]

Die Gestaltungskraft investierender Mitglieder ist jedoch gegenüber den ordentlichen Mitgliedern beschränkt: Nach § 8 Abs. 2 S. 2 GenG muss die Genossenschaft ausschließen, dass ordentliche Mitglieder durch investierende Mitglieder überstimmt werden oder dass eine erforderliche Dreiviertelmehrheit eines Beschlusses aufgrund von investierenden Mitgliedern nicht erreicht wird.[9] Das Stimmrecht investierender Mitglieder kann ausgeschlossen werden, gem. § 8 Abs. 2 S. 2 HS. 2 GenG. Gem. § 8 Abs. 2 S. 3 GenG bedarf die Aufnahme investierender Mitglieder der Zustimmung der Generalversammlung oder, sofern die Satzung dies zulässt, des Aufsichtsrates. Der Aufsichtsrat darf gem. § 8 Abs. 2 S. 4 GenG höchstens zu einem Viertel mit investierenden

---

[6] Diese Annahme erfolgt unter der Prämisse, dass Menschen grundsätzlich den eigenen Nutzen maximieren und dabei rational handeln, also *homo oeconomicus* sind, *Rittenberg, Tregarthen*, Principles of Microeconomics, S. 290 ff.; kritisch zu dieser Prämisse, m. w. N., *Reuther/Schumann/Strobel*, The behavioural model of homo cooperativus, S. 4 f.

[7] *Beuthien*, AG 2006, 53–62, 57.

[8] Siehe hierzu, *Cario*, ZfgG 2005, 146–152, 150. Die Gewinne der investierenden Mitglieder müssen jedoch nicht *zwangsläufig* auf Kosten der ordentlichen Mitglieder entstehen. Es ist nicht erforderlich, dass die Nutzungsgebühr für ordentliche Mitglieder in dem Maße angehoben werden muss, in welchem Gewinne für investierende Mitglieder entstehen. Denkbar ist auch, dass durch Investitionen geteilter Nutzen entsteht. So könnten z. B. durch hinzukommende investierende Mitglieder Investitionen für Energieeinsparungen ermöglicht werden, welche die Nebenkosten für ordentliche Mitglieder verringern. Hierdurch kann ein geteilter Nutzen entstehen. Siehe in diesem Zusammenhang auch den *„shared value"*-Ansatz, *Henderson*, Reimagining Capitalism in a World on Fire, Chapter 2.

[9] Beschlüsse können allerdings aufgrund der Stimmen von investierenden Mitgliedern zustande kommen, BT-Drs. 16/1025, 82.

Mitgliedern besetzt werden. Der Vorstand kann jedoch vollständig mit investierenden Mitgliedern besetzt werden.[10] Neben der Möglichkeit, die Geschicke der Genossenschaft über ihre Stimmrechte zu beeinflussen, haben investierende Mitglieder darüber hinaus die Möglichkeit, mit dem Abzug ihres Kapitals zu drohen und dadurch Einfluss zu nehmen.[11] Diese Möglichkeit wird jedoch durch lange Kündigungsfristen für die Mitgliedschaft gem. § 65 Abs. 2 S. 3, 4 GenG beschränkt.[12]

Die Möglichkeit, investierende Mitglieder an der Willensbildung der Genossenschaft zu beteiligen, relativiert insgesamt den Grundsatz der Selbstverwaltung trotz der Einschränkungen nach § 8 Abs. 2 S 2–4 GenG. Insbesondere wenn der Vorstand (zum Teil) aus investierenden Mitgliedern besteht (siehe hierzu sogleich unter D. I. 1. a) bb) (2)), ist die Selbstverwaltung erheblich infrage gestellt.

(2) Eigenverantwortliche Leitung

Neben der Zulassung investierender Mitglieder schränkt auch die „eigenverantwortliche“ Leitungsbefugnis des Vorstands nach § 27 Abs. 1 S. 1 GenG den Grundsatz der Selbstverwaltung ein.

Gem. § 27 Abs. 1 S. 1 GenG hat der Vorstand die Genossenschaft „in eigener Verantwortung zu leiten“. Das bedeutet, er hat bei seiner Geschäftsführung und Vertretung nur die Satzung und das Gesetz zu beachten. An Beschlüsse der Generalversammlung über konkrete Maßnahmen ist er grundsätzlich nicht gebunden.[13] Die Generalversammlung nimmt daher die Rolle des strukturell gestaltenden „Parlaments“ der Genossenschaft ein, während der Vorstand freie Hand bei der exekutiven Gestaltung auf Grundlage der Satzung hat.[14] Nur wenn die Genossenschaft nicht mehr als zwanzig Mitglieder hat, kann die Satzung gem. § 27 Abs. 1 S. 3 GenG bestimmen, dass der Vorstand an die Weisungen der Generalversammlung gebunden ist.[15]

---

[10] Wissenschaftliche Dienst des Bundestages, Kurzinformation 7 – 3000 – 093/19, 28.05.2019.

[11] *Saenger/Merkelbach*, BB 2006, 566–569, 568.

[12] Siehe hierzu *Beuthien*, AG 2006, 53–62, 57.

[13] Zur Entstehungsgeschichte dieser Regelung siehe C. IV. 4. b., Fn. 302.

[14] Vgl. *Fandrich*/Pöhlmann/Bloehs, GenG, § 43a Rn. 5.

[15] § 27 Abs. 1 S. 3 GenG wurde im Zuge einer Reform des GenG 2017 eingeführt. Die Begründung des entsprechenden Regierungsentwurfs erklärt, dies sei eine Reaktion darauf, dass Praxis und Literatur der Regelung von 1976 kritisieren, über das legislatorische Ziel hinausgeschossen zu sein, indem die Weisungsfreiheit des Vorstands für alle Genossenschaften unabhängig von deren Art und Größe vorgeschrieben wurde, BT-Drs. 18/11506, 27.

Wenn der Vorstand vollständig mit Personen besetzt ist, die aus dem Kreis der Commoners stammen, ist der Grundsatz der Selbstverwaltung – definiert als Selbstbestimmung der Commoner ohne Einflussnahme von außen – nicht tangiert, sondern höchstens die *Gleichrangigkeit* der Selbstverwaltung.[16] Da der Vorstand jedoch vollständig aus investierenden Mitgliedern bestehen kann, können über § 8 Abs. 2 S. 1 GenG i. V. m. § 21 Abs. 1 S. 1 GenG Personen außerhalb des Kreises der Commoners erheblichen Einfluss auf die Ausgestaltung der eG nehmen und damit letztlich auch auf die Ausgestaltung der physischen und sozialen Wohnverhältnisse.[17]

Dass dies nicht nur ein hypothetisches Szenario ist, spiegelt sich in der Rechtspraxis wider. Insbesondere Vorstandsmitglieder größerer Genossenschaften treten regelmäßig pro forma der Genossenschaft bei, kurz vor Antritt ihres Vorstandspostens.[18]

Der Befund, dass die eigenverantwortliche Leitungsbefugnis in Verbindung mit investierenden Mitgliedern im Vorstand die Selbstverwaltung relativiert, ändert sich auch nicht wesentlich durch die einschränkende Regelung von § 27 Abs. 1 S. 2 GenG. Gem. dieser Regelung hat der Vorstand bei seiner Leitung der Genossenschaft „die Beschränkungen" zu beachten, die sich aus der Satzung ergeben.[19] Trotz dieses weitreichenden Wortlauts kann durch die Satzung die Leitungsverantwortung nicht auf die Generalversammlung übertragen werden. Möglich ist lediglich, dass Zustimmungsvorbehalte für bestimmte, in der Satzung definierte Geschäfte bestimmt werden.[20] Inwiefern die Satzung dabei Entscheidungen des Vorstands nach § 27 Abs. 1 S. 2 GenG unter Zustimmungsvorbehalt stellen kann, ist im Einzelnen nicht durch Recht-

---

[16] Anders Beuthien, der den genossenschaftlichen Grundsatz der Selbstverwaltung darin sieht, „*dass* [alle] *Genossen möglichst weitgehend an der innergenossenschaftlichen Willensbildung zu beteiligen sind und tunlichst unmittelbar Einfluss auf die Fördergeschäftspolitik des Genossenschaftsvorstands nehmen können.*" Gleichrangigkeit wird an dieser Stelle mit Selbstverwaltung verwoben, wobei deutlich wird, dass beide Begriffe nicht trennscharf unterschieden werden können, *Beuthien*, AG 2006, 53–62, 54.

[17] Laut Regierungsentwurf zu § 8 Abs. 2 GenG beabsichtigt diese Regelung unter anderem, „*die Schwierigkeiten zu vermeiden, die sich in der Praxis nicht selten aus dem Grundsatz der Selbstorganschaft nach § 9 Abs. 2 Satz 1* [GenG] *bei der Besetzung des Vorstands und Aufsichtsrats mit geeigneten Personen ergeben.*", BT-Drs. 16/1025, 81. Investierende Mitglieder sollen nach Vorstellung des Gesetzgebers also ausdrücklich die Verantwortung für die Geschäftsführung übernehmen.

[18] *Keßler*, Selbsthilfe, Selbstverwaltung und Verbandsdemokratie, S. 98.

[19] Die Beschränkungen wirken nur im Innenverhältnis, § 27 Abs. 2 GenG. Siehe auch schon RG, Beschluss vom 12. 06. 1914 – II B 1/14 –, RGZ 85, 138–144, 140.

[20] So die herrschende Meinung, BT-Drs. 7/659, S. 21; *Fandrich*/Pöhlmann/Bloehs, GenG, § 27 Rn. 7.

sprechung geklärt und in der Literatur umstritten.[21] Dies führt dazu, dass Beschränkungen der Leitungsmacht des Vorstands zugunsten der Generalversammlung zumindest mit erheblichen Rechtsunsicherheiten verbunden sind.[22] Auch die Übertragung von Geschäftsführungsbefugnissen auf Beiräte und ähnliche Organe der Genossenschaft ist kaum möglich.[23]

(3) Genossenschaftliches Prüfungswesen

Die Selbstverwaltung der Genossenschaft wird auch durch die Vorgaben des genossenschaftlichen Prüfungswesens eingeschränkt.[24]

Insbesondere die Prüfung der Geschäftsführung setzt der Selbstverwaltung durch Genossenschaftsmitglieder Grenzen und wird stellenweise als zu weitgehend kritisiert.[25] Darüber hinaus setzen Anforderungen an Einrichtungen und Vermögenslage Grenzen in Bezug auf die finanzielle Gestaltung der Genossenschaft. So führen Vorgaben von Prüfungsverbänden insbesondere bei Wohnungsgenossenschaften dazu, dass faktisch ein Mindesteigenkapital vorhanden sein muss, auch wenn dies für die eG grundsätzlich nicht vorgeschrieben ist.[26] In Literatur und Praxis wird auf dieser Grundlage z. T. eingewandt, dass die Pflichtprüfung in ihrer praktizierten Form die Gründung alternativer, innovativer Genossenschaften erschwere.[27] Zudem wird eingewandt, dass durch Prüfverbände – welche ihrerseits aus Genossenschaften bestehen – existierende Genossenschaften die Erschaffung neuer Genossenschaften absegnen müssen. Dies könne strukturell die Gefahr bergen, dass etalierte Genossenschaften aus Konkurrenzfeindlichkeit neue Genossenschaften behindern.[28]

---

21 *Beuthien*, ZfgG 1975, 180–205, 186 ff.; *Fandrich*/Pöhlmann/Bloehs, GenG, § 27 Rn. 7; die Zustimmung darf lediglich auf ein „ja/nein"-Votum gerichtet sein und nicht auf Anweisungen oder Änderungen, *Holthaus/Lehnhoff*/Lang/Weidmüller, GenG, § 27 Rn. 12 ff. m. w. N.

22 *Neuling*, Auf fremden Pfaden, S. 63 f.

23 *Voormann* ZfgG 1984, 237–259, 248 ff.; *Holthaus/Lehnhoff*/Lang/Weidmüller, GenG, § 27 Rn. 40.

24 Zu den Grundlagen des Prüfungswesens siehe C. IV. 5.

25 So etwa *Glenk*, Genossenschaftsrecht, Rn. 814 ff.

26 *Rückriemen*, Experteninterview vom 03. 03. 2021. Eine Mindestquote für Eigenkapital ergibt sich i. d. R. auch aus Vorgaben von Fremdkapitalgebern, siehe D. I. 4. b).

27 *Neuling*, Auf fremden Pfaden, S. 40; *Flieger*, Expertise, S. 39; vgl. *Aschermann*, ZfgG 1987, 297–309, 301; verschiedene Prüfverbände sind dabei unterschiedlich offen für unkonventionelle Organisations- und Finanzierungsformen, *Schaller*, Experteninterview vom 07. 04. 2021.

28 *Selchert*, ZfgG, 1980, 93–99, 99.

Die Kritik in Bezug auf die Einschränkungen finanzieller Gestaltungsspielräume greift nur in Teilen durch. Auch vonseiten der Fremdkapitalgeber*innen kommen Vorgaben, welche insofern ohnehin die Möglichkeiten zur Selbstverwaltung einschränken. Banken knüpfen ihre Kreditvergabe etwa an verschiedene Vorgaben wie Eigenkapitalquoten, Sicherheiten, persönliche Verhältnisse der Darlehensnehmer*innen und Prognosen zur Rückzahlungssicherheit.[29] Dies erfolgt auch deswegen, weil Banken aufgrund bankaufsichtsrechtlicher Pflichten zur Risikovermeidung hierzu verpflichtet sind.[30] Würden die Anforderungen des Prüfverbands in Bezug auf finanzielle Gestaltungen entfallen, träten in vielen Fällen die Anforderungen von Banken an ihre Stelle.

Das BVerfG sieht die Pflichtmitgliedschaft von Genossenschaften in Prüfungsverbänden sogar als strukturellen Vorteil für die Selbstbestimmung der eG. So eröffnen die Mitgliedschaftsrechte im Prüfverband die Möglichkeit, Einfluss auf dessen Verbandspolitik zu nehmen.[31] Darüber hinaus wird in der beratenden Rolle der Prüfverbände auch eine Chance gesehen, die Partizipation von Mitgliedern sicherzustellen.[32] Schließlich ist der Einfluss des Prüfungsverbands auf die Geschäftsführung erheblich dadurch begrenzt, dass er keine finanz-, personal- oder geschäftspolitischen Weisungen erteilen kann und insofern auf Ratschläge begrenzt ist.[33]

Insgesamt lässt sich festhalten, dass das genossenschaftliche Prüfungswesen eine nur geringe Beschränkung der Selbstverwaltung der Commoner bewirkt. Insbesondere die Möglichkeit, unkonventionellere oder risikoreichere finanzielle Gestaltungen zu wählen, wird eingeschränkt. Mit dieser Feststellung ist jedoch noch nicht gesagt, dass dieser Eingriff nicht sinnvoll und gerechtfertigt wäre. Darüber hinaus ist die Aufsicht auf die alltägliche Ausgestaltung des physischen Wohnraums und des sozialen Wohnumfeldes ohne direkten Einfluss.

---

[29] Siehe § 18 KWG und C. III. 4. Eine Kreditwürdigkeitsprüfung bei Immobiliar-Verbraucherdarlehensverträgen nach § 505a Abs. 1 S. 1 BGB ist bei der Darlehensvergabe an eine eG jedoch nicht erforderlich. Die Darlehensvergabe an eine eG stellt keinen Immobiliar-Verbraucherdarlehensvertrag i.S.v. § 491 Abs. 3 S. 1 BGB dar, EuGH, Urteil vom 22.11.2001 – C-541/99, C-542/99, C-541-99 –, NJW 2002, 205; BGH, Urteil vom 23.10.2001 – XI ZR 63/01 –, NJW 2002, 368–369, 368.

[30] Siehe § 18 KWG und C. III. 4.

[31] BVerfG, Beschluss vom 19.01.2001 – 1 BvR 1759/91 –, NJW 2001, 2617–2619, 2619. Dies ist sicherlich zutreffend, wenn man die Prüfung durch einen Verband, dessen Mitglied man ist, mit der Prüfung durch einen externen Wirtschaftsprüfer vergleicht.

[32] *Hartz* et al., Partizipationspraktiken in Genossenschaften, S. 118.

[33] *Beuthien*, GenG, § 53 Rn. 12; *Holthaus/Lehnhoff*/Lang/Weidmüller, GenG, § 53 Rn. 16.

(4) Genossenschaftsgröße

Der Befund, dass die Wohnungsgenossenschaft auf Selbstverwaltung durch Commoners ausgerichtet ist, wird auch dadurch relativiert, dass Wohnungsgenossenschaften ab einer gewissen Größe mehrere rechtliche und tatsächliche Herausforderungen haben, die Selbstverwaltung umzusetzen.

In der Praxis ist es üblich, dass eine eG nicht nur Träger für ein einzelnes Wohnraum-Commons ist. Wohnungsgenossenschaften sind im absoluten Regelfall der rechtliche und organisatorische Träger für eine Vielzahl von Wohnraum-Commons.[34] Dies führt dazu, dass die Organe der Genossenschaft Entscheidungen treffen, die mehre Wohnprojekte, d. h. Gruppen von Commoners, betreffen.[35] Die dezentrale Selbstverwaltung einzelner Wohnraum-Commons unter dem Dach einer einzelnen eG ist dabei nicht konsequent möglich. Dies liegt u. a. an der einheitlichen Haftung der eG. Wenn ein Wohnprojekt weitreichende Entscheidungen über Investitionen und Verschuldung treffen möchte, kann dies für die restlichen Wohnprojekte ein unvertretbares Haftungsrisiko darstellen.[36] Über die Haftung hinaus steht die unabdingliche „eigenverantwortliche“ Leitungsbefugnis des Vorstands nach § 27 Abs. 1 S. 1 GenG in Konflikt mit der dezentralen Selbstverwaltung mehrerer Wohnraum-Commons innerhalb einer Genossenschaft.[37] Nach § 27 Abs. 1 S. 1 GenG kann die Geschäftsführung – außer bei Genossenschaften mit nicht mehr als zwanzig Mitgliedern – nur durch den Vorstand wahrgenommen werden.

Insofern ist bei der praktisch verbreiteten gemeinsamen Bewirtschaftung verschiedener Wohnraum-Commons unter dem Dach einer einzelnen eG die Selbstverwaltung der jeweiligen Wohnraum-Commons signifikant eingeschränkt.

---

[34] Im Jahr 2004 hielten 13 % der insgesamt rund 2.000 deutschen Wohnungsgenossenschaften die Hälfte des Gesamtbestandes an seinerzeit 2,1 Millionen Genossenschaftswohnungen, BMUB, Wohnungsgenossenschaften – Potenziale und Perspektiven, S. 4. Im Jahr 2007 hielten nur 8,4 % der deutschen Wohnungsgenossenschaften weniger als 500 Wohnungen, BMVBS, Aktivierung von Potenzialen genossenschaftlichen Wohnens, S. 32. Im Jahr 2020 bewirtschafteten in Deutschland 1.745 Genossenschaften, die Mitglied des Verbands GdW waren, 2.163.692 Wohnungen, d. h. durchschnittlich 1.240 Wohnungen pro Genossenschaft, GdW, Jahresstatistik 2020 Ausgewählte Ergebnisse, S. 9.

[35] Vgl. die Definition unter C. I. 2. c).

[36] *Flieger*, Expertise, S. 40.

[37] Siehe zur eigenverantwortlichen Leitungsbefugnis bereits C. IV. 4. b).

(5) Abhängigkeit

Neben den genannten Strukturmerkmalen steht auch die – nach umstrittener Ansicht – mögliche rechtliche Abhängigkeit der Genossenschaft von anderen juristischen Personen mit der Selbstverwaltung in Konflikt.

Abhängige Unternehmen sind gem. § 17 Abs. 1 AktG rechtlich selbstständige Unternehmen, auf die ein anderes Unternehmen (herrschendes Unternehmen) unmittelbar oder mittelbar einen „beherrschenden Einfluss" ausüben kann. Ein beherrschender Einfluss ergibt sich i. d. R. entweder daraus, dass die herrschende Gesellschaft Anteilseignerin der abhängigen Gesellschaft ist oder daraus, dass zwischen beiden Gesellschaften ein Beherrschungsvertrag nach § 291 AktG (analog) geschlossen wurde.[38] In beiden Fällen würde die Weisungsbefugnis einer außenstehenden Gesellschaft gegenüber der Wohnungsgenossenschaft dazu führen, dass die Entscheidungsbefugnis über die Ausgestaltung des physischen Wohnraums und des sozialen Wohnumfelds beeinträchtigt würde. Eine Abhängigkeit i. S. v. § 291 AktG (analog) ist jedoch nur bedingt rechtlich zulässig (str.) und stellt daher nur in bedingtem Maße eine potenziell problematische Praktik im Genossenschaftsrecht dar.

Bei einer Genossenschaft ist ein beherrschender Einfluss über das Halten von Geschäftsanteilen ausgeschlossen. Dies ergibt sich aus dem Grundsatz der Stimmgleichheit nach § 43 Abs. 3 S. 1 GenG, wonach jedes Mitglied unabhängig von seiner Beteiligung an der Genossenschaft nur eine Stimme in der Generalversammlung hat.[39] Auch bei der Einräumung von Mehrfachstimmrechten nach § 43 Abs. 3 S. 2, 3 GenG kann kein beherrschender Einfluss erlangt werden (vgl. § 17 Abs. 2 AktG).[40]

Ob eine Beherrschung durch Beherrschungsvertrag zulässig ist, ist umstritten. Nach Teilen der Literatur ist dies nicht der Fall.[41] Nach anderer Ansicht ist der Abschluss eines Beherrschungsvertrags zulässig, soweit vertraglich sichergestellt ist, dass das herrschende Unternehmen im Sinne des Förderzwecks des abhängigen Unternehmens handelt.[42] Zu dem Streit um die Zulässigkeit von

---

[38] Welche Formen des Einflusses darüber hinaus „beherrschend" i. S. v. § 17 Abs. 1 AktG sind, ist im Einzelnen umstritten, siehe hierzu *Bayer*/MüKoAktG, AktG, § 17 Rn. 14ff.

[39] Siehe C. IV. 3. e).

[40] Anders stellt sich dies nur bei Zentralgenossenschaften dar, bei denen nach § 43 Abs. 3 S. 3 Nr. 3 GenG ein Kapitalstimmrecht zulässig ist, BFH, Urteil vom 18.04.1961 – I 210/60 S –, BFHE 73, 278, juris, Rn. 24; *Geibel*/Henssler/Strohn, Gesellschaftsrecht, GenG, § 1 Rn. 37; *Bayer*/MüKoAktG, AktG, § 17 Rn. 129.

[41] *Holthaus/Lehnhoff*/Lang/Weidmüller, GenG, § 1 Rn. 105; *Althanns*, Genossenschafts-Handbuch 3200,§ 1 Rn. 157.

[42] *Geibel*/Henssler/Strohn, Gesellschaftsrecht, GenG, § 1 Rn. 38; *Fandrich*/Pöhlmann/Bloehs, GenG, § 1 Rn. 58.

Beherrschungsverträgen bei Genossenschaften nehme ich nicht Stellung. Soweit diese für zulässig betrachtet werden, stehen sie jedenfalls mit dem Grundsatz der Selbstverwaltung im Commons in konzeptuellem Widerspruch.

cc) Zwischenfazit

Die Wohnungsgenossenschaft und die eG sind als rechtlicher Ansatz grundsätzlich auf Selbstverwaltung, d.h. die selbstbestimmte Ausgestaltung der physischen und sozialen Wohnverhältnisse, ausgerichtet. Der Kreis der Commoners ist aufgrund des genossenschaftlichen Grundsatzes der Selbstverwaltung, des Identitätsprinzips und des Grundsatzes der Selbstorganschaft zur Ausgestaltung der Geschäftsführung befähigt, ohne dass außenstehende Personen Mitspracherechte hätten.

Dieses Ergebnis wird jedoch dadurch relativiert, dass das GenG zulässt, dass investierende Mitglieder als Personen außerhalb des Kreises der Commoners an der Willensbildung, Geschäftsführung und Vertretung der Genossenschaft beteiligt werden können. Zwar sind die investierenden Mitglieder in der Generalversammlung wenig mitsprachebefugt, sofern sie aber im Vorstand tätig sind, können sie über dessen weitgehende Unabhängigkeit von der Generalversammlung weitläufig die Geschicke der Genossenschaft lenken. Darüber hinaus setzt die Aufsicht des Prüfungsverbandes der Selbstverwaltung Grenzen, indem sie Anforderungen daran stellt bzw. stellen kann, wie sich die Genossenschaft finanziell und personell aufstellt und welche Geschäftsführung die Genossenschaft verfolgen soll. Nicht zuletzt die Realität der oftmals unumgänglichen Fremdfinanzierung über Banken setzt schließlich ebenfalls dem Handlungsrahmen der Mitglieder Grenzen. Darüber hinaus ist in der Praxis die gemeinsame Bewirtschaftung mehrerer Wohnraum-Commons unter dem Dach einer einzelnen Genossenschaft eine signifikante Hürde für die konsequente Umsetzung des Selbstverwaltungsgrundsatzes. Schließlich kann auch die Abhängigkeit der Genossenschaft über einen Beherrschungsvertrag die Selbstverwaltung beeinträchtigen.

b) Gleichrangigkeit

Gleichrangig ist die Selbstverwaltung dann, wenn alle Commoners ein gleiches Gewicht in der Entscheidungsfindung bei der Selbstverwaltung haben.[43]

Die eG ist grundsätzlich auf Gleichrangigkeit der Commoner ausgelegt (D. I. 1. b) aa)). Dieser Grundsatz wird jedoch durch mehrere rechtliche Strukturmerkmale der eG relativiert (D. I. 1. b) bb)).

---

43 Siehe C. III. 1.

aa) Grundsatz der Gleichrangigkeit

Dass die Genossenschaft auf gleichrangige Selbstverwaltung durch ihre Mitglieder ausgelegt ist, ergibt sich vorrangig aus dem Demokratieprinzip, das sich in der Stimmgleichheit in der Generalversammlung und im Gleichbehandlungsgebot ausdrückt. Gem. § 43 Abs. 3 S. 1 GenG hat jedes Mitglied in Abstimmungen der Generalversammlung eine Stimme.[44] Dies gilt insbesondere unabhängig von der Höhe der übernommenen Geschäftsanteile.[45] Dieser Grundsatz wird durch das Prinzip ergänzt, dass die Genossenschaft alle ihre Mitglieder grundsätzlich gleichbehandeln muss.[46]

Damit sind grundsätzlich alle Genossenschaftsmitglieder rechtlich-strukturell gleichrangig an der Willensbildung beteiligt, ohne dass ihre finanziellen Beiträge einen Unterschied machen.

bb) Relativierende Strukturmerkmale und Praktiken

(1) Mehrstimmrechte

Gem. § 43 Abs. 3 S. 2 GenG kann die Satzung die Gewährung von Mehrstimmrechten vorsehen. Mehrstimmrechte sollen nach § 43 Abs. 3 Nr. 1 S. 1 GenG nur Mitgliedern gewährt werden, die den Geschäftsbetrieb „besonders fördern".[47] Zudem dürfen nach § 43 Abs. 3 Nr. 1 S. 1 GenG höchstens drei Stimmrechte vergeben werden. Bei Beschlüssen, die nach dem Gesetz zwingend einer Mehrheit von drei Vierteln der abgegebenen Stimmen oder einer größeren Mehrheit bedürfen, sowie bei Beschlüssen über die Aufhebung oder Einschränkung der Bestimmungen der Satzung über Mehrstimmrechte hat ein Mitglied, auch wenn ihm ein Mehrstimmrecht gewährt ist, gem. § 43 Abs. 3 Nr. 1 S. 3 GenG nur eine Stimme.

---

[44] Die Generalversammlung ist das oberste Organ zur Willensbildung der eG, siehe hierzu C. VI. 5. a).

[45] Der Regierungsentwurf zur Reform des GenG im Jahr 1972 spricht vom *„im Genossenschaftsrecht bewährten Grundsatz ‚ein Mann – eine Stimme'"*, BT-Drs. 7/97 S. 22.

[46] Dies folgt aus Treuepflichten zwischen den Genossenschaftsmitgliedern, BGH, Urteil vom 11.07.01960 – II ZR 24/58 –, NJW 1960, 2142–2143, 2143. Wohnungsgenossenschaften müssen auf Grundlage des Gleichbehandlungsgrundsatzes eine *„willkürfreie, auf sachlich nachvollziehbare Kriterien gestützte Behandlung der Genossenschaftsmieter"* gewährleisten, BGH, Urteil vom 14.10.2009 – VIII ZR 159/08, NJW-RR 2010, 226–227, 227.

[47] Die Kriterien dieser besonderen Förderung müssen sich „objektiv feststellbar" aus der Satzung ergeben. Ein Kriterium kann die Höhe der übernommenen Geschäftsanteile sein, *Holthaus/Lehnhoff*/Lang/Weidmüller, GenG, § 43 Rn. 71.

Durch die gesetzlichen Beschränkungen ist die praktische Bedeutung der Mehrstimmrechte begrenzt. So ist bei mitgliederstarken Genossenschaften das Gewicht von drei Stimmen gering.[48] Zudem sind durch den Ausschluss für Entscheidungen, die eine Dreiviertelmehrheit oder mehr der abgegebenen Stimmen erfordern, die bedeutendsten Entscheidungen nicht von Mehrstimmrechten beeinflusst.[49] Dennoch hat bei kleineren Genossenschaften – und diese sind für das Commoning besonders relevant (siehe D. 1. b) ff)) – das Mehrstimmrecht nicht unerhebliches Gewicht. Gleichzeitig ist das Mehrstimmrecht ein erheblicher konzeptueller Widerspruch zum Grundsatz der gleichrangigen Selbstverwaltung.

(2) Nichtmitgliedergeschäft

Gem. § 8 Abs. 1 Nr. 5 GenG kann die Satzung bestimmen, dass der Geschäftsbetrieb auf Personen ausgedehnt wird, die nicht Mitglied der Genossenschaft sind. Praktisch erfolgt dies bei Wohnungsgenossenschaften so, dass Bewohnende lediglich schuldrechtlich einen Nutzungsvertrag mit der Genossenschaft abschließen, aber nicht Mitglied werden.[50] In der Folge haben diese Bewohnende lediglich die Rechte, die sich aus diesem Vertrag ergeben, aber keine darüberhinausgehenden mitgliedschaftlichen Gestaltungsrechte.[51] Insofern führt dies zu einer erheblichen Ungleichheit zwischen den Commoners.

Gleichzeitig werden dem Nichtmitgliedergeschäft insbesondere bei Wohnungsgenossenschaften durch finanzielle Anreize Grenzen gesetzt. So droht bei dessen Ausuferung der Verlust von Steuervorteilen.[52] Zudem erbringen

---

[48] So auch *Holthaus/Lehnhoff*/Lang/Weidmüller, GenG, § 43 Rn. 69.

[49] Insbesondere gewichtige Satzungsänderungen nach § 16 Abs. 2 S. 1 GenG, *Schaffland*, ZfgG 2001, 208–213, 212 f.

[50] Der „Dauernutzungsvertrag", den Genossenschaften mit ihren Bewohnern abschließen, stellt inhaltlich einen Mietvertrag i. S. v. § 535 BGB dar, OLG Karlsruhe, Rechtsentscheid vom 21.01.1985 – 3 RE-Miet 8/84 –, NJW-RR 1986, 89–91, 89; *Drasdo*, NZM 2012, 585–596, 586 f. m. w. N.

[51] *Beuthien* kritisiert, dass viele Genossenschaften aus diesem Grund zum Nichtmitgliedergeschäft neigen. Das Nichtmitgliedergeschäft erleichtere die Unternehmensführung, indem Vorstände sich dadurch nicht von kritischen Mitgliedern entlasten lassen müssten und die Nichtmitglieder nicht mit dem Abzug ihres Geschäftsguthabens drohen könnten, *Beuthien*, ZRP 2019, 108–111, 108.

[52] Gem. § 10 Abs. 1 Nr. 10 S. 2 KStG und § 3 Nr. 15 GewStG sind Wohnungsgenossenschaften von der Körperschafts- und der Gewerbesteuer befreit. Damit wird das genossenschaftliche Wohnen steuerlich dem Wohnen in Eigenbesitz gleichgestellt. Hintergrund der Gleichstellung ist, dass es widersprüchlich wäre, den Nutzwert des Wohnens im eigenen Haus nicht zu besteuern, aber gleichzeitig genossenschaftliches Wohnen zu besteuern. Genossenschaftliches Wohnen unterscheidet sich insofern nicht

Nichtmitglieder keinen Geschäftsanteil, sodass sie der Genossenschaft kein Eigenkapital zuführen. Eine weitere Begrenzung des Nichtmitgliedergeschäfts ergibt sich daraus, dass die Treuepflicht der Genossenschaft gegenüber ihren Mitgliedern sie dazu verpflichtet, Mietverhältnisse mit Nichtmitgliedern zu beenden, soweit Mitglieder sich auf die gleiche oder eine vergleichbare Wohnung beworben haben, aber keine erhalten haben.[53]

Trotz der Hürden wird in Wohnungsgenossenschaften das Nichtmitgliedergeschäft – wenn auch in geringem Maße – durchaus praktiziert.[54] Soweit es praktiziert wird, steht es in konzeptuellem Widerspruch zur gleichrangigen Selbstverwaltung von Commons.

(3) Eigenverantwortliche Leitung

Wie in D. I. 1. a) cc) dargestellt, schränkt die Befugnis des Vorstands zur eigenverantwortlichen Leitung der Genossenschaft gem. § 27 Abs. 1 GenG potenziell die Selbstverwaltung der Commoners und auch die Gleichrangigkeit der Selbstverwaltung ein. Auch wenn der Vorstand insgesamt aus dem Kreis der Commoners stammt, d. h. ohne investierende Mitglieder besetzt ist, führt die eigenverantwortliche Leitungsbefugnis zu einem Kompetenzgefälle zwischen den Commoners, das über eine bloße Aufgabenverteilung hinausgeht.[55]

---

wesentlich vom Eigenbesitz, BT-Drs. 11/2157, 122. Die Befreiung setzt jedoch voraus, dass die Einnahmen der eG aus nicht begünstigten Tätigkeiten 10% nicht übersteigen. Das Nichtmitgliedergeschäft ist nicht begünstigt, sodass der Wohnungsgenossenschaft schwere finanzielle Nachteile drohen, wenn deren Einkünfte aus dem Nichtmitgliedergeschäft – auch versehentlich – 10% ihrer Gesamteinkünfte übersteigen, *Drasdo*, NZM 2012, 585–596, 593. Neben der Vermietung an Nichtmitglieder schränkt das Steuerrecht auch die Möglichkeit ein, neben der Vermietung andere gewerbliche Projekte zu unterhalten – wie etwa einen Nachbarschaftsladen oder ein Kino. Praktisch wird dieser Regelung begegnet, indem Nichtmitgliedergeschäft und sonstiges Gewerbe auf eine Tochtergesellschaft ausgelagert werden, *Holthaus/Lehnhoff*/Lang/Weidmüller, GenG, § 8 Rn. 11.

[53] BGH, Urteil vom 10.09.2003 – VIII ZR 22/03 –, juris, Rn. 10.

[54] Es besteht jedoch ein Defizit an empirischer Forschung zum Umfang des Nichtmitgliedergeschäfts bei Wohnungsgenossenschaften. Hartz et al. kommen bei der Analyse von 13 Genossenschaften, von denen drei Genossenschaften Wohnungsgenossenschaften waren, zu dem Schluss, dass das Nichtmitgliedergeschäft verbreitete Praxis ist, *Hartz* et al., Partizipationspraktiken in Genossenschaften, S. 121. Blome-Drees et al. kommen bei der Befragung von 274 Genossenschaften zu dem Schluss, dass das Nichtmitgliedergeschäft bei Wohnungsgenossenschaften erheblich geringer ist als bei anderen Genossenschaftsarten. Dies führen sie auf steuerliche Anreize zurück, *Blome-Drees* et al., Potenziale und Hemmnisse von unternehmerischen Aktivitäten in der Rechtsform der Genossenschaft, S. 33, 136.

[55] Dies ebenfalls kritisch sehend, aber bevor 2017 die Ausnahme für Kleinstgenossenschaften nach § 27 Abs. 1 S. 3 GenG eingeführt wurde, *Neuling*, Auf fremden Pfa-

Damit ist es lediglich in Kleinstgenossenschaften mit unter zwanzig Mitgliedern möglich, die Generalversammlung an der Geschäftsführung zu beteiligen und so eine Gleichrangigkeit zwischen den Commoners herzustellen (§ 27 Abs. 1 S. 3 GenG). Schließlich ist es auch nur bei Kleinstgenossenschaften möglich, sämtliche Mitglieder der eG zu Mitgliedern des Vorstands zu ernennen und dadurch eine formalrechtliche Gleichheit herzustellen. Bei Genossenschaften mit mehr als zwanzig Mitgliedern ist ein Aufsichtsrat gem. § 9 Abs. 1 S. 1, 2 GenG zwingend. Die Mitglieder des Aufsichtsrats müssen wiederum gem. § 9 Abs. 2 S. 1 Var. 2 GenG Mitglieder der eG sein und dürfen gem. § 37 Abs. 1 S. 1 GenG nicht Vorstandsmitglieder sein.[56]

(4) Vertreterversammlung

Gem. § 43a GenG kann bei Genossenschaften mit mehr als 1.500 Mitgliedern die Satzung bestimmen, dass die Generalversammlung aus Vertretern der Mitglieder (Vertreterversammlung) besteht. Die Einführung einer Vertreterversammlung geht mit einer weitreichenden Entmachtung der Mitglieder einher, indem sie dann nur noch das aktive und passive Wahlrecht für die Vertreterversammlung haben.[57]

Die Vertreterversammlung als solche muss jedoch nicht zwingend in Widerspruch zur gleichrangigen Selbstverwaltung stehen. Zweck der Vertreterversammlung ist es, auch bei großen Genossenschaften eine praktikable Willensbildung der Mitglieder zu ermöglichen.[58] Dementsprechend sollen Mitglieder der Vertreterversammlung die Pluralität der Mitglieder widerspiegeln.[59] Um dies zu gewährleisten, werden die Mitglieder der Vertreterversammlung gem. § 43a Abs. 4 S. 1 GenG „*in allgemeiner, unmittelbarer, glei-*

den, S. 62 ff.; Genossenschaft von Unten, Vorschläge zur Neuregelung oder zu Änderungen im Genossenschaftsgesetz vom 18. 8. 2006.

56 Zu diesem Problem bereits *Neuling*, Auf fremden Pfaden, S. 65 f.

57 *Beuthien*, NZG 2013, 895–896, 895.

58 So erklärt der BGH: „*Zweck, Aufgabe und Funktion der Vertreterversammlung bestehen darin, aus Praktikabilitätsgründen an die Stelle der infolge ihrer großen Mitgliederzahl zu schwerfälligen und zu einer Willensbildung nur unter erheblichem Aufwand an Zeit und Geld fähigen Generalversammlung zu treten.*“ BGH, Urteil vom 22. 03. 1982 – II ZR 219/81 – NJW 1982, 2558–2559, 2559.

59 „[Die Vertreterversammlung] *ist mithin kein Exekutivorgan, bei dem es im Interesse der Handlungsfähigkeit auf Homogenität der Mitglieder ankommen könnte, sondern nur eine verkleinerte Generalversammlung, die ihren Zweck, deren Funktionen anstelle der Gesamtheit der Genossen wahrzunehmen, repräsentativgerecht nur zu erfüllen vermag, wenn sich in ihr die vielfältigen Mitgliederinteressen und -gruppierungen der Genossenschaft möglichst gut widerspiegeln.*“, BGH, Urteil vom 22. 03. 1982 – II ZR 219/81 – NJW 1982, 2558–2559, 2559.

cher und geheimer Wahl gewählt".[60] Darüber hinaus können Minderheitsrechte dadurch geschützt werden, dass die Generalversammlung neben der Vertreterversammlung für Grundlagenentscheidungen zuständig bleibt.[61] Zudem hat auf Antrag von 10% der Mitglieder die Generalversammlung über Abschaffung der Vertreterversammlung zu beschließen. Die Vertreterversammlung ist insofern trotz der Entmachtung der Mitglieder, die nicht als Vertreter gewählt werden, darauf ausgerichtet, die demokratische Willensbildung der Genossenschaft trotz ihrer Größe aufrechtzuerhalten.

In der Notwendigkeit der Vertreterversammlung drückt sich jedoch bereits die Schwierigkeit aus, bei zunehmender Größe (in jedem Fall bei 1.500 Mitgliedern, § 43a Abs. 1 S. 1 GenG) die gleichrangige Selbstverwaltung zu gewährleisten. Dies ergibt sich aus der Wohnraum-Commons übergreifenden Verwaltung sowie den Effekten der Mitgliederapathie und Entfremdung, die faktische Hürden für die Verwirklichung einer commons-typischen Selbstverwaltung bilden.[62]

(5) Genossenschaftsgröße

Eine wesentliche Herausforderung für die Gleichrangigkeit der Selbstverwaltung ist, dass bei zunehmender Größe von Genossenschaften droht, dass Mitglieder passiver werden und Partizipationspraktiken ritualisieren.[63]

Wie unter D. I. 1. a) ff) beschrieben, steht die Zusammenfassung mehrerer Wohnraum-Commons unter dem Dach einer einzelnen größeren Genossenschaft, anstatt mehrerer kleinerer Einzelgenossenschaften, in Konflikt mit dem Grundsatz der Selbstverwaltung. Dies liegt daran, dass die Zusammenfassung zwangsläufig dazu führt, dass mehrere Wohnraum-Commons gegenseitig in die Geschäftsführung und Vertretung der jeweils anderen Wohnraum-Commons involviert sind. Über diesen Aspekt der Fremdbestimmung hinaus betrifft die Genossenschaftsgröße jedoch auch die Gleichrangigkeit der Selbstverwaltung. Bei zunehmender Größe verringert sich trotz formaler Gleichberechtigung der Mitglieder die Partizipation und die Mitgliedschaft

---

[60] BGH, Urteil vom 22.03.1982 – II ZR 219/81 – NJW 1982, 2558–2559, 2559; eingehend zur Wahl, BGH, Urteil vom 15.01.2013 – II ZR 83/11 (KG) –, NZG 2013, 390–396, 392, Rn. 20 ff.

[61] Dies muss jedoch in der Satzung vorgesehen sein, § 43a Abs. 1 S. 2 GenG.

[62] Siehe hierzu sogleich D. I. 1. b) bb) (5).

[63] Einen Überblick über den Stand der Forschung gebend *Hartz* et al., Partizipationspraktiken in Genossenschaften, 21 ff.; *Purtschert/Schwarz*, ZfgG 2007, 78–94, 84 f., 92 f.; vgl. *Flieger*, Expertise, S. 40.

wird passiv. Dadurch konzentriert sich die Gestaltungsmacht zunehmend auf Mitglieder des Vorstands.[64]

cc) Zwischenfazit

Konzeptuell entspricht die Rechtsform der eG als Wohnungsgenossenschaft in weiten Teilen dem Leitbild der gleichrangigen Selbstverwaltung. Insbesondere sind viele Strukturmerkmale der Genossenschaft, die mit diesem Leitbild konzeptuell in Konflikt stehen, fakultativ. Eine Wohnungsgenossenschaft, die sich als Wohnraum-Commons begreift, kann darauf verzichten, in ihrer Satzung investierende Mitglieder, das Nichtmitgliedergeschäft, Mehrstimmrechte oder die Vertreterversammlung zuzulassen. Darüber hinaus kann sie bei kleiner Größe den Vorstand an Weisungen der Generalversammlung binden.[65] Rechtlich zwingend ist jedoch die eigenverantwortliche Leitung des Vorstands bei Genossenschaften mit über zwanzig Mitgliedern sowie die Aufsicht durch Prüfverbände. Schließlich stellt sich bei zunehmender Größe die Herausforderung, dass mehrere Wohnraum-Commons übergreifend von einer einzigen Genossenschaft zentral verwaltet werden. Zudem führt die Zunahme der Größe tendenziell zu steigender Passivität bei Mitgliedern, Ritualisierung von Partizipationspraktiken und zunehmender Machtverlagerung auf den Vorstand. Insofern ergibt sich ein gemischtes Bild, bei dem insbesondere die Rechtspraxis der Großgenossenschaften von dem Leitbild der gleichrangigen Selbstverwaltung in einem Großteil der Fälle abweichen dürfte.

2. Dekommodifizierung

Dekommodifizierung bedeutet einerseits, dass der Wohnraum nicht profitorientiert verwertet werden darf, und andererseits, dass er nach dem Grundsatz der Co-Produktion bewirtschaftet wird.[66]

---

[64] So *Hartz* et al., die darauf verweisen, dass Genossenschaften mit höherer Mitgliederzahl dazu neigten, Partizipationspraktiken abzuschaffen – was jedoch nicht zwingend sei, da es funktionierende Gegenbeispiele gebe, *Hartz* et al., Partizipationspraktiken in Genossenschaften, S. 121 f.

[65] Zur Frage, ob und inwiefern diese Bestimmungen dauerhaft und unabänderlich in der Satzung verankert werden können, siehe D. I. 2. a) dd).

[66] Siehe hierzu C. III. 2.

a) Ausschluss von Profit

Der Ausschluss von Profiten drückt sich darin aus, dass Wohnraum zur Kostenmiete bewirtschaftet wird und dass er nicht profitorientiert veräußert werden darf.[67]

Meine diesbezügliche Untersuchung beginnt mit der Feststellung, dass die Wohnungsgenossenschaft grundsätzlich darauf ausgerichtet ist, dass Wohnraum ohne Profitorientierung bewirtschaftet wird (D. I. 2. a) aa)). In einem weiteren Schritt untersuche ich, inwiefern dieser Befund durch bestimmte Strukturmerkmale und darauf beruhende Praktiken relativiert werden muss (D. I. 2. a) aa)). Darauf aufbauend untersuche ich, inwiefern langfristig abgesichert werden kann, dass eine profitorientierte Nutzung des Wohnraums unterbleibt (D. I. 2. a) cc)).

aa) Grundsätzlicher Ausschluss von Profit

Die Wohnungsgenossenschaft ist grundsätzlich darauf ausgelegt, Wohnraum unter Ausschluss von Profiten zu bewirtschaften. Dies ergibt sich aus dem Förderzweck (§ 1 Abs. 1 GenG) und dem daraus resultierenden Identitätsgrundsatz.

Mitglieder der eG sind Kund*innen ihrer eigenen Leistung. Daher haben sie strukturell keinen Anreiz, einen Profit der eG zu erwirtschaften.[68] Soweit die eG Überschüsse erwirtschaftet, sind diese grundsätzlich nach § 19 GenG in Form einer Dividende oder als sog. „genossenschaftliche Rückvergütung“ an die Mitglieder auszuzahlen. Alternativ kann der Überschuss in der eG verbleiben, indem eine Rücklage gebildet wird.[69] Über die Kostendeckung hinausgehende Beträge fließen daher grundsätzlich an Mitglieder zurück oder sie

---

[67] Siehe hierzu bereits C. I. 2. b) bb) (5) (a).

[68] Zur Wohnungsgenossenschaft *Balmer/Bernet*, Housing as a Common Resource?, S. 188; allgemein zur Genossenschaft *Denga*, NZG 2022, 1179–1185, 1184; *Flieger*, Genossenschaften als Postwachstumspioniere?; vgl. *O'Neill* et al., Enough is Enough, 91.

[69] Die genossenschaftliche Rückvergütung ist eine Form der Überschussverteilung, die im GenG nicht geregelt ist, aber in § 22 KStG vorausgesetzt wird. Sie wurzelt in der Aufgabe der eG, ihre Mitglieder durch ihre möglichst preisgünstigen Leistungen (und nicht primär Kapitaldividenden) zu fördern. Wenn die Genossenschaft Überschüsse erwirtschaftet, ist sie über dieses Ziel hinausgeschossen. Daran ansetzend, wird die Rückvergütung anteilig an Mitglieder gemäß dem mit ihnen jeweils getätigten Jahresumsatz gezahlt, BGH, Urteil vom 09.10.1963 – I b ZR 50/62 –, NJW 1964, 352–356, 355. Die Rückvergütung kann nach § 22 KStG als Betriebsausgabe der eG steuerlich abgezogen werden. Vermietungsgenossenschaften sind jedoch gem. § 5 Abs. 1 Nr. 10 S. 2 KStG bereits für ihr Vermietungsgeschäft von der Körperschaftssteuer befreit, siehe D. I. 1. b) bb) (2), Fn. 52, *Holthaus/Lehnhoff*/Lang/Weidmüller, GenG, § 19 Rn. 25 ff.

bleiben in der Gesellschaft, die wiederum durch ihre Mitglieder kontrolliert wird. Dadurch haben die Mitglieder der eG strukturell ein Interesse daran, nur eine Kostenmiete festzulegen und keinen darüberhinausgehenden Profit zu erwirtschaften.

bb) Strukturmerkmale und Praktiken der eG in potenziellem Konflikt mit dem Ausschluss von Profiten

Der Befund, dass die eG als Wohnungsgenossenschaft grundsätzlich auf Dekommodifizierung angelegt ist, wird durch mehrere Strukturmerkmale und mögliche Praktiken der eG relativiert.

(1) Nichtmitgliedergeschäft

In der Genossenschaft können Überschüsse, die nicht zur Kostendeckung oder Rücklagenbildung benötigt werden, gem. § 19 GenG als Dividende an die Mitglieder ausgezahlt werden. Dies steht grundsätzlich nicht in Konflikt mit der Dekommodifizierung. Aufgrund des Identitätsprinzips wurden Gewinne durch Zahlungen von Mitgliedern erwirtschaftet, sodass eine Zahlung von Gewinnen nicht bedeutet, dass die Genossenschaft Wohnraum dazu verwendet hat, Kapitalerträge zu erwirtschaften.

Soweit Gewinn aber durch Geschäfte mit Nichtmitgliedern erwirtschaftet wurde, stellt der Gewinn eine profitorientierte Verwertung des Wohnraums dar. In diesem Fall finanzieren Nichtmitglieder durch ihre Miete teilweise die Dividende der Mitglieder, ohne dass sie selbst dividendenberechtigt wären.[70]

(2) Investierende Mitglieder

Investierende Mitglieder stehen mit dem Grundsatz der Dekommodifizierung in Konflikt.[71] Indem sie die Leistung der Genossenschaft nicht nutzen, stellt ihr Geschäftsguthaben funktional eine reine Geldanlage dar.[72]

Insbesondere in Verbindung mit dem Nichtmitgliedergeschäft birgt dies die Gefahr, dass Wohnraum profitorientiert verwertet wird. In diesem Fall erwirtschaften Personen, die keine mitgliedschaftlichen Rechte gegenüber der Ge-

---

70 Kritisch zum *konditionsgleichen* Nichtmitgliedergeschäft, weil dies dem Förderzweck entgegenstehe, *Beuthien* ZRP 2019, 108–111, 108.

71 Siehe zu investierenden Mitgliedern bereits, D. I. 1. a bb) (1).

72 Ihre Kapitalrendite erhalten die investierenden Mitglieder, indem ihr Geschäftsguthaben gem. § 21a Abs. 1. S. 1 GenG verzinst wird oder darüber, dass sie nach § 19 GenG eine Dividende erhalten, vgl. *Beuthien*, GenG, § 8 Rn. 13.

nossenschaft haben, eine Rendite für Personen, deren Mitgliedschaft strukturell darauf ausgerichtet ist, lediglich eine Kapitalrendite zu maximieren. Hieran zeigt sich, dass für die Beantwortung der Frage, wann die profitorientierte Verwertung des Wohnraums zu befürchten ist, berücksichtigt werden muss, inwiefern Kapitalgeber*innen die kapitalnehmende Gesellschaft kontrollieren können. Fremdkapitalgeber*innen betrachten die Genossenschaft i. d. R. auch als reine Geldanlage. Gleichzeitig verfügen diese anders als investierende Mitglieder nicht über mitgliedschaftliche Kontrollrechte über die Gesellschaft, sodass sie nicht in der Lage sind, den Geschäftsbetrieb über ihre Kontrollrechte auf die Maximierung von Kapitalrendite zu steuern.[73]

(3) Gewinnverteilung nach Geschäftsguthaben

Die Gewinnverteilung kann dann eine teilweise Kommodifizierung des Wohnraums darstellen, wenn die Verteilung – so wie es gem. § 19 Abs. 1 S. 2 GenG der Regelfall[74] ist – im Verhältnis zum Geschäftsguthaben erfolgt.[75] Wenn nun ein Teil der Mitglieder freiwillig mehr Geschäftsanteile übernommen hat und auf diese eingezahlt hat, haben sie ein höheres Geschäftsguthaben und dadurch einen höheren Gewinnanspruch.[76] In diesem Fall finanzieren die Mitglieder mit geringerem Geschäftsguthaben durch ihre Nutzungsgebühr teilweise die Dividende der Mitglieder mit höherem Geschäftsguthaben.

Angesichts des verhältnismäßig geringen zu erwartenden Umfangs und des Bedarfs an gewissen Anreizen für die Überlassung von Eigenkapital, welches für sämtliche Mitglieder den Fördergeschäftsverkehr ermöglicht, dürfte die Dividende im Verhältnis des Geschäftsguthabens jedoch zumindest keine gravierende Einschränkung der Dekommodifizierung darstellen.[77] Dasselbe gilt für die gem. § 21a Abs. 1 S. 1 GenG mögliche Verzinsung des Geschäftsgut-

---

[73] Gleichzeitig muss jedoch berücksichtigt werden, dass investierende Mitglieder gegenüber den ordentlichen Mitgliedern gem. § 8 Abs. 2 S. 2 GenG nur eingeschränkte Stimmrechte haben. Dennoch können investierende Mitglieder über die Besetzung des Vorstands erheblichen Einfluss auf die Leitung der Genossenschaft nehmen. In diesem Fall treffen strukturelle Profitmaximierungsinteressen mit erheblicher Leitungsmacht zusammen.

[74] Andere Gestaltungen sind gem. 19 Abs. 2 GenG möglich, soweit dabei der genossenschaftliche Gleichbehandlungsgrundsatz sowie „das Wesen" der Genossenschaft beachtet wird, BayObLG, Beschluss vom 30.04.1987 – B Reg. 3 Z 21/87 –, ZfG 1990, 151–158, 154. Gem. § 20 GenG kann die Gewinnverteilung durch die Satzung ausgeschlossen werden.

[75] Hintergrund dieser Regelung ist nach Ansicht von *Holthaus* und *Lehnhoff*, dass sie diejenigen Mitglieder belohnen soll, die der Genossenschaft mehr Eigenkapital überlassen, *Holthaus/Lehnhoff*/Lang/Weidmüller, GenG, § 19 Rn. 13.

[76] Siehe hierzu C. IV. 6.

[77] Vgl. auch *Beuthien*, AG 2006, 53–62, 58.

habens, welche die Mitglieder begünstigt, die mehrere Geschäftsanteile übernommen und auf diese eingezahlt haben.[78]

(4) Profitorientierte Untervermietung

Auch die Untervermietung durch Commoners an Dritte zu einem profitorientierten Preis führt zu einer profitorientierten Verwertung des Wohnraums.[79] Diese ist in der Wohnungsgenossenschaft – zumindest in Grenzen – möglich und kann nur bedingt durch die Satzung oder den Nutzungsvertrag ausgeschlossen werden:

Genossenschaftsmitglieder schließen mit der Genossenschaft in aller Regel einen Nutzungsvertrag, welcher dem Mietrecht nach §§ 535 BGB ff. unterliegt.[80] Gem. § 553 BGB ist ein*e Mieter*in ohne Erlaubnis des*r Vermieters*in nicht dazu berechtigt, die Mietsache an Dritte zu überlassen. Mieter*innen von Wohnraum haben jedoch gem. § 553 Abs. 1 S. 1 BGB einen Anspruch auf Erteilung der Erlaubnis, wenn sie ein „berechtigtes Interesse" an der Untervermietung eines Teiles ihrer Wohnung haben. Dieses Recht auf teilweise Untervermietung kann gem. § 553 Abs. 3 BGB nicht vertraglich (und auch nicht mitgliedschaftsrechtlich) ausgeschlossen werden. Der BGH legt den Begriff des „berechtigten Interesses" recht weit aus, sodass

> „jedes auch höchstpersönliche Interesse des Mieters von nicht ganz unerheblichem Gewicht [als berechtigt] anzusehen [ist], das mit der geltenden Rechts- und Sozialordnung in Einklang steht."[81]

Eine Untervermietung der gesamten Wohnung an Dritte begründet jedoch kein berechtigtes Interesse, sodass die Möglichkeiten zur Kommodifizierung insofern eingeschränkt sind.[82] Darüber hinaus besteht an der tageweisen Untervermietung an Touristen, etwa über Portale wie Airbnb, kein besonderes

---

78 Vgl. *Denga*, NZG 2022, 1179–1185, Fn. 82.

79 Die Untervermietung ohne Profitorientierung soll an dieser Stelle ausgeklammert werden, auch wenn sie Bedeutung für den Grundsatz der Co-Produktion und der gleichrangigen Selbstverwaltung hat.

80 BGH, Urteil vom 10.12.2003 – VIII ZR 22/03 –, juris, Rn. 5; BGH, Urteil vom 14. Juni 2006 – VIII ZR 128/05 –, juris, Rn. 6 f.

81 Grundlegend BGH, Beschluss vom 03.10.1984 – VIII ARZ 2/84 (KG) –, NJW 1985, 130–132, 131.

82 OLG Stuttgart, Rechtsentscheid vom 09.01.1963 – 8 AR 4/62 –, NJW 1963, 497–498, 497 f.; Mieter*innen müssen jedoch nicht zwingend während der Untervermietung selbst in der Wohnung wohnen, etwa, wenn sie mehrere Jahre berufsbedingt im Ausland leben, BGH, Urteil vom 11.6.2014 – VIII ZR 349/13 –, NJW 2014, 2717–2720, 2017, Rn. 12 ff.

Interesse.[83] Zudem haben einige Bundesländer die Praxis der hotelähnlichen tageweisen (Unter)Vermietung unter Genehmigungsvorbehalt gestellt.[84] Schließlich berücksichtigt die Rechtsprechung bei der Auslegung des Merkmals des „berechtigten Interesses" den Zweck von Wohnungsgenossenschaften, eine bezahlbare Wohnraumversorgung zu fördern. Genossenschaftsmitglieder haben kein berechtigtes Interesse daran, ihre Wohnung zu einem „deutlich höheren" Mietzins unterzuvermieten, als sie selbst zahlen.[85]

Insgesamt setzt das Mietrecht der Kommodifizierung von Wohnraum durch Untervermietung deutliche Grenzen. Einzelne Mitglieder bzw. Commoner können gegen den Willen der Wohnungsgenossenschaft nur bedingt ihren Wohnraum durch Untervermietung profitorientiert verwerten. Insofern ist die Wohnungsgenossenschaft als rechtlicher Ansatz konzeptuell mit dem Grundsatz der Dekommodifizierung weitgehend vereinbar.

---

[83] Vgl. BGH, Urteil vom 08.01.2014 – VIII ZR 210/13 –, NJW 2014, 622, Rn. 9ff.; AG München, Beschluss vom 27.05.2020 – 473 C 20883/19 –, BeckRS 2020, 15500, Rn. 5; vgl. LG Berlin, Urteil vom 04.11.2015 – 65 S 318/15 –, BeckRS 2016, 681. Dass die Überlassung von Wohnungen auf Online-Portalen eine bedeutende real existierende Variante der Kommodifizierung von Wohnraum ist, zeigt sich u.a. daran, dass in Deutschland im Jahr 2015 14,5 Millionen Übernachtungen über Portale wie Airbnb, Wimdu oder 9flats vermittelt wurden. Damit übernachtete jede*r elfte Städtereisende nicht im Hotel, sondern in einer Privatwohnung, GBI-AG, Pressemitteilung vom 11.04.2016.

[84] Siehe etwa das HmbWoSchG für Hamburg, das ZwEWG für München und das ZwVbG in Berlin.

[85] Höhergerichtliche Rechtsprechung fehlt zu dieser Frage. Deutlich aber das AG Hamburg: „*Darüber hinaus steht auch der zwischen dem* [Mieter] *und der* [eG] *vereinbarte Satzungszweck der* [eG] *einer Genehmigung der hier begehrten Untervermietung entgegen. Insoweit ist das Interesse einer Wohnungsbaugenossenschaft auf Vermieterseite und die satzungsmäßige Verpflichtung, ihren Mitgliedern günstigen Wohnraum zur Verfügung zu stellen und durch die Vermietung daher an eine weitere Mitgliedschaft an sich zu binden im Rahmen der Untervermietungserlaubnis zu berücksichtigen (vgl. AG Hamburg ZMR 2018, 53). Mit einem solchen Satzungszweck ist es nicht vereinbar, wenn der* [Mieter] *die Untervermietung zu einem deutlich höheren Mietzins vornimmt, als er selber zahlt* […] *Die Verpflichtung den Mieter der* [eG] *mit preiswerten* [sic] *Wohnraum zu versorgen, ist nicht vereinbar mit einer damit einhergehenden Gewinnerzielung des Mieters, der den ihm preiswert überlassenen Wohnraum zu marktüblichen Konditionen deutlich teurer weitervermietet. Insoweit steht es dem* [Mieter] *auch nicht zu, sich auf die allgemeine Vertragsfreiheit zu berufen, der durch den Beitritt bei der* [eG] *sich dem satzungsmäßigen Zweck der* [eG] *jedenfalls verschrieben hat, jedenfalls in der Rechtsbeziehung zur* [eG]. ", AG Hamburg (Abteilung 49), Urteil vom 04.07.2018 – 49 C 47/18 –, BeckRS 2018, 47410; AG Hamburg (Abteilung 48), Urteil vom 11.10.2017 – 48 C 28/17 –, BeckRS 2017, 139953, Rn. 29; *Meyer-Abich*, NZM 2020, 19–26, 22.

*(5) Veräußerung der Stellung als Commoner*in*

Mitglieder einer Genossenschaft können ihre Mitgliedschaft und damit ihre Stellung als Commoner*in nicht veräußern.[86] Daher ist ein profitorientierter Sekundärmarkt für die Mitgliedschaft in einer Wohnungsgenossenschaft ausgeschlossen.

Zwar können Mitglieder gem. § 76 Abs. 1 GenG ihr Geschäftsguthaben ganz oder teilweise auf neu eintretende Mitglieder übertragen, eine Veräußerung der Mitgliedschaft ist dadurch jedoch nicht rechtlich möglich.[87] Diese Vorschrift dient lediglich zur Vereinfachung, indem eine Zahlung „übers Eck" vermieden wird: Ausscheidende Mitglieder müssen ihr Geschäftsguthaben nicht von der Genossenschaft ausgezahlt bekommen, während eintretende Mitglieder in Höhe des nicht ausgezahlten Geschäftsguthabens nichts einzahlen müssen.[88] Aus § 18 S. 2 GenG folgt, dass die Generalversammlung auch nicht per Beschluss einführen kann, dass die Mitgliedschaft übertragbar ist.

(6) Auseinandersetzung bei Ausscheiden

Bei vielen privatrechtlichen Rechtsformen ist es üblich, dass ausscheidende Mitglieder bzw. Gesellschafter*innen anteilig aus dem Gesellschaftsvermögen ausgezahlt werden.[89] Sie erhalten dadurch einen Anteil am Unternehmenswert, welcher Wertsteigerungen seit ihrem Eintritt berücksichtigt. Dadurch kann die Abfindung erheblich den Nennwert des ursprünglich eingebrachten Eigenkapitals übersteigen. Auf Wohnraum-Commons angewandt, würde dies dazu führen, dass ausscheidende Mitglieder den Verkehrswert des Wohnraums abschöpfen könnten – zulasten künftiger Generationen von Commoners. Im Genossenschaftsrecht ist gem. § 73 Abs. 2 S. 2 GenG ausscheidenden Mitgliedern jedoch lediglich ihr Geschäftsguthaben auszuzahlen. Auf

---

[86] Die Mitgliedschaft in einer Genossenschaft kann erworben werden durch Unterzeichnung der Gründungsurkunde, durch Beitrittserklärung gem. §§ 15, 15a, durch Erbschaft gem. § 77 oder durch Umwandlung, insb. durch übertragende Verschmelzung auf eine eG (§§ 79 ff. UmwG), *Pöhlmann/Fandrich*/Bloehs, GenG, § 15 Rn. 1; *Geibel*/Henssler/Strohn, Gesellschaftsrecht, GenG, § 15 Rn. 1.

[87] Dies ergibt sich bereits aus dem Wortlaut von § 76 Abs. 1 S. 1 HS. 2 GenG, *Fandrich*/Pöhlmann/Bloehs, GenG, § 76 Rn. 2; *Geibel*/Henssler/Strohn, Gesellschaftsrecht, GenG, § 76 Rn. 1. Zum Begriff des Geschäftsguthabens siehe C. IV. 6 b).

[88] Vgl. *Holthaus/Lehnhoff*/Lang/Weidmüller, GenG, § 76 Rn. 1.

[89] Für die GbR: gem. § 738 Abs. 1 S. 2 BGB. für die OHG: gem. § 738 Abs. 1 S. 2 BGB i.V.m. § 105 Abs. 3 HGB. Für die KG: gem. § 738 Abs. 1 S. 2 BGB i.V.m. §§ 161 Abs. 2, 105 Abs. 3. Für die GmbH: gesetzlich nicht geregelt, aber allgemein anerkannt, siehe nur BGH, Urteil vom 01.04.1953 – II ZR 235/52 –, NJW 1953, 780–784, 781 ff.

die Rücklagen und das sonstige Vermögen haben ausscheidende Mitglieder gem. § 73 Abs. 2 S. 3 GenG ausdrücklich keinen Anspruch. Diese sollen in der Genossenschaft verbleiben, um den bestehenden und künftigen Mitgliedern zu dienen.[90]

Gem. § 73 Abs. 3 GenG kann dieser Grundsatz jedoch durchbrochen werden.[91] So kann die Satzung ausscheidenden Mitgliedern einen Anspruch auf Zahlung aus einem Beteiligungsfonds gewähren, der aus der vom Jahresüberschuss stammenden Ergebnisrücklage gebildet wird. Der Beteiligungsfonds ist vor allem in Agrarproduktivgenossenschaften verbreitet, in denen einige Mitglieder es als ungerecht empfinden, dass ihre durch Arbeit erzeugte Wertschöpfung nicht „personalisiert" wird.[92]

Der Beteiligungsfonds wird in der Literatur u. a. als „kapitalistisch" kritisiert, indem er dem Zweck der Mitgliederförderung widerspreche.[93] Dies scheint insofern zutreffend, als der Beteiligungsfonds dazu führt, dass Nutzungsgebühren an die (Wohnungs-)Genossenschaft teilweise zu einer Geldanlage werden, die auf eine Kapitaldividende zum Zeitpunkt des Ausscheidens gerichtet ist. Das Geld, das in den Beteiligungsfonds fließt, kommt zudem nicht der Abzahlung oder Erhaltung von Wohnraum zugute. Daher lässt sich insgesamt schließen, dass der Beteiligungsfonds konzeptuell im Widerspruch zum Grundsatz der Dekommodifizierung steht. Der Beteiligungsfonds ist jedoch lediglich fakultativ und muss über einen satzungsändernden Beschluss eingeführt werden.

(7) Veräußerung von Wohnraum

Eine Möglichkeit, die Dekommodifizierung von Wohnraum aufzuheben, ist es, Wohnraum zu veräußern. Die Wohnungsgenossenschaft kann grundsätzlich sowohl an ihre Mitglieder als auch an Dritte Wohnraum veräußern und so den langfristigen Ausschluss der Profitorientierung aufheben und gleichzeitig den Verkehrswert des Wohnraums den Mitgliedern zuführen. Die Frage, ob die Veräußerung von Wohnraum rechtlich zulässig ist, ist jedoch im Einzelfall rechtlich komplex. Darüber hinaus ist nicht jede Veräußerung mit der profitorientierten Verwertung des Wohnraums gleichzusetzen.

---

90 *Holthaus/Lehnhoff*/Lang/Weidmüller, GenG, § 73 Rn. 24; kritisch auch *Neumann*, ZfgG 1975, 32–40, 34.

91 § 73 Abs. 2 S. 3 GenG stellt eine Norm i. S. v. § 18 S. 2 GenG dar, die es der Generalversammlung erlaubt, von den Standardregelungen des GenG abzuweichen.

92 *Schönberger*, *Müller*, NZG 2019, 447–455, 447.

93 *Neumann*, ZfgG 1975, 32–39, 34 ff.

Grundsätzlich gibt der Förderzweck nach § 1 Abs. 1 GenG vor, dass Einrichtungen der Genossenschaft, die zur Verwirklichung des Förderzwecks erforderlich sind, erhalten bleiben müssen.[94] Insbesondere Wohnraum in Gebieten mit hoher Nachfrage ist für die Erfüllung des Förderzwecks von Bedeutung. Ihn zu veräußern dürfte also unzulässig sein.

Diesem allgemeinen Befund steht jedoch die Rechtspraxis gegenüber, welche die Veräußerung von Wohnraum weitgehend zulässt. So wurde der Erwerb von Genossenschaftswohnungen durch Mitglieder längere Zeit sogar staatlich subventioniert.[95] Darüber hinaus können Wohnungsgenossenschaften den Wohnraum ihrer Mitglieder auch gegen deren Willen an Dritte veräußern.[96] Dabei kann der Vorstand – so jedenfalls nach gängiger Rechtspraxis – grundsätzlich nach § 27 Abs. 1 S. 1 GenG ohne Mitgliederbeteiligung entscheiden, ob und wie Wohnraum veräußert werden soll.[97] Vor diesem Hintergrund scheint es unzureichend rechtlich untersucht, wann der Förderzweck der Veräußerung entgegensteht und wann die Veräußerung zulässig ist. M. E. dürfte der Förderzweck in Verbindung mit Wohnungsnot grundsätzlich dazu anhalten, die Veräußerung von Wohnraum restriktiv zu behandeln.

---

94 So Beuthien/Klappstein, die aber der Geschäftsleitung einen weiten Einschätzungsspielraum einräumen in Bezug auf die Frage, ob Vermögen zur Verwirklichung des Förderzwecks notwendig ist, *Beuthien/Klappstein*, Sind genossenschaftliche Rücklagen ein unteilbarer Fonds?, S. 92 f.

95 Gem. § 17 EigZulG konnte die sog. „Eigenheimzulage" für die Anschaffung von Geschäftsanteilen an einer eG gezahlt werden. Voraussetzung für die Subventionierung des Erwerbs der Geschäftsanteile war jedoch, dass die Satzung der Genossenschaft unwiderruflich den Genossenschaftsmitgliedern, die Förderung erhielten, das vererbliche Recht auf Erwerb des Eigentums an der von ihnen zu Wohnzwecken genutzten Wohnung einräumte. Die Eigenheimzulage wurde zum 01.01.2006 abgeschafft, BT-Drs. 16/108, S. 3.

96 Die Möglichkeit der*s Erwerbers*in, den Wohnraum profitorientiert zu nutzen, ist zunächst dadurch eingeschränkt, dass gem. § 566 BGB bestehende Nutzungsverträge fortbestehen, OLG Karlsruhe, Rechtsentscheid vom 21.01.1985 – 3 RE-Miet 8/84 –, NJW-RR 1986, 89–91, 89 f.; LG Hagen, Urteil vom 14.04.1960 – 6 S 309/59 –, NJW 1960, 1468–1470, 1468 f.; LG Waldshut, Urteil vom 11.09.1958 – S 41/58 –, NJW 1959, 154–155, 154 f.; LG Wiesbaden, Urteil vom 28.08.1962 – 1 S 263/62 –, NJW 1962, 2352–2353, 2353 f.; *Althanns*, Genossenschafts-Handbuch 3200,§ 1 Rn. 115; eingehend zu diesem Thema m.w.N. *Drasdo*/BeckOGK BGB, § 535 Rn. 626 ff.

97 Kritisch hierzu die Initiative „Genossenschaft von Unten", Forderungen des alternativen Genossenschaftskongresses vom 26.03.2022 in Berlin, Nr. 5.; ein Zustimmungserfordernis der Generalversammlung für die Veräußerung größerer Wohnungsbestände annehmend *Holthaus/Lehnhoff*/Lang/Weidmüller, GenG, § 1 Rn. 76; ebenfalls die Zustimmung der Generalversammlung für die Veräußerung „wesentlicher Teile" des Wohnungsbestandes fordernd *Beuthien*, GenG, § 1 Rn. 73.

Gleichzeitig steht nicht jede Veräußerung von Wohnraum mit der Dekommodifizierung in Konflikt. Wenn eine Wohnungsgenossenschaft Wohnraum veräußert und mit dem Erlös den Erwerb von anderem Wohnraum finanziert, stellt der Vorgang lediglich eine Umschichtung von Vermögen dar. Dies kann sinnvoll sein, wenn beispielsweise bislang genutzter Wohnraum besser als Gewerberaum dienen könnte und anderweitiger Wohnraum erworben werden kann. Die Veräußerung von Wohnraum steht daher nicht kategorisch mit der Dekommodifizierung in Widerspruch. Ein Widerspruch entsteht dann, wenn der Veräußerungserlös nicht im Sinne des Förderzwecks reinvestiert wird, sondern wirtschaftlich den Mitgliedern zugeführt wird. Eine Genossenschaft würde den Veräußerungserlös wirtschaftlich ihren Mitgliedern zuführen, wenn sie den Erlös etwa über § 19 GenG als Gewinn an ihre Mitglieder ausschütten würde. Darüber hinaus würde eine Genossenschaft ihren Mitgliedern den Verkehrswert des Wohnraums zuführen, wenn sie Wohnraumbestände veräußerte und den Erlös dazu verwendete, die Nutzungsgebühr für Mitglieder zu senken, die verbleibenden Wohnraum nutzen.[98] Der Ausschluss von Profiten verlangt also, dass die Veräußerung von Wohnraum nur zur Umschichtung von Vermögen dienen sollte, nicht aber dazu, Mitglieder durch Gewinnauszahlungen oder Preisnachlässe zu bereichern.

(8) Stille Beteiligungen und ähnliche Finanzierungsinstrumente

Genossenschaften können sich zu ihrer Finanzierung verschiedener Instrumente bedienen, die dem*r Kapitalgeber*in ein Recht auf Partizipation am Unternehmensgewinn gewähren. Diese können, je nach Ausgestaltung, mit dem Ausschluss der profitorientierten Verwertung des Wohnraums in Konflikt stehen. Dabei stellt insbesondere die Kombination aus Gewinnbeteiligung und Kontrollrechten einen Widerspruch zum Ausschluss von Profiten dar, weil die Gefahr besteht, dass Kontrollrechte verwendet werden, um die Wohnraumbewirtschaftung auf Gewinnmaximierung auszurichten.[99] Aber auch, wenn Kapitalgebende keine Kontrollrechte über die Gesellschaft haben, können sie faktisch mit dem Abzug ihres Kapitals drohen und so Druck auf die Geschäftsführung ausüben.

---

[98] In diesem Fall vereinnahmen Mitglieder nicht bloß den Nutzwert des von ihnen bewohnten Wohnraums, sondern darüber hinaus den Verkehrswert von anderem Wohnraum.

[99] Vgl. zu den Risiken durch die Vermengung von Gewinnbezugs- und Kontrollrechten *Neitzel*, KJ 2022, 479–493, 483 ff.

(a) Typische stille Beteiligung

Genossenschaften können nach heute h. M. typische stille Beteiligungen eingehen.[100] Stille Beteiligungen (§ 230 HGB ff.) sind Innen-GbR zwischen einem*r Kapitalgeber*in (stille*r Gesellschafter*in) und einer kapitalnehmenden Handelsgesellschaft. Bei der typischen stillen Beteiligung steht dem*r stillen Gesellschafter*in ein Recht auf Ergebnisbeteiligung zu, nicht aber auf Partizipation an der Wertsteigerung des Gesellschaftsvermögens seit Abschluss der Beteiligung. Wenn die stille Beteiligung endet, erhalten stille Gesellschafter*innen also nur ihr eingebrachtes Kapital zuzüglich ausstehender Dividenden ausgezahlt.[101] Stille Gesellschafter*innen haben begrenzte Rechte auf Einsichtnahme in Vorgänge der Gesellschaft, aber keine Rechte, ihre Geschäftspolitik zu steuern (§ 233 HGB).[102]

Insofern stellen typische stille Beteiligungen einen Widerspruch zum Ausschluss der profitorientierten Wohnraumverwertung dar. Aufgrund der nur eingeschränkten Kontrollrechte ist der Widerspruch jedoch nicht gravierend.

(b) Atypische stille Beteiligung

Atypische stille Beteiligungen gewähren dem*r stillen Gesellschafter*in Mitentscheidungsrechte in der Unternehmenspolitik und eine Beteiligung am Wertzuwachs des Unternehmens seit Abschluss der Beteiligung.[103]

Dies kann zu drastischen Folgen führen, wenn eine Immobilie seit Eintritt eines atypischen stillen Gesellschafters stark an Verkehrswert gewonnen hat und der*ie stille Gesellschafter*in austritt. In diesem Fall müsste die Wohnungsgenossenschaft u. U. existenzgefährdend hohe Beträge aufbringen oder Wohnraum veräußern, um den*ie ausscheidende*n stille*n Gesellschafter*in auszuzahlen. Zudem birgt die Kombination aus Entscheidungsbefugnissen und strukturellem Interesse an Profitmaximierung das Risiko, dass der*ie stille Gesellschafter*in Einfluss nimmt, um den genossenschaftlichen Wohnraum weiter zu kommodifizieren. Die rechtliche Zulässigkeit atypischer stiller

---

[100] Ob Genossenschaften stille Beteiligungen eingehen können, war früher umstritten. Für typische stille Beteiligungen entspricht dies inzwischen der ganz h. M., *Beuthien*, NZG 2003, 849–853, 850; *Hadding*, ZIP 1984, 1295–1296, 1298–1302, 1296 ff.; *Holthaus/Lehnhoff*/Lang/Weidmüller, GenG, § 1 Rn. 99 f.; *Schmidt*/MüKoHGB, HGB, § 230 Rn. 20; *Althanns*, Genossenschafts-Handbuch 3200, § 7 Rn. 47.

[101] *Schmidt*/MüKoHGB, HGB, § 230 Rn. 38.

[102] Der Begriff „still“ ist insofern treffend.

[103] BGH, Urteil vom 24. 09. 1952 – II ZR 136/51 –, NJW 1952, 1412–1413, 1413; *Schmidt*/MüKoHGB, HGB, § 230 Rn. 77 ff.

Beteiligungen im Genossenschaftsrecht ist umstritten.[104] In jedem Fall stehen sie deutlich im Widerspruch zum Ausschluss der profitorientierten Verwertung von Wohnraum.

(c) Genussrechte

Genossenschaften können nach strittiger, aber wohl herrschender Ansicht Genussrechte emittieren.[105] Genussrechte sind (i. d. R. als sog. „Genussscheine“ verbriefte) schuldrechtliche Ansprüche auf Gewinnbeteiligung.[106]

Genussrechte dürften aufgrund ihrer Verbriefung und des damit strukturell unvorhersehbar weiten Kreises von Gewinnbezugsrechtsinhabern ein gewisses Risiko für die Dekommodifizierung darstellen. Denkbar wäre etwa, dass sich Genussrechte auf einen oder wenige Kapitalgeber*innen konzentrieren, welche durch die Drohung mit dem Abzug ihres Kapitals Einfluss auf die Geschäftsführung nehmen können.

(d) Partiarische Darlehen

Schließlich können Genossenschaften partiarische Darlehen ausgeben.[107] Das sind Darlehensverträge (§ 488 BGB), bei denen keine feste Zinszahlung, sondern eine Gewinnbeteiligung eingeräumt wird.[108] Anders als bei der stillen Beteiligung fehlt es dabei an einem gemeinsamen Zweck zwischen Darlehensgeber*in und Darlehensnehmer*in. Dass ein gemeinsamer Zweck fehlt, kann sich insbesondere darin ausdrücken, dass dem*er Darlehensgeber*in Informations- und Kontrollrechte nach § 233 HGB fehlen, dass dem*er Darlehensgeber*in Kreditsicherungen eingeräumt werden und/oder dass der*ie Darlehensgeber*in das Darlehen kurzfristig kündigen kann.[109]

---

104 Rechtsprechung fehlt – soweit ersichtlich – zu dieser Frage. Einen Verstoß gegen die genossenschaftliche Selbstverwaltung sehend, *Holthaus/Lehnhoff*/Lang/Weidmüller, GenG, § 1 Rn. 100; *a. A. Beuthien*, NZG 2003, 849–853.

105 Rechtsprechung fehlt – soweit ersichtlich – zu dieser Frage. Die Ausgabe von Genussrechten für zulässig haltend, *Althanns*, Genossenschafts-Handbuch 3200,§ 19 Rn. 10; *Holthaus/Lehnhoff*/Lang/Weidmüller, GenG, § 19 Rn. 8a; *Beuthien*, § 19 Rn. 28; *a. A. Fandrich*/Pöhlmann/Bloehs, GenG, § 19 Rn. 3.

106 Genussscheine sind durch ihre Verbriefung leicht handelbar und damit aktienähnlich, Vgl. BGH, Urteil vom 05. 03. 1959 – II ZR 145/57 –, Wolters Kluwer Online, Rn. 7 ff.

107 *Holthaus/Lehnhoff*/Lang/Weidmüller, GenG, § 1 Rn. 101; *Beuthien*, NZG 2003, 849–853, 853 ff.

108 Siehe hierzu etwa *Hoffmann-Theinert*/BeckOK HGB, § 230 Rn. 17; *Karsten Schmidt*/MüKoHGB, HGB, § 230 Rn. 57 ff.

109 BGH, Urteil vom 10. 10. 1994 – II ZR 32/94 –, NJW 1995, 192–193, 192 f.

Partiarische Darlehen dürften aufgrund der eingeschränkten rechtlichen Position der Darlehensgeber*innen und der fehlenden Verbriefung am wenigsten mit der Dekommodifizierung in Konflikt stehen.

(9) Auflösung

Genossenschaftsmitglieder können beschließen, die Genossenschaft aufzulösen und zu liquidieren (§ 78 GenG).[110] Dabei ist das Genossenschaftsvermögen binnen eines Jahres nach der Tilgung oder Deckung der Schulden aufzulösen und an die Mitglieder zu verteilen (§§ 90 Abs. 1, 91 Abs. 1, 2 GenG). Jedes Mitglied erwirbt dann anteilig nach Köpfen (§ 91 Abs. 2) oder nach einem anders gewählten Verhältnis (§ 91 Abs. 3 Hs. 2 GenG) einen Auseinandersetzungsanspruch, der sein Geschäftsguthaben übersteigen kann.[111] Dies führt dazu, dass der Wohnraum bzw. dessen Verkehrswert auf die Mitglieder übertragen wird, sodass die Dekommodifizierung aufgehoben wird. Anders als bei der Veräußerung von Wohnraum bei Fortführung der eG kann hier auch Wohnraum wirtschaftlich verwertet werden, der für die Erfüllung des Förderzwecks eigentlich notwendig wäre.

(10) Umwandlung

Auch die Möglichkeit, Genossenschaften umzuwandeln, kann mit der Dekommodifizierung bzw. dem langfristigen Ausschluss der profitorientierten Verwertung des Wohnraums in Konflikt stehen. In Betracht kommen die Verschmelzung (§ 1 Abs. 1 Nr. 1 UmwG), die Spaltung (§ 1 Abs. 1 Nr. 2 UmwG) und der Formwechsel (§ 1 Abs. 1 Nr. 4 UmwG).[112]

---

110 Der Beschluss zur Auflösung bedarf gem. § 78 Abs. 1 S. 1 GenG mindestens einer Dreiviertelmehrheit der abgegebenen Stimmen der Generalversammlung. Beschlussfähig ist die Generalversammlung grundsätzlich ab drei Mitgliedern, *Holthaus/Lehnhoff*/Lang/Weidmüller, GenG, § 43 Rn. 51; *Geibel*/Henssler/Strohn, Gesellschaftsrecht, GenG, § 43 Rn. 7; für lediglich zwei Mitglieder plädierend *Fandrich*/Pöhlmann/Bloehs, GenG, § 43 Rn. 25. Die Satzung kann strengere Vorgaben vorsehen (§ 78 Abs. 1 S. 1 GenG).

111 Hierzu *Beuthien/Klappstein*, Sind genossenschaftliche Rücklagen ein unteilbarer Fonds?, S. 16.

112 Der Beschluss zur Verschmelzung, Spaltung oder zum Formwechsel bedarf gem. § 193 Abs. 3 UmwG der notariellen Beurkundung und gem. § 262 S. 1 UmwG mindestens einer Dreiviertelmehrheit der Abgegebenen Stimmen der Generalversammlung. Auch hier gilt, dass die Generalversammlung grundsätzlich ab drei Mitgliedern beschlussfähig ist, *Bonow*/Semler/Stengel/Leonard, UmwG, § 262 Rn. 3. Im Falle des Widerspruchs durch ein Zehntel der Mitglieder bedarf er einer Mehrheit von neun Zehnteln der abgegebenen Stimmen (§ 262 S. 2 UmwG). Die Satzung kann strengere Vorgaben vorsehen (§ 262 S. 3 UmwG).

(a) Verschmelzung

Genossenschaften können gem. §§ 2, 3 Abs. 1 Nr. 5 UmwG zur Aufnahme oder zur Neugründung mit anderen Gesellschaften verschmolzen werden. In der Verschmelzung geht das Vermögen eines übertragenden Rechtsträgers als Ganzes auf einen übernehmenden Rechtsträger über (§ 2 UmwG). Die Anteilsinhaber des übertragenden Rechtsträgers erhalten im Gegenzug Anteile oder Mitgliedschaften an dem übernehmenden Rechtsträger.

Wenn der übernehmende Rechtsträger keine Genossenschaft ist oder ein sonstiger Rechtsträger, bei dem die Dekommodifizierung sichergestellt ist (sog. „Mischverschmelzung“),[113] wird die Dekommodifizierung durch die Verschmelzung aufgehoben.

Wenn der übernehmende Rechtsträger eine eG ist (sog. „formwahrende“ bzw. „identitätswahrende“ Verschmelzung),[114] steht die Verschmelzung nicht in Konflikt mit der Dekommodifizierung, denn der Geschäftsbetrieb des übernehmenden Rechtsträgers richtet sich dann weiterhin nach dem Förderzweckprinzip. Hieran ändert auch das sog. Recht auf „Ausschlagung“ und „Abfindung“ gem. § 90 UmwG nichts: Wenn eine Genossenschaft übertragender Rechtsträger einer Verschmelzung ist, haben ihre Mitglieder ein Recht zur Ausschlagung nach § 90 UmwG. Die wirksame Ausschlagung führt zur Auseinandersetzung mit dem Mitglied nach § 93 UmwG. Der Auseinandersetzungsanspruch umfasst jedoch lediglich das jeweilige Geschäftsguthaben des Mitglieds bei der übertragenden Genossenschaft. Auf die Rücklagen und das Vermögen der übertragenden Genossenschaft kann das ausschlagende Mitglied nicht bzw. nur im Rahmen eines Beteiligungsfonds nach § 73 Abs. 3 GenG zugreifen (§ 93 Abs. 2 UmwG). Der Auseinandersetzungsanspruch einzelner Mitglieder bei der formwahrenden Verschmelzung der Genossenschaft steht also nicht in Konflikt mit der Dekommodifizierung. Damit steht die Verschmelzung der Genossenschaft als übertragender Rechtsträger mit einer anderen Genossenschaft nicht in Konflikt mit der Dekommodifizierung.

Eine grenzüberschreitende Verschmelzung auf einen anderen Rechtsträger gem. §§ 122a UmwG ff. ist bei der Genossenschaft gem. § 122b Abs. 2 Nr. 1 UmwG ausgeschlossen. Daher kann sich aus der grenzüberschreitenden Umwandlung für die Genossenschaft insofern keine Beeinträchtigung der Dekommodifizierung ergeben.

---

113 Vgl. *Kalss*/Semler/Stengel/Leonard, UmwG, § 29 Rn. 6.

114 Vgl. *Berwanger*, Formwechselnde Umwandlung.

(b) Spaltung

Die Spaltung ist in drei Varianten möglich: Aufspaltung, Abspaltung und Ausgliederung (§ 123 UmwG). Die Aufspaltung beinhaltet die Auflösung eines Rechtsträgers und die Übertragung seines Vermögens an neu zu gründende oder vorhandene aufnehmende Rechtsträger (§ 123 Abs. 1 UmwG). Im Gegenzug erhalten die Anteilseigner bzw. Mitglieder des übertragenden Rechtsträgers Anteile bzw. Mitgliedschaften an den übernehmenden Rechtsträgern. In der Abspaltung kann ein übertragender Rechtsträger einen Teil seines Vermögens auf andere übernehmende Rechtsträger übertragen (§ 123 Abs. 2 UmwG). Die Anteilseigner bzw. Mitglieder des übertragenden Rechtsträgers erhalten im Gegenzug Anteile bzw. Mitgliedschaften an den übernehmenden Rechtsträgern. In der Ausgliederung kann ein übertragender Rechtsträger einen Teil seines Vermögens an andere übernehmende Rechtsträger übertragen (§ 123 Abs. 3 UmwG). Im Gegenzug erhält der übertragende Rechtsträger Anteile oder Mitgliedschaften an den übernehmenden Rechtsträgern.

Gleichlaufend zur Verschmelzung steht die Spaltung dann in Konflikt mit der Dekommodifizierung, wenn beim übernehmenden Rechtsträger nicht sichergestellt ist, dass die Dekommodifizierung eingehalten wird. Das auch in der Spaltung vorhandene Recht auf Ausschlagung und Abfindung von Mitgliedern übertragender Rechtsträger (vgl. §§ 125, 90 ff. UmwG) steht auch hier grundsätzlich nicht in Konflikt mit der Dekommodifizierung.

(c) Formwechsel

Denkbar ist auch, dass eine Genossenschaft gem. §§ 190 UmwG ff. ihre Rechtsform wechselt und dadurch zu einer Kapitalgesellschaft (§ 258 Abs. 1 UmwG) wird, welche keine Dekommodifizierung beinhaltet. Auch in diesem Szenario ist die Vermögensbindung aufgehoben.

(d) Vermögensübertragung

Die Vermögensübertragung gem. §§ 174 UmwG ff., nach welcher Kapitalgesellschaften ihr gesamtes Vermögen auf die öffentliche Hand übertragen können, ist der Genossenschaft nicht möglich (§§ 175 Nr. 1, 3 Abs. 1 Nr. 2 UmwG).[115]

[115] Selbst wenn die Vermögensübertragung auf die öffentliche Hand möglich wäre, dürfte hierin nicht kategorisch ein Bruch mit der Dekommodifizierung zu sehen sein. Die öffentliche Hand hat als dem Gemeinwohl verpflichtete Akteurin einerseits kein offensichtliches Renditeinteresse an Wohnraum. Gleichzeitig sind die Rechtsformen der öffentlichen Hand (insb. Gebietskörperschaften) nicht auf die betriebswirtschaft-

(11) Gewinnabführungsvertrag

Ein Gewinnabführungsvertrag verpflichtet eine Gesellschaft, ihren Gewinn an eine andere Gesellschaft abzuführen (§ 291 Abs. 1 S. 1 Var. 2 AktG). Es ist im Genossenschaftsrecht umstritten und – soweit ersichtlich – noch nicht gerichtlich geklärt, ob eine Genossenschaft einen Gewinnabführungsvertrag abschließen kann.[116] Dies stünde grundsätzlich mit der Dekommodifizierung in Konflikt, weil die Wohnungsgenossenschaft sich dadurch strukturell in die Lage begeben würde, durch Einnahmen aus der Überlassung von Wohnraum Erträge für Dritte zu erzielen. Sofern Begünstigte aus einem Ergebnisabführungsvertrag keinen Einfluss auf die Geschäftsführung der Genossenschaft haben, dürfte das Risiko der profitorientierten Wohnraumverwertung jedoch relativ gering bleiben.

cc) Zwischenfazit

Es zeigt sich ein gemischtes Bild. Aufgrund des Förderzweck- und Identitätsprinzips ist die Wohnungsgenossenschaft darauf ausgerichtet, Wohnraum zur Kostenmiete (und damit unter Ausschluss von Profiten) zu bewirtschaften.

Gleichzeitig kann die Wohnraumbewirtschaftung aufgrund ihrer rechtlichen Strukturmerkmale und darauf beruhender Praktiken teilweise auf eine profitorientierte Bewirtschaftung ausgerichtet werden. Hierzu gehören insbesondere das Nichtmitgliedergeschäft, investierende Mitglieder, Beteiligungsfonds, die Gewinnverteilung nach Geschäftsguthaben, die Verzinsung von Geschäftsguthaben, die profitorientierte Untervermietung und bestimmte gewinnorientierte Finanzierungsinstrumente sowie Gewinnabführungsverträge.

Darüber hinaus kann die Dekommodifizierung gänzlich und dauerhaft aufgehoben werden, indem Wohnraum profitorientiert veräußert wird, die Genossenschaft aufgelöst und liquidiert wird, sowie durch die Umwandlung in eine Rechtsform ohne strukturellen Ausschluss der profitorientierten Bewirtschaftung.

---

liche Gewinnmaximierung ausgerichtet. Gleichzeitig wäre die Überführung von Wohnraum in die öffentliche Hand ein Bruch mit der Selbstverwaltung.

[116] *Scholz*, RNotZ 2021, 441–466, 456 m. w. N.

dd) Absicherung des Ausschlusses von Profiten

Alle genannten Praktiken, welche zur profitorientierten Verwertung von Wohnraum führen (bis auf die profitorientierte Untervermietung, vgl. § 553 Abs. 1 S. 1 BGB), können durch die Satzung ausgeschlossen oder gar nicht erst zugelassen werden. Insofern stellt sich die Frage, wie abgesichert werden kann, dass Satzungsregeln, welche die Dekommodifizierung vorschreiben, gegen Abänderung durch Mitglieder abgesichert werden können.

Insbesondere stellt sich die Frage, wie eine Wohnungsgenossenschaft dagegen abgesichert werden kann, dass die Mehrheit oder sogar die Gesamtheit der Mitglieder die Profitorientierung einführen möchte. Im folgenden Abschnitt untersuche ich diese zentrale Fragestellung in mehreren Unterabschnitten. Zunächst betrachte ich, inwiefern die Dekommodifizierung rechtlich durch sog. „Ewigkeitsklauseln“ abgesichert werden kann (D. 2. a) dd) (1)). Sodann untersuche ich das Konzept der „Comedy of the Anticommons“ als weiteres Absicherungsmittel (D. 2. a) dd) (2)). Schließlich fasse ich die Ergebnisse dieser Untersuchungen in einem Zwischenfazit zusammen (D. 2. a) ee)).

(1) Absicherung durch „Ewigkeitsklauseln“

Sog. „Ewigkeitsklauseln“ sind vertragliche bzw. gesellschaftsvertragliche Klauseln, die ausdrücklich vorschreiben, dass sie unabänderlich gelten sollen.[117]

Im Zusammenhang mit der Wohnungsgenossenschaft könnte eine Ewigkeitsklausel in der Satzung vorschreiben, dass die Praktiken, die dem Ausschluss von Profiten zuwiderlaufen, jeweils untersagt bzw. nicht zugelassen sind.[118] Ob Ewigkeitsklauseln für die eG zulässig sind, ist gesetzlich nicht

---

[117] Ewigkeitsklauseln sind von Klauseln abzugrenzen, die zwar formal abänderlich sind, aber gleichzeitig derart hohe Hürden zur Abänderung aufstellen, dass sie faktisch unabänderlich sind, siehe hierzu D. I. 2. a) dd) (2).

[118] Fraglich wäre dabei, wie sich eine solche negative Pflicht des Vorstands zu seiner nach außen hin unbeschränkbaren Vertretungsmacht verhält (§ 27 Abs. 2 S. 1 GenG). Der Vorstand könnte grundsätzlich nicht wirksam entgegen der Satzung Wohnraum an sich selbst oder an andere Genossenschaftsmitglieder veräußern, BGH, Urteil vom 17.05.1988 – VI ZR 233/87 –, NJW 1989, 26–27, 26 f. Dies ergibt sich aus den Grundsätzen der Kollusion, wonach Vertretungsmacht dann nicht besteht, wenn sie missbraucht wird und alle Vertragsparteien sich hierüber bewusst sind. Es stellt sich jedoch die Frage, inwiefern die Grundsätze der Kollusion anwendbar sind. Der BGH begründet die Beschränkung der Vertretungsmacht in Missbrauchsfällen nämlich u. a. damit, dass der Vertretene schutzwürdig ist. Im Falle, dass eine Ewigkeitsklausel existiert und sämtliche Mitglieder mit deren Missachtung einverstanden sind, gibt es jedoch keine natürliche Person als Geschäftsherrin, deren Interessen missachtet würden. Stattdessen besteht lediglich ein konstruiertes Interesse der Gesellschaft, die Satzungsregelungen einzuhalten. Zudem begründet sich die Rechtsprechung zur Kollusion auch

ausdrücklich geregelt. Für die eG wurde die Frage der Zulässigkeit von Ewigkeitsklauseln – soweit ersichtlich – noch nicht gerichtlich geklärt. Nach Rechtsprechung des OLG München für den eV und allgemein herrschender Literatur im Gesellschaftsrecht sind Ewigkeitsklauseln jedoch kategorisch unzulässig.[119]

Die Unzulässigkeit von Ewigkeitsklauseln wird unterschiedlich rechtsdogmatisch begründet und ihre Rechtsfolgen werden uneinheitlich bewertet. Weitgehende Einigkeit besteht jedoch darin, dass Ewigkeitsklauseln nicht wirksam sind.[120]

Im Folgenden werfe ich zunächst die Begründungslinien der herrschenden Meinung auf und nehme darauf aufbauend Stellung zur Zulässigkeit von Ewigkeitsklauseln in der Genossenschaft.

---

darin, dass die Unbeschränkbarkeit der Vertretungsmacht gem. § 27 Abs. 2 S. 1 GenG eine Maßnahme zum Verkehrsschutz ist. Wenn Vorstand und sämtliche Mitglieder sich gemeinsam bewusst über die Satzung hinwegsetzen, bedarf es keines Verkehrsschutzes. Vor diesem Hintergrund würden die Grundsätze der Kollusion einem über den Verkehrsschutz hinausgehenden Allgemeininteresse dienen. Die Berücksichtigung von Allgemeininteressen ist dem Zivilrecht jedoch nicht fremd (vgl. etwa § 134 BGB oder § 87 Abs. 2 S. 2 Var. 1 AktG).

119 Zum eV OLG München, Beschluss vom 30.10.2020 – 31 Wx 371/19 –, NZG 2020, 314–316, 315, Rn. 13 ff.; zur eG *Beuthien/Klappstein*, Sind genossenschaftliche Rücklagen ein unteilbarer Fonds?, S. 20; zur eG *Althanns*, Genossenschafts-Handbuch, § 16 Rn. 5; allgemein zum Gesellschaftsrecht *Arnold/Burgard/Roth/Weitemeyer*, NZG 2020, 1321–1328, 1324; *„zwingender Grundsatz des Gesellschaftsrechts“*, *Grunewald/Hennrichs*, NZG 2020, 1201–1206, 1202; zum Verein *Otto*/jurisPK-BGB, BGB, § 33 Rn. 15; zum eV *Neudert/Waldner*/Sauter/Schweyer, Der eingetragene Verein, Rn. 137; zum Verein m. w. N. *Notz*/BeckOGK, BGB, § 33 Rn. 45 ff.; zur GmbH *Harbarth*/MüKoGmbHG, GmbHG, § 53 Rn. 126; zur GmbH *Habersack*, GmbHR 2020, 992–997, 994; zur GmbH *Hoffmann*/MHLS, GmbHG, § 53 Rn. 100; zur GmbH *Karst/Müller-Gschlößl*, NJOZ 2021, 961–964, 962; zur AG *Holzborn*/BeckOGK, AktG, § 179 Rn. 6 f.; zur AG *Stein*/MüKoAktG, AktG, § 179 Rn. 55 f.; zur AG *Koch*/Koch, AktG, § 179 Rn. 3; *a. A.* zur eG *Holthaus/Lehnhoff*/Lang/Weidmüller, GenG, § 16 Rn. 24; *a. A.* zum Verein *Leuschner*/MüKoBGB, BGB, § 33 Rn. 27; *a. A.* zum Verein, mit tiefgreifenden Ausführungen, *Wolff*, Der drittbestimmte Verein, S. 157 ff.

120 Offengelassen, jedenfalls unanwendbar, OLG München, Beschluss vom 30.10.2020 – 31 Wx 371/19 –, NZG 2020, 314–316, 315, Rn. 14; Umdeutung in Einstimmigkeitserfordernis, *Harbarth*/MüKoGmbHG, GmbHG, § 53 Rn. 123; für Umdeutung in Einstimmigkeitserfordernis, *Neudert/Waldner*/Sauter/Schweyer, Der eingetragene Verein, Rn. 137; für Nichtigkeit *Althanns*, Genossenschafts-Handbuch, § 16 Rn. 5.

(a) Begründung der Unzulässigkeit

Zum Teil wird die Unzulässigkeit von Ewigkeitsklauseln im Genossenschaftsrecht damit begründet, dass sich dies bereits aus dem Wortlaut von § 16 GenG und § 18 S. 2 GenG ergebe.[121]

Im Übrigen kreist der Diskurs um die Begründung des Verbots von Ewigkeitsklauseln vorrangig um das ungeschriebene Rechtsprinzip der Vereins- bzw. Verbandsautonomie.[122] Das BVerfG erklärte in seiner sog. Bahai-Entscheidung zur aus Art. 9 Abs. 1 GG folgenden Vereinsautonomie, dass diese das Ziel verfolge,

> „der Privatautonomie vergleichbar, den Charakter des Vereins als eines vornehmlich von der Willensbestimmung und -betätigung seiner Mitglieder getragenen Personenverbandes zu wahren".[123]

Hierzu gehöre es

> „den mit [Autonomie ausgestatteten] Einrichtungen das Recht einzuräumen, sich die ihren Zwecken entsprechende Organisation selbst zu geben und diese frei zu bestimmen, soweit dem nicht zwingende Vorschriften oder dem Wesen der entsprechenden Institution zu entnehmende Grundsätze entgegenstehen."

Das BVerfG erklärt weiter, dass

> „[i]n der Rechtsprechung […] hervorgehoben [wird], daß diese Autonomie auch in der Weise ausgeübt werden kann, daß das Selbstverwaltungsrecht des Vereins satzungsmäßig beschränkt wird; auch eine solche Beschränkung stellt die Ausübung von Autonomie dar; es bedeutete daher eine Beschneidung von Autonomie, wenn

---

[121] So Althanns, die im Übrigen auf aktienrechtliche Kommentarliteratur verweist, *Althanns*, Genossenschafts-Handbuch, § 16 Rn. 5. § 16 GenG trifft Regelungen über die Abänderung der Satzung. § 18 S. 2 GenG statuiert den Grundsatz der Satzungsstrenge. Hiernach darf die Genossenschaft nur dann in ihrer Satzung von den Regelungen des GenG abweichen, wenn dies vom GenG ausdrücklich erlaubt ist. Soweit das GenG aber keine Regelungen trifft, bleiben Satzungsregelungen möglich. *Althanns* argumentiert also, dass § 16 GenG implizit regelt, dass Satzungsregelungen abänderlich sein müssen. Ewigkeitsklauseln wären insofern eine gem. § 18 S. 2 GenG unzulässige (weil nicht gesetzlich genehmigte) Abweichung vom GenG. Ich meine jedoch, dass dem Wortlaut von § 16 GenG solch eine Maßgabe nicht entnommen werden kann und dass das GenG insofern keine Regelung trifft (siehe meine Ausführungen unten, D. I. 2. dd) (1) (b)).

[122] Mit „Verband" ist jegliche juristische Person gemeint. Damit ist der Begriff der Verbandsautonomie weiter gefasst als etwa derjenige der Vereinsautonomie, die den Verein betrifft. Gleichzeitig ist die Rechtsprechung zur Vereinsautonomie relevant für sämtliche körperschaftlich verfassten juristischen Personen, für die der Verein den Prototyp darstellt, also auch für die eG, *Fandrich*/Pöhlmann/Bloehs, GenG, § 1 Rn. 24; *Holthaus*/*Lehnhoff*/Lang/Weidmüller, GenG, § 1 Rn. 9; siehe hierzu auch *Lomfeld*/*Neitzel*, Verfassungsblog vom 13.03.2021.

[123] BVerfG, Beschluss vom 05.02.1991 – 2 BvR 263/86 –, BVerfGE 83, 341–362, juris, Rn. 77 f.

solche Regelungen für unzulässig erklärt würden. Der Grundsatz der Vereinsautonomie, wie er in Rechtsprechung und Schrifttum verstanden wird, wird somit von zwei nicht notwendig parallel laufenden inhaltlichen Tendenzen geprägt: Einerseits schützt er die Autonomie in der Bildung und organisatorischen Gestaltung des Vereins nach der freien Selbstentscheidung der Mitglieder, [...] andererseits bewahrt er die Selbstbestimmung des Vereins und seiner Mitglieder vor einer Entäußerung, die die eigene Willensbestimmung nahezu vollständig zum Erliegen bringt."[124]

Die herrschende gesellschaftsrechtliche Literatur und das OLG München leiten u. a. aus dieser verfassungsrechtlichen Maßgabe ab, dass die Selbstbeschränkung in Form von Ewigkeitsklauseln einen unzulässigen Verstoß gegen die Verbandsautonomie darstellt.[125]

Über die Verbandsautonomie hinaus wird regelmäßig ordnungspolitisch bzw. rechtsökonomisch argumentiert. So würden Ewigkeitsklauseln dazu führen, dass Verbände ihre Regelungen nicht mehr an veränderte Umstände anpassen könnten. Dies würde letztlich die Gefahr der Handlungsunfähigkeit von Verbänden bedeuten.[126]

(b) Stellungnahme

Der Wortlaut des Gesetzes gibt zunächst keine eindeutige Antwort auf die Frage, ob Ewigkeitsklauseln zulässig sind.[127] § 16 Abs. 1 GenG erklärt, dass Satzungsänderungen nur durch die Generalversammlung beschlossen werden können. Im Übrigen regelt die Vorschrift vorrangig Mehrheitserfordernisse und erklärt, dass die Satzung „größere Mehrheit und weitere Erfordernisse" bestimmen kann (§ 16 Abs. 2 S. 2, Abs. 3 S. 3, Abs. 4 GenG). § 18 S. 2 GenG erklärt, dass die Satzung der eG nur insoweit vom GenG abweichen darf, als dies ausdrücklich gesetzlich für zulässig erklärt ist. Soweit das GenG keine Regelung trifft, bleiben Satzungsregelungen jedoch auch ohne gesetzliche Ermächtigung zulässig. Zwar scheint es tendenziell abwegig, anzunehmen, dass eine Ewigkeitsklausel ein „weiteres Erfordernis" für eine Satzungsänderung darstellen könnte, die nach § 16 GenG erlaubt wäre. Aber aus der Regelung nach § 16 Abs. 1, wonach eine Satzungsänderung nur durch die General-

---

124 BVerfG, Beschluss vom 05.02.1991 – 2 BvR 263/86 –, BVerfGE 83, 341–362, juris, Rn. 78.

125 Unter Bezugnahme auf Art. 9 Abs. 1 GG, OLG München, Beschluss vom 30.10.2020 – 31 Wx 371/19 –, NZG 2020, 314–316, 315, Rn. 13; *Beuthien*, GenG, § 16 Rn. 8; *Grunewald/Hennrichs*, NZG 2020, 1201–1206, 1202.

126 Vgl. BGH, Urteil vom 13.03.1980 – II ZR 54/78 –, BGHZ 76, 191–201, juris, Rn. 14; OLG München, Beschluss vom 30.10.2020 – 31 Wx 371/19 –, NZG 2020, 314–316, 315, Rn. 13; zur AG, *Stein*/MüKoAktG, AktG, § 179 Rn. 56; zur AG, *Holzborn*/BeckOGK, AktG, § 179 Rn. 6.

127 *A. A.* jedoch *Althanns*, Genossenschafts-Handbuch, § 16 Rn. 5.

versammlung beschlossen werden kann, muss nicht zwangsläufig folgen, dass die Generalversammlung jede Satzungsbestimmung ändern können muss. Ewigkeitsklauseln räumen insbesondere nicht Dritten das Recht zur Satzungsänderung ein. Geschriebene Rechtsquellen verbieten also nicht ausdrücklich die Verwendung von Ewigkeitsklauseln.

Der Einwand, Ewigkeitsklauseln würden gegen die Verbandsautonomie verstoßen, ist m. E. bei näherer Betrachtung wenig überzeugend, zumindest soweit die Ewigkeitsklausel einstimmig verabschiedet wurde.[128] Wenn eine Ewigkeitsklausel einstimmig beschlossen wird, sind die beschließenden Mitglieder in ihrer Autonomie nicht beschränkt. Künftige Mitglieder entscheiden sich entweder autonom für eine Mitgliedschaft in einer eG mit Ewigkeitsklausel in ihrer Satzung oder sie erhalten über eine Erbschaft (§ 77 GenG) von vornherein lediglich eine Mitgliedschaft, die mit der Ewigkeitsklausel verbunden ist. Bei einstimmiger Verabschiedung einer Ewigkeitsklausel ist daher von keiner Seite die individuelle Autonomie betroffen. In der Verabschiedung der Ewigkeitsklausel liegt vielmehr eine Betätigung der kollektiven Verbandsautonomie.[129] Voraussetzung ist dabei ein freier, einstimmiger Beschluss sämtlicher Mitglieder.

Der herrschenden Meinung ist jedoch insofern Recht zu geben, als Ewigkeitsklauseln strukturell ein erhebliches Risiko für die Handlungsfähigkeit der Gesellschaft bergen. Insbesondere im unternehmerischen Kontext kann dies schlimmstenfalls dazu führen, dass sinnlos Effizienzverluste drohen, Werte vernichtet werden und Arbeitsplätze verloren gehen. Gleichzeitig wäre es möglich, Ewigkeitsklauseln einer Einzelfallbetrachtung zu unterziehen, anstatt sie kategorisch zu verbieten. Gerichte könnten prüfen, inwiefern sich aus Ewigkeitsklauseln die Gefahr der späteren oder gegenwärtigen Handlungsunfähigkeit ergibt und inwiefern dies Gefahren für Gesellschaftsgläubiger*innen und mittelbar die Gesamtgesellschaft birgt.[130] Darüber hinaus ist die Gefahr von lähmenden und dadurch gesellschaftsschädlichen Effekten bei dem Ausschluss von Profiten m. E. überschaubar. Hierdurch werden etwa Pflichten zur

---

[128] Siehe hierzu, *Lomfeld/Neitzel*, Verfassungsblog vom 13.03.2021.

[129] Vgl. auch das BVerfG, siehe D. I. 2. dd) (1) (b), Fn. 124; siehe auch KG Berlin, Beschluss vom 12.08.1973 – 1 W 1332/71 –, OLGZ 1974, 385–394, 391.

[130] Derartige gerichtliche Erwägungen werden durch die Rechtsprechung bereits im Ansatz vorgenommen. So können Gesellschafter*innen aufgrund von Treuepflichten gegenüber der Gesellschaft oder Mitgesellschaftern dazu verpflichtet sein, bestimmten Beschlüssen zuzustimmen. Diese Pflicht besteht insbesondere dann, wenn die Verweigerung eines Beschlusses zu wirtschaftlich schwerwiegenden Folgen für die Gesellschaft führen würde. Insofern nimmt die Rechtsprechung bereits Folgenabschätzungen vor, um zu ermitteln, wie sich ein unterlassener Beschluss auswirkt, BGH, Urt. v. 12.04.2016 – II ZR 275/14 –, NZG 2016, 781–782, 782 Rn. 14 ff. m. w. N.; BGH, Urteil vom 25.09.1986 – II ZR 262/85 –, NJW 1987, 189–191, 190, siehe auch D. II. 2. a) cc) (2) (c).

Rücklagenbildung oder der Pflichtprüfung nicht angetastet. Insbesondere erlaubt der Ausschluss der profitorientierten Verwertung verschiedenartige Verwendungen des Gesellschaftsvermögens und schränkt den Nutzungszweck nicht ein, sondern gibt nur Modalitäten der Nutzung vor. Wohnraum könnte also z.B. durchaus in Gewerberäume umgewandelt werden oder abgerissen und in sonstige Nutzungen überführt werden. Die Bedingung wäre dabei jedoch, dass dabei keine Profite an Mitglieder fließen dürften. Gleichzeitig würde die Zulassung von Ewigkeitsklauseln in Bezug auf die Dekommodifizierung erhebliche gesamtgesellschaftliche sozialökonomische Chancen bergen.[131]

Insgesamt lässt sich festhalten, dass gute Gründe dafür sprechen, Ewigkeitsklauseln nicht kategorisch für unzulässig zu erklären. Zumindest sprechen keine durchgreifenden Gründe auf Grundlage des Gesetzeswortlautes oder der Verbandsautonomie dagegen.

Gleichzeitig stellen Ewigkeitsklauseln nach geltend herrschender Rechtsauffassung keine rechtssichere Option für die Dekommodifizierung dar. Ihre Verwendung dürfte das signifikante Risiko bergen, dass die Dekommodifizierung gerichtlich aufgehoben wird.

(2) „Comedy of the Anticommons"

Als weitere Möglichkeit der Absicherung der Dekommodifizierung kommt ein Konzept in Betracht, das rechtsökonomisch von Michael Heller als „Comedy of the Anticommons" bezeichnet wurde.[132] Seinen Ursprung findet dieses Konzept in der von Hardin beschriebenen Tragödie der Commons (d.h. das Vorhandensein von vielen Nutzenden eines Gutes führt bei fehlenden individuellen Eigentumsrechten zu dessen Übernutzung). Als Pendant zur Tragödie der Commons erforschte Heller die „Tragödie der Anticommons". Hiernach können zu viele Eigentumsrechte von zu vielen Nutzenden zu einer gegenseitigen Blockade führen. Daraus kann wiederum resultieren, dass das gemeinsame Gut nicht oder untergenutzt wird. Wenn viele Personen etwa gemeinsam darüber entscheiden können, ob und wie ein Patentrecht genutzt werden darf, dann kann es passieren, dass keine Nutzung zustande kommt, weil sich immer eine Person findet, die die Nutzung durch die Verweigerung ihrer Zustimmung blockieren möchte.[133] Wenn nun aber bewusst verhindert

---

131 Siehe hierzu C. I. 2. b) bb) (5) (b).

132 *Heller*, The Gridlock Economy, S. 46ff.; siehe auch den einführenden Aufsatz, *Heller*, The Modern Law Review, Vol. 76, Issue 1, 2013, 6–25.

133 So führte etwa Uneinigkeit über die Verwendung von Patenten zur Blockade der Entwicklung der Luftfahrtindustrie in den USA, *Heller*, The Gridlock Economy, S. 30ff.

werden soll, dass ein Gut (in einer bestimmten Weise) genutzt werden soll, kann die absichtliche Fragmentierung von Stimmrechten über die Nutzungsbefugnis zu einer Blockade führen, welche zur gewollten Unternutzung führt. Im Ergebnis entsteht statt einer „Tragödie der Anticommons" eine „Komödie der Anticommons". Dabei nimmt Heller bei seiner Wortschöpfung Bezug auf Carol Rose, die den Begriff der „Comedy of the Commons" einführte. Die Comedy of the Commons beschreibt im Kern die Inversion der „Tragödie der Commons": Indem Commons für die Allgemeinheit zugänglich und nutzbar sind, entsteht ein Wert, der ohne diesen Zugang bzw. mit Privateigentum und damit einhergehenden Ausschlussrechten nicht entstanden wäre.[134] Voraussetzung für die Komödie der Anticommons ist, dass die Nutzung einen gemeinsamen Beschluss erfordert und die gewollte Nicht- oder Unternutzung nur durch den Beschluss beseitigt werden kann.

Auf eine Wohnungsgenossenschaft angewendet, könnte eine Satzungsregelung den Ausschluss der Profitorientierung vorschreiben. Die Klausel würde gleichzeitig vorsehen, dass diese Regelung nur durch einstimmigen Beschluss sämtlicher Mitglieder der eG abgeändert werden kann. Wenn die eG nun hinreichend groß ist, dürfte sich jeweils immer eine Minderheit finden, die einen abweichenden Beschluss verhindert.

Die Absicherung des Ausschlusses von Profiten über die „Komödie der Anticommons" birgt jedoch rechtliche Unsicherheiten. In der Rechtsprechung und Lehre werden auch „faktisch unabänderliche" Klauseln für unzulässig erklärt.[135] Dabei sind die Leitlinien der Rechtsprechung bei näherer Betrachtung komplex. Maßgeblich sind insbesondere Entscheidungen des OLG München[136] und des OLG Frankfurt.[137]

---

[134] Dies kann etwa bei einem Marktplatz der Fall sein, der den Handel zwischen verschiedenen Menschen ermöglicht oder als Tanzfläche dienen kann. In beiden Fällen steigern freie Zugangsrechte den Nutzwert des Commons, anstatt dass sie zur Tragödie führen, *Rose*, The University of Chicago Law Review, Vol. 53, No. 3, 1986, 711–781.

[135] Zum eV, OLG München, Beschluss vom 30.10.2020 – 31 Wx 371/19 –, NZG 2020, 314–316, 315, Rn. 13 ff.; zum eV, OLG Frankfurt (20. ZS), Beschluss vom 19.03.1981 – 20 W 658/80 –, OLGZ 1981, 391–394, 392 f.; in derselben Sache wie 20 W 658/80, OLG Frankfurt, Beschluss vom 27.11.1978 – 20 W 228/78; *Notz*/BeckOGK BGB, § 33 Rn. 46 m.w.N.

[136] Um den Gehalt der Entscheidungen zu verstehen, ist nicht nur die Kenntnis der Entscheidungsgründe, sondern auch des Tatbestandes erforderlich. Der Entscheidung des OLG München lag folgender Sachverhalt zugrunde: Ein eingetragener Turn- und Sportverein hatte über 2600 Mitglieder. Die Vereinssatzung hatte zwei streitgegenständliche Regelungen zu Anforderungen an Satzungsänderungen. § 18 Nr. 7 der Vereinssatzung lautete: „*Die Abänderung der Satzung mit Ausnahme der §§ 1, 2, 3, 4, 18/7 kann durch eine Mehrheit von 3/4 der erschienenen Mitglieder (jedoch bei mindestens 51-prozentiger Anwesenheit aller stimmberechtigten Mitglieder), die Auflö-*

Das OLG München gibt vor, dass faktisch unabänderliche Satzungsvorschriften unzulässig sind, wenn die Unabänderlichkeit an „tatsächlichen Gründen“ liegt. Das ist dann der Fall, wenn eine Willensbildung der Mitglieder an logistischen Hürden oder dem Desinteresse der Mitglieder scheitert. Wenn aber ein satzungsändernder Beschluss Einstimmigkeit erfordert und dann an einer ablehnenden Stimme eines Mitglieds scheitert, ist dies als wirksam hinzunehmen – das gilt auch dann, wenn von 2.600 Mitgliedern ein Mit-

---

sung nur durch eine Mehrheit von 3/4 der sämtlichen Mitglieder beschlossen werden.“ § 18 Nr. 8 lautete: „*Die Abänderung der §§ 1, 2, 3, 4 und 18/7 ist nur mit Zustimmung aller stimmfähigen Vereinsmitglieder möglich und diese muss nötigenfalls schriftlich eingeholt werden. (§§ 32 und 33 des BGB).*“ Auf einer außerordentlichen Hauptversammlung, in welcher eine Satzungsänderung beschlossen werden sollte, waren 260 stimmberechtigte Mitglieder anwesend. Nachdem festgestellt worden war, dass das satzungsgemäße Quorum von 51 % der stimmberechtigten Mitglieder nicht gegeben war, wurde dennoch über die neue Satzung abgestimmt. Hierbei stimmten 259 Mitglieder für und ein Mitglied gegen die Satzungsänderung. Das Registergericht lehnte eine Eintragung der geänderten Satzung mit der Begründung ab, dass die Voraussetzungen für einen satzungsändernden Beschluss nach § 18 Nr. 7 und § 18 Nr. 8 nicht vorgelegen haben. Der Verein wandte sich gegen diesen Beschluss mit Beschwerde an das OLG München. Das OLG München lehnte die Beschwerde mit der Begründung ab, dass der satzungsändernde Beschluss gegen § 18 Nr. 8 verstoße. § 18 Nr. 7 sei hingegen nach Treu und Glauben nichtig oder zumindest unanwendbar. Es sei faktisch unmöglich, das nach § 18 Nr. 8 erforderliche Quorum zu erreichen, was sich an der geringen Beteiligungsquote der Hauptversammlungen gezeigt habe. Damit sei es aufgrund von Desinteresse und daraus folgender Abwesenheit der Mitglieder faktisch ausgeschlossen, eine Satzungsänderung nach § 18 Nr. 8 herbeizuführen. In Bezug auf die Regelung § 18 Nr. 7 sei hingegen nicht feststellbar, dass es faktisch unmöglich wäre, alle Mitglieder schriftlich abstimmen zu lassen. Darüber hinaus zeige die Ablehnung eines Mitglieds auf der außerordentlichen Hauptversammlung, dass der Verein auch bei schriftlicher Einholung aller Mitgliederstimmen keine einstimmige Zustimmung hätte einholen können, OLG München, Beschluss vom 30.10.2020 – 31 Wx 371/19 –, NZG 2020, 314–316, 315, Rn. 13ff.

137 Der Entscheidung liegt folgender Sachverhalt zugrunde: Ein Verein mit ca. 4.500 Mitgliedern hatte gem. § 8 seiner Satzung einen Vorstand, der sich vollständig aus dem Vorstand eines anderen Vereins zusammensetzte. Um diese Vorschrift abzuändern, war gem. § 10 der Satzung ein Beschluss erforderlich, der unter Anwesenheit von mindestens 50% der Vereinsmitglieder gefasst wird. Bislang erschienen höchstens 2% der Mitglieder zu Mitgliederversammlungen. Das OLG Frankfurt entschied, dass diese Satzungsbestimmung Treu und Glauben widerspreche, weil sie praktisch unabänderlich sei. Das Gericht betont dabei jedoch auch, der Verein stehe „*so stark unter fremdem Einfluß, daß er eine selbständige Willensbildung nicht entfalten könnte, vielmehr als Sonderverwaltung des anderen erscheinen müßte*“. Die Entscheidung stützte sich also wesentlich auf die Tatsache, dass die faktisch unabänderliche Klausel einem vereinsfremden Dritten wesentliche Gestaltungsrechte einräumte, OLG Frankfurt, Beschluss vom 19.03.1981 – 20 W 658/80 –, OLGZ 1981, 391–394, 392f.; in derselben Sache wie 20 W 658/80, OLG Frankfurt, Beschluss vom 27.11.1978 – 20 W 228/78.

glied ablehnend stimmt.[138] Dies begründet das OLG München damit, dass die Möglichkeit im Vereinsrecht, eine höhere als die gesetzlich vorgesehene Dreiviertelmehrheit der abgegebenen Stimmen für Satzungsänderungen vorzusehen (§ 33 Abs. 1 S. 1 BGB), die Möglichkeit für verstärkten Minderheitenschutz eröffnet. Wenn eine Minderheit tatsächlich gegen eine Satzungsänderung ist, solle dies respektiert werden, sodass im Ernstfall nur der kollektive Vereinsaustritt bleibe, um sich der strengen Satzungsvorschrift zu entledigen.[139] Wenn aber aufgrund von Mitgliederapathie faktisch niemals ein hinreichendes Beschlussquorum an Mitgliedern erreicht werden kann, um abzustimmen, dann ist das Erfordernis zur Satzungsänderung unzulässig. Zudem genügt es nach Ansicht des OLG Frankfurt nicht, wenn Mitglieder ihre Ablehnung dadurch zum Ausdruck bringen, dass sie einer Abstimmung fernbleiben und nicht teilnehmen und gegen einen Beschluss stimmen.[140]

Nach alldem setzt eine wirksame Klausel zur Absicherung des Ausschlusses von Profiten der Commoners nach gegenwärtigem Stand der Rechtsprechung voraus, dass sie zur Abänderung der Dekommodifizierung einen einstimmigen Beschluss aller Mitglieder fordert. Dabei muss aber ein realistisch durchführbares und rechtlich zulässiges Verfahren zur Abstimmung vorgesehen werden. Das Verfahren sollte auch bei steigender Größe durchführbar bleiben. Hierbei äußert sich wieder ein Dilemma: Mit steigender Größe nimmt die Sicherheit zu, dass sich jemand finden lässt, der*die sich weigert,

---

[138] OLG München, Beschluss vom 30.10.2020 – 31 Wx 371/19 –, NZG 2020, 314–316, 315, Rn. 19f.

[139] OLG München, Beschluss vom 30.10.2020 – 31 Wx 371/19 –, NZG 2020, 314–316, 315, Rn. 20.

[140] „[Es ist] *für die Entscheidung auch ohne Bedeutung, ob, wie der Antragsgegner behauptet, die Mehrzahl der Mitglieder des Betroffenen durch ihr Fernbleiben eine Ablehnung der von dem Antragsteller und seinen Gesinnungsgenossen angestrebten Satzungsänderung ausdrücken wollen. Eine solche Meinungskundgabe wäre, selbst wenn sie vorläge, unbeachtlich. Es gehört zu den Grundregeln des Vereinsrechts, daß eine beachtliche Willensäußerung der Mitglieder bei Abstimmungen an die Teilnahme an einer Mitgliederversammlung gebunden ist, sofern nicht die schriftliche Zustimmung gemäß § 32 Abs. 2 BGB genügt. Andernfalls müßten bei allen Abstimmungen die abwesenden Mitglieder als Nein-Stimmen mitgerechnet werden (vgl. auch die §§ 32 Abs. 1 Satz 3 und 33 Abs. 1 Satz 1 BGB, die von ‚erschienenen' Mitgliedern sprechen).*“, OLG Frankfurt (20. ZS), Beschluss vom 19.03.1981 – 20 W 658/80 –, OLGZ 1981, 391–394, 394; *a.A.* jedoch das OLG München: „*Kommt ein satzungsgemäßer Änderungsbeschluss aber etwa deshalb nicht zustande, weil die Vereinsmitglieder der Mitgliederversammlung bewusst fernbleiben, um die für eine Satzungsänderung erforderliche Anwesenheitsquote zu verhindern, oder weil bei Einstimmigkeitserfordernis auch nur ein Mitglied gegen die Satzungsänderung stimmt, realisiert sich der satzungsgemäß vorgesehene Minderheitenschutz, der allein durch Praktikabilitätserwägungen nicht umgangen werden darf.*“ OLG München, Beschluss vom 30.10.2020 – 31 Wx 371/19 –, NZG 2020, 314–316, 315, Rn. 15.

die Dekommodifizierung aufzuheben. Gleichzeitig dürfte bei steigender Größe die Gefahr zunehmen, dass ein Gericht annimmt, dass eine Satzungsänderung faktisch unmöglich ist. Diese Gefahr sollte jedoch nicht überbewertet werden, da eine schriftliche Abstimmung von sämtlichen 2.600 Mitgliedern eines Vereins als durchführbar betrachtet wurde.[141] Zudem steht der eG die Möglichkeit zur Verfügung, nach § 47 Abs. 7 GenG eine virtuelle Generalversammlung abzuhalten und so logistische Hürden für die Abstimmung abzubauen.[142]

Als weitere Möglichkeit, um die Wirkung der Anticommons zu nutzen und gleichzeitig die logistische Durchführbarkeit der Entscheidung zu gewährleisten, bietet sich das sog. „Konsensprinzip" an. Wird das Konsensprinzip angewendet, müssen Beschlüsse kein bestimmtes Mehrheitsquorum erfüllen, um angenommen zu werden. Stattdessen werden Beschlüsse angenommen, wenn kein Mitglied ein Veto einlegt. Jedes Mitglied kann gegenüber Beschlüssen in Abstufungen Zustimmung oder Bedenken äußern. Wenn ein Mitglied ein Veto einlegt, ist ein Beschluss abgelehnt.[143] Insofern grenzt sich das Konsensverfahren vom Mehrheitsverfahren ab, bei welchem eine Minderheit von der Mehrheit überstimmt werden kann. Die Entscheidung nach dem Konsensprinzip würde dazu führen, dass jedes Scheitern eines Beschlusses darauf zurückgeführt werden könnte, dass Beschlussberechtigte aktiv ihren Willen geäußert haben. Es wäre ausgeschlossen, dass ein Beschluss deswegen scheitert, weil ein bestimmtes Beschlussquorum (z. B. in Form der gleichzeitigen Anwesenheit aller Mitglieder oder der Abstimmung aller Mitglieder) faktisch nicht erreichbar wäre. Um die Sicherheit des Verfahrens zu erhöhen, könnte das Konsensverfahren mit einem Mindestquorum verbunden werden. So könnte eine Satzungsklausel vorschreiben, dass ein Beschluss mindestens die Mehrheit von drei Vierteln der abgegebenen Stimmen erfordert und dass darüber hinaus kein Veto eingelegt worden sein darf. Dies wäre in Fällen, in denen das Gesetz ein Mindestquorum vorschreibt, auch zwingend (vgl. § 16 Abs. 1 S. 1 GenG). Der Nachteil des Konsensprinzips ist dabei, dass die Sicherheit, dass Beschlüsse scheitern, geringer ist, als wenn ein Beschluss die Einstimmigkeit sämtlicher Mitglieder erfordert.

---

[141] OLG München, Beschluss vom 30.10.2020 – 31 Wx 371/19 –, NZG 2020, 314–316, 315, Rn. 19 f.

[142] Virtuelle Generalversammlungen sind gem. § 43b Abs. 1 Nr. 2, Abs. 3 GenG zulässig.

[143] Eine Gruppe entsteht, Ziff. 4, MHS-Handbuch, S. 14 ff; *Hartnett*, The Basics of Consensus Decision-Making; zum Konsensprinzip aus staatstheoretischer Sicht, *Gusy*, Zeitschrift für Politik, 1985, Vol. 32, No. 2, 133–152, 140 ff.

Unabhängig von seiner rechtlichen Zulässigkeit birgt die Absicherung des Ausschlusses von Profiten durch die Komödie der Anticommons ein weiteres Dilemma: Mit zunehmender Größe steigt die Sicherheit, dass sich zumindest ein Mitglied findet, welches die Zustimmung verweigern möchte, um zu verhindern, dass die Dekommodifizierung aufgehoben wird. Gleichzeitig nimmt mit zunehmender Größe der eG die Qualität der gleichrangigen Selbstverwaltung ab.[144] Insofern ist es bei einer einzelnen eG unmöglich, sowohl die Qualität der gleichrangigen Selbstverwaltung als auch der Dekommodifizierung mittels des „Comedy of the Anticommons"-Konzepts zu maximieren.[145]

ee) Zwischenfazit

Die Dekommodifizierung in der Wohnungsgenossenschaft zu verankern, ist eine Herausforderung, für die die eG als einzelne Rechtsform keine optimale Lösung bietet. Ewigkeitsklauseln sind kein gangbarer Weg. Die Dekommodifizierung kann weitgehend abgesichert werden, indem die Satzung die Dekommodifizierung verankert und Änderungen der entsprechenden Vorschriften unter den Vorbehalt eines einstimmigen Beschlusses sämtlicher Genossenschaftsmitglieder stellt. Dabei besteht jedoch einerseits das Dilemma, dass eine größere Zahl an Genossenschaftsmitgliedern die Sicherheit erhöht, aber gleichzeitig die Qualität der gleichrangigen Selbstverwaltung zunehmend verwässert. Darüber hinaus erfordert dieser Ansatz, dass das Abstimmungsverfahren reibungslos sicherstellt, dass sämtliche Mitglieder tatsächlich an satzungsändernden Beschlüssen beteiligt sind und nicht aufgrund von Desinteresse oder logistischen Hürden fernbleiben. In der Folge birgt dieser Ansatz rechtliche Unsicherheit darüber, ob Gerichte Satzungsklauseln als „faktisch unabänderlich" und damit unwirksam bewerten.

---

144 Siehe hierzu bereits D. I. 1. a) bb) (4) und D. I. 1. b) bb) (5).

145 Heller weist zudem – wie andere Stimmen zur Ewigkeitsklausel – darauf hin, dass die bewusste Perpetuierung eines Zustandes durch die gezielte Fragmentierung von Stimmrechten das Risiko birgt, später nicht mehr auf veränderte Umstände und Bedürfnisse reagieren zu können. *Heller*, The Gridlock Economy, S. 46. Ich meine jedoch, dass die Dekommodifizierung in dieser Hinsicht wenig echte Risiken birgt, weil sie auch radikale Veränderungen der Art und Weise, wie ein Common bewirtschaftet wird, zulässt.

b) Co-Produktion

Die Wohnungsgenossenschaft ist rechtlich-strukturell nur in geringem Maße auf Co-Produktion angelegt. Co-Produktion bedeutet, dass die Verantwortung zur Schaffung und Erhaltung des Wohnraums grundsätzlich in der Hand *sämtlicher* Commoners liegt, sodass die Commoners den Wohnraum aktiv durch gemeinsames Handeln „co-produzieren".[146]

Zwar ist gem. § 1 Abs. 1 GenG der Zweck der Genossenschaft darauf gerichtet, die Mitglieder „durch gemeinschaftlichen Geschäftsbetrieb zu fördern". Hieraus folgt aber nicht, dass sämtliche Mitglieder durch gemeinschaftliches Handeln an der Herstellung der genossenschaftlichen Leistung beteiligt werden müssen oder dürfen. Der Begriff des „gemeinschaftlichen Geschäftsbetriebs" wird durch den historischen Gesetzgeber,[147] die Rechtsprechung[148] und die Lehre[149] so ausgelegt, dass damit lediglich gemeint ist, dass der Geschäftsbetrieb der Genossenschaft dem Förderzweckprinzip entsprechen muss.

In der Genossenschaft ergibt sich folgende Aufgabenverteilung bzw. Organisationsstruktur: Genossenschaftsmitglieder erhalten von ihrer Genossenschaft Naturalleistungen gegen die Zahlung von Geld. Mitglieder sind dabei einerseits Kapitalgeber*innen und andererseits Kund*innen, die für Leistungen der Genossenschaft bezahlen. Dabei sind sämtliche Mitglieder durch ihr Geschäftsguthaben Kapitalgeber*innen und die nutzenden Mitglieder entrichten die Nutzungsgebühr. Die Naturalleistung der Genossenschaft an ihre Mitglieder wird wiederum durch Geschäftsführungsmaßnahmen des Vorstands erbracht (vgl. §§ 17 Abs. 1, 24 Abs. 1, 27 Abs. 1 S. 1 GenG). Die Geschäftsführung, d.h. die tatsächliche Entscheidungsfindung und Umsetzung in Bezug

---

146 Siehe hierzu C. III. 2. und C. I. 2. b) bb) (5) (c).

147 Das Wort „gemeinschaftlich" wurde im Wesentlichen aus stilistischen Gründen gewählt, um nicht „genossenschaftlich" zu schreiben. Hiermit sollte vermieden werden, dass die Beschreibung der Genossenschaft zirkulär mit dem Wort „genossenschaftlich" erfolgt, *Parisius/Crüger/Crecelius/Citron*, GenG, Einl. S. 14; *Beuthien*, GenG, § 1 Rn. 30.

148 Siehe das LG Aachen: „*Der gemeinschaftliche Geschäftsbetrieb i. S. v. § 1 Abs. 1 GenG erfordert nicht,* […] *einen aktiv nach außen gerichteten gegenseitigen Einsatz eines jeden Mitglieds zur Erreichung des gemeinsamen Zweckes, weil dies weder rechtlich – wegen der Rechtsnatur der e.G.m.b.H.* [sic] *als juristischer Person –, noch tatsächlich – wegen vielfach fehlender Sachkenntnis des einzelnen Mitglieds – möglich ist.*", LG Aachen, Beschluss vom 25.09.1961 – 9 T 8/61 –, ZfgG 1972, 71–73, 72.

149 *Althanns*, Genossenschafts-Handbuch 3200,§ 1 Rn. 31; *Beuthien*, GenG, § 1 Rn. 29ff.; vgl. *Holthaus/Lehnhoff*/Lang/Weidmüller, GenG, § 1 Rn. 18ff.

auf die Herstellung und Instandhaltung des Wohnraums, ist ausschließlich (vgl. 27 Abs. 1 S. 1 GenG) dem Vorstand zugewiesen.[150]

Diese Aufteilung gilt nicht ausnahmslos: Bei kleineren Genossenschaften kann die Generalversammlung ebenfalls in die laufende Geschäftsführung involviert werden (§ 27 Abs. 1 S. 3 GenG), sodass sämtliche Mitglieder Geschäftsführungsmaßnahmen erbringen (können). Darüber hinaus werden bei Wohnungsgenossenschaften kleinere Maßnahmen der Geschäftsführung teils über den Nutzungsvertrag als „Schönheitsreparaturen“ auf die jeweils wohnende Vertragspartei umgelegt.[151]

Insgesamt lässt sich festhalten, dass die Wohnungsgenossenschaft nur in geringem Maße auf die Co-Produktion von Wohnraum ausgelegt ist. Zwar wird grundsätzlich ein struktureller Interessenskonflikt bei der marktförmigen Wohnraumversorgung überwunden. Insbesondere die Eigenbedarfskündigung müssen Mitglieder von Wohnungsgenossenschaften nicht fürchten. Das „gemeinsame Selbermachen“ ist in der Genossenschaft jedoch rechtlich kaum möglich. Sofern eine Genossenschaft mehr als zwanzig Mitglieder hat, kann sie nicht durch eine Satzungsbestimmung auf Co-Produktion ausgelegt werden.

3. Offenheit

Inwiefern ist der rechtliche Ansatz der Wohnungsgenossenschaft offen im Sinne der Arbeitsdefinition zu Commons?[152] Wie dargestellt, ist die eG grundsätzlich auf den Ausschluss der profitorientierten Wohnraumbewirtschaftung ausgelegt. Durch die hieraus folgende geringere Vergleichsmiete ist die Wohnungsgenossenschaft offen für Menschen mit geringem Einkommen.[153] Um zu untersuchen, inwiefern die Wohnungsgenossenschaft darüber hinaus auf Offenheit ausgerichtet ist, betrachte ich, inwiefern der Förderzweckgrundsatz konzeptuell mit der Offenheit kompatibel ist (D. I. 3. a)). Darüber hinaus gehe ich darauf ein, inwiefern die Wohnungsgenossenschaft auf die Vergrößerung ihres Wohnraumbestandes (D. I. 3. b)) und auf eine diskriminierungsfreie Auswahl ihrer Bewohnerschaft (D. I. 3. c)) ausgerichtet ist.

---

150 Siehe hierzu bereits D. I. 1. a) bb) (2).

151 Vgl. BGH, Urteil vom 22.08.2018 – VIII ZR 277/16 –, juris, Rn. 20.

152 Zur Definition siehe C. III. 3 und C. I. 2. b) bb) (3).

153 Siehe C. I. 2. b) bb) (5) (b).

a) Förderzweck

Der Förderzweck nach § 1 Abs. 1 GenG zwingt zur Mitgliedernützigkeit des genossenschaftlichen Geschäftsbetriebs.[154] Dies wirft die Frage auf, ob eine Wohnungsgenossenschaft als Commons treuhänderisch der Allgemeinheit dienen kann, wenn der Förderzweck sie dazu verpflichtet, ausschließlich ihren Mitgliedern zu dienen.[155] Diese Frage berührt das bereits angesprochene Problem, dass Wohnraum-Commons notwendigerweise ihren Kreis der Nutzenden beschränken müssen, aber gleichzeitig den Anspruch haben, der Gesamtgesellschaft zu dienen und für diese zugänglich zu sein.[156] Wie bereits festgehalten, lässt sich das Dilemma der notwendigen Geschlossenheit bei gleichzeitigem Anspruch der Offenheit dadurch abmildern, dass ein Wohnraum-Commons strukturell darauf ausgelegt ist, seinen Wohnraum zu erweitern, Wissen zu teilen und auch dadurch, dass es Anstrengungen unternimmt, neue Mitglieder in einem transparenten, diskriminierungsfreien Verfahren auszuwählen.[157] Der Förderzweck steht hiermit nicht zwingend in Widerspruch. So kann eine Genossenschaft trotz ihrer Mitgliedernützigkeit weiteren Wohnraum schaffen.[158] Zudem schließt die Mitgliedernützigkeit nicht aus, dass die Genossenschaft Bestrebungen unternimmt, Mitglieder diskriminierungsfrei auszuwählen. Das Förderzweckprinzip ist durch das daraus folgende Identitätsprinzip sogar wichtig, um den Commons-Grundsatz der gleichrangigen Selbstverwaltung zu verankern.[159]

Gleichzeitig können durch den Förderzweck rechtliche Unsicherheiten entstehen, wenn ein Wohnraum-Commons über die Versorgung der eigenen Mitglieder hinaus den umgebenden Stadtteil fördern möchte, etwa durch soziale und kulturelle Angebote wie Hausaufgabenhilfe oder Seniorentreffen.[160] Diese dürften als Nebentätigkeit der Genossenschaft in der Regel mit dem Förderzweck noch vereinbar sein (vgl. § 1 Abs. 2 Nr. 2 GenG).[161] Gleichzeitig ist die diesbezügliche Rechtsunsicherheit eine Herausforderung für Woh-

---

[154] Siehe C. I. IV. 3. a).

[155] Eingehend zum Förderzweck von Genossenschaften im Spannungsfeld von Gruppenwohl und Gemeinwohl *Kluth*, npoR 2022, 194–199.

[156] Siehe C. I. 2. b) bb) (3).

[157] C. I. 2. b) bb) (3).

[158] Vgl. *Holthaus/Lehnhoff*/Lang/Weidmüller, GenG, § 1 Rn. 59.

[159] Siehe D. I. 1. a) aa) und D. I. 1. b) aa).

[160] Die Praxis zeigt, dass einige Wohnungsgenossenschaften derartige Verantwortung übernehmen und aktiv ihre nähere Umgebung fördern, BMVBS, BBSR, Erschließen von Genossenschaftspotenzialen, S. 90 ff.

[161] Die Förderung der Belange Dritter muss einen Nebenzweck zum Förderzweck darstellen, *Beuthien*, GenG, § 1 Rn. 98.

nungsgenossenschaften.[162] Zudem ist bei der Nachbarschaftsförderung durch den Betrieb von Gewerbe (etwa einem Stadtteilkino oder einer Fahrradvermietung) zu beachten, dass der Verlust von Steuervorteilen droht.[163]

Insgesamt ist festzuhalten, dass der Förderzweckgrundsatz grundsätzlich in einem Spannungsverhältnis zum konzeptuellen Anspruch der Offenheit steht.[164] Gleichzeitig dürfte der Förderzweckgrundsatz rechtspraktisch nicht wesentlich im Weg stehen, um den Geschäftsbetrieb der Wohnungsgenossenschaft „offen“ auszurichten.

b) Förderung von Expansion

Die einzelne Wohnungsgenossenschaft ist rechtlich nicht strukturell auf eine Vergrößerung ihres Wohnungsbestandes ausgerichtet. Es bestehen insofern keine rechtlich verankerten Anreize oder Vorgaben, die solch ein Verhalten begünstigen oder gar erzwingen würden. Im Übrigen ist die Vergrößerung des Wohnungsbestandes innerhalb einer einzelnen eG problematisch in Bezug auf die gleichrangige Selbstverwaltung. Werden unter dem Dach einer einzelnen Genossenschaft weitere Wohnungen gebaut und verwaltet, führt dies zu einer Verwässerung der Qualität der gleichrangigen Selbstverwaltung, indem Entscheidungen zentralisiert werden und wohnraumübergreifend getroffen werden müssen.[165]

c) Teilen von Wissen

Das Genossenschaftsrecht ist nur bedingt darauf ausgelegt, dass einzelne Genossenschaften situiertes Wissen „nach außen“ weitergeben.[166] In Teilen ist die Genossenschaft zumindest durch ihre Pflichtmitgliedschaft in einem Prüfverband aber darauf ausgelegt, dass sie dort Wissen einbringt, welches anderen Genossenschaften zugutekommen kann.[167]

---

[162] Diese Rechtsunsicherheit betrifft sämtliche Sozialgenossenschaften, die den Bereich der Selbsthilfe überschreiten und in den Bereich der Fremdhilfe übergehen, *Kluth/Sieker*, Sozialgenossenschaften, S. 82 f.

[163] Siehe D. I. 1. b) bb) (2), Fn. 52.

[164] So auch Kluth, der daher genossenschaftliches Wirtschaften als strukturell unterschiedlich zu Commoning begreift, *Kluth*, npoR 2022, 194–199, 196.

[165] Siehe D. I. 1. a) bb) (4) und D. I. 1. b) bb) (5).

[166] Die Praxis der Vernetzung von Genossenschaften und Dachgenossenschaften klammere ich bei meiner Untersuchung bewusst aus. Diese Anordnung dürfte aber zur Verbreitung von Wissen beitragen.

[167] Dies ergibt sich zumindest auch aus (Satzungs-)Dokumenten von Prüfungsverbänden: So erklärt etwa die Satzung des Prüfungsverbands der kleinen und mittelständischen Genossenschaften e. V. vom 07. 09. 2018 in § 2 Abs. 1, dass der Vereinszweck

d) *Diskriminierungsfreie Auswahl*

Im Genossenschaftsrecht selbst gibt es keine besonderen Regelungen, die eine diskriminierungsfreie Auswahl der Bewohnerschaft stärken. Gesetzlich normiert ist der Beitritt zur Genossenschaft in § 15 GenG. Nach dieser Vorschrift besteht kein Anspruch auf Aufnahme in die Genossenschaft. Über die Aufnahme entscheidet grundsätzlich der Vorstand.[168] Rechtspolitisch wird die Vorschrift als unzureichend kritisiert, um Bewerbern auf genossenschaftlichen Wohnraum ein ausreichend transparentes und ausgeglichenes Verfahren zu gewähren.[169] Im geltenden Recht bleibt die vorrangige Rechtsquelle für die Bekämpfung von Diskriminierung beim Zugang zu genossenschaftlichem Wohnraum das AGG.[170]

4. Möglichkeiten der Kapitalaufbringung

Sinnvollerweise lässt sich bei der Wohnungsgenossenschaft zwischen den Möglichkeiten unterscheiden, Eigenkapital und Fremdkapital aufzubringen.

a) *Eigenkapital und Mezzanine*[171]*-Kapital*

Die Genossenschaft hat allgemein den Ruf, im Vergleich zu anderen Rechtsformen unter einer schwachen Eigenkapitalversorgung zu leiden.[172]

---

u. a. in der „Förderung der Kooperation“ zwischen den Mitgliedern liegt; der Verband Sächsischer Wohnungsgenossenschaften e. V. verspricht auf seiner Website, dass Mitglieder sich auf Veranstaltungen „austauschen“ und „vernetzen“ können, Der VSWG – Ein Portrait; ebenso erklärt die Satzung des PDG Genossenschaftlicher Prüfungsverband e. V. vom 02. 07. 2013 in § 2 Abs. 1, dass der Vereinszweck u. a. darin liegt, die „gegenseitigen Geschäftsbeziehungen“ der Mitglieder zu fördern.

168 Vgl. § 27 Abs. 1 S. 1 GenG, *Fandrich*/Pöhlmann/Bloehs, GenG, § 15 Rn. 14; *Holthaus/Lehnhoff*/Lang/Weidmüller, GenG, § 15 Rn. 11.

169 Die Initiative „Genossenschaft von Unten“ schlägt vor, abgelehnten Bewerbern die Möglichkeit zu geben, Widerspruch zu erheben. Die Generalversammlung sollte über diesen Widerspruch entscheiden und der Widerspruchsführer sollte dabei Anspruch auf persönliches Gehör haben, Genossenschaft von Unten, Vorschläge zur Neuregelung oder zu Änderungen im Genossenschaftsgesetz, 26. 03. 2022.

170 Eingehend zu diesem Thema *Hoffmann/Bierlein*, ZfPW 2021, 286–309, 287 ff.

171 Der Begriff „Mezzanine“ geht auf den italienischen Begriff „Mezzanino“ zurück und bezieht sich auf ein für die Baukunst der Renaissance und des Barock typisches Zwischengeschoss zwischen zwei Hauptetagen eines Gebäudes. Hierin drückt sich plastisch aus, dass es sich bei Mezzanine-Kapital um Kapital zwischen Eigen- und Fremdkapital handelt, welches funktional eigenkapitalersetzend wirken kann, *Schrell/ Kirchner*, BKR 2003, 13–20, 13 ff.

172 *Beuthien*, NZG 2003, 849–853, 849 f.; *Binz/Freudenberg*, DB 1991, 2473–2477, 2475; *Momberger*, Social Entrepreneurship, S. 101; positiv bewertet jedoch durch *Altrogge*, Experteninterview vom 02. 06. 2021.

Dies wird unter anderem darauf zurückgeführt, dass Mitglieder wenig Anreize haben, mehr als die Mindestanzahl von Geschäftsanteilen zu erwerben und dadurch zusätzlich Eigenkapital in die Genossenschaft einzuzahlen.[173] Insbesondere im Vergleich zu den Geschäftsanteilen einer GmbH oder den Aktien einer AG sind die in dem Geschäftsanteil einer eG verkörperten Gestaltungsrechte und finanziellen Rechte deutlich reduziert.[174] So kennt die Genossenschaft kein Kapitalstimmrecht, sondern gem. § 43 Abs. 3 S. 1 GenG den Grundsatz der Stimmgleichheit. Daher führt die Übernahme mehrerer Geschäftsanteile grundsätzlich nicht zu einer Zunahme an Stimmrechten und damit einhergehender Gestaltungsmacht.[175] Darüber hinaus bedeutet die fehlende Handelbarkeit des Geschäftsanteils und die gem. § 73 Abs. 2 S. 3 GenG beschränkte Auszahlung bei Kündigung der Mitgliedschaft, dass der Geschäftsanteil beim Ausscheiden (mit Ausnahme des Falls der Liquidation) keinen Zugriff auf den wirtschaftlichen Verkehrswert des Genossenschaftsvermögens erlaubt.[176] Schließlich führt der Förderzweck dazu, dass die eG ihre Mitglieder nicht durch Kapitaldividenden, sondern durch Naturalleistungen fördert. Der Anspruch auf diese Förderleistung setzt jedoch nur die Mindestbeteiligung in Form von Geschäftsanteilen voraus. Dividendenerträge aus Geschäftsanteilen sind hingegen nur in geringem Maße zu erwarten.[177]

Die Dekommodifizierung der eG führt also zu einer Abnahme von finanziellen Anreizen für die Zuführung von Eigenkapital durch Geschäftsguthaben.[178] Gleichzeitig stehen atypische stille Beteiligungen und andere alternative Instrumente zur Eigenkapitalbeschaffung in Konflikt mit der Dekommodifizierung.[179] Hierin zeigt sich ein Spannungsverhältnis zwischen wirtschaftlichen Realitäten und konzeptuellen Ansprüchen. Dieses Spannungsverhältnis ist jedoch nicht spezifisch für die eG, sondern betrifft sämtliche rechtlichen Ansätze, die auf Dekommodifizierung ausgelegt sind. Zur Eigenkapitalbe-

---

173 *Beuthien*, NZG 2003, 849–853, 850. Die Satzung kann nach § 7a Abs. 2 GenG bestimmen, dass Mitglieder sich mit mehreren Geschäftsanteilen zu beteiligen haben.

174 Vgl. § 47 Abs. 2 GmbHG und § 134 Abs. 1 S. 1 AktG.

175 Dieser Grundsatz kann nach § 43 Abs. 3 S. 2 GenG durch Mehrfachstimmrechte durchbrochen werden. Dies ist allerdings nur in Grenzen möglich, siehe D. I. 1. b) bb) (1).

176 Dieser Grundsatz kann nach § 73 Abs. 3 GenG durch die Schaffung eines Beteiligungsfonds durchbrochen werden, siehe D. I. 2. bb) (6).

177 Dieser Grundsatz wird durch investierende Mitglieder durchbrochen, siehe D. I. 2. a) bb) (2).

178 Die Übernahme zusätzlicher Anteile wird dementsprechend in der Praxis zum Teil als Übernahme von „Solidaranteilen" bezeichnet, *Altrogge*, Experteninterview vom 02.06.2021.

179 Siehe D. I. 2. a) bb) (8).

schaffung ist daher ein Kompromiss zwischen dem Bedarf nach Eigenkapital und konzeptuellen Ansprüchen erforderlich.

Ein Instrument zur alternativen Eigenkapitalbeschaffung unter Wahrung der Dekommodifizierung können qualifizierte Nachrangdarlehen darstellen.[180] Qualifizierte Nachrangdarlehen sind Darlehensverträge (§ 488 BGB), die eine qualifizierte Nachrangklausel nach § 19 Abs. 2 InsO beinhalten. Gegenstand dieser Klausel ist, dass der*ie Darlehensgeber*in für den Fall der Insolvenz des*er Darlehensnehmers*in lediglich nachrangig einen Anspruch auf Rückzahlung des Darlehens und ausstehender Zinsen hat. Folge dieser Vereinbarung zugunsten der Gläubigergesamtheit des Darlehensnehmers ist, dass das Darlehen als Eigenkapital verbucht werden kann.[181] Nachrangdarlehen haben zudem den Vorteil, dass sie nicht unter die Regelung des § 1 Abs. 1 S. 2 Nr. 1 KWG fallen.[182] Das bedeutet, dass die Annahme von Nachrangdarlehen nicht gem. § 32 Abs. 1 S. 1 KWG als erlaubnispflichtiges Bankgeschäft qualifiziert wird. Hierdurch können Nachrangdarlehen vereinfacht als Direktkredite von Unterstützern der Genossenschaft eingeworben werden. Dabei müssen jedoch Beschränkungen des VermAnlG eingehalten werden. Nach § 1 Abs. 1 S. 1, Abs. 2 Nr. i. V. m. § 6 VermAnlG ist das öffentliche Anbieten von Nachrangdarlehen grundsätzlich prospektpflichtig. Die Prospektpflicht muss aufgrund der damit verbundenen Kosten realistischerweise vermieden werden.[183] Dies kann dadurch erreicht werden, dass Genossenschaften darauf abzielen, einen der gesetzlichen Ausnahmetatbestände für die Prospektpflicht zu erfüllen. Ein solcher sind etwa Beschränkungen des Anlagevolumens nach § 2 Abs. 1 Nr. 3 VermAnlG. Im Einzelnen fehlt jedoch Rechtsprechung zu wichtigen Ausnahmetatbeständen, sodass Darlehensgeber*innen erheblichen Rechtsunsicherheiten ausgesetzt sind.[184] Die Möglichkeit der Eigenkapitalbeschaffung über Direktkredite ist faktisch auch dadurch beschränkt, dass die schlechte Gläubigerstellung im Insolvenzfall die Anlage nur beschränkt attraktiv macht.[185]

---

180 Diese sind in der Praxis selbstverwalteter Wohnprojekte verbreitet, *Holm/Laimer*, Alternative Finanzierungsinstrumente für Haus- und Wohnprojekte, S. 139f.

181 BGH, Urteil vom 05.03.2015 – IX ZR 133/14 –, BGHZ 204, 231–251, juris, Rn. 14.

182 BaFin, Merkblatt Einlagengeschäft, 11.03.2014, geändert am 20.08.2021.

183 Die Kosten, um einen Prospekt für kleine und mittelständische Unternehmen zu erstellen, wurden von Rost Stand 2015 auf ca. 20.000–30.000 € geschätzt, *Rost*, Forum Recht 1. Ausgabe 2015, 30–31, 30; die BaFin verlangt zudem für die Billigung und Hinterlegung eines Prospekts mindestens 13.433 €, gem. Nr. 4.1 Anl. FinDAGebV i. V. m. §§ 1 Nr. 5, 2 Abs. 1 S. 1 FinDAGebV i. V. m. §§ 1 Abs. 1, 22 Abs. 3 Nr. 1 BGebG.

184 Vgl. *Koglin*, npoR 2016, 60–63, 61f.

185 *Rückriemen*, Experteninterview vom 03.03.2021; *Altrogge*, Experteninterview vom 02.06.2021.

Darüber hinaus müssen auf Nachrangdarlehen Zinsen erbracht werden. Dies führt – anders als bei anderen Eigenkapitalinstrumenten – auch in Zeiten fehlender Erträge zu negativen Cashflows.[186]

b) Fremdkapital

Im Bereich der Immobilienwirtschaft hat die Wohnungsgenossenschaft bei Fremdkapitalgebern grundsätzlich den guten Ruf, verlässlich und vorhersehbar unter Aufsicht von Prüfungsverbänden zu wirtschaften. Dadurch kann sich der Risikoanteil der Kreditzinsen senken, sodass die Genossenschaft insgesamt von geringen Fremdkapitalkosten profitieren kann.[187] Gleichzeitig hängt dies jedoch von der Größe und Erfahrung der Genossenschaft ab, sodass größere Wohnungsgenossenschaften, die bereits mehrere Immobilienprojekte realisiert haben, von besseren Zinsen profitieren können. Dies wiederum schränkt den Handlungsspielraum von kleineren, jüngeren Genossenschaften ein.[188]

Unter den Beschränkungen von § 21b GenG haben Genossenschaften die Möglichkeit, Darlehen von ihren Mitgliedern zu nehmen, ohne dabei eine Erlaubnis nach §§ 1 Abs. 1 S. 2 Nr. 1, 32 Abs. 1 S. 1 KWG zu benötigen. Diese Regelung erweitert die Möglichkeit der eG, Kapital bei ihren Mitgliedern einzuwerben, ohne dabei auf Nachrangdarlehen zurückgreifen zu müssen.[189] Eine Kapitalzufuhr „von außen“ ist dadurch aber nicht vereinfacht möglich.

c) Zwischenfazit

Die Möglichkeiten der Kapitalbeschaffung sind bei der Wohnungsgenossenschaft durch die Dekommodifizierung eingeschränkt. Insofern wird in der Praxis ein Kompromiss zwischen den Notwendigkeiten der Kapitalbeschaffung und dem konzeptuellen Anspruch der Dekommodifizierung erforderlich sein. Dabei sollte primär auf Instrumente der Kapitalbeschaffung zurückgegriffen werden, die mit der Dekommodifizierung in Einklang stehen und erst subsidiär auf Instrumente, welche einen stärkeren Widerspruch zur Dekommodifizierung darstellen. Dieser Befund gilt jedoch nicht spezifisch für die eG, sondern für alle rechtlichen Ansätze zur Schaffung und Erhaltung von Wohnraum-Commons. Spezifisch für die eG gilt, dass bei der Kompromissfindung investierende Mitglieder weniger problematisch sein dürften als atypische stille Beteiligungen. Atypische stille Beteiligungen bergen insbeson-

---

[186] *Altrogge*, Experteninterview vom 02.06.2021.

[187] *Just*, Experteninterview vom 17.04.2021.

[188] *Just*, Experteninterview vom 17.04.2021.

[189] Ausführlich zu den Beweggründen hinter der Regelung BT-Drs. 18/11506, S. 25.

dere durch ihr Recht auf Beteiligung am Zuwachs des Genossenschaftsvermögens die Gefahr, dass Investoren spekulative Wertsteigerungen von Immobilien abschöpfen. Diese Gefahr besteht bei investierenden Mitgliedern nicht. Ansonsten ist die Wohnungsgenossenschaft positiv zu bewerten in Bezug auf ihre Möglichkeiten, Fremdkapital aufzubringen. Die geringe Insolvenzquote und die Aufsicht der Prüfverbände dürfte i. d. R. einer günstigen Risikobewertung bei der Fremdfinanzierung zuträglich sein. Zudem stellt die bankaufsichtsrechtliche Privilegierung nach § 21b GenG einen weiteren Vorteil bei der Fremdkapitalbeschaffung dar.

5. Kosten und Komplexität

Als einzelne juristische Person profitiert die Wohnungsgenossenschaft grundsätzlich von einer einfachen und übersichtlichen Governance-Struktur. Die Rechtsform der eG ist mit jährlichen Kosten für die Pflichtprüfung i. H. v. 1.500 € bis 3.000 € belastet.[190] Für Kleinstgenossenschaften kann dieser Betrag eine signifikante Belastung darstellen.[191] Im Bereich der Wohnungsgenossenschaften sind die Prüfungskosten zwar im Verhältnis zu den jährlichen Gesamtkosten des Betriebes regelmäßig gering.[192] Dennoch wird in der Praxis die eG als zu teuer und aufwendig bewertet, um einzelne Objekte zu bewirtschaften bzw. erst ab dem Betrieb von 15 Wohneinheiten für sinnvoll erachtet.[193] Insbesondere dürfte die Pflichtprüfung zu geringeren Fremdkapitalkosten führen, welche die Prüfungskosten zum Teil wieder ausgleichen können. Ein wesentlicher Vorteil der Wohnungsgenossenschaft ist, dass sie nach § 5 Abs. 1 Nr. 10 S. 2 KStG und § 3 Nr. 15 GewStG von der Körperschafts- und der Gewerbesteuer befreit sein kann, wenn sie eine sog. „Vermietungsgenossenschaft" ist.[194]

6. Generationengerechtigkeit

Das Problem der Generationengerechtigkeit beschreibt die Tatsache, dass die Gründergeneration in der Regel den Erwerb und ggf. Bau oder die Renovierung der Immobilie finanzieren muss, während nachfolgende Generationen

---

[190] So Stand 2015 *Momberger*, Social Entrepreneurship, S. 85; bis zu 5.000 € angebend und u. a. deswegen die Wohnungsgenossenschaft ablehnend Mietshäuser Syndikat, Fragen und Antworten, Warum basiert das Syndikat auf der Rechtsform der GmbH (anstatt Genossenschaft oder Stiftung)?

[191] *Bösche*, npoR 2014, 229–231, 230.

[192] *Just*, Experteninterview vom 17. 04. 2021.

[193] *Schaller*, Experteninterview vom 07. 04. 2021; mindestens 15 Wohneinheiten *Mathée*, Experteninterview vom 05. 05. 2021.

[194] Siehe D. I. 1. b) bb) (2), Fn. 52.

von Commoners in „abbezahlten" Wohnraum ziehen können. Dies schwächt einerseits die Anreize dafür, Wohnraum-Commons zu schaffen, andererseits stellt es ein Gerechtigkeitsproblem zwischen den Generationen von Commoners dar.

Die Genossenschaft hat keine besonderen Strukturmerkmale, welche dieses Problem lösen. Die Gründergeneration zahlt über die Nutzungsgebühr sukzessive Darlehen ab. Nachfolgende Generationen zahlen eine Kostenmiete und keinerlei Kompensation an vorangehende Generationen, welche die Gründung finanziert haben.

7. *Ostroms* Designprinzipien

Im folgenden Abschnitt untersuche ich, inwiefern die Wohnungsgenossenschaft rechtlich-strukturell die Designprinzipien von Ostrom erfüllt.[195]

a) Klare Grenzen

Die Wohnungsgenossenschaft erlaubt es, klare Grenzen in Bezug auf den gemeinsam genutzten Wohnraum (d. h. das Common) und in Bezug auf den Kreis der Bewohnerschaft (d. h. die Commoners) zu ziehen.

So ist die Wohnungsgenossenschaft als Eigentümerin des Wohnraums nach §§ 903, 1004 Abs. 1 BGB berechtigt, Personen von dessen Nutzung auszuschließen.[196] Darüber hinaus besteht in der Wohnungsgenossenschaft ein hohes Maß an Klarheit darüber, wer den Wohnraum nutzen darf.[197] Dies wird einerseits durch Nutzungsvereinbarungen geregelt und andererseits durch die Mitgliedschaft und die ihr zugrundeliegende Satzung. Aufgrund des Identitätsprinzips sind Commoners und Mitglieder grundsätzlich deckungsgleich. Soweit eine Wohnungsgenossenschaft das Nichtmitgliedergeschäft betreibt, ist der Nutzerkreis immer noch durch die Nutzungsvereinbarung konkretisiert. Insofern erfüllt die rechtliche Struktur der Wohnungsgenossenschaft eindeutig das erste Designprinzip, indem sie nicht einem Open-Access-Regime, sondern einem klar definierten Group-Access-Regime entspricht.[198]

---

195 Zum Untersuchungsmaßstab siehe bereits C. III. 7. und C. I. b) bb) (7).

196 Alternativ ist denkbar, dass sich Rechte aus einem Erbbaurecht ableiten, gem. § 11 S. 1 ErbbauRG, siehe D. III. 1. a) aa), Fn. 512.

197 Zudem ist in der Genossenschaft nicht nur die Nutzung, sondern auch die Bereitstellung zumindest rechtlich eindeutig zugeordnet. So hat der Vorstand nach § 27 Abs. 1 S. 1 GenG ein klar zugewiesenes Mandat der Geschäftsführung. Auch müssen Mitglieder über ihre vertraglich vereinbarte Nutzungsgebühr zur Bereitstellung beitragen.

198 Vgl. auch *Moldenhauer/Maier-Rigaud*, Kollektives Handeln, S. 13.

b) Kongruenz zwischen Regeln und örtlichen Bedingungen/ Proportionalität zwischen Nutzung und Bereitstellung

Um dem zweiten Designprinzip rechtlich-strukturell zu entsprechen, muss die Wohnungsgenossenschaft eine flexible Ausgestaltung operativer Regeln ermöglichen.[199] Nur so können diese an die örtlichen Gegebenheiten des Wohnraums angepasst werden.[200] Im Folgenden prüfe ich in einem ersten Unterabschnitt, in welcher Weise Rechtsregeln über die Nutzung der und Bereitstellung des Wohnraums in der Genossenschaft aufgestellt werden. In einem zweiten Schritt untersuche ich, inwiefern dieser Vorgang flexibel gestaltet werden kann (D. I. 7. b) aa)).[201]

Darüber hinaus untersuche ich in einem weiteren Abschnitt, inwiefern die Wohnungsgenossenschaft als rechtlicher Ansatz darauf ausgerichtet ist, dass Commoners in Bezug auf ihre zu entrichtende Nutzungsgebühr gleichbehandelt werden (D. I. 7. b) bb)).[202]

aa) Kongruenz zwischen Regeln und örtlichen Bedingungen

(1) Nutzung

Die operativen Regeln über die Nutzung des Wohnraums sind Bestandteil der Rechte und Pflichten, die Mitglieder der Wohnungsgenossenschaft *in ihrer Eigenschaft als Kunden der Leistung der Genossenschaft* haben.[203] Die Kundenbeziehung zwischen der Genossenschaft und ihren Mitgliedern kann vertragsrechtlich durch eine Nutzungsvereinbarung bestimmt sein oder körperschaftlich durch die Satzung. Zudem ist denkbar, dass die Nutzung sowohl durch Vertrag als auch durch Satzung gemischt geregelt wird.[204] Bei Woh-

---

[199] Siehe hierzu C. III. 7. b) aa).

[200] Operative Regeln betreffen die Art und Weise der Nutzung und der Bereitstellung, siehe C. I. 1. b) bb) (6).

[201] Die Frage, ob die Commoners, die von den Regeln betroffen sind, diese Änderung vornehmen bzw. beeinflussen können, ist Gegenstand des dritten Designprinzips, D. I. 7. c).

[202] Mit Gleichbehandlung ist dabei gemeint, dass die Commoner pro vergleichbarem Quadratmeter Wohnfläche die gleiche Nutzungsgebühr zahlen, siehe hierzu C. III. 7. b) bb).

[203] So ist z. B. die Frage, ob Bewohnende sonntagnachts im gemeinsam genutzten Partykeller Bandproben abhalten können, eine Frage nach dem Umfang und der Art der Förderleistung, die durch die Genossenschaft ihren Kunden zur Verfügung gestellt wird.

[204] Allgemein zur Genossenschaft: BGH, Urteil vom 08. 02. 1988 – II ZR 228/87 –, NJW 1988, 1729–1731, 1729; BGH, Urteil vom 09. 06. 1960 – II ZR 164/58 –, juris,

nungsgenossenschaften bedeutet dies, dass die operativen Nutzungsregeln entweder durch einen Nutzungsvertrag (d. h. letztlich §§ 535 BGB ff.), durch die Satzung oder durch beide Rechtsquellen bestimmt werden.[205]

Für die alltäglichen operativen Regeln über die Nutzung ist in der Rechtspraxis von Mietwohnungen und Wohnungsgenossenschaften regelmäßig die „Hausordnung" maßgeblich. Die Hausordnung ist Bestandteil des Nutzungsvertrags und regelt Verhaltensnormen zu Themen des gemeinschaftlichen Wohnens.[206] Der Nutzungsvertrag und die Hausordnung können grundsätzlich frei vereinbart werden. Grenzen ergeben sich dabei unter anderem aus den Bestimmungen des Mietrechts, der genossenschaftsrechtlichen Treuepflicht sowie des genossenschaftsrechtlichen Gleichbehandlungsgrundsatzes.[207] Diese Beschränkungen dürften jedoch nicht dazu führen, dass eine individuelle Ausrichtung an örtlichen Gegebenheiten wie Altersstruktur der Bewoh-

---

Rn. 12; BGH, Urteil vom 25.04.2003 – LwZR 3/02 –, juris, Rn. 14; *Althanns*, Genossenschafts-Handbuch 3200 § 18 Rn. 226.

205 Speziell zur Wohnungsgenossenschaft: BGH, Urteil vom 11.07.1960 – II ZR 24/58 –, ZfgG 1960, 351; OLG Karlsruhe, Rechtsentscheid in Mietsachen vom 21.01.1985 – 3 REMiet 8/84 –, juris, Rn. 17 ff.; LG Wiesbaden, Urteil vom 28.08.1962 – 1 S 263/62 –, NJW 1962, 2352; *Beuthien*, GenG, § 1 Rn. 66 ff.; *Drasdo*, NZM 2012, 585–599; 586.

206 OLG München, Urteil vom 21.01.1992 – 13 U 2289/91 –, NJW-RR 1992, 1097–1098, 1097; eingehend zur Hausordnung *Mayer/Eichel/Klinck*, NZM 2018, 689–698, 690; siehe auch Beispiele aus der Rechtspraxis großer Wohnungsgenossenschaften: Hausordnung der „WG Aufbau Dresden eG", mit 17.016 Wohnungen und 18.493 Genossenschaftsmitgliedern (Stand 2019, Einziehen und Wohlfühlen, S. 19), von 2011, mit Verhaltensregelungen u. a. zu „*Schutz vor Lärm*", „*Reinigung*", „*Heizen und Lüften*", „*Waschen und Trocknen*", „*Müllentsorgung*", „*Benutzung des Grundstückes und der Gemeinschaftsräume*" und „*Tierhaltung*"; Hausordnung der „NEUE LÜBECKER Norddeutsche Baugenossenschaft eG", mit 15.566 Wohnungen und 18.540 Mitgliedern (Geschäftsbericht 2021, S. 39), von 2019, mit Regelungen u. a. zu „*Obhuts- und Sorgfaltspflichten*", „*Reinigung*", „*Gemeinschaftseinrichtungen*", „*Kinderspielplätze*" und „*Antennen-/Kabelanschluss-/Sat-Anlagen*"; Hausordnung der „Bauverein der Elbgemeinden eG", mit 14.474 Wohnungen und 23.183 Mitgliedern (BVE, Jahresbericht 2021, S. 75), von 2016, mit Regelungen u. a. zu „*Schutz vor Lärm*", „*Sicherheit*", „*Pflege, Reinigung und Nutzung*", „*Pflege, Reinigung und Nutzung der gemeinschaftlich genutzten Räume der Wohnung*", „*Pflege, Reinigung und Nutzung der Außenanlagen*", „*Tierhaltung*", „*Bauliche Änderungen und zusätzliche Einbauten*" und „*Richtlinien der Gartennutzung*".

207 BGH, Urteil vom 11.07.1960 – II ZR 24/58 –, juris, Rn. 22; *Beuthien*, GenG, § 1 Rn. 66 ff.; *Drasdo*, NZM 2012, 585–599; 586. Die rechtsdogmatische Einordnung der Hausordnung in der Wohnungsgenossenschaft durch Rechtsprechung und Schrifttum sowie die empirische Untersuchung der genossenschaftlichen Rechtspraxis zur Hausordnung weisen erhebliche Lücken auf. Insbesondere stellt sich die Frage, wie sich die genossenschaftsrechtlichen Grundsätze auf die Regelung der Hausordnung auswirken. Eine fundierte Behandlung dieser Frage würde den Rahmen meiner Untersuchung jedoch überschreiten.

nerschaft, Zustand und Beschaffenheit des Grundstücks und die Bebauung oder Gärten nicht berücksichtigt werden kann.[208] So erlaubt das Mietrecht eine umfassende Ausgestaltung vertraglicher (Neben-)Pflichten in Form von Verhaltensregeln.[209] Die Anpassung von operativen Regeln an die Gegebenheiten des Commons bzw. des Wohnraums erfordert auch keine Verletzung des genossenschaftlichen Gleichbehandlungsgrundsatzes. So scheint es zunächst unwahrscheinlich, dass eine Anpassung von Nutzungsregeln an die örtlichen Gegebenheiten des Wohnraums erfordert, dass Genossenschaftsmitglieder ungleich behandelt werden. Soweit Mitglieder ungleich behandelt werden müssen, etwa aufgrund von begrenzten Ressourcen z.B. bei der Vergabe von Parkplätzen, ist eine Ungleichbehandlung auf Grundlage von willkürfreien, sachlichen Kriterien zulässig.[210]

Damit ist es in der Genossenschaft grundsätzlich möglich, operative Nutzungsregelungen über die Hausordnung bzw. die Nutzungsvereinbarung auf lokale Gegebenheiten auszurichten.

(2) Bereitstellung

In Bezug auf Maßnahmen zur Bereitstellung von Wohnraum, d.h. die Schaffung und Erhaltung, kann zwischen drei Formen unterschieden werden: die Bereitstellung der Nutzungsgebühr in Form von Geld, die Bereitstellung von Kapital (i.d.R. in Form von Geld) und die Bereitstellung von Geschäftsführungsmaßnahmen. Diese verschiedenen Formen von Maßnahmen der Herstellung und Instandhaltung werden nicht gleichmäßig durch alle Mitglieder erbracht, sondern jeweils durch unterschiedliche Mitglieder auf Grundlage von unterschiedlichen rechtlichen Regelungen.[211]

Aus §§ 17 Abs. 1, 24 Abs. 1, 27 Abs. 1 S. 1 GenG ergibt sich, dass der Vorstand für die Bereitstellung der Geschäftsführungsmaßnahmen *in eigener Verantwortung*, d.h. ausschließlich, zuständig ist.[212] Gleichzeitig tragen sämt-

---

208 Dieser Schluss drängt sich auch durch einen Blick auf die Gestaltungsvielfalt von Hausordnungen in der genossenschaftlichen Rechtspraxis auf, siehe D. I. 7. b) aa) (1), Fn. 206.

209 Vgl. OLG München, Urteil vom 21.01.1992 – 13 U 2289/91 –, NJW-RR 1992, 1097–1098, 1097.

210 Vgl. BGH, Urteil vom 11.07.1960 – II ZR 24/58 –, juris, Rn. 22; *Beuthien*, GenG, § 18 Rn. 63 ff.

211 Siehe hierzu bereits D. I. 2. b).

212 LG Aachen, Beschluss vom 25.09.1961 – 9 T 8/61 –, ZfgG 1972, 71–73, 72; *Beuthien*, GenG, § 1 Rn. 29. Diese Aufteilung gilt nicht ausnahmslos: Bei kleineren Genossenschaften kann die Generalversammlung ebenfalls in die laufende Geschäftsführung involviert werden (§ 27 Abs. 1 S. 3 GenG), sodass sämtliche Mitglieder Bereitstellungsmaßnahmen in Form von Geschäftsführungsmaßnahmen erbringen (kön-

liche Mitglieder durch ihr Geschäftsguthaben zur Kapitalaufbringung der Genossenschaft und damit zur Bereitstellung des Wohnraums bei. Mitglieder, welche die Leistungen der Genossenschaft nutzen, tragen zudem durch ihre Nutzungsgebühr zur Bereitstellung des Wohnraums bei.[213] Welche Maßnahmen der Bereitstellung erbracht werden, richtet sich also danach, ob Mitglieder der Genossenschaft die Leistungen der Genossenschaft nutzen und ob sie Mitglied des Vorstands sind.

Die verschiedenen Arten von Maßnahmen der Bereitstellung beruhen auf verschiedenen Rechtsgrundlagen: Vorgaben zur Art und Weise der Kapitalbeteiligung durch das Geschäftsguthaben folgen im Wesentlichen aus der Satzung und dem GenG.[214] Das Nutzungsentgelt ist hingegen i. d. R. durch den Nutzungsvertrag geregelt.[215] Die operativen Regeln für Bereitstellungsmaßnahmen in Form der Geschäftsführung des Vorstands folgen vorrangig aus der Satzung (§ 27 Abs. 1 S. 3 GenG). In der Praxis üblich sind zudem Geschäftsordnungen, welche sich der Vorstand einstimmig selbst gibt und damit die Art und Weise seiner Entscheidungsfindung regelt.[216] Zudem kann der Anstellungsvertrag des Vorstands Grenzen setzen.[217]

---

nen). Darüber hinaus werden bei Wohnungsgenossenschaften kleinere Maßnahmen der Bereitstellung teils über den Nutzungsvertrag als „Schönheitsreparaturen" auf die jeweils wohnende Vertragspartei umgelegt, vgl. BGH, Urteil vom 22.08.2018 – VIII ZR 277/16 –, juris, Rn. 20.

[213] Siehe hierzu bereits D. I. 2. b).

[214] Siehe hierzu C. IV. 7.

[215] Dies entspricht der gängigen Praxis, es ist jedoch auch eine Regelung durch die Satzung möglich, *Drasdo*, NZM 2012, 585–599, 587. Die Ausgestaltung der Nutzungsgebühr muss den genossenschaftlichen Gleichbehandlungsgrundsatz beachten, LG Offenburg, Urteil vom 10.03.1998 – 1 S 191/97 –, BeckRS 1998, 9753.

[216] Str., für Zuständigkeit des Vorstands: *Holthaus/Lehnhoff*/Lang/Weidmüller, GenG, § 27 Rn. 14; *Althanns*, Genossenschafts-Handbuch 3200,§ 27 Rn. 40; für Zuständigkeit der Generalversammlung, *Beuthien*, GenG, § 27 Rn. 17.

[217] Die Beschränkungen über den Anstellungsvertrag umfassen jedoch aufgrund der eigenverantwortlichen Leitungsbefugnis nach § 27 Abs. 1 S. 1 GenG kein Weisungsrecht der eG gegenüber dem Vorstand, *Beuthien*, GenG, § 24 Rn. 14.

Tabelle 2

Übersicht zu verschiedenen Maßnahmen der Bereitstellung und rechtlichen Grundlagen (jeweils in Klammern) für zugehörige operative Regeln

	Nicht nutzende Mitglieder	Nutzende Mitglieder	Vorstand
Bereitstellung	Kapital (§ 7 Nr. 1 GenG)	Kapital (§ 7 Nr. 1 GenG)	Kapital (§ 7 Nr. 1 GenG)
		Nutzungsgebühr (Nutzungsvertrag und/oder Satzung)	Ggf. Nutzungsgebühr (Nutzungsvertrag und/oder Satzung)
	Ggf. Geschäfts-führungsmaß-nahmen (Satzung)	Ggf. Geschäfts-führungsmaßnahmen (Satzung)	Geschäftsführungsmaßnahmen (Satzung, Geschäftsordnung)
Nutzung		i. d. R. Hausordnung (Nutzungsvertrag/ggf. Satzung)	

Quelle: Eigene Darstellung.

Insgesamt ist in diesem System eine individualisierte Festlegung von operativen Regeln zur Bereitstellung des Wohnraums möglich.

Zwar darf die Satzung gem. § 18 S. 2 GenG nur dann von den Regelungen des GenG abweichen, wenn das GenG dies ausdrücklich erlaubt (Grundsatz der Satzungsstrenge), soweit das GenG aber keine Regelung trifft, ist eine freie Ausgestaltung durch die Satzung möglich.[218] Daher können die operativen Regeln über die Bereitstellung der Geschäftsführung weitgehend frei bestimmt werden (vgl. § 27 Abs. 1 S. 2 GenG).

Darüber hinaus können in der Satzung die Modalitäten zur Bereitstellung des Geschäftsguthabens weitgehend frei festgelegt werden (vgl. §§ 7 Nr. 1, 7a GenG).

In Bezug auf die Festlegung der finanziellen Beteiligung durch die Nutzungsgebühr im Nutzungsvertrag besteht ebenfalls weitgehender rechtlicher Spielraum.[219]

---

[218] *Beuthien*, GenG, § 18 Rn. 2a; kritisch zur Satzungsstrenge und der daraus folgenden eingeschränkten Flexibilität der Satzungsgestaltung *Holthaus/Lehnhoff*/Lang/Weidmüller, GenG, § 27 Rn. 14.

[219] Eingehend zur Bestimmung des Entgelts *Drasdo*, NZM 2012, 585–599, 589.

(3) Zwischenfazit

Insgesamt erlauben die Satzung, der Nutzungsvertrag bzw. die Hausordnung und die Geschäftsordnung des Vorstands rechtlich eine weitgehend flexible Ausgestaltung der operativen Regeln zur Nutzung und Bereitstellung des Wohnraums. Grenzen ergeben sich hierbei nur aus den grundsätzlich unabdingbaren Regelungen des GenG (vgl. § 18 S. 2 GenG) sowie sonstigen vertragsrechtlichen Grenzen (insb. das Mietrecht) und Rechtsprinzipien (insb. genossenschaftsrechtliche Treuepflicht und Gleichbehandlungsgrundsatz). Auf dieser Grundlage kann festgehalten werden, dass die Wohnungsgenossenschaft eine hinreichende Flexibilität bietet, um operative Regeln an die örtlichen Umstände des Wohnraums anzupassen.

bb) Proportionalität zwischen Nutzung und Bereitstellung

Das Genossenschaftsrecht ist grundsätzlich darauf ausgelegt, dass Mitglieder für vergleichbaren Wohnraum eine vergleichbare Nutzungsgebühr zahlen müssen. Dies ergibt sich aus dem genossenschaftlichen Treueverhältnis, welches eine Gleichbehandlung der Mitglieder in Bezug auf die Gestaltung und Höhe der Nutzungsgebühr verlangt.[220] Insofern ist grundsätzlich auch in dieser Hinsicht das zweite Designprinzip erfüllt.

Gleichzeitig muss einschränkend festgehalten werden, dass das Gebot der Gleichbehandlung nur zwischen Mitgliedern gilt. Sofern eine Wohnungsgenossenschaft das Nichtmitgliedergeschäft betreibt, können ungleiche Nutzungsgebühren zwischen Mitgliedern und Nichtmitgliedern vereinbart werden.[221] Soweit also kein Nichtmitgliedergeschäft betrieben wird, ist der zweite Teil des zweiten Designprinzips also grundsätzlich im Genossenschaftsrecht angelegt.

c) Vorkehrungen für kollektive Entscheidungsfindung

Damit operative Regeln über die Art und Weise der Nutzung und Bereitstellung an veränderte Umstände angepasst werden können, müssen diejenigen,

---

220 BGH, Urteil vom 14.10.2009 – VIII ZR 159/08 –, NZM 2010, 121, Rn. 12; LG Offenburg, Urteil vom 10.03.1998 – 1 S 191/97 –, BeckRS 1998, 9753; *Drasdo*, NZM 2012, 585–599, 589. Über die Genossenschaft hinaus gilt im gesamten Gesellschaftsrecht der Grundsatz der Gleichbehandlung, BGH, Urteil vom 16.12.1991 – II ZR 58/91 –, BGHZ 116, 359–376, juris, Rn. 34.

221 OLG Köln, Urteil vom 22.05.1984 – 9 U 262/83 –, juris, Rn. 8; *Holthaus/Lehnhoff*/Lang/Weidmüller, GenG, § 18 Rn. 21; *Althanns*, Genossenschafts-Handbuch 3200, § 18 Rn. 24.

die von den operativen Regeln betroffen sind, diese mit möglichst geringem wirtschaftlichem Aufwand abändern können.[222]

Auch bei diesem Designprinzip ist eine Unterscheidung zwischen operativen Nutzungs- und Bereitstellungsregeln sinnvoll.

aa) Nutzung

Die operativen Nutzungsregeln betreffen die Bewohnerschaft, d.h. vor allem die nutzenden Mitglieder.[223] Sie werden in aller Regel über Hausordnungen festgelegt. Diese sind nach gängiger Rechtspraxis Teil der Nutzungsvereinbarung.[224]

Eine Änderung der Hausordnung ist damit grundsätzlich durch eine gemeinsame Vereinbarung zwischen der Genossenschaft und den nutzenden Mitgliedern möglich.[225] Es ist jedoch auch möglich, dass die Hausordnung mit einer Klausel ausgestattet ist, welche der Genossenschaft eine einseitige Änderungsbefugnis einräumt. Dies ist zumindest in den Grenzen des § 315 BGB (individualvertraglich) bzw. § 308 Nr. 4 BGB (als AGB) zulässig.[226] Soweit die Hausordnung auf Satzungsebene geregelt ist, beschließt die Generalversammlung gem. § 16 Abs. 1 GenG über die Hausordnung.

Wenn die Hausordnung durch die Generalversammlung beschlossen wird, können Mitglieder die Abänderung der Hausordnung unmittelbar in der Generalversammlung beeinflussen. Dabei hängt der Grad an Einfluss auf die Hausordnung von der Größe der Generalversammlung ab.[227]

---

222 Siehe C. III. 7. c) und C. I. 1. b) bb) (7) (c).

223 Ggf. sind auch Nichtmitglieder von den Nutzungsregeln betroffen, siehe hierzu bereits D. I. 1. b) bb) (2).

224 Siehe D. I. 7. b) aa). Die Hausordnung wird regelmäßig einseitig als allgemeine Geschäftsbedingung i.S.v. § 305 Abs. 1 S. 1 BGB gestellt und nicht individuell ausgehandelt, siehe zu nichtgenossenschaftlichen Mietverhältnissen *Mayer/Eichel/Klinck*, NZM 2018, 689–698, 691f.; *Hinz*, NZM 2019, 649–657, 655f.; zur WEG *Schmid*, NJW 2013, 2145–2150, 2148; aus der Rechtsprechung LG Berlin, Urteil vom 15.09.2009 – 63 S 487/08 –, BeckRS 2010, 145; AG Düsseldorf, Urteil vom 27.03.2013 – 22 C 15963/12 – BeckRS 2013, 9648.

225 *Mayer/Eichel/Klinck*, NZM 2018, 689–698, 692f. m.w.N.

226 Vgl. AG Emmendingen, Urteil vom 24.06.2013 – 3 C 38/13 –, BeckRS 2013, 11223; *Mayer/Eichel/Klinck*, NZM 2018, 689–698, 693; beispielsweise enthalten in der Hausordnung der „VORWÄRTS eG“, vom 01.01.2011; enthalten in der Hausordnung der „Erste Suhler Bewohnergenossenschaft eG“, von Mai 2016; ebenfalls enthalten in der Hausordnung der „erste marzahner wohnungsgenossenschaft eG“ vom 01.03.2012.

227 Vgl. hierzu bereits D. I. 1. a) bb) (5).

Soweit die Änderung der Hausordnung eine Änderung des Nutzungsvertrags erfordert, bedarf diese der Zustimmung des Vorstands (vgl. § 24 Abs. 1 GenG). In diesem Fall können von der Hausordnung betroffene Mitglieder mittelbaren Druck auf den Vorstand ausüben, um diesen zur Abänderung zu bewegen. Die Möglichkeit, Druck auf den Vorstand auszuüben ergibt sich dabei aus der Personalhoheit der Generalversammlung: Der Vorstand wird nach dem gesetzlichen Regelfall des § 20 Abs. 2 S. 1 GenG von der Generalversammlung gewählt und abberufen. Nach § 20 Abs. 3 S. 2 GenG kann die Bestellung des Vorstands jederzeit von der Generalversammlung widerrufen werden. Mitglieder des Vorstands sind also auf die Mitglieder angewiesen, um ihre Stellung zu erlangen und zu behalten. Hierdurch kommt der Generalversammlung grundsätzlich eine signifikante Einflussmöglichkeit auf den Vorstand zu.[228] Gleichzeitig kann aber die Bestellung und Abberufung des Vorstands gem. § 24 Abs. 2 S. 2 GenG anderweitig geregelt werden. Es entspricht dem Marktstandard, dass die Bestellung des Vorstandes auf den Aufsichtsrat übertragen wird.[229] In der Folge ist die unmittelbare Kontrollmöglichkeit der Generalversammlung im Wesentlichen auf den Widerruf der Bestellung des Vorstands beschränkt (vgl. §§ 20 Abs. 3 S. 2, 18 S. 2 GenG).

Es lässt sich zusammenfassen, dass die Abänderung der operativen Regeln über die Nutzung durch die Betroffenen regelmäßig nur mittelbar durch betroffene Mitglieder beeinflusst werden kann. Insbesondere bei größeren Genossenschaften, welche Personalentscheidungen über den Vorstand auf den Aufsichtsrat auslagern, ist die Abänderung praktisch kaum möglich. Nichtmitglieder haben zudem keine rechtliche Möglichkeit, die operativen Regeln zu beeinflussen, da ihnen insoweit die mitgliedschaftlichen Stimmrechte fehlen. Dies dürfte bei geringem Ausmaß des Nichtmitgliedergeschäfts jedoch nicht bedeutend sein, wenn hinreichend betroffene Commoners Mitglieder sind und so an der Anpassung der operativen Nutzungsregeln mitwirken können.[230]

---

[228] *Beuthien*, GenG, § 27 Rn. 19; vgl. auch zur faktischen Kontrolle über eine Gesellschaft durch Personalhoheit *Bebchuk/Tallarita*, Cornell Law Review, 2020, Vol. 106, 91–178, 153 ff.

[229] *Beuthien*, ZRP 2019, 108–111, 108; *Holthaus/Lehnhoff*/Lang/Weidmüller, GenG, § 24 Rn. 38.

[230] Ostrom beschreibt, dass „*die meisten*" Commoners Einfluss auf die operativen Regeln nehmen können müssen, *Ostrom*, Governing the Commons, S. 93. Dies ist konsequent, da der Sinn des dritten Designprinzips ist, dass die operativen Regelungen an die jeweiligen Umstände des CPR angepasst werden können müssen. Es geht dabei nicht um einen konzeptuellen bzw. normativen Anspruch der Gleichrangigkeit zwischen den Mitgliedern. Sofern die fehlende Einflussnahme der Nichtmitglieder aber dazu führt, dass die Nichtmitglieder die Regelungen als illegitim empfinden und daher nicht oder weniger einhalten, könnte die Ungleichbehandlung wiederum auch im Sinne der Zielsetzungen der Designprinzipien (Erhalt des CPR) relevant sein.

bb) Bereitstellung

Die Mitglieder der Wohnungsgenossenschaft tragen in drei Formen zur Bereitstellung des Wohnraums bei: Einbringung von Kapital, Zahlung der Nutzungsgebühr und Maßnahmen der Geschäftsführung. Ich untersuche jeweils getrennt, inwiefern diejenigen, die von den operativen Regeln über die verschiedenen Formen der Bereitstellung betroffen sind, diese Regeln jeweils beeinflussen können.

(1) Kapital

Die Bereitstellung von Kapital – insb. in Form des Geschäftsguthabens – betrifft sämtliche Mitglieder.[231] Sie ist in der Genossenschaft durch Satzungsregelungen und durch das GenG geregelt.[232]

Soweit die Regelungen durch die Satzung bestimmt werden, können Mitglieder über die Regelungen in der Generalversammlung abstimmen und somit gem. § 16 Abs. 1 GenG verändern. Gesetzliche Grenzen ergeben sich dabei nur aus § 7 Nr. 1 GenG, wonach die Satzung eine Mindesteinlage (§ 7 Nr. 1 Var. 1 GenG) in Höhe von einem Zehntel des Geschäftsanteils (§ 7 Nr. 1 Var. 2 GenG) vorsehen muss. Insofern besteht weitgehende Satzungsfreiheit über Art und das Ausmaß der Kapitalbeteiligung der Mitglieder.[233]

Die Regelungen über die Bereitstellung von Kapital durch die betroffenen Commoners sind also grundsätzlich weitgehend beeinflussbar. Die Kontrolle wird jedoch umso mittelbarer, je größer die Genossenschaft ist.[234]

(2) Nutzungsgebühr

Die Nutzungsgebühr betrifft sämtliche nutzenden Mitglieder und ist regelmäßig durch einen Nutzungsvertrag zwischen der Genossenschaft und dem einzelnen Mitglied ausgestaltet. Sie kann jedoch auch durch die Satzung geregelt werden.[235] Soweit die Nutzungsgebühr auf der Satzung beruht, können die Modalitäten der Gebühr bzw. ihrer Zahlung durch einen satzungsändernden Beschluss in der Generalversammlung abgeändert werden. Der Nutzungsvertrag hingegen ist nur mittelbar durch die betroffenen Commoners beein-

---

231 Vgl. hierzu bereits C. IV. 6.

232 Siehe D. I. 7. b) aa) (2).

233 Die Genossenschaft kann auch nur eine Mindestbeteiligung von 1 € vorsehen, *Beuthien*, GenG, § 7 Rn. 8; siehe auch C. IV. 6.

234 Siehe hierzu bereits, D. I. 1. a) bb) (4).

235 Siehe hierzu bereits, C. IV. 7. und D. I. 7. b) aa) (1).

flussbar. Indem der Nutzungsvertrag als Teil der Vertretungs- und Geschäftsführungstätigkeit des Vorstands vereinbart und abgeändert wird, können Mitglieder nur über ihre Personalhoheit indirekten Einfluss auf den Vorstand nehmen.[236]

(3) Geschäftsführung

Die operativen Regeln über die Geschäftsführung betreffen grundsätzlich den Vorstand.[237] Sie ergeben sich aus dem GenG, der Satzung und ggf. aus der Geschäftsordnung.[238]

Die Mitglieder des Vorstands können über ihre Stellung als Genossenschaftsmitglieder an der Abstimmung über die Satzungsregelungen teilnehmen und damit die operativen Regelungen beeinflussen (§§ 9 Abs. 2 S. 1, 16 Abs. 1, 43 GenG). Über die Regelungen aus der Geschäftsordnung können sie unmittelbar im Kreis des Vorstands beschließen.[239] Damit sind die operativen Regeln über die Geschäftsführung weitgehend durch die betroffenen Commoners beeinflussbar. Dieser Einfluss dürfte bei zunehmender Größe der Genossenschaft abnehmen.[240] Gleichzeitig hat der Vorstand nach § 43 Abs. 1 GenG das Recht, die Generalversammlung einzuberufen, kann Tagesordnungspunkte bestimmen und Vorschläge zur Beschlussfassung über Tagesordnungspunkte unterbreiten.[241] Dadurch dürfte der Vorstand auch bei zunehmender Größe größere Einflussmöglichkeiten auf seine operativen Bereitstellungsregelungen zur Geschäftsführung behalten.

cc) Zwischenfazit

Insgesamt zeigt sich, dass in der Wohnungsgenossenschaft die Commoners – rechtlich betrachtet – an der Änderung der operativen Regeln, von denen sie betroffen sind, mitwirken können. Gleichzeitig ist der Einfluss der Commoners mit zunehmender Größe der Genossenschaft verwässert und mit höheren Transaktionskosten verbunden. Die Dezentralisierung der Änderung der operativen Regeln ist nur bedingt mit der Leitungsmacht des Vorstands

---

[236] Insofern gilt hier dasselbe wie bereits für die operativen Nutzungsregeln unter D. I. 7. c) aa).

[237] Siehe D. I. 7. b) aa) (2) und D. I. 2. b).

[238] Siehe D. I. 7. b) aa) (2).

[239] Str., siehe D. I. 7. b) aa) (2), Fn. 216. Selbst, wenn die Generalversammlung für den Erlass der Geschäftsordnung zuständig ist, können Vorstandsmitglieder über ihre Stellung als Mitglied in der Generalversammlung über die Geschäftsordnung mitbestimmen.

[240] Siehe hierzu bereits D. I. 1. a) bb) (4).

[241] Vgl. *Holthaus/Lehnhoff*/Lang/Weidmüller, GenG, § 27 Rn. 11.

vereinbar.[242] Das dritte Designprinzip kann mit zunehmender Größe zunehmend schwächer umgesetzt werden.

d) Gegenseitige Kontrolle

Bei der Untersuchung des vierten dieser Designprinzipien prüfe ich jeweils, inwiefern jemand rechtlich befugt und verpflichtet ist, die Einhaltung der operativen Regeln zu kontrollieren.[243] Darauf aufbauend prüfe ich, inwiefern diese Partei gegenüber den kontrollierten Commoners rechtlich verantwortlich ist bzw. ob sie selbst Commoners ist. Auch in diesem Zusammenhang unterscheide ich bei meiner Untersuchung zwischen Nutzungs- und Bereitstellungsregelungen.

aa) Nutzungsregelungen

Die Einhaltung der Nutzungsregeln (i. d. R. in Form der Hausordnung) wird formalrechtlich durch den Vorstand überwacht.[244] Dies ergibt sich daraus, dass der Vorstand für die Geschäftsführung zuständig ist, welche wiederum sämtliche organisatorischen Maßnahmen und geschäftlichen Handlungen der Genossenschaft umfasst (d. h. auch die Überwachung von Pflichten von Mitgliedern gegenüber der Genossenschaft).[245] Insofern besteht eine klare rechtliche Verantwortlichkeit für die Überwachung der Einhaltung der operativen Nutzungsregeln. Der Vorstand ist gegenüber den Mitgliedern zumindest mittelbar verantwortlich, insbesondere über die Personalhoheit der Generalversammlung.[246] Zudem besteht der Vorstand gem. § 9 Abs. 2 S. 1 GenG aus Mitgliedern der Genossenschaft. Diese müssen jedoch nicht nutzende Mitglieder, d. h. Commoners, sein.[247]

Darüber hinaus dürfte die Einhaltung der operativen Nutzungsregeln faktisch durch sämtliche Commoners überwacht werden. So wird ein Genossenschaftsmitglied, welches z. B. Nachtruhezeiten nicht einhält oder Ein- und

[242] Siehe D. I. 1. a) bb) (4).

[243] Siehe C. I. 1. b) bb) (7) (d).

[244] Zur Hausordnung siehe D. I. 7. b) aa) (1).

[245] *Beuthien*, GenG, § 27 Rn. 4; siehe auch *Beuthien*, GenG, § 24 Rn. 2, „*Gegenstand der Geschäftsführung sind alle tatsächlichen Handlungen u*[nd] *Rechtsgeschäfte, die zur Erreichung des Förderzwecks* […] *notwendig ‚zumindest geeignet' und möglich sind. Das gilt* […] *auch für Selbstverwaltungsakte im mitgliedschaftlichen Verhältnis zu den Mitgliedern (z. B. Einfordern von Beiträgen* […].“; vgl. § 27 Abs. 1 S. 1 GenG, *Fandrich*/Pöhlmann/Bloehs, § 27 GenG Rn. 3.

[246] Siehe hierzu bereits D. I. 7. c) aa).

[247] Siehe D. I. 1. a) bb) (1).

Ausgänge mit Fahrrädern regelwidrig blockiert, faktisch durch andere Mitglieder kontrolliert werden, die hiervon in ihrer Ruhe oder Bewegungsfreiheit betroffen sind. Ähnlich verhält es sich mit der Kontrolle von Nutzungsregelungen für Wohneinheiten. Wenn ein Mitglied auszieht, wird ein nachfolgendes Mitglied ein Interesse daran haben, den Zustand des Wohnraums zu prüfen und dem Vorstand anzuzeigen, wenn das ausgezogene Mitglied Schäden am Wohnraum verursacht hat oder Erhaltungsmaßnahmen unterlassen hat. Daher ist Kontrolle der Nutzungsregeln zu einem erheblichen Anteil ein Beiprodukt der Nutzung an sich.

bb) Bereitstellung

Auch bei der Untersuchung der Kontrolle der operativen Bereitstellungsregeln ist eine Unterscheidung zwischen Kapital, Nutzungsgebühr und Geschäftsführung sinnvoll.

(1) Kapital

Die Bereitstellung von Kapital durch Einzahlung der Mindesteinlage wird ebenfalls durch den Vorstand überwacht. Insofern gilt dasselbe wie bei der Kontrolle der Einhaltung der Nutzungsregelungen.[248]

(2) Nutzungsgebühr

Auch die Bereitstellung von Geld durch Zahlung der Nutzungsgebühr wird durch den Vorstand im Rahmen seiner Geschäftsführungstätigkeit überwacht. Daher gelten die obigen Ausführungen entsprechend.[249]

(3) Geschäftsführung

Ob der Vorstand bei seiner Geschäftsführung die operativen Regeln einhält, wird durch mehrere Organe bzw. Gruppen überwacht. Hierzu gehören vorrangig der Aufsichtsrat (§ 38 Abs. 1 S. 1 GenG) und die Generalversammlung sowie jedes einzelne Mitglied. Sofern die Genossenschaft keinen Aufsichtsrat hat, übernimmt die Generalversammlung die Rolle des Aufsichtsrats (§ 9 Abs. 1 S. 2, 3 GenG). Darüber hinaus wird die Tätigkeit des Vorstands durch den Prüfverband kontrolliert (§ 53 Abs. 1 S. 1 GenG).

---

[248] Siehe D. I. 7. d) aa).

[249] Siehe D. I. 7. d) aa).

Die Kontrolle durch den Aufsichtsrat erfolgt dadurch, dass der Aufsichtsrat Auskunfts- und Einsichtsrechte gegenüber dem Vorstand wahrnimmt (§ 38 Abs. 1 S. 2 GenG). Zudem prüft der Aufsichtsrat den Jahresabschluss, den Lagebericht und den Vorschlag für die Verwendung des Jahresüberschusses oder die Deckung des Jahresfehlbetrags und erstattet der Generalversammlung über das Ergebnis der Prüfung Bericht (§ 38 Abs. 1 S. 5 GenG). Zudem vertritt der Aufsichtsrat die Genossenschaft gegenüber aktiven und ehemaligen Vorstandsmitgliedern (§ 39 Abs. 1 S. 1 GenG).[250] Sofern kein Aufsichtsrat gebildet wurde, übernimmt ein durch die Generalversammlung gewähltes Mitglied die Vertretung (§ 39 Abs. 1 S. 2 GenG).

Der Aufsichtsrat ist mittelbar gegenüber dem von ihm überwachten Vorstand verantwortlich. Dies folgt daraus, dass die Aufsichtsratsmitglieder durch die Generalversammlung gewählt werden (§ 36 Abs. 1 S. 1 GenG), sodass die Vorstandsmitglieder als Genossenschaftsmitglieder an der Wahl der Aufsichtsratsmitglieder mitwirken können (vgl. § 9 Abs. 2 S. 1 GenG). Gleichzeitig sind Aufsichtsratsmitglieder als Genossenschaftsmitglieder (vgl. § 9 Abs. 2 S. 1 GenG) potenzielle Commoner.

Die Generalversammlung kontrolliert die Geschäftsführung des Vorstands vorrangig dadurch, dass sie den Jahresabschluss gem. § 48 Abs. 1 S. 1 GenG feststellt und den Vorstand entlastet. Das Feststellungsverfahren umfasst zunächst, dass der Vorstand den Jahresabschluss (und ggf. Lagebericht) erstellt.[251] Der Aufsichtsrat prüft diese und erstellt hierzu einen Bericht (§ 33 Abs. 1 S. 2 GenG). Jahresabschluss, Lagebericht und Bericht des Aufsichtsrates werden mindestens eine Woche vor der Zusammenkunft der Generalversammlung zur Einsichtnahme den Mitgliedern zugänglich gemacht (§ 48 Abs. 3 S. 1 GenG).[252] Auf dieser Grundlage sowie der mündlichen Berichterstattung des Aufsichtsrats in der Generalversammlung (§ 38 Abs. 1 S. 5 HS. 2 GenG) beschließt die Generalversammlung über die Feststellung des Jahresabschlusses. Zudem entscheidet die Generalversammlung darüber, ob sie den Vorstand (und den Aufsichtsrat) entlastet. Mit der Entlastung billigt die Generalversammlung die bisherige Geschäftsführung des Vorstands und spricht ihr

---

250 Diese Vorschrift soll der abstrakten Gefahr vorbeugen, dass Vorstandsmitglieder bei Insichgeschäften mit der Genossenschaft im Sinne von Eigeninteressen statt dem Interesse sämtlicher Mitglieder handeln, BGH, Urteil vom 26.06.1995 – II ZR 122/94 –, BGHZ 130, 108–115, juris, Rn. 8.

251 Der Jahresabschluss besteht aus Bilanz, Gewinn- und Verlustrechnung sowie Anhang, der einen Lagebericht umfasst (§§ 242 Abs. 3, 336 Abs. 1 HGB). Kleinere Genossenschaften sind von der Erstellung eines Lageberichts ausgenommen (§§ 336 Abs. 1 S. 2 Nr. 1, 264 Abs. 1 S. 4, 267 Abs. 1 HGB).

252 Zum Feststellungsverfahren siehe auch *Beuthien*, GenG, § 48 Rn. 2.

Vertrauen für die Zukunft aus.[253] Darüber hinaus bewirkt die Entlastung, dass die Genossenschaft gegenüber dem Vorstand einen Haftungsverzicht für Schadensersatzansprüche im Zusammenhang mit der Amtsführung ausspricht.[254] Indem die Generalversammlung aus den Commoners besteht, ist insofern das Erfordernis des vierten Designprinzips erfüllt.

Schließlich können auch einzelne Genossenschaftsmitglieder die Geschäftsführung kontrollieren, indem sie Anwesenheits-,[255] Rede-,[256] Auskunfts-[257] und Antragsrechte[258] in der Generalversammlung geltend machen.[259] In der rechtswissenschaftlichen Literatur wird jedoch kritisiert, dass die Aufsicht des Vorstands durch die Generalversammlung bzw. einzelne Mitglieder faktisch schwach ausgeprägt ist, weil Mitglieder ihre Rechte oftmals nicht kennen.[260]

Neben die interne Kontrolle tritt die Überwachung durch den Prüfverband. Dieser beaufsichtigt im Rahmen der Pflichtprüfung die Ordnungsmäßigkeit der Geschäftsführung der Genossenschaft.[261] Die Aufsicht erstreckt sich dabei auf die Tätigkeit des Vorstands, aber auch auf das Handeln sämtlicher Genossenschaftsorgane.[262] Der Prüfverband ist gegenüber der beaufsichtigten Genossenschaft verantwortlich, weil die Genossenschaft über ihre Mitgliedschaft in dem Prüfverband vereinsrechtliche Mitgliedschaftsrechte hat.[263] Gem. § 63b Abs. 1 S. 1 GenG soll der Prüfverband die Rechtsform des eV haben.[264] Dementsprechend können Genossenschaften als Mitglieder des Prüfverbands

253 Zur AG, RGZ 167, 151–171, 166; BGH, Urteil vom 12.03.1959 – II ZR 180/57 –, BGHZ 29, 385–393, NJW 1959, 1082–1083, 1083; *Beuthien*, GenG, § 48 Rn. 8.

254 BGH, Urteil vom 30.08.1958 – II ZR 253/56 –, NJW 1959, 192–193, 193.

255 *Beuthien*, GenG, § 43 Rn. 15; vgl. zur AG, BGH, Urteil vom 11.11.1965 – II ZR 122/63 –, NJW 1966, 43–46, 45.

256 Vgl. zur AG, RGZ 36, 24–27, 24, 26; *Beuthien*, GenG, § 43 Rn. 16.

257 Eingehend zum Auskunftsrecht, welches analog aus § 131 Abs. 1. S. 1, 2 AktG abgeleitet wird, *Beuthien*, GenG, § 43 Rn. 17ff. m.w.N.

258 *Beuthien*, GenG, § 43 Rn. 20.

259 Daneben können sie auch außerhalb der Generalversammlung verschiedene Kontrollrechte geltend machen, siehe hierzu die Übersicht von *Fandrich*/Pöhlmann/Bloehs, GenG, § 43 Rn. 23.

260 Vgl. *Beuthien/Klappstein*, Sind genossenschaftliche Rücklagen ein unteilbarer Fonds?, S. 99ff. m.w.N. Insofern entspricht es dem Grundsatz der Gleichrangigkeit, wenn Vorstände und Aufsichtsräte aktiv die restlichen Mitglieder über ihre Rechte informieren.

261 Siehe hierzu bereits D. I. 1. a) bb) (3).

262 *Schöpflin*/Beuthien, GenG, § 53 Rn. 16.

263 Aufgrund dieser Einflussmöglichkeit wird die Pflichtprüfung als weniger einschneidend für die Selbstverwaltung der Genossenschaft eingeordnet, BVerfG, Beschluss vom 19.01.2001 – 1 BvR 1759/91 –, NJW 2001, 2617–2619, 2619.

264 Dies ist nicht zwingend (siehe § 63b Abs. 1 S. 2 GenG), in der Praxis sind Prüfverbände jedoch durchweg als eV verfasst, *Schöpflin*/Beuthien, GenG, § 63b Rn. 1.

gem. § 32 Abs. 1 S. 1 BGB in der Mitgliederversammlung durch ihr Stimmrecht auf dessen Tätigkeit einwirken.[265]

cc) Zwischenfazit

Insgesamt zeigt sich, dass das Genossenschaftsrecht ein ausdifferenziertes System zur Überwachung der Einhaltung von operativen Regeln bereithält. Dieses System dürfte in Bezug auf Aufwand, Kontrolldichte und Kosten in angemessenem Verhältnis zum jeweiligen Bedarf nach Kontrolle stehen. Insbesondere die Überwachung der Einhaltung operativer Nutzungsregeln durch den Vorstand dürfte durch gegenseitige Kontrolle der Mitglieder flankiert werden. Dies sollte dazu führen, dass die Kosten der Kontrolle verhältnismäßig gering ausfallen dürften. Zudem sind die operativen Regeln über die Bereitstellung in Form von Geldzahlungen leicht kontrollierbar, weil der Vorstand ohne Schwierigkeiten einen Zahlungseingang feststellen kann.

Die Kontrolle, ob und inwiefern operative Regeln zur Geschäftsführung eingehalten werden, ist indessen aufgrund von Informationsasymmetrien, der Komplexität und Fülle der Regeln sowie der zu kontrollierenden Maßnahmen schwieriger. Hier sieht die Genossenschaft mit der Aufsicht durch den Aufsichtsrat, die Generalversammlung und den Prüfungsverband jedoch mehrere Akteure mit weitreichenden Kontrollrechten vor. Damit sollte auch für die operativen Regeln über die Geschäftsführung eine sachgerechte Kontrolle gesichert sein. Die geringe Insolvenzquote von Genossenschaften dürfte als Indikator hierfür gelten.[266]

Die jeweiligen Kontrollierenden sind durchweg entweder gegenüber den Kontrollierten verantwortlich oder selbst Commoners. Inwiefern die Verantwortlichkeit faktisch durchgreift, d. h. inwiefern Kontrollierte die Kontrollierenden tatsächlich „zur Verantwortung ziehen“ können, bedarf jedoch weiterer empirischer Untersuchung. Rechtlich betrachtet ist das vierte Designprinzip in der Genossenschaft erfüllt.

---

265 Neben der Verantwortlichkeit des Prüfungsverbands gegenüber seinen Mitgliedern unterliegt der Prüfungsverband einer „doppelten Kontrolle“ durch zwei weitere Instanzen, BT-Drs. 14/6456, S. 15. Einerseits muss der Prüfungsverband Mitglied einer Wirtschaftsprüfkammer sein, welche nach §§ 63e-63h GenG eine Qualitätskontrolle durchführt. Andererseits unterliegt der Prüfungsverband der Staatsaufsicht nach § 64 GenG, BT-Drs. 14/6456, S. 15.

266 Siehe zur Rechtsnatur des Nutzungsvertrags, BGH, Urteil vom 10. 10. 2003 – VIII ZR 22/03 –, juris, Rn. 11.

e) Abgestufte Sanktionen

Damit Commoners operative Regeln quasi-freiwillig befolgen, muss die Einhaltung der Regeln nicht nur überwacht werden, sondern es bedarf abgestufter Sanktionen für Regelbrüche – je nach Schwere und Zusammenhang des Regelbruchs.[267] Ich unterscheide auch in diesem Teil meiner Untersuchung zwischen Nutzungs- und Bereitstellungsregeln, da jeweils unterschiedliche rechtliche Mechanismen und Zuständigkeiten zur Sanktionierung existieren.

aa) Nutzungsregeln

Regelmäßig dürften Verletzungen der operativen Nutzungsregeln informelle, d.h. nichtrechtliche, Sanktionen (z.B. Ermahnungen) durch Mitglieder nach sich ziehen, die durch den Verstoß gegen die Nutzungsregeln betroffen sind.

Soweit das Wohnverhältnis – wie im Regelfall üblich – vertraglich bestimmt ist, sind operative Nutzungsregeln regelmäßig Teil des mietrechtlichen Nutzungsvertrags.[268] Der Vorstand hat auf dieser Grundlage in Vertretung der Genossenschaft die Möglichkeit, mietrechtliche Sanktionen anzuwenden: Wenn ein Mitglied die Hausordnung verletzt, kann der Vorstand gem. § 541 BGB Unterlassung des Verhaltens verlangen.[269] Wenn aufgrund der Störung andere Mitglieder Mietminderungen oder Schadensersatz gegen die Genossenschaft geltend machen, kann die Genossenschaft auch auf Ersatz dieses Betrages als Schadensersatz klagen.[270] Schließlich kann die Genossenschaft im Falle wiederholter Störungen im Extremfall die Kündigung erklären, gem. §§ 543 Abs. 1, 569 Abs. 2 BGB bzw. § 573 Abs. 2 Nr. 1 BGB. Für eine außerordentliche Kündigung ist gem. § 543 Abs. 1 S. 1 BGB eine vorherige Abmahnung erforderlich, sofern diese nicht ausnahmsweise nach § 543 Abs. 1 S. 2 BGB entbehrlich ist.[271] Bei der Kündigung des Nutzungsvertrags ist zu berücksichtigen, dass das förderwirtschaftliche Verhältnis zwischen Mitgliedern und Genossenschaft sowohl schuldrechtlich als auch gesellschaftsrechtlich fundiert ist. Mit Kündigung des Nutzungsvertrags endet nicht automatisch

---

[267] Siehe C. III. 7. e) und C. I. 1. b) bb) (7) (e).

[268] Siehe hierzu bereits D. I. 7. b) aa).

[269] *Mayer/Eichel/Klinck*, NZM 2018, 689–698, 695. Im Ergebnis kann dies gem. § 890 ZPO in der Zwangsvollstreckung zur Verhängung eines Ordnungsgeldes oder sogar zu Ordnungshaft führen, *Emmerich*/BeckOGK BGB, § 541 Rn. 21.

[270] *Mayer/Eichel/Klinck*, NZM 2018, 689–698, 695.

[271] *Schmid*, NJW 2013, 2145–2150, 2148; *Mayer/Eichel/Klinck*, NZM 2018, 689–698, 695.

die Mitgliedschaft in der Genossenschaft.[272] Daher ist auch ein Ausschluss des Mitglieds nach § 68 GenG erforderlich, wobei der Ausschlussgrund in der Satzung vorgesehen sein muss (§ 68 Abs. 1 S. 1 GenG).[273] Dieser setzt wie die außerordentliche Kündigung i. d. R. eine vorangehende Abmahnung voraus.[274] Zudem muss der Verstoß von „erheblichem Gewicht" sein.[275]

Neben dem Vorstand in Vertretung der Genossenschaft kann aber auch ein durch den Regelverstoß beeinträchtigtes Mitglied rechtlich gegen störende Mitglieder vorgehen. Dies ergibt sich daraus, dass die Hausordnung Teil des Nutzungsvertrags ist und der Nutzungsvertrag ein Vertrag zugunsten Dritter i. S. v. § 328 BGB ist.[276] Daher können durch Regelbrüche gestörte Mitglieder gegen störende Mitglieder einen Anspruch auf Unterlassen nach §§ 541, 328 BGB geltend machen.[277] Zudem steht dem gestörten Mitglied ein inhaltsgleicher Anspruch aus § 862 Abs. 1 S. 2 BGB und ggf. § 1004 Abs. 2 (analog) i. V. m. § 823 Abs. 1 BGB zu.[278] Schließlich dürfte auch aus den Treuepflichten der genossenschaftlichen Mitgliedschaft gegenüber anderen Mitgliedern ein Anspruch auf Unterlassen abzuleiten sein.[279]

Insgesamt ist die Einhaltung der operativen Nutzungsregeln damit einem abgestuften rechtlichen Sanktionssystem unterstellt, welches ein erhebliches Eskalationspotenzial bereithält. Dieses System greift umfassend, d. h. jeweils auch dann, wenn das Wohnverhältnis nur vertraglich, nur körperschaftlich oder auf beiden Ebenen gleichzeitig verankert ist.

bb) Bereitstellung

Bei den Regeln zur Bereitstellung ist wieder eine Unterteilung in Kapital, Nutzungsgebühr und Geschäftsführung zweckmäßig.

---

[272] AG Oldenburg (Holstein), Urteil vom 05. 02. 2008 – 23 (22) C 378/07 –, NZM 2008, 803–804, 804.

[273] *Beuthien*, GenG, § 1 Rn. 71. Sofern das Wohnverhältnis ausschließlich körperschaftsrechtlich auf der Mitgliedschaft beruht, ist entsprechend nur ein Ausschluss erforderlich und eine Kündigung entbehrlich.

[274] So das LG Berlin zu Beleidigungen durch ein Mitglied, LG Berlin, Urteil vom 20. 04. 2006 – 51 S 343/05 –, BeckRS 2006, 12552.

[275] LG Köln, Urteil vom 18. 05. 2006 – 20 O 391/05 –, BeckRS 2011, 11341.

[276] BGH, Urteil vom 12. 12. 2003 – V ZR 180/03 –, BGHZ 157, 188–195, juris, Rn. 16; OLG München, Urteil vom 21. 01. 1992 – 13 U 2289/91 –, juris, Rn. 7.

[277] *Mayer/Eichel/Klinck*, NZM 2018, 689–698, 695.

[278] Zu Zigarettenrauch auf dem Balkon als verbotene Eigenmacht, BGH, Urteil vom 16. 01. 2015 – V ZR 110/14 –, NZM 2015, 448–451, 449 f.

[279] Vgl. *Beuthien*, GenG, § 18 Rn. 52.

(1) Kapital

Die Bereitstellung von Kapital in Form der Pflichteinlage beruht auf den Regelungen des GenG sowie der Satzung und wird durch den Vorstand beaufsichtigt.[280] Die Genossenschaft kann durch ihren Vorstand einer fehlenden Zahlung durch Leistungsklage inklusive Zwangsvollstreckung begegnen. Sie hat zudem einen Anspruch auf Verzugszinsen nach §§ 286 Abs. 2 S. 1, 288 BGB.[281]

(2) Nutzungsgebühr

Wie bei der Bereitstellung von Kapital steht der Genossenschaft die Möglichkeit einer Leistungsklage zu. Darüber hinaus kann die Genossenschaft den Nutzungsvertrag unter den Voraussetzungen von §§ 543 Abs. 1 S. 1 Nr. 3, 569 Abs. 3 S. 1 BGB kündigen und das Mitglied nach § 63 GenG ausschließen.[282] Insofern stehen der Genossenschaft bzw. dem Vorstand substanzielle Sanktionen bei Verletzung der Bereitstellungsregeln zur Nutzungsgebühr zu. Diese sind naturgemäß das letzte Mittel und dürften am Ende des Spektrums abgestufter Sanktionen stehen, an dessen Anfang informelle Ermahnungen und Gespräche liegen.

(3) Geschäftsführung

Verstöße gegen die operativen Regeln über die Geschäftsführung können im System des Genossenschaftsrechts von verschiedener Seite sanktioniert werden:

Der Aufsichtsrat bzw. das nach § 39 Abs. 1 S. 2 GenG gewählte Mitglied kann im Rahmen seiner Kontrolle auf ein weites rechtliches Instrumentarium zurückgreifen, um Sanktionen gegen den Vorstand zu verhängen, sofern dieser Regeln der Geschäftsführung verletzt. Diese bilden ein abgestuftes System, welches verschiedene Eskalationsstufen zulässt.[283] So kann der Aufsichtsrat gem. § 38 Abs. 2 S. 1 GenG die Generalversammlung einberufen und dort den Vorstand rügen bzw. ihm sein Misstrauen aussprechen.[284] Zudem

---

280 Siehe hierzu bereits D. I. 3. b) bb).

281 *Beuthien*, GenG, § 7 Rn. 8.

282 BGH, Urteil vom 09.05.2012 – VIII ZR 327/11 –, NJW 2012, 2270–2274, 2270, 2273 f.

283 Wie bei Verstößen gegen operative Nutzungsregeln und Regeln über die Bereitstellung von Kapital und Nutzungsgebühr dürften den rechtlich möglichen Schritten informelle Maßnahmen vorgehen.

284 *Beuthien*, GenG, § 38 Rn. 8.

kann der Aufsichtsrat in Vertretung der Genossenschaft gegen den Vorstand gem. § 39 Abs. 1 S. 1 GenG Klage auf Zahlung von Schadensersatz erheben. § 43 Abs. 2 S. 1 GenG sieht insofern eine eigene genossenschaftsrechtliche Anspruchsgrundlage vor. Schließlich kann der Aufsichtsrat den Vorstand gem. § 40 GenG vorläufig aus seinem Amt entheben. Wenn die unverzüglich einzuberufende Generalversammlung daraufhin für den Widerruf der Bestellung des Vorstands stimmt (§ 24 Abs. 3 S. 2 GenG), kann der Aufsichtsrat den Anstellungsvertrag des Vorstands kündigen.[285]

Die Aufsicht durch die Generalversammlung ist ebenfalls sanktionsbewehrt. So kann die Generalversammlung – wie erwähnt – die Bestellung des Vorstands gem. § 24 Abs. 3 S. 2 GenG jederzeit und ohne Angabe von Gründen widerrufen.[286] Zu diesem Zweck kann auch eine aus einem Zehntel der Mitglieder bestehende Minderheit eine Generalversammlung einberufen und verlangen, dass der Widerruf der Bestellung als Beschlussgegenstand festgelegt wird (§ 45 Abs. 1, 2 GenG). Als weniger einschneidende Maßnahme ist es der Generalversammlung möglich, dem Vorstand das Misstrauen auszusprechen oder ihn nicht zu entlasten.[287] Soweit einzelne Mitglieder den Vorstand für Regelbrüche sanktionieren wollen, müssen sie sich um entsprechende Mehrheiten bemühen.

Schließlich hat auch der Prüfungsverband rechtliche Befugnisse, um Regelbrüche des Vorstands zu sanktionieren.[288] Als letztes und einschneidendstes Mittel hat der Prüfungsverband die Möglichkeit, Genossenschaften auszuschließen, sodass diese von einer Auflösung nach § 54a Abs. 2 GenG bedroht sind.[289] Ansonsten kann der Prüfungsverband gegenüber dem Aufsichtsrat und der Generalversammlung Sanktionen gegen den Vorstand anregen und/oder unmittelbar gegenüber dem Vorstand Ermahnungen aussprechen. Das GenG bietet dem Prüfverband zu diesem Zweck mehrere Möglichkeiten und Foren: So hat der Prüfungsverband gem. § 58 Abs. 4 GenG in einer gemeinsamen Sitzung mit dem Vorstand und dem Aufsichtsrat über das Ergebnis seiner Prüfung zu beraten. Gem. § 59 Abs. 3 GenG ist der Prüfungsverband zur

---

285 Zu den Voraussetzungen der Kündigung BGH, Urteil vom 18.06.1984 – II ZR 221/83 –, juris, Rn. 12 ff.; *Beuthien*, GenG, § 24 Rn. 23.

286 Siehe hierzu bereits D. I. 7. c) aa).

287 Dabei muss jedoch klargestellt werden, dass dies keinen Widerruf der Bestellung darstellt, *Beuthien*, GenG, § 24 Rn. 20.

288 *Holthaus*, NZG 2019, 54–57, 56; *Beuthien*, GenG, § 53 Rn. 12.

289 Der Ausschluss bestimmt sich dann nach der Satzung des Prüfungsverbands und dem Vereinsrecht, wobei beides von dem Genossenschaftsrecht bzw. der ggf. essenziellen Stellung der Mitgliedschaft im Prüfungsverband überlagert wird, sodass ein Ausschluss nur dann erlaubt ist, wenn die Eintragung der Genossenschaft nach § 11a Abs. 2 GenG versagt werden müsste, *Beuthien*, GenG, § 54a Rn. 5; *Holthaus/Lehnhoff*/Lang/Weidmüller, GenG, § 54a Rn. 3.

Teilnahme an der Generalversammlung berechtigt. Nach § 60 GenG kann der Prüfungsverband selbst eine Generalversammlung einberufen, wenn der Vorstand dies verzögert. Nach § 57 Abs. 3 GenG hat der Prüfungsverband bereits während der Prüfung unverzüglich den Vorsitzenden des Aufsichtsrats in Kenntnis zu setzen, wenn er ein sofortiges Handeln für erforderlich hält. Schließlich kann der Prüfungsverband in engen Grenzen die Ergebnisse seiner Prüfung nach § 62 Abs. 3 GenG an genossenschaftliche Spitzenverbände und an die BaFin zwecks weiterer Maßnahmen weiterleiten.[290]

Insgesamt ergibt sich also für den Prüfungsverband durch Kooperation mit dem Aufsichtsrat sowie der Generalversammlung ein erheblicher rechtlicher Spielraum für Sanktionen gegenüber dem Vorstand. Diese entscheiden letztlich selbst darüber, ob und welche Sanktionen verhängt werden. Hierdurch stammen Sanktionen aus dem Kreis der Commoners und dürften aufgrund des situierten Wissens im Aufsichtsrat und der Generalversammlung mit höherer Wahrscheinlichkeit verhältnismäßig und beziehungswahrend sein.

cc) Zwischenfazit

Die Wohnungsgenossenschaft ist rechtlich mit einem ausdifferenzierten System ausgestattet, welches den jeweils überwachenden Akteuren die Möglichkeit in die Hand gibt, Verstöße gegen die operativen Regeln rechtlich zu sanktionieren. Dabei sind jeweils verschiedene Abstufungen und Eskalationsschritte möglich. Das fünfte Designprinzip ist damit rechtlich-strukturell erfüllt.

f) Konfliktlösungsmechanismen

Eine funktionierende Praxis der Überwachung und Sanktionierung setzt voraus, dass Dispute über die Auslegung von operativen Regeln einfach ohne prohibitive Kosten überwunden werden können. Daher sieht das sechste Designprinzip vor, dass Commoners einfachen Zugang zu kostengünstigen Foren der Konfliktlösung für derartige Dispute haben.[291]

Das Genossenschaftsrecht sieht zumindest nicht ausdrücklich derartige Foren zur Konfliktlösung vor. Bei näherer Betrachtung bieten sich jedoch zumindest potenzielle Foren an. Auch in diesem Teil meiner Untersuchung unterscheide ich zwischen den jeweiligen operativen Regeln und involvierten Akteuren.

---

290 Siehe hierzu *Beuthien*, GenG, § 62 Rn. 5f.

291 Siehe hierzu C. I. 1. b) bb) (7) (f).

aa) Konflikte über Nutzungsregeln

Konflikte über die Auslegung operativer Nutzungsregeln entstehen in der Regel zwischen nutzenden Mitgliedern. Dies ergibt sich daraus, dass Konflikte um die Verletzung von Nutzungsregeln regelmäßig um potenziell nachbarschaftsbeeinträchtigendes Handeln oder Unterlassen kreisen.[292] Möglich sind aber auch Konflikte zwischen nutzenden Mitgliedern und dem Vorstand, der mit der Überwachung der Regeleinhaltung rechtlich betraut ist.

Denkbar ist in diesem Zusammenhang, dass die Generalversammlung als Forum zur Konfliktlösung dienen könnte.[293] In der Tat scheint die Generalversammlung als Ort der Zusammenkunft und moderierten Aussprache der Mitglieder grundsätzlich geeignet, um bestimmte Konflikte zu besprechen und zu lösen. Gleichzeitig sind nachbarschaftliche Streitigkeiten über den Umfang von Nutzungsregeln regelmäßig persönlicher und teils intensiver Natur, sodass bei Genossenschaften, deren Generalversammlung eine kleine Größe überschreitet, dieser Weg ungeeignet erscheint. Einerseits könnte mangelnde Vertraulichkeit der Aussprache dazu führen, dass wichtige Kommunikation unterbleibt oder von den Parteien als unangemessen empfunden wird.[294] Andererseits könnte die Austragung des Konflikts den zeitlichen Rahmen der Generalversammlung übersteigen.

Im Zusammenhang mit nachbarschaftlichen Streitigkeiten hat sich hingegen insbesondere das Mediationsverfahren bewährt.[295] Ein solches wird in der Rechtspraxis einiger Genossenschaften durch „Schlichtungskommissionen" durchgeführt.[296] Derartige Kommissionen sind als eigenständige Organe der Genossenschaft im Rahmen der Satzungsfreiheit zulässig (vgl. § 27 Abs. 2

---

292 Vgl. *Mayer/Eichel/Klinck*, NZM 2018, 689–698, 690.

293 So etwa *Moldenhauer/Maier-Rigaud*, Kollektives Handeln, S. 18.

294 Zur Vertraulichkeit in der Konfliktlösung *Amler/Martinez/Smith*, Dispute System Design, S. 96 f.

295 *Kloster-Harz*, ZMR 2003, 82–86, 83 ff.; *Mayer/Eichel/Klinck*, NZM 2018, 689–698, 696; allgemein zum Mediationsverfahren *Amler/Martinez/Smith*, Dispute System Design, S. 47 f.

296 Diese werden z. T. durch „Schlichtungsordnungen" geregelt, siehe etwa, Kommissionsordnung der GEWOBA Nord Baugenossenschaft eG, Januar 2012; Ordnung über die Grundlagen, Zusammensetzung und Arbeit der Schlichtungskommission der Wohnungsbaugenossenschaft Solidarität eG, 13.06.2007; Schlichtungsordnung der Amtsfeld eG, 15.04.2009; Schlichtungskommissions-Ordnung Wohnungsbau-Genossenschaft „Treptow Nord" eG, 01.07.1996. Meine diesbezügliche Einschätzung beruht auf einer Online-Recherche und stellt nur ein erstes Indiz für eine zumindest in Teilen bestehende Rechtspraxis dar. Es bedarf weiterer methodisch fundierter empirischer Untersuchungen.

S. 2 GenG).[297] Gleichzeitig ist ihr Bestehen keine strukturelle Folge oder ein Merkmal des Genossenschaftsrechts.[298]

Es kann insofern festgestellt werden, dass das Genossenschaftsrecht sachgerechten Lösungsmechanismen für Konflikte über operative Nutzungsregeln zumindest nicht im Weg steht.

bb) Konflikte über Bereitstellungsregeln

(1) Kapital und Nutzungsgebühr

Konflikte über die Auslegung der operativen Regeln zur Bereitstellung von Kapital und der Nutzungsgebühr sind strukturell anderer Art als nachbarschaftliche Konflikte über die Nutzungsregeln. So ist der Konflikt nicht zwischen einzelnen Mitgliedern angesiedelt, sondern zwischen einzelnen Mitgliedern und der Gesamtheit der Mitglieder bzw. dem Vorstand. Gleichzeitig handelt es sich inhaltlich um Konflikte über die Nichtzahlung oder Modalitäten der Zahlung von Geld.

Auch in diesen Bereichen sieht das Genossenschaftsrecht keine speziellen Foren zur Konfliktlösung vor. Die Praxis der Schlichtungskommissionen erfasst, soweit ersichtlich, regelmäßig keine Streitigkeiten in diesem Zusammenhang, sondern beschränkt sich auch nachbarschaftliche Konflikte mit Bezug zur Hausordnung.[299] Rechtlich wäre die Einrichtung von Schlichtungsorganen auch für diese Streitigkeiten zulässig. Gleichzeitig dürfte die Auslegung der Regeln zur Bereitstellung von Einlagen und Nutzungsgebühr regelmäßig weniger Konfliktpotenzial bergen als die Auslegung der Hausordnung.

Insgesamt verhindert das Genossenschaftsrecht auch in diesem Bereich zumindest nicht die Umsetzung des sechsten Designprinzips.

---

[297] Vgl. hierzu auch *Denga*, NZG 2022, 1179–1185, 1185.

[298] In einigen Bundesländern ist zudem vor Klageerhebung auf Grundlage von § 15a Abs. 1 S. 1 Nr. 2 ZPO in nachbarschaftsrechtlichen Sachen ein vorheriger Schlichtungsversuch vor einer Gütestelle erforderlich. Diese Regelung dürfte, obwohl sie auf Streitigkeiten zwischen Eigentümern zugeschnitten ist, auch zwischen Besitzern bzw. Genossenschaftsmitgliedern gelten, LG Frankfurt a.M., Urteil vom 11.04.2019 – 2-13 S 6/17 –, BeckRS 2019, 10667; *Gruber*/MüKoZPO, EGZPO, § 15a Rn. 30.

[299] Siehe etwa § 3 Abs. 2, Schlichtungsordnung der Amtsfeld eG, 15.04.2009; § 4 Kommissionsordnung der GEWOBA Nord Baugenossenschaft eG, Januar 2012; Ziff. 2 Abs. 1, 2, Ordnung über die Grundlagen, Zusammensetzung und Arbeit der Schlichtungskommission der Wohnungsbaugenossenschaft Solidarität eG, 13.06.2007; § 6, Schlichtungskommissions-Ordnung Wohnungsbau-Genossenschaft „Treptow Nord“ eG, 01.07.1996.

(2) Geschäftsführung

Für Konflikte über operative Bereitstellungsregeln zur Geschäftsführung dürfte die Generalversammlung zumindest grundsätzlich ein taugliches Forum zur Konfliktbearbeitung bilden.[300] So betreffen derartige Konflikte grundsätzlich sämtliche Mitglieder und den Vorstand, sodass ein Plenum sämtlicher Mitglieder angemessen erscheint. Darüber hinaus können in diesem Zusammenhang der Prüfverband oder Aufsichtsrat eine vermittelnde bzw. moderierende Rolle einnehmen.[301]

cc) Zwischenfazit

Insgesamt ist das sechste Designprinzip in der Wohnungsgenossenschaft weitgehend erfüllt bzw. rechtlich-strukturell erfüllbar. Das GenG sieht zwar nicht ausdrücklich eigene Foren zur Konfliktlösung vor, diese können aber als eigene Organe eingerichtet werden. Die genossenschaftliche Praxis macht von dieser Möglichkeit Gebrauch.

Soweit Konflikte die Regeln über die Geschäftsführung betreffen, dürfte die Generalversammlung als Forum zur Konfliktlösung grundsätzlich geeignet sein.

g) Polyzentrische Governance

Das achte Designprinzip setzt voraus, dass die Nutzung, Bereitstellung, Kontrolle, Sanktionierung, Konfliktlösung und Verwaltungsaktivitäten auf mehreren Ebenen von ineinander eingebetteten Systemen der polyzentrischen Go vernance organisiert sind.[302] Auf dieser Grundlage soll es möglich sein, dass Commoners in Bezug auf ihr jeweiliges CPR eigenständig Institutionen entwickeln und situiertes Wissen gegenseitig teilen.

An verschiedenen Stellen hat sich gezeigt, dass die dezentrale Entwicklung von Institutionen bei der Wohnungsgenossenschaft rechtlich nicht optimal gewährleistet ist.[303] Zwar ist die Konfliktlösung grundsätzlich dezentral möglich.[304] Die eigenverantwortliche Leitungsmacht des Vorstands (§ 27 Abs. 1 S. 1 GenG) zwingt außerhalb von Kleinstgenossenschaften jedoch dazu, dass

300 So auch *Moldenhauer/Maier-Rigaud*, Kollektives Handeln, S. 18.

301 Vgl. hierzu auch *Denga*, NZG 2022, 1179–1185, 1185.

302 Zu den Anforderungen des achten Designprinzips siehe C. I. 1. b) bb) (7) (h) und C. III. 7. h).

303 Siehe etwa D. I. 1. a) bb) (2) und D. I. 1. a) bb) (4).

304 Siehe D. I. 7. f) aa).

zentralisiert über operative Regeln für verschiedene Commons bzw. CPR entschieden werden muss. Insbesondere in Bezug auf Nutzungsregeln führt dies etwa dazu, dass Wohnraum-Commons nicht über eine eigene Hausordnung beschließen können.[305]

In der Rechtspraxis wird z.T. dennoch durch sog. „Mieterbeiräte" die Hausordnung dezentral ausgestaltet. Vor allem in städtischen Wohnungsbaugesellschaften können einzelne Teilgruppen von Bewohnern Einfluss auf die Hausordnung nehmen.[306] Dieser Ansatz steht in der Genossenschaft jedoch mit dem Grundsatz der eigenverantwortlichen Leitungsmacht des Vorstands (§ 27 Abs. 1 S. 1 GenG) in Konflikt. Rechtsprechung zur Frage, ob die Erstellung der Hausordnung dezentral auf entsprechende Organe delegiert werden kann, ist nicht ersichtlich. Insofern ist ein solches Unterfangen erheblichen Rechtsunsicherheiten ausgesetzt.[307]

In Bezug auf das Teilen von situiertem Wissen zwischen einzelnen Commons setzt das Genossenschaftsrecht jedoch keine Grenzen. So können verschiedene Commons innerhalb einer Wohnungsgenossenschaft miteinander Wissen teilen, etwa im Rahmen der Generalversammlung.

Damit entspricht die Wohnungsgenossenschaft nur sehr eingeschränkt dem achten Designprinzip.[308]

h) Zwischenfazit

Insgesamt entspricht die Wohnungsgenossenschaft als rechtlicher Ansatz weitgehend den meisten Designprinzipien. Dabei ist es mit zunehmender Größe von Wohnungsgenossenschaften schwieriger, die Designprinzipien zu erfüllen. Insbesondere in Großgenossenschaften ist es für Mitglieder schwierig oder faktisch ausgeschlossen, eigene operative Nutzungsregeln aufzustellen oder existierende Regeln zu verändern (drittes und achtes Designprinzip).

---

305 Siehe C. I. 7. c) aa).

306 Siehe hierzu *Faulstich/Kemmerer/Strauch*, NZM 2020, 617–623 m.w.N.

307 Das Schrifttum legt die Leitungsmacht nach § 27 Abs. 1 S. 1 GenG regelmäßig so aus, dass wenig bzw. kein Raum für die Delegierung von Entscheidungen verbleibt, Beuthien will regionale Organe nur insoweit zulassen, als sie der Mitgliederinformation und Beratung des Vorstands dienen, *Beuthien*, GenG, § 43 Rn. 54; *Beuthien*, GenG, § 27 Rn. 12; auch die „teilweise" Übertragung von Geschäftsführungsmacht auf andere Organe strikt ablehnend *Althanns*, Genossenschafts-Handbuch 3200, § 27 Rn. 6f.; ebenfalls auch die teilweise Übertragung von Entscheidungsbefugnissen auf andere Organe ablehnend *Holthaus/Lehnhoff*/Lang/Weidmüller, GenG, § 27 Rn. 10.

308 Die Gründe, aus denen die Wohnungsgenossenschaft nicht dem achten Designprinzip entspricht, sind insofern deckungsgleich mit den Gründen, aus denen die Wohnungsgenossenschaft konzeptuell nicht dem Grundsatz der gleichrangigen Selbstverwaltung entspricht, siehe D. I. 1.

Hierdurch besteht die Gefahr, dass operative Nutzungsregeln nicht oder mit der Zeit nicht mehr den örtlichen Gegebenheiten des Wohnraums entsprechen (zweites Designprinzip).

Tabelle 3

Zwischenfazit zur Erfüllung der Designprinzipien bei der Wohnungsgenossenschaft

Designprinzip	**Grad der Erfüllung**
1. Klar definierte Grenzen	Erfüllt
2. a) Kongruenz zwischen operativen Regeln und örtlichen Bedingungen	Bei Kleinstgenossenschaften erfüllt; mit zunehmender Größe weniger erfüllt
2. b) Proportionalität zwischen Nutzung und Bereitstellung	Erfüllt
3. Vorkehrungen für kollektive Entscheidungsfindung	Bei Kleinstgenossenschaften erfüllt; mit zunehmender Größe weniger erfüllt
4. Gegenseitige Kontrolle	Erfüllt
5. Graduelle Sanktionen	Erfüllt
6. Konfliktlösungsmechanismen	Schwach erfüllt, aber grds. erfüllbar
7. Mindestmaß an rechtlicher Anerkennung	Geht in Untersuchung anderer Designprinzipien auf[309]
8. Polyzentrische Governance	Nur teilweise erfüllbar

Quelle: Eigene Darstellung.

8. Fazit

Die Wohnungsgenossenschaft ist zur Schaffung und Erhaltung von Wohnraum-Commons grundsätzlich geeignet. Sie ist entspricht generell den konzeptuellen Grundsätzen des Commonings. Zudem entspricht sie weitgehend den Designprinzipien von *Ostrom*. Dieser Befund muss jedoch differenziert mit Einschränkungen versehen werden:

Aufgrund des Identitätsprinzips und des Grundsatzes der Stimmgleichheit ist sie konzeptuell auf eine gleichrangige Selbstverwaltung ausgerichtet. Das bedeutet, die Commoners haben in der Wohnungsgenossenschaft gleichrangig die Kontrolle über die Ausgestaltung ihres physischen Wohnraums und sozialen Wohnumfeldes. Bei größeren Genossenschaften wird dies jedoch durch

[309] Siehe C. III. 7. g).

die eigenverantwortliche Leitungsbefugnis des Vorstands relativiert, welcher alleinig und unabänderlich für einzelne Geschäftsführungsmaßnahmen zuständig sein muss. Zudem können verschiedene fakultative Strukturelemente wie das Nichtmitgliedergeschäft, investierende Mitglieder oder Mehrfachstimmrechte die gleichrangige Selbstverwaltung relativieren.

Darüber hinaus ist die Wohnungsgenossenschaft aufgrund ihres Förderzweckprinzips darauf ausgelegt, dass beim Commoning kein Profit entsteht. Dies wird ebenfalls durch verschiedene rechtliche Strukturmerkmale und mögliche Praktiken des Genossenschaftsrechts relativiert. Diese Praktiken sind grundsätzlich fakultativ, sodass Commoners sich gegen die profitorientierte Wohnraumbewirtschaftung entscheiden können. Dass diese Entscheidung zu einem späteren Zeitpunkt nicht revidiert werden kann, kann im Genossenschaftsrecht nur unter Abstrichen bei der Qualität der gleichrangigen Selbstverwaltung sichergestellt werden. Darüber hinaus steht die eigenverantwortliche Leitungsbefugnis des Vorstands einer Co-Produktion entgegen. Damit ist die Dekommodifizierung nur teilweise erfüllt.

Die Mitgliedernützigkeit, welche aus dem Förderzweckprinzip folgt, steht konzeptuell in einem Spannungsverhältnis mit dem Anspruch der Offenheit. Praktisch erlaubt aber auch die Förderzweckwirtschaft hinreichenden Spielraum, um dem Anspruch der Offenheit im Wesentlichen gerecht zu werden. So kann die Wohnungsgenossenschaft trotz des Förderzwecks Wissen teilen, das Common erweitern und sich bemühen, neue Mitglieder diskriminierungsfrei auszuwählen.

Bei der Kapitalaufbringung kann die Wohnungsgenossenschaft als Rechtsform davon profitieren, dass eine geringe Insolvenzquote und die Aufsicht durch den Prüfungsverband den Zugang zu Kapital erleichtern können. Gleichzeitig leidet die Genossenschaft – was jedoch der Dekommodifizierung und nicht dem Genossenschaftsrecht zuzuschreiben ist – strukturell an einem Mangel an Eigenkapitalinvestitionen.

Indem die Wohnungsgenossenschaft grundsätzlich eine einzelne unabhängige Rechtsform ist, kann sie davon profitieren, dass sie relativ einfach strukturiert ist und auf einer langjährigen Erfahrung der Rechtspraxis aufbauen kann. Gleichzeitig ist die Wohnungsgenossenschaft aufgrund der Kosten der Pflichtprüfung nur ab einer gewissen Mindestgröße wirtschaftlich tragfähig.

In Bezug auf die Herausforderung der gerechten Lastenverteilung zwischen Generationen von Commoners hat die Wohnungsgenossenschaft keine besonderen Antworten.

Schließlich entspricht die Wohnungsgenossenschaft zwar rechtlich-strukturell im Ansatz den Designprinzipien von *Ostrom*, allerdings sinkt die Kapazität zur Erfüllung der Prinzipien mit steigender Größe der Genossenschaft.

II. Mietshäuser Syndikat

Anders als die Wohnungsgenossenschaft besteht der MHS-Ansatz aus mehreren zusammenhängenden juristischen Personen, die in eine zirkuläre Konzernstruktur eingebettet sind.[310] Daher ist eine Untersuchung auf mehreren Ebenen dieser Konzernstruktur erforderlich. Ausgangspunkt bleibt dabei jedoch die Perspektive einzelner Wohnraum-Commons innerhalb dieses rechtlichen Ansatzes. Ich untersuche also die Frage, inwiefern der MHS-Ansatz dazu geeignet ist, einzelne Wohnraum-Commons jeweils zu schaffen und zu erhalten.[311] Meine Untersuchung folgt dabei den unter C. III. genannten Eignungskriterien.

1. Gleichrangige Selbstverwaltung

Im Folgenden untersuche ich gesondert, inwiefern der MHS-Ansatz sicherstellt, dass Commoners der jeweiligen Wohnraum-Commons sich selbst verwalten können (D. II. 1. a)) und inwiefern die Selbstverwaltung gleichrangig ist (D. II. 1. b)).

a) Selbstverwaltung

Inwiefern können Wohnraum-Commons im Rahmen des MHS-Ansatzes sich selbst verwalten, d. h. frei Entscheidungen über die Ausgestaltung ihres physischen Wohnraums und ihres sozialen Wohnumfeldes treffen, ohne dabei äußeren Beschränkungen zu unterliegen?[312]

Bei meiner Untersuchung komme ich zunächst zu dem Schluss, dass der MHS-Ansatz grundsätzlich auf Selbstverwaltung ausgelegt ist (D. II. 1. aa)). Dieser Befund wird jedoch durch bestimmte rechtliche Strukturmerkmale des MHS-Ansatzes und darauf beruhender Praktiken relativiert (D. II. 1. bb)).

aa) Grundsatz der Selbstverwaltung

Mein Befund, dass der MHS-Ansatz auf Selbstverwaltung von Wohnraum-Commons ausgelegt ist, ergibt sich aus der näheren Betrachtung der Entscheidungsbefugnisse innerhalb der Hausvereine und der Haus-GmbHs.

---

310 Zur Darstellung des Aufbaus des MHS-Ansatzes siehe Abschnitt C. V.

311 Damit soll nicht gesagt sein, dass der übergeordnete Verbund im MHS-Ansatz nicht ebenfalls ein übergeordnetes Commons darstelle. Insofern ergibt sich ein System aus sich überlagernden potenziellen Commons.

312 Zum näheren Maßstab siehe C. III. 1.

Zunächst existiert für jedes Hausprojekt[313] ein Hausverein. Mitglieder des Hausvereins sind sämtliche Bewohnende eines Gebäudes bzw. zusammenhängenden Gebäudekomplexes, das bzw. der zum Hausprojekt gehört.[314] Der Hausverein ist dafür zuständig, die gemeinsame Entscheidungsfindung der Bewohnerschaft über die Ausgestaltung des gemeinsamen Wohnens zu koordinieren.[315] Zentrales Forum ist hierfür gem. § 32 Abs. 1 S. 1 BGB die Mitgliederversammlung.

Der Wohnraum steht im Eigentum einer Haus-GmbH, an welcher wiederum der Hausverein beteiligt ist.[316] Die Bewohnerschaft koordiniert in dem Hausverein daher rechtlich lediglich ihre Stimmrechtsausübung in der Haus-GmbH. Im Übrigen ist der Verein als Nichteigentümer des Wohnraums nicht befugt, unmittelbar über diesen zu verfügen (vgl. §§ 903, 185 BGB).

Bei der Beschlussfassung über ihre Stimmrechtsausübung können die Commoners jedoch grundsätzlich frei über sämtliche Angelegenheiten des physischen und sozialen Wohnumfeldes bestimmen. Dadurch, dass die Mitgliedschaft im Hausverein daran geknüpft ist, dass Mitglieder Bewohnende des Hausprojekts sind, sind an der Entscheidungsfindung grundsätzlich keine Außenstehenden beteiligt.

bb) Relativierende Strukturmerkmale und Praktiken

(1) Zustimmungsvorbehalt der MHS-GmbH

Nicht nur der Hausverein ist Gesellschafter der jeweiligen Haus-GmbH, sondern auch die MHS-GmbH. Diese hat nach § 6 Nr. 2 des Gesellschaftsvertrags der Haus-GmbHs in bestimmten Bereichen ein Stimmrecht. Für Beschlüsse in diesen Bereichen ist die Zustimmung sämtlicher Gesellschafter erforderlich, sodass der MHS-GmbH hier ein Zustimmungsvorbehalt[317] zusteht.[318] In den Bereichen, in denen die MHS-GmbH ein Zustimmungsvorbe-

---

313 Die Hausprojekte bestehen jeweils aus einem „Haus-Verein" und einer „Haus-GmbH", siehe bereits C. V.

314 § 3 Nr. 1 Satzung eines eingetragenen Vereins (nicht gemeinnützig), MHS-Handbuch, S. 9.

315 § 2 Satzung eines eingetragenen Vereins (nicht gemeinnützig), MHS-Handbuch, S. 9.

316 Siehe hierzu bereits C. V. 4. d).

317 Ich grenze den Zustimmungsvorbehalt vom Veto-Recht ab. Bei einem Zustimmungsvorbehalt setzt die Wirksamkeit eines Beschlusses voraus, dass die Partei, der ein Zustimmungsvorbehalt zusteht, dem Beschluss zustimmt. Beim Bestehen eines Veto-Rechts ist der Beschluss wirksam, solange die Veto-berechtigte Partei ihr Veto nicht ausübt, so auch *Blath*, RNotZ 2017, 218–230, 229 m. w. N.

318 Siehe bereits C. V. 4. d).

halt hat, ist die Selbstverwaltung des Hausprojekts daher grundsätzlich eingeschränkt.

Der Zustimmungsvorbehalt betrifft jedoch in weiten Teilen keine unmittelbaren Fragen der Ausgestaltung des physischen Wohnraums oder des sozialen Wohnumfeldes, sondern Fragen der finanziellen Verwertung des Wohnraums.[319] Die in dem Zustimmungsvorbehalt liegende Beschränkung der Selbstverwaltung steht insofern nicht in konzeptuellem Widerspruch zum Commons-Grundsatz, als lediglich Handlungen zur profitorientierten Verwertung ausgeschlossen sind. Die Selbstverwaltung von Commons soll per Definition nicht das Recht der Commoners einschließen, das Common profitorientiert zu verwerten. Beschränkungen in diesem Bereich stellen konzeptuell keine relevante Beschränkung der Selbstverwaltung dar.

Gleichzeitig bezieht sich der Zustimmungsvorbehalt auch auf Handlungen, die nicht zwangsläufig mit der profitorientierten Verwertung des Wohnraums verbunden sind. Insbesondere sind gem. § 6 Nr. 2 f) des Gesellschaftsvertrags der Haus-GmbHs Änderungen des Gesellschaftsvertrags und der Geschäftsordnung der Haus-GmbH nur mit Zustimmung der MHS-GmbH möglich. Diese Regelung ist – unabhängig von ihrer rechtlichen Zulässigkeit[320] – weitläufig und schließt Änderungen ein, die nicht die profitorientierte Verwertung des Wohnraums bewirken. Insgesamt berührt auch diese Beschränkung jedoch nicht die eigenverantwortliche Ausgestaltung des physischen Wohnraums und des sozialen Wohnumfeldes durch die Mitglieder des Hausvereins. Diese können auch ohne Änderung des Gesellschaftsvertrags oder der Geschäftsordnung der Haus-GmbH ihre eigene Organisationsverfassung im Hausverein ändern und weiterentwickeln, ohne dass sie hierzu der Zustimmung durch die MHS-GmbH bedürfen. Auch die Vornahme weitreichender Bau- oder Umbaumaßnahmen dürfte keine Änderung des Gesellschaftsvertrags der Haus-GmbH erfordern.

Insgesamt stellt der Zustimmungsvorbehalt der MHS-GmbH in den Haus-GmbHs keine relevante Beeinträchtigung der Selbstverwaltung in Hausprojekten, d. h. einzelnen Wohnraum-Commons, dar.

(2) Solidarbeitrag

Der Solidarbeitrag ist eine Grundvoraussetzung für die Teilnahme eines Wohnprojektes im MHS. Rechtlich umgesetzt ist er in Form einer stillen Beteiligung an der Solidarfonds-GmbH, welche ihrerseits über Unterbeteiligun-

---

[319] Siehe C. V. 4. d).

[320] Siehe hierzu D. II. 2. a) cc) (2).

gen neue Wohnprojekte finanziert.[321] Der Solidarbeitrag schränkt den finanziellen Handlungsspielraum von Wohnprojekten bzw. ihre Selbstverwaltung in finanziellen Angelegenheiten ein. Dies gilt umso mehr, als die stille Beteiligung nur mit einer Frist von zwanzig Jahren gekündigt werden kann.[322]

Die Einschränkung durch die Verpflichtung zum Solidarbeitrag kann jedoch konzeptuell auf Grundlage des Commons-Grundsatzes der Offenheit gerechtfertigt werden.[323]

(3) Kostenbeteiligung

Die verpflichtende Kostenbeteiligung von Hausprojekten an der Tätigkeit der MHS-GmbH bildet eine weitere Restriktion der finanziellen Selbstverwaltung einzelner Hausprojekte im MHS-Ansatz.[324] Insbesondere bei der Kostenbeteiligung ist jedoch zu berücksichtigen, dass Hausprojekte Gegenleistungen erhalten, u. a. in Form von Öffentlichkeitsarbeit, Beratung und dem Einwerben von Direktkrediten. Insofern ist die „Kostenbeteiligung" an Leistungen geknüpft, welche wiederum den Handlungsspielraum des Hausprojekts erweitern können. Die Kündigungsfrist ist mit drei Jahren zum Jahresende zudem moderat.[325]

cc) Zwischenfazit

Einzelne Hausprojekte, d. h. Wohnraum-Commons, können sich im MHS-Ansatz umfassend selbst verwalten. Zwar ist die Gestaltungsmacht der Commoners z. T. dem Zustimmungsvorbehalt der MHS-GmbH unterstellt, diese Beschränkung berührt aber nicht die Möglichkeit der Commoners, den physischen Wohnraum und ihr soziales Wohnumfeld frei zu gestalten. In finanzieller Hinsicht stellt jedoch insbesondere der Solidarbeitrag eine deutliche Einschränkung der Selbstverwaltung dar.[326]

---

[321] Siehe Abschnitt C. V. 4. e).

[322] Diese Frist ist jedenfalls mit Blick auf den Zeitraum wirksam, BGH, Urteil vom 19.01.1967 – II ZR 27/65 –, BeckRS 1967, 105236, Rn. 18.

[323] Siehe hierzu meine Ausführungen weiter unten, D. II. 3.

[324] Siehe hierzu C. V. 4. a).

[325] Vereinbarung zur Kostenbeteiligung, MHS-Handbuch, S. 9, 56.

[326] Siehe aber unter D. II. 3. zur Rechtfertigung dieser Einschränkung unter dem Gesichtspunkt der Offenheit.

b) Gleichrangigkeit

Im folgenden Abschnitt untersuche ich, inwiefern die oben beschriebene Selbstverwaltung rechtlich dem Grundsatz der Gleichrangigkeit entspricht. Hierbei komme ich zunächst zu dem Ergebnis, dass die Selbstverwaltung im MHS-Ansatz grundsätzlich dem Grundsatz der Gleichrangigkeit entspricht (D. II. 1. b) aa)). Auf dieser Grundlage untersuche ich, inwiefern dieser Befund durch bestimmte rechtliche Strukturmerkmale des MHS-Ansatzes und darauf beruhender möglicher Praktiken[327] relativiert wird (D. II. 1. b) bb)).

aa) Grundsatz der Gleichrangigkeit

Im MHS-Ansatz wird die Selbstverwaltung der Hausprojekte formal-rechtlich wesentlich durch das Vereinsrecht gestaltet. Dabei haben Mitglieder der Hausvereine die Möglichkeit, in der Mitgliederversammlung gem. § 32 BGB über die Angelegenheiten der Wohnraumbewirtschaftung abzustimmen.

In der Mitgliederversammlung haben die Mitglieder dabei grundsätzlich eine Stimme pro Kopf.[328] Die Willensbildung geschieht daher in der Mitgliederversammlung nach gleichem Stimmrecht für alle. Insofern ist der MHS-Ansatz rechtlich grundsätzlich darauf ausgelegt, dass die Selbstverwaltung einzelner zugehöriger Wohnraum-Commons gleichrangig ist.

bb) Relativierende Strukturmerkmale und Praktiken

(1) Mehrfachstimmrechte

Die Vereinssatzung kann von dem Grundsatz der Stimmgleichheit abweichen und Mehrfachstimmrechte einführen.[329] Insbesondere steht eine entsprechende Satzungsänderung des Hausvereins nicht unter dem Genehmigungsvorbehalt durch die MHS-GmbH (§ 6 Nr. 2 des Gesellschaftsvertrags der Haus-GmbH).

Daher kann festgehalten werden, dass – anders als bei der eG – das Vereinsrecht nicht zur Stimmgleichheit der Mitglieder verpflichtet.[330] Hausprojekte

---

327 Mit „Praktiken“ meine ich an dieser Stelle nicht de facto existierendes Handeln, sondern Handlungen, die unter Einhaltung des Rechts vorgenommen werden können.

328 Prot. I 1057 f. = Mugdan I 621; BGH, Urteil vom 28. 11. 1988 – II ZR 96/88 (KG) –, BGHZ 106, 67, 72, NJW 1989, 1212–1214, 1212 f.

329 Prot. I 1057 f. = Mugdan I 621; *Notz*/BeckOGK BGB, § 32 Rn. 137 m. w. N.

330 *Notz*/BeckOGK BGB, § 32 Rn. 137; zu den Möglichkeiten der Ausnahme vom Grundsatz der Stimmgleichheit in der eG D. I. 1. b) bb) (1).

können sich also in einer Weise selbst verwalten, die rechtlich dem Grundsatz der Gleichrangigkeit widerspricht.

(2) Vorstandsstellung

Vereine, d. h. auch der Hausverein, bedürfen gem. § 26 Abs. 1 BGB zwingend eines Vorstandes, welcher den Verein nach außen vertritt. Die Stellung einiger Commoners als Vorstandsmitglied führt dadurch zu formal ungleichen Rechtspositionen innerhalb der Gruppe von Commoners.

Dabei ist jedoch die Rechtsposition des Vereinsvorstands nicht mit derselben ausschließlichen Kompetenz zur Geschäftsführung verbunden wie etwa in der eG nach § 27 Abs. 1 GenG.[331] So kann die Mitgliederversammlung dem Vorstand gem. §§ 27 Abs. 3 S. 1, 665 BGB Weisungen erteilen.[332] Darüber hinaus kann der Umfang der Vertretungsbefugnis des Vereinsvorstands gem. § 26 Abs. 1 S. 3 BGB mit Wirkung gegenüber Dritten durch die Satzung beschränkt werden. Insofern ist die Rechtsposition des Vereinsvorstandes deutlich weniger stark ausgeprägt als in der Genossenschaft.

Die Tatsache, dass ein Vereinsvorstand erforderlich ist, führt also nicht notwendig zur rechtlichen Ungleichheit zwischen den Vorstandsmitgliedern und sonstigen Mitgliedern des Hausvereins. Schließlich ist es auch möglich, dass sämtliche Mitglieder gleichzeitig zu Vorstandsmitgliedern werden, sodass vollständige rechtliche Gleichheit erreicht wird.[333] Dies ist in der Mustersatzung des MHS für Hausvereine jedoch nicht vorgesehen.[334]

(3) Geschäftsführerstellung

Die Gleichrangigkeit der Selbstverwaltung in den Hausprojekten wird durch die Befugnisse des Geschäftsführers der Haus-GmbH relativiert.

Die GmbH muss gem. § 6 Abs. 1 GmbHG eine*n Geschäftsführer*in haben. Der*ie Geschäftsführer*in hat gem. §§ 35 Abs. 1 S. 1, 37 Abs. 2 GmbHG die unbeschränkbare Vertretungsmacht für die Gesellschaft. Nach der Mustersatzung des MHS für Haus-GmbHs wird die Geschäftsführerposition durch

[331] *Leuschner*/MüKoBGB, BGB, § 26 Rn. 10; *Segna*/BeckOGK BGB, § 26 Rn. 8.

[332] § 5 Nr. 1 der Mustersatzung für Hausvereine sieht ausdrücklich vor, dass der Vorstand an Weisungen der Mitgliederversammlung gebunden ist, § 5 Nr. 1 Satzung eines eingetragenen Vereins (nicht gemeinnützig), MHS-Handbuch, S. 9.

[333] *Notz*/BeckOGK BGB, § 32 Rn. 9 m. w. N.

[334] So auch MHS-Handbuch, S. 14. Da die Besetzung der Geschäftsführerposition durch eine außenstehende Person zur Fremdbestimmung der Hausprojekte führen würde, scheint es konsequent, diese Rolle aus dem Kreis der Commoner bzw. der Mitglieder des Hausvereins zu besetzen.

ein oder mehrere Mitglieder des Hausvereins besetzt, nicht aber durch sämtliche Mitglieder.[335] Dies schafft ein rechtliches Machtgefälle zwischen Mitgliedern im Hausverein: Mitglieder, die gleichzeitig Geschäftsführer*in der Haus-GmbH sind, haben rechtlich Vertretungsbefugnis über die Haus-GmbH, Mitglieder, die nicht Geschäftsführer*in der Haus-GmbH sind, haben keine.

Um dieses Machtgefälle zu beseitigen, scheint es nicht praktikabel, sämtliche Mitglieder des Hausvereins zu Geschäftsführern der Haus-GmbH zu ernennen.[336] Angesichts der Tatsache, dass Wohnraum-Commons erwartungsgemäß ihren Kreis an Commoners verändern und erneuern werden, würde dies zu erheblichen Kosten und Mehraufwand führen, da jede Änderung der Geschäftsführer*innen einer GmbH gem. § 39 Abs. 1 GmbHG zur Eintragung in das Handelsregister anzumelden ist.

Die rechtliche Ungleichheit zwischen Mitgliedern des Hausvereins, die gleichzeitig Geschäftsführer*in der Haus-GmbH sind, und den sonstigen Mitgliedern wird jedoch dadurch verringert, dass sich die Geschäftsführer*innen der Haus-GmbH letztlich umfassend dem Willen der Mehrheit der Mitglieder des Hausvereins unterordnen müssen: In einer GmbH sind Geschäftsführer*innen an die Weisungen der Gesellschafter*innen – d. h. auch die des Hausvereins – gebunden (vgl. § 37 Abs. 1 GmbHG). Mitglieder des Hausvereins können über Beschlüsse in der Mitgliederversammlung gem. § 43 BGB den Vorstand des Hausvereins dazu verpflichten (vgl. §§ 27 Abs. 3 S. 1, 665, 32 Abs. 1 S. 1 BGB), sein Stimmrecht in der Gesellschafterversammlung der Haus-GmbH (§ 26 Abs. 1 S. 2 BGB i. V. m. §§ 37 Abs. 1 Var. 2, 47 Abs. 1, 48 Abs. 1 S. 1 GmbHG) dergestalt auszuüben, dass die Geschäftsführung der Haus-GmbH zu gewünschten Maßnahmen verpflichtet wird. Gesellschafter*innen dürfen umfassend an der Geschäftsführung einer GmbH beteiligt sein, sodass hierbei wenig rechtliche Grenzen gesetzt sind.[337]

---

[335] § 7 Nr. 1 Muster-Gesellschaftsvertrag für eine Haus-GmbH, MHS-Handbuch, S. 20.

[336] So etwa Neuling, der das Machtgefälle zwischen Gesellschafter-Geschäftsführer*innen und Gesellschafter*innen einer GmbH als „Zweiklassengesellschaft" bezeichnet und als Lösung vorschlägt, sämtliche Gesellschafter*innen – im Falle des MHS-Ansatzes richtigerweise sämtliche Mitglieder des Hausvereins – zu Geschäftsführern zu ernennen, *Neuling*, Auf fremden Pfaden, S. 88 f. Eine Höchstzahl von Geschäftsführern besteht nicht, *Goette*/MüKoGmbHG, GmbHG, § 6 Rn. 7; *Tebben*/MHLS, GmbHG, § 6 Rn. 15; *Wicke*, GmbHG, § 6 Rn. 2.

[337] Dabei kommt dem*r Geschäftsführer*in grundsätzlich eine umfassende *„Allzuständigkeit"* für die Geschäftsführung zu, BGH, Urteil vom 15. 10. 1996 – VI ZR 319/95 –, BGHZ 133, 370–383, juris, Rn. 19. Gleichzeitig kann in der GmbH weitgehend frei durch die Satzung und durch Weisungen der Gesellschafter*innen über die Geschäftsführungsbefugnis des*r Geschäftsführers*in disponiert werden, so ausdrücklich das OLG Düsseldorf, *„Ein unantastbarer Kernbereich eigenverantwortlicher Geschäftsführung ist nur durch die uneinschränkbare Vertretungsmacht, sowie bestimmte*

Darüber hinaus dürften die Geschäftsführer*innen kaum in die alltägliche Verwaltung des Wohnraums involviert sein. Diese dürfte vielmehr unmittelbar durch den Hausverein ausgestaltet werden, ohne dass dabei die Geschäftsführung der Haus-GmbH involviert wird.

cc) Zwischenfazit

Insgesamt ist der MHS-Ansatz rechtlich darauf ausgelegt, dass Hausprojekte sich gleichrangig selbst verwalten. Dies ergibt sich insbesondere daraus, dass der Hausverein als – zumindest rechtlich – zentralstes Forum der Selbstverwaltung von dem Grundsatz der Stimmgleichheit geprägt ist.

Dieser Befund wird dadurch relativiert, dass Hausvereine theoretisch Mehrfachstimmrechte einführen können. Zudem steht die Rolle des Geschäftsführers der Haus-GmbH rechtlich im Widerspruch zum Ideal der Gleichrangigkeit. Dies wird jedoch dadurch abgemildert, dass Geschäftsführer*innen letztlich dem Willen der Mitglieder des Hausvereins unterstellt sind. Zudem kann die Ausgestaltung des physischen Wohnraums und des sozialen Wohnumfelds allein durch den Hausverein und nicht durch die Geschäftsführer*innen der Haus-GmbH vorgenommen werden. Innerhalb des Hausvereins ist zudem die Notwendigkeit eines Vorstands keine unüberwindbare Hürde, um konzeptuell dem Ideal der Gleichrangigkeit zu entsprechen.

c) Fazit

Insgesamt ist der MHS-Ansatz gut geeignet, um das Ideal der gleichrangigen Selbstverwaltung – auf der von mir betrachteten Ebene der Hausprojekte – umzusetzen. Dadurch, dass einzelne Hausprojekte in gesonderten juristischen Personen organisiert sind, bleibt der Kreis derjenigen, die sich jeweils selbst verwalten, auf die Commoners eines Wohnraum-Commons begrenzt.

Die Selbstverwaltung wird lediglich durch begrenzte Zustimmungsvorbehalte der MHS-GmbH eingeschränkt und durch finanzielle Verpflichtungen gegenüber der Solidarfonds-GmbH sowie der MHS-GmbH. Diese Verpflichtungen korrelieren jedoch damit, dass neue Hausprojekte ein Recht auf Anschubfinanzierung durch Unterbeteiligung aus dem Beteiligungsfonds haben. Zudem erhalten Hausprojekte für ihre Kostenbeteiligung verschiedene Leistungen der MHS-GmbH. Diese Gegenleistungen erweitern wiederum den

---

zwingende gesetzliche Pflichten (vgl. §§ 30, 31, 33 mit 43, 40, 49 Abs. 3, 64 GmbHG) abgesteckt. In der Erfüllung dieser Verpflichtungen dürfen die Geschäftsführer nicht behindert werden. Darüberhinaus gibt es einen weisungsfreien Mindestbereich nicht […]" OLG Düsseldorf, Urteil vom 15.11.1984 – 8 U 22/84 –, BeckRS 1984, 1326, Rn. 61.

Handlungsspielraum einzelner Wohnraum-Commons im MHS-Ansatz, sodass sie für die Selbstverwaltung auch vorteilhaft sind. Schließlich ist die gesellschaftsrechtliche Grundstruktur der Hausvereine zuträglich für die gleichrangige Ausgestaltung der Selbstverwaltung.

2. Dekommodifizierung

In diesem Abschnitt untersuche ich, inwiefern der MHS-Ansatz auf Dekommodifizierung von Wohnraum ausgelegt ist. Die Dekommodifizierung teilt sich dabei in den Ausschluss von Profiten (D. II. 2. a)) und in den Grundsatz der Co-Produktion (D. II. 2. b)) auf.

a) Ausschluss von Profiten

Bei meiner Untersuchung komme ich zunächst zu dem Zwischenergebnis, dass der MHS-Ansatz rechtlich darauf ausgelegt ist, dass Wohnraum nicht profitorientiert verwertet wird (D. II. 2. a) aa)). Sodann untersuche ich, inwiefern dieser Befund durch bestimmte rechtliche Strukturmerkmale und mögliche Praktiken im MHS-Ansatz relativiert wird (D. II. 2. b) bb)). Schließlich untersuche ich, inwiefern sich der Ausschluss von Profiten im MHS-Ansatz dauerhaft rechtlich absichern lässt (D. II. 2. c) cc)).

aa) Grundsätzlicher Ausschluss von Profiten

Der MHS-Ansatz ist ausdrücklich darauf ausgerichtet, dass mit Wohnraum kein Profit erwirtschaftet werden soll. Bereits der satzungsmäßige Gesellschaftszweck der Haus-GmbHs ist darauf ausgelegt, langfristig sozialverträgliche Mieten zu sichern und eine private Vermögensbildung unabhängig von Wertsteigerungen des Wohnraums auszuschließen.[338] Dies wird – ähnlich wie bei der Wohnungsgenossenschaft – dadurch erreicht, dass die Bewohnerschaft kollektiv ihre eigene Miete festlegt.[339] Dadurch ist strukturell ausgeschlossen, dass „vermieterseitig" ein Interesse daran besteht, eine Kapitaldividende zu erwirtschaften.[340] Zentral ist zudem das Stimmrecht der MHS-GmbH in den

---

[338] Siehe C. V. 4. d).

[339] Die Miethöhe wird von der Haus-GmbH bestimmt. Beschlüsse des MHS-Vereins in der Gesellschafterversammlung der Haus-GmbH zur Miethöhe benötigen wiederum nicht der Zustimmung der MHS-GmbH, vgl. § 6 des Muster-Gesellschaftsvertrags für eine Haus-GmbH, MHS-Handbuch, S. 20.

[340] Die Vermieterin ist nämlich die Haus-GmbH, welche wiederum in Bezug auf die Festlegung der Miethöhe einzig durch den Hausverein kontrolliert wird. Der Hausverein wird wiederum durch die Bewohnerschaft kontrolliert. Die Bewohnerschaft hat

Haus-GmbHs, welches verhindern soll, dass Hausvereine kollektiv den Verkehrswert ihrer Immobilie abschöpfen und den Wohnraum dadurch profitorientiert verwerten.

bb) Strukturmerkmale und Praktiken in potenziellem Konflikt mit dem Ausschluss von Profiten

Im folgenden Abschnitt untersuche ich, inwiefern verschiedene rechtliche Strukturmerkmale und mögliche Praktiken innerhalb des MHS-Ansatzes mit dem Ausschluss von Profiten in Konflikt stehen.

(1) Solidarbeitrag und Kostenbeteiligung

Weder der Solidarbeitrag noch die Kostenbeteiligung führen zu einer profitorientierten Verwertung des Wohnraums. Der Solidarbeitrag trägt mittelbar dazu bei, neue Hausprojekte zu finanzieren. Durch den Betrag wird zwar Geld über die Miete abgeschöpft, welches Dritten zugutekommt, diese Personen verpflichten sich jedoch wiederum im Gegenzug dazu, ihrerseits den Solidarbeitrag zu entrichten. Die Begünstigten erwirtschaften dadurch langfristig keinen Profit.[341]

Der Betrag zur Kostenbeteiligung gegenüber der MHS-GmbH führt ebenfalls nicht dazu, dass diese bzw. dritte Parteien einen Profit erwirtschaften. Es greift dieselbe (im Kern genossenschaftliche) Logik wie bei der Miete innerhalb der Hausprojekte: Die Anteilseigner der MHS-GmbH (Zahlungsempfängerin und Leistungserbringerin) sind mittelbar die Hausvereine (Zahlende).[342] Es besteht daher strukturell für keine Partei ein Interesse, durch die Kostenbeteiligung einen Profit zu erwirtschaften.

(2) Untervermietung

Ähnlich wie bei der Wohnungsgenossenschaft besteht im MHS-Ansatz grundsätzlich das Risiko, dass einzelne Commoners ihren Wohnraum profitorientiert verwerten, indem sie ihn gewinnbringend untervermieten.[343]

---

strukturell kein Interesse daran, zu ihren eigenen Lasten einen Profit der Haus-GmbH zu erwirtschaften.

341 Mietshäuser Syndikat, Fragen und Antworten: Was kostet es, wenn sich das Syndikat an einem neuen Projekt beteiligt?

342 Siehe die Strukturübersicht unter C. V. 4.

343 Siehe D. I. 2. a) bb) (4).

Auch im MHS-Ansatz gilt für die Wohnverhältnisse das Mietrecht, inklusive der Regelung nach § 553 Abs. 1 S. 1 BGB.[344] Hiernach haben Mieter*innen einen Anspruch auf Untervermietung, sofern sie ein „berechtigtes Interesse“ an der teilweisen Untervermietung ihrer Wohnung haben. Diese Regelung ist gem. § 553 Abs. 3 BGB unabdingbar. Auch für das Mietverhältnis zwischen der MHS-GmbH und Mitgliedern des Hausvereins dürfte jedoch die Rechtsprechung zur Genossenschaft gelten, welche das Recht von Genossenschaftsmitgliedern zur profitorientierten Untervermietung einschränkt. Hiernach müssen Genossenschaftsmitglieder hinnehmen, wenn ihnen die Zustimmung zur teilweisen Untervermietung versagt wird, wenn die Untervermietung zu einem profitorientierten Betrag beabsichtigt ist. Genossenschaftsmitglieder haben sich durch ihre Mitgliedschaft in der eG dem Gesellschaftszweck unterstellt, Mitglieder mit kostengünstigem Wohnraum zu versorgen. Dieser Zweck ist zumindest nach Ansicht bisheriger Rechtsprechung inkompatibel mit einer Gewinnerzielung bei der Untervermietung.[345] Indem der Gesellschaftszweck der Haus-GmbH ebenfalls auf die bezahlbare, nicht profitorientierte Miete ausgerichtet ist und die Mitgliedschaft im Hausverein zwangsläufig mit einer Unterordnung unter diesen Zweck verknüpft ist, dürfte im MHS-Ansatz keine andere Maßgabe gelten als bei der Wohnungsgenossenschaft. Damit ist die profitorientierte Untervermietung durch Commoners im MHS-Ansatz nicht rechtlich-strukturell angelegt bzw. zulässig.

*(3) Veräußerung der Stellung als Commoner*in*

Einzelne Mitglieder des Hausvereins können ihre Stellung als Commoner*in nicht veräußern und dadurch profitorientiert verwerten.

Dies ergibt sich verbandsrechtlich daraus, dass Vereinsmitgliedschaften gem. § 38 S. 1 BGB nicht übertragbar sind. Darüber hinaus ist die Nutzungsbefugnis für den Wohnraum eines Hausprojekts auch davon abhängig, dass die Haus-GmbH dies vertraglich gestattet.[346] Die MHS-GmbH muss also jeweils, vertreten durch ihren Geschäftsführer, mit eintretenden Commonern

---

344 Dies ergibt sich daraus, dass Mitglieder bereits dem Wortlaut nach einen „Mietvertrag“ mit der Haus-GmbH abschließen, siehe C. V. 5., sowie Mietvertrag, MHS-Handbuch, S. 92. Zudem gilt das Mietrecht grundsätzlich in dem Moment, in welchem die Vertragspflichten dem Mietrecht entsprechen. Sie können nicht durch anderweitige Bezeichnungen durch die Parteien umgangen werden, BGH, Urteil vom 04.04.1979 – VIII ZR 118/78 –, juris, Rn. 10.

345 Siehe D. I. 2. b) bb) (5), Fn. 85.

346 Indem der Wohnraum im Eigentum der Haus-GmbH steht, sind Commoners darauf angewiesen, dass ihnen *durch die Haus-GmbH* ein Besitzrecht i.S.v. § 986 Abs. 1 S. 1 BGB eingeräumt wird (i.d.R. in Form eines Mietvertrags). Der Hausverein kann insofern nicht eigenmächtig ein solches Nutzungsrecht einräumen. Fehlt ein

einen Mietvertrag abschließen oder in eine Vertragsübernahme einwilligen.[347] Verweigert die Haus-GmbH den Abschluss eines Mietvertrages oder die Vertragsübernahme, ist die Stellung als Commoner*in auch aus diesem Grund rechtlich nicht veräußerlich.

Vor diesem Hintergrund können auch sämtliche Mitglieder eines Hausprojekts nicht gemeinsam einführen, dass die Mitgliedschaft im Hausverein profitorientiert veräußert werden kann. Zwar können Vereine kollektiv die Regelung zur Unübertragbarkeit der Vereinsmitgliedschaft gem. § 40 S. 1 BGB abbedingen.[348] Dies ändert jedoch nichts daran, dass Geschäftsführer*innen von Haus-GmbHs die profitorientierte Veräußerung der Stellung als Commoner*in nicht zulassen dürfen. Geschäftsführer*innen der Haus-GmbHs sind insofern an den eindeutigen Gesellschaftszweck der Haus-GmbH gebunden.[349] Wenn Mitglieder des Hausvereins ihre Mitgliedschaft bzw. Stellung als Commoner*in an Meistbietende veräußern könnten, stünde dies diametral im Widerspruch zum Gesellschaftszweck der Haus-GmbH, eine private Vermögensbildung zu verhindern und generationsübergreifend sozialverträgliche Mieten zu gewährleisten.[350] Geschäftsführer*innen der Haus-GmbHs müssen also den Abschluss eines Mietvertrags oder die Vertragsübernahme bzw. die Nutzung des Eigentums der Haus-GmbH verweigern, wenn dies dazu führen würde, dass der Wohnraum profitorientiert verwertet wird.[351]

(4) Auseinandersetzung bei Ausscheiden

Ausscheidende Mitglieder im Hausverein haben nach den Grundsätzen des Vereinsrechts keinen Anspruch auf Zahlung eines Auseinandersetzungsguthabens (vgl. § 39 BGB).[352] Das bedeutet, dass Commoner, die ausziehen, nicht am Vereinsvermögen partizipieren können.

Recht zum Besitz, kann die Haus-GmbH gegenüber Personen Ansprüche auf Herausgabe nach § 985 BGB geltend machen.

347 Zur Vertragsübernahme bei Wohnungen BGH, Urteil vom 03. 12. 1997 – XII ZR 6/96 -. NJW 1998, 531–534, 531.

348 *Könen*/BeckOGK, BGB, § 38 Rn. 95.

349 Siehe C. V. 4. d).

350 § 3 des Muster-Gesellschaftsvertrags für eine Haus-GmbH, MHS-Handbuch, S. 19.

351 Die Gesellschafterversammlung kann dem*r Geschäftsführer*in nach § 37 Abs. 1 GmbHG entsprechende Weisungen erteilen. Der Hausverein dürfte hierbei auf Grundlage des Gesellschaftsvertrags aus Treuepflichten dazu verpflichtet sein, dem Weisungsbeschluss zuzustimmen. Zu Stimmpflichten auf Grundlage von Treuepflichten, BGH, Urteil vom 25. 09. 1986 – II ZR 262/85 –, BGHZ 98, 276–284, juris, Rn. 12.

352 OLG Hamburg, Urteil vom 12. 12. 1978 – 7 U 110/78 –, BB 1980, 122–122; *Leuschner*/MüKoBGB, BGB, § 39 Rn. 10; *Könen*/BeckOGK BGB, § 39 Rn. 30.

Nach h. M. können Vereine in ihrer Satzung Abfindungsansprüche für ausscheidende Mitglieder einführen.[353] Es dürfte jedoch ausgeschlossen sein, dass Hausvereine den Ausschluss von Profiten dadurch aufheben können, dass sie in ihrer Satzung einen Auseinandersetzungsanspruch für ausscheidende Mitglieder vorsehen. Dies ergibt sich zunächst daraus, dass der Gesellschaftsvertrag der Haus-GmbHs Abfindungsansprüche für ausscheidende Gesellschafter*innen ausschließt.[354] Es wäre mit dieser Regelung unvereinbar, wenn Gesellschafter*innen der Haus-GmbH Abfindungsansprüche ihrer Mitglieder einführen, die faktisch der Einführung von Abfindungsansprüchen des Hausvereins gleichkämen. Dies würde dem eindeutigen Gesellschafts- und Regelungszweck widersprechen, eine private Vermögensbildung auf Grundlage des Gesellschaftsvermögens der Haus-GmbH auszuschließen.[355] Vor diesem Hintergrund dürften bereits gesellschaftsrechtliche Treuepflichten des Hausvereins gegenüber der MHS-GmbH dazu zwingen, dass der Hausverein nur dann Abfindungsansprüche seiner Mitglieder einführen darf, wenn er innerhalb der Haus-GmbH eine Änderung des Gesellschaftsvertrags bewirkt, die entsprechende Abfindungsregelungen zulässt.[356] Dies gilt insbesondere vor dem Hintergrund, dass Mitglieder eines Idealvereins keine schutzwürdige Erwartung an einer Partizipation am Vereinsvermögen für den Fall ihres Ausscheidens haben.[357]

Im Übrigen dürfte selbst für den Fall, dass ein ausscheidendes Mitglied eines Hausvereins einen Auseinandersetzungsanspruch in anteiliger Höhe des Verkehrswerts hat, dieser wirtschaftlich wertlos sein. Grundsätzlich richtet sich ein Auseinandersetzungsanspruch bei einer Gesellschaft, deren Vermögen im Wesentlichen aus einer Immobilie besteht, nach deren Verkehrswert i. S. v. § 194 BauGB.[358] Bei der Ermittlung des Verkehrswerts eines Grundstücks sind auch rechtliche Gegebenheiten zu berücksichtigen, soweit sich diese auf den Preis auswirken, der für das Grundstück am Markt erzielt werden könnte. Auf dieser Grundlage ist auch zu berücksichtigen, dass sich der Wohnraum nicht unmittelbar im Eigentum des Hausvereins befindet, sondern

---

353 *Leuschner*/MüKoBGB, BGB, § 39 Rn. 10 m. w. N.; *Könen*/BeckOGK BGB, § 39 Rn. 30.

354 § 12 des Muster-Gesellschaftsvertrags für eine Haus-GmbH, MHS-Handbuch, S. 21.

355 § 3 des Muster-Gesellschaftsvertrags für eine Haus-GmbH, MHS-Handbuch, S. 19.

356 Zu Treuepflichten zwischen Gesellschaftern und deren Konkretisierung durch den Gesellschaftszweck BGH, Urteil vom 05. 06. 1975 – II ZR 23/74 –, BGHZ 65, 15–21, juris, Rn. 11.

357 *Schockenhoff*, NZG 2017, 931–941, 933 m. w. N.

358 OLG Frankfurt a. M., Urteil vom 06. 06. 2016 – 29 U 91/16 –, BeckRS 2016, 112913.

der Haus-GmbH. Die Haus-GmbH befindet sich wiederum nur zur Hälfte im Eigentum des Hausvereins. Die wirtschaftliche Verwertung des Wohnraums unterliegt wiederum dem Zustimmungserfordernis der MHS-GmbH. Dies dürfte bei der Ermittlung des Verkehrswerts zu berücksichtigen sein.[359]

(5) Veräußerung von Wohnraum

Im MHS-Ansatz kann Wohnraum nicht ohne Zustimmung der MHS-GmbH veräußert werden.[360] Die Veräußerung von Wohnraum würde zudem dem Gesellschaftszweck der Haus-GmbH und der MHS-GmbH widersprechen, sodass es im MHS-Ansatz – die Wirksamkeit des Zustimmungsvorbehalts vorausgesetzt – nicht möglich ist, Wohnraum zu veräußern und so die Dekommodifizierung aufzuheben.

(6) Stille Beteiligungen und ähnliche Finanzierungsinstrumente

Typische und atypische stille Beteiligungen sowie ähnliche Finanzierungsinstrumente (insb. partiarische Darlehen und Genussrechte) stehen mit dem Ausschluss der profitorientierten Verwertung von Wohnraum in Konflikt.[361] Im folgenden Abschnitt gehe ich jeweils darauf ein, inwiefern Haus-GmbHs sich dieser Finanzierungsinstrumente bedienen können:

(a) Typische stille Beteiligung

Grundsätzlich können GmbHs typische stille Beteiligungen abschließen.[362] Ob Geschäftsführer*innen dies eigenmächtig tun dürfen oder ob hierfür eine Satzungsgrundlage oder ein ermächtigender Gesellschafterbeschluss erforderlich ist, ist im Schrifttum umstritten und nicht abschließend durch die Rechtsprechung geklärt. Nach h. M. muss der*ie Geschäftsführer*in jedoch zumindest im Innenverhältnis nach § 49 Abs. 2 GmbHG vor Abschluss die Zustim-

---

359 Vgl. OLG Frankfurt a. M., Urteil vom 06.06.2016 – 29 U 91/16 –, BeckRS 2016, 112913; *Reidt*/Battis/Krautzberger/Löhr, BauGB, § 194 Rn. 8.

360 § 6 lit. a) des Muster-Gesellschaftsvertrags für eine Haus-GmbH, MHS-Handbuch, S. 20.

361 Siehe hierzu D. I. 2. a) bb) (8).

362 Diese Kombination wird auch als „GmbH & Still" bezeichnet, *Fleischer*/MüKoGmbHG, GmbHG, § 1 Rn. 97.

mung der Gesellschafter*innen einholen.[363] Die MHS-GmbH dürfte ihre Zustimmung entsprechend ihrer Grundsätze[364] verweigern.[365]

(b) Atypische stille Beteiligungen

Der Abschluss einer atypischen stillen Beteiligung unterliegt nach herrschender Meinung im Gesellschaftsrecht dem Vorbehalt der Zustimmung durch die Gesellschafter*innen bzw. einer Ermächtigung im Gesellschaftsvertrag.[366] Dadurch, dass sie stillen Gesellschaftern Kontrollrechte und besonders weitgehende Vermögensrechte einräumen, dürfte die MHS-GmbH in jedem

---

363 *Keul*/Münch. Hdb. d. GesR., Bd. 2, § 76 Rn. 77 m.w.N. in Fn. 98; *Seffer/Erhardt*/Münch. Hdb. d. GesR., Bd. 2, § 81 Rn. 56ff. m.w.N.; *Karsten Schmidt*/MüKoHGB, HGB, § 230 Rn. 114; siehe auch *Ekkenga*/MüKoGmbHG, GmbHG, § 29 Rn. 205ff. m.w.N.; Geschäftsführer*innen haben bei ihrer Tätigkeit besonders bedeutsame Entscheidungen der Gesellschafterversammlung vorzulegen, vgl. BGH, Urteil vom 08.01.2019 – II ZR 364/18 –, NZG 2019, 505–511, Rn. 37; *Schindler*/BeckOK GmbHG, GmbHG, § 49 Rn. 39f. m.w.N.

364 § 3 der Mustersatzung für Haus-GmbHs lautet „[…] *Eine Vermögensbildung, welche die nötigen Mittel zur Realisierung des angestrebten Unternehmensgegenstandes überschreitet, wird ebenso wie eine private Vermögensbildung ausdrücklich nicht angestrebt.* […]“, Muster-Gesellschaftsvertrag für eine Haus-GmbH, MHS-Handbuch, S. 20.

365 Haus-GmbHs bedürfen jedoch nicht bereits aufgrund ihres Gesellschaftsvertrags der Zustimmung durch die MHS-GmbH, sodass erst die gesetzliche Regelung nach § 49 Abs. 2 GmbHG eine Zustimmungspflicht erzeugt:

Eine Zustimmungspflicht dürfte sich zunächst nicht aus § 6 Nr. 2 g) des Mustergesellschaftsvertrags für Haus-GmbHs ergeben, wonach „Beteiligungen an anderen Unternehmen, Beherrschungs- und Gewinnabführungsverträge“ zustimmungspflichtig sind. Die stille Gesellschaft stellt zwar eine Innen-GbR dar, an welcher sich der*ie stille Gesellschafter*in und die kapitalnehmende Handelsgesellschaft beteiligen. Diese Beteiligung dürfte jedoch nicht als Beteiligung „an einem anderen Unternehmen“ i.S.v. § 6 Nr. 2 g) des Mustergesellschaftsvertrags für Haus-GmbHs gelten. Zudem dürfte die typische stille Beteiligung nicht als Gewinnabführungsvertrag i.S.v. § 6 Nr. 2 g) des Mustergesellschaftsvertrags für Haus-GmbHs gelten. Gewinnabführungsverträge (§ 291 AktG) sind von Teilgewinnabführungsverträgen (§ 292 Abs. 1 Nr. 2 AktG) zu unterscheiden. Stille Beteiligungen sind Teilgewinnabführungsverträge und nur in Ausnahmefällen Gewinnabführungsverträge, BGH, Urteil vom 21.07.2003 – II ZR 109/02 –, BGHZ 156, 38–46, juris, Rn. 9.

Darüber hinaus bedürfen nach § 6 Nr. 2 h) des Mustergesellschaftsvertrags für Haus-GmbHs Entscheidungen über die Ergebnisverwendung der Zustimmung durch die MHS-GmbH. Der Abschluss einer stillen Gesellschaft ist jedoch nicht Teil des Ergebnisverwendungsbeschlusses i.S.v. § 29 GmbH, BGH, Urteil vom 16.07.2019 – II ZR 175/18 –, BGHZ 223, 13–30, juris, Rn. 24.

366 *Schmidt*/MüKoHGB, HGB, § 230 Rn. 115 m.w.N.

Fall ihre Zustimmung zum Abschluss einer atypischen stillen Beteiligung verweigern.[367]

(c) Genussrechte

Auch für die Ausgabe von Genussrechten wird nach herrschender Meinung eine Satzungsgrundlage bzw. ein Gesellschafterbeschluss gefordert.[368] Die MHS-GmbH dürfte auch für die Ausgabe von Genussrechten ihre Zustimmung verweigern.

(d) Partiarische Darlehen

Da die Gewährung einer Gewinnbeteiligung an Dritte mit dem erklärten Gesellschaftszweck in Konflikt steht, dürfte die Geschäftsführung auch für den Abschluss partiarischer Darlehen zumindest nach § 49 Abs. 2 GmbHG die Pflicht haben, einen Beschluss der Gesellschafterversammlung herbeizuführen.[369] Damit ist auch in diesem Bereich das Handeln der Haus-GmbHs bzw. Hausprojekte der Aufsicht durch die MHS-GmbH unterworfen.

(7) Auflösung

Hausprojekte können nicht ihren Wohnraum dadurch profitorientiert verwerten, dass sie die Haus-GmbH auflösen und deren Vermögen an den Hausverein bzw. dessen Mitglieder verteilen.

Hausvereine können auf Grundlage der Regelungen im Gesellschaftsvertrag der Haus-GmbH beschließen, ihren Anteil an der Haus-GmbH zu kündigen.[370] Dabei benötigen sie nicht die Zustimmung der MHS-GmbH. Aus der Kündigung ergibt sich jedoch kein Recht auf Auflösung und Liquidation der Haus-GmbH.[371] Nach den Regelungen des Gesellschaftsvertrags der Haus-GmbH wächst der Geschäftsanteil des austretenden Gesellschafters der Haus-

367 Siehe hierzu D. I. 2. a) bb) (8) (b).

368 Eine Satzungsgrundlage fordernd *Kersting*/Noack/Servatius/Haas, GmbHG, Rn. 91 m.w.N.; einen zustimmenden Gesellschafterbeschluss fordernd *Protz/Krome*/Prinz/Winkeljohann, Beck'sches Handbuch der GmbH, § 7 Rn. 222 m.w.N.

369 Vgl. *Keul*/Münch. Hdb. d. GesR., Bd. 2, § 76 Rn. 77; etwa für die AG beim Abschluss partiarischer Darlehen die Zustimmung der Hauptversammlung fordernd *Altmeppen*/MüKoAktG, AktG, § 292 Rn. 69, m.w.N.

370 § 10 Nr. 1 Muster-Gesellschaftsvertrag für eine Haus-GmbH, MHS-Handbuch, S. 21.

371 *Berner*/MüKoGmbHG, GmbHG, § 60 Rn. 94 m.w.N.

GmbH an.[372] Eine Abfindung des Hausvereins ist dabei ausgeschlossen.[373] Der BGH hat entschieden, dass bei einer Gesellschaft, die ausschließlich ideelle Zwecke verfolgt, der Anspruch von Gesellschaftern auf Abfindung bei Ausscheiden ausgeschlossen werden kann. Dabei hat der BGH ausdrücklich „*gemeinschaftlich und alternativ zu wohnen*“ unter dem Ausschluss von Profitinteressen als ideellen Zweck eingeordnet.[374]

Die verbleibende Gesellschafterin (d. h. die MHS-GmbH) soll binnen sechs Monaten ab Zugang der Kündigungserklärung einen neuen, die ideellen Ziele der Gesellschaft teilenden Gesellschafter bestimmen. Die Anteilsverhältnisse, welche vor dem Austritt bestanden, werden dann wiederhergestellt.[375] Für den Fall, dass kein*e neue*r Gesellschafter*in eintritt, trifft § 10 Nr. 3 die Regelung, dass die Haus-GmbH aufgelöst wird.[376] Das Vermögen der Gesellschaft ist dann – soweit es den eingezahlten Kapitalanteil übersteigt – an eine festgelegte Gesellschaft zu übertragen, die es zu gemeinnützigen Zwecken zu verwenden hat. Für den Fall, dass dies nicht möglich ist, ist das Vermögen einem anderen, dem Ziel und Zweck der Gesellschaft nahestehenden Projekt zur gemeinnützigen Verwendung zu übertragen.[377]

Dieses System zur Kündigung führt dazu, dass Hausvereine sich nicht durch Auflösung der Haus-GmbH deren Vermögen anteilig aneignen können. Eine Kündigung unter Änderung dieses Systems stellt eine Satzungsänderung dar, welche wiederum die Zustimmung der MHS-GmbH erfordern würde.[378]

---

372 Siehe hierzu bereits C. V. 4. d).

373 § 12 Muster-Gesellschaftsvertrag für eine Haus-GmbH, MHS-Handbuch, S. 21.

374 Insofern eindrücklich: „*Die Beteiligung an einer Gesellschaft bürgerlichen Rechts mit ideeller Zielsetzung beruht regelmäßig auf altruistischen Vorstellungen; der Vermehrung des eigenen Vermögens dient sie nicht. Die Gesellschafter haben der Sache nach die Stellung von Treuhändern, die zur uneigennützigen Verwendung des ideellen Zwecken gewidmeten (Gesamthands-)Vermögens berufen sind* […]. *Eine ihnen persönlich zukommende Abfindung läßt sich damit schwerlich vereinbaren. Daraus folgt, daß die wirtschaftliche Freiheit des Ausgeschiedenen durch den Ausschluß einer Abfindung oder eine Beschränkung auf die Rückzahlung der Einlage nicht beeinträchtigt wird.*“ BGH, Urteil vom 02.06.1997 – II ZR 81/96 –, BGHZ 135, 387–393, juris, Rn. 2, 10.

375 § 10 Nr. 2 Muster-Gesellschaftsvertrag für eine Haus-GmbH, MHS-Handbuch, S. 21.

376 Wobei die Regelung insofern nicht eindeutig ist, § 10 Nr. 3 Muster-Gesellschaftsvertrag für eine Haus-GmbH, MHS-Handbuch, S. 21.

377 § 10 Nr. 3 Muster-Gesellschaftsvertrag für eine Haus-GmbH, MHS-Handbuch, S. 21.

378 RG Urteil vom 10.12.1920 – II 245/20, RGZ 101, 78–79, 79; *Berner*/MüKoGmbHG, GmbHG, § 60 Rn. 90.

(8) Umwandlung

Auch durch eine Umwandlung können Hausprojekte den Wohnraum der Haus-GmbH nicht profitorientiert verwerten.

Dies ergibt sich bereits daraus, dass das UmwG unabdingbar für Verschmelzungen (§ 50 Abs. 1 UmwG), Formwechsel (§ 233 UmwG) und Spaltungen (§§ 50 Abs. 1, 125 UmwG) mindestens eine Dreiviertelmehrheit für entsprechende Beschlüsse vorschreibt. Die MHS-GmbH kann also für jeden Umwandlungsbeschluss ihre Zustimmung verweigern.

cc) Absicherung des Ausschlusses von Profiten

Alle unter dem vorigen Abschnitt genannten Praktiken stehen entweder nicht mit dem Ausschluss der profitorientierten Verwertung von Wohnraum in Konflikt oder sie unterliegen dem Zustimmungsvorbehalt durch die MHS-GmbH. Dies wirft die Frage auf, inwiefern der Zustimmungsvorbehalt rechtlich zulässig ist.

Um diese Frage zu beantworten, stelle ich zunächst knapp die Wirkungsweise des Zustimmungsvorbehalts dar (D. II. 2. a) cc) (1)). Sodann untersuche ich seine rechtliche Zulässigkeit (D. II. 2. a) cc) (2)).

(1) Wirkungsweise des Zustimmungsvorbehalts

Die MHS-GmbH soll durch ihr Stimmrecht in den Gesellschafterversammlungen von Haus-GmbHs verhindern, dass Hausprojekte Wohnraum profitorientiert verwerten. Indem die MHS-GmbH durch den MHS-Verein kontrolliert wird und dessen Mitglieder wiederum sämtliche Hausvereine (und weitere dritte Personen) sind, beruht der Zustimmungsvorbehalt auf einem System der gegenseitigen Kontrolle.

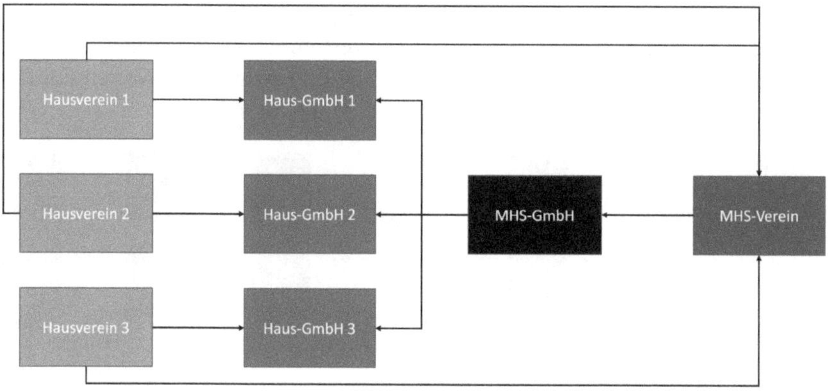

Quelle: Eigene Darstellung.

Abbildung 10: (wie Abb. 7) Veranschaulichung der zirkulären Beteiligungsstruktur des MHS-Ansatzes. Die Anzahl der Hausvereine und Haus-GmbHs setzt sich – grundsätzlich unbeschränkt – weiter fort

Im Einzelnen greifen die Bestandteile dieses Systems wie folgt ineinander: Die MHS-GmbH übt ihr Stimmrecht in der Gesellschafterversammlung (§§ 47, 48 GmbHG) der Haus-GmbHs gem. § 35 Abs. 1 GmbHG durch ihre*n Geschäftsführer*in aus. Der*ie Geschäftsführer*in ist dabei – zumindest im Innenverhältnis – gem. § 37 Abs. 1 GmbHG an den Gesellschaftsvertrag und an die Weisungen der Gesellschafter*innen der MHS-GmbH gebunden. Alleiniger Gesellschafter der MHS-GmbH ist der MHS-Verein. Der MHS-Verein wird in der Gesellschafterversammlung der MHS-GmbH wiederum gem. § 26 Abs. 1 S. 2 BGB durch seinen Vorstand vertreten. Der Vereinsvorstand ist wiederum gem. §§ 27 Abs. 3 S. 1, 665, 32 Abs. 1 S. 1 BGB an Weisungen der Mitgliederversammlung gebunden. Die Mitgliederversammlung des MHS-Vereins entscheidet nach dem Konsensprinzip.[379] Das bedeutet, dass Beschlüsse kein bestimmtes Mehrheitsquorum erfüllen müssen, um angenommen zu werden. Stattdessen werden Beschlüsse angenommen, wenn kein Mitglied ein Veto einlegt. Jedes Mitglied kann gegenüber Beschlüssen in Abstufungen Zustimmung oder Bedenken äußern. Wenn ein Mitglied ein Veto einlegt, ist ein Beschluss nicht möglich.[380] Insofern grenzt sich das Konsensverfahren vom Mehrheitsverfahren ab, bei welchem eine Minderheit von der Mehrheit überstimmt werden kann.

[379] Ziff. 3.1 Statut MIETSHÄUSER *SYNDIKAT*, MHS-Handbuch, S. 52.

[380] Eine Gruppe entsteht, Ziff. 4, MHS-Handbuch, S. 14 ff; *Hartnett*, The Basics of Consensus Decision-Making; zum Konsensprinzip aus staatstheoretischer Sicht, *Gusy*, Zeitschrift für Politik, 1985, Vol. 32, No. 2, 133–152, 140 ff.

Hausvereine können also einerseits unmittelbar durch ihre Beteiligung an der Haus-GmbH auf deren Gesellschafterversammlung einwirken. Darüber hinaus können sie mittelbar über ihre Mitgliedschaft im MHS-Verein auf die Gesellschafterversammlung ihrer Haus-GmbH einwirken.

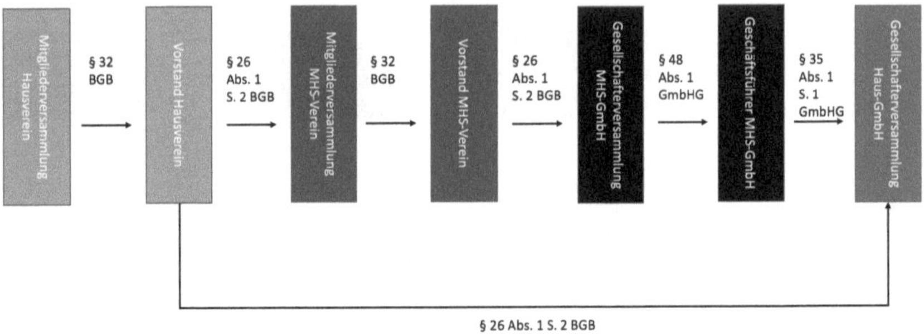

Quelle: Eigene Darstellung.

Abbildung 11: Einflussmöglichkeiten von Hausvereinen auf die Haus-GmbH

Im Grundsatz ähnelt dies dem Konzept der „Comedy of the Anticommons“:[381] Theoretisch wäre es möglich, dass sämtliche Hausvereine und sonstigen Mitglieder des MHS-Vereins in der Mitgliederversammlung des MHS-Vereins zusammenwirken, um Beschlüsse von Haus-GmbHs, die dem Zustimmungsvorbehalt unterfallen, zu erlauben. Dadurch, dass hierfür viele Akteure zusammenwirken müssen und keiner der Akteure von seinem Vetorecht Gebrauch machen darf, entsteht eine gegenseitige Blockade. Anders als bei der einzelnen Wohnungsgenossenschaft wirkt diese Blockade jedoch nur in einem ausgewählten Bereich, welcher die profitorientierte Verwertung von Wohnraum betrifft.[382]

(2) Rechtliche Zulässigkeit des Zustimmungsvorbehalts

Gesellschaftsverträge können die einstimmige Zustimmung aller Gesellschafter*innen zur Voraussetzung für Satzungsänderungen machen.[383] Es ist zudem zulässig, nur für bestimmte Arten von Änderungen des Gesellschafts-

---

381 Siehe hierzu D. I. 2. a) dd) (2).

382 Siehe hierzu D. I. 2. a) dd) (2).

383 OLG Hamm, Urteil vom 21.12.2015 – 8 U 67/15 –, RNotZ 2016, 188–195, 191; *Noack*/Noack/Servatius/Haas, GmbH-Gesetz, GmbHG, § 53 Rn. 63; *Schmidt/Nachtwey*/Prinz/Winkeljohann, Beck'sches Handbuch der GmbH, § 4 Rn. 134; *Hoffmann*/MHLS, GmbHG, § 53 Rn. 99.

vertrags erhöhte Anforderungen vorzusehen.[384] Insofern ist der Zustimmungsvorbehalt der MHS-GmbH grundsätzlich rechtlich zulässig. Schwierigkeiten bereitet jedoch die Frage, inwiefern der Zustimmungsvorbehalt mit den Grundsätzen der Verbandssouveränität und Treuepflichten der Gesellschafter*innen vereinbar ist.[385]

Im Folgenden untersuche ich zunächst, inwiefern der Zustimmungsvorbehalt mit dem – aus der Verbandssouveränität – folgenden Verbot des Einflusses von Nichtgesellschaftern vereinbar ist (D. II. 2. a) cc) (2) (a)). Sodann untersuche ich, inwiefern der Zustimmungsvorbehalt mit dem Verbot faktisch unabänderlicher Klauseln vereinbar ist (D. II. 2. a) cc) (2) (b)). Schließlich untersuche ich, inwiefern der Zustimmungsvorbehalt mit den Treuepflichten der Gesellschafter*innen der Haus-GmbH vereinbar ist (D. II. 2. a) cc) (2) (c)).

(a) Verbot des Einflusses durch Nichtgesellschafter

Aus der Verbandsautonomie wird (oft unter dem Begriff der „Verbandssouveränität") abgeleitet, dass Verbände sich nicht grenzenlos unter die Herrschaft außenstehender Parteien begeben dürfen.[386] Dies betrifft insbesondere Satzungsklauseln, die vorgeben, dass Satzungsänderungen nur dann wirksam sind, wenn außenstehende verbandsfremde Parteien der Satzungsänderung zustimmen.[387] Für das Recht der GmbH leiten die Rechtsprechung und Lehre aus dem insofern eindeutigen Wortlaut von § 53 Abs. 1 GmbHG ab, dass die Kompetenz zur Satzungsänderung nur den Gesellschaftern zustehen kann. Dritten oder auch sonstigen Gesellschaftsorganen darf kein Zustimmungsvorbehalt eingeräumt werden.[388]

Das Verbot, Zustimmungsvorbehalte von Nichtgesellschaftern für Satzungsänderungen vorzusehen, wird im MHS-Ansatz nicht tangiert. Die MHS-GmbH ist als Gesellschafterin der Haus-GmbHs keine außenstehende Partei

---

[384] *Schmidt/Nachtwey*/Prinz/Winkeljohann, Beck'sches Handbuch der GmbH, § 4 Rn. 67.

[385] Zur grundsätzlichen Definition der Verbandssouveränität siehe meine Ausführungen zur Wohnungsgenossenschaft unter D. I. 2 a) dd) (1) und D. I. 2 a) dd) (2).

[386] Zur GmbH *Liebscher*/MüKoGmbHG, GmbHG, § 45 Rn. 40 ff.; *Schindler*/BeckOK GmbHG, GmbHG, § 45 Rn. 24 f.; zur OHG, *Enzinger*/MüKoHGB, HGB, § 109 Rn. 15 ff.

[387] Eine gute Übersicht zu diesem Thema für den eV gebend *Notz*/BeckOGK, BGB, § 33 Rn. 45 ff.

[388] § 53 Abs. 1 GmbHG lautet: „*Eine Abänderung des Gesellschaftsvertrages kann nur durch Beschluß der Gesellschafter erfolgen.*"; RG, Urteil vom 30. 03. 1942 – II 96/41 –, RGZ 169, 65–84, 80; BGH, Urteil vom 25. 02. 1965 – II ZR 287/63 –, NJW 1965, 1378–1379, 1378; OLG Köln, Urteil vom 11. 10. 1995 – 2 U 159/94 –, NJW-RR 1996, 1439–1443, 1441; *Hoffmann*/MHLS, GmbHG, § 53 Rn. 57 m. w. N.

und kann somit Gesellschafterbeschlüsse in den Bereichen verhindern, welche die Dekommodifizierung von Wohnraum betreffen.

An diesem Ergebnis ändert sich auch nichts dadurch, dass in der Rechtsprechung[389] und Literatur[390] zum Verein stellenweise Zweifel geäußert wurden, ob „pro forma"-Mitgliedschaften zulässig sind. Damit sind Vereinsmitglieder gemeint, die nicht am Vereinsleben teilnehmen, sondern deren Mitgliedschaft lediglich besteht, damit sie gegen bestimmte Satzungsänderungen stimmen können.[391] Gegen „pro forma"-Mitglieder wird angeführt, dass sie Zustimmungsvorbehalte für de facto vereinsfremde Personen verschleiern würden. Es sei stattdessen vorzugswürdig, Zustimmungsvorbehalte für Nichtmitglieder zuzulassen, solange diese transparent in der Satzung festgehalten würden.[392] Anders als im Verein ist für die GmbH jedoch ausdrücklich geregelt, dass Nichtmitglieder keine Stimmrechte haben dürfen. Die für den Verein vorgeschlagenen Stimmrechte für Nichtmitglieder sind daher nicht umsetzbar. Im Übrigen kann aus der Ansicht, „pro forma"-Mitglieder wären im Verein unzulässig, nicht abgeleitet werden, dass „pro forma"-GmbH-Gesellschafter*innen unzulässig wären.[393]

---

[389] KG Berlin, Beschluss vom 12.10.1973 – 1 W 1332/71 –, OLGZ 1974, 385–394.

[390] *Notz*/BeckOGK BGB, § 33 Rn. 45.

[391] So das KG Berlin, welches aber gleichzeitig für den Verein einen Zustimmungsvorbehalt sogar zugunsten von Nichtmitgliedern für zulässig erachtete: „[…] *Überdies würde die pro-forma-Mitgliedschaft* […], *die ohne die Absicht, am Vereinsleben teilzunehmen, nur um der Ausübung eines Sonderrechts bei Satzungsänderungen willen begründet würde, weit eher einen Mißbrauch der vereinsrechtlichen Organisationsform darstellen und die echte Selbstbestimmung des Vereins auch nicht weniger einschränken, als der in der Satzung vorgesehene Genehmigungsvorbehalt zugunsten des Bischöflichen Ordinariats* [welches nicht Vereinsmitglied ist] […], KG Berlin, Beschluss vom 12.10.1973 – 1 W 1332/71 –, OLGZ 1974, 385–394, 393.

[392] KG Berlin, Beschluss vom 12.10.1973 – 1 W 1332/71 –, OLGZ 1974, 385–394, 393; *Notz*/BeckOGK BGB, § 33 Rn. 45 m.w.N.

[393] Es mangelt bei der Konstruktion des Zustimmungsvorbehalts in der MHS-GmbH auch nicht an Transparenz. Der Gesellschaftsvertrag gibt klar zu erkennen, in welchen Bereichen die MHS-GmbH ein Stimmrecht ausüben kann und in welchen nicht. Darüber hinaus dürfte die Gesellschafterstellung der MHS-GmbH nicht als „pro forma" einzuordnen sein. Die MHS-GmbH nimmt zwar an der Verwaltung des Wohnraums nicht teil und hat innerhalb der Haus-GmbH nur einen eingeschränkten Kreis an Stimmbefugnissen. Der Geschäftsbetrieb der Haus-GmbH ist aber von vornherein stark beschränkt. Die Entscheidungsfindung für die Verwaltung des jeweiligen Wohnraums findet in den Hausvereinen statt, während die Haus-GmbHs vorrangig als Trägerinnen des Eigentums am Wohnraum dienen. Insofern nimmt die MHS-GmbH im Rahmen des Geschäftsbetriebs der Haus-GmbHs durchaus eine zentrale Stellung ein. Schließlich würde es insgesamt zu erheblichen Rechtsunsicherheiten im Recht der GmbH führen, wenn jede Gesellschafterstellung nur dann zulässig wäre, wenn sie nicht bloß „pro forma" wäre. Diese Rechtsfigur ist also untauglich für die Rechtspraxis der GmbH.

(b) Verbot von faktisch unabänderlichen Klauseln

Die zivilgerichtliche Rechtsprechung leitet aus der Verbandsautonomie ab, dass Satzungsklauseln nicht „faktisch“ unabänderlich sein dürfen.[394] Satzungsklauseln dürfen also nicht derart hohe Hürden für ihre Abänderung aufstellen, dass eine Abstimmung faktisch ausgeschlossen ist. Zulässig ist lediglich, dass Klauseln aufgrund von Gegenstimmen einer Minderheit nicht abgeändert werden können. Diese Minderheit darf im Verhältnis zur Mehrheit verschwindend gering sein. Es muss aber gewährleistet sein, dass eine Abstimmung tatsächlich stattfindet und nicht bereits aus logistischen Hürden scheitert.[395]

Der Zustimmungsvorbehalt ist auch insofern mit der Verbandsautonomie vereinbar, als er keine faktisch unabänderliche Klausel darstellt.

Zunächst dürfte auch im GmbH-Recht das Verbot von faktisch unabänderlichen Klauseln gelten. Zur Frage, ob faktisch unabänderliche Klauseln in GmbH-Gesellschaftsverträgen unzulässig sind, gibt es – soweit ersichtlich – keine Rechtsprechung. Auch im Schrifttum zur GmbH wird lediglich für Ewigkeitsklauseln ein Verbot gefordert.[396] Gleichzeitig dürfte die Rechtsprechung zum Verein insofern auch auf das Recht der GmbH anwendbar sein. Hierfür spricht, dass die GmbH als Körperschaft auch durch das Recht des insofern prototypischen Vereins geprägt wird.[397]

Auch wenn unterstellt wird, dass im GmbH-Recht faktisch unabänderliche Klauseln unzulässig sind, dürfte der Zustimmungsvorbehalt im MHS-Ansatz zulässig sein. Angesichts der Tatsache, dass die Haus-GmbHs lediglich zwei Gesellschafter*innen haben, ist auf Ebene der Haus-GmbH jedenfalls sichergestellt, dass Änderungen des Gesellschaftsvertrags nicht an „faktischen“, d. h. logistischen Hürden scheitern, sondern daran, dass die MHS-GmbH ihre Zustimmung verweigert. Auf Ebene der Haus-GmbH ist der Zustimmungsvorbehalt also keineswegs deswegen unabänderlich, weil bereits eine Abstimmung über Beschlüsse nicht koordinierbar wäre.

---

394 Zum eV OLG München, Beschluss vom 30.10.2020 – 31 Wx 371/19 –, NZG 2020, 314–316, 315, Rn. 13 ff.; zum eV, OLG Frankfurt (20. ZS), Beschluss vom 19.03.1981 – 20 W 658/80 –, OLGZ 1981, 391–394, 392 f.; in derselben Sache wie 20 W 658/80, OLG Frankfurt, Beschluss vom 27.11.1978 – 20 W 228/78; *Notz*/BeckOGK BGB, § 33 Rn. 45 m. w. N.

395 Siehe hierzu im Einzelnen bereits D. I. 2. a) dd) (2).

396 *Harbarth*/MüKoGmbHG, GmbHG, § 53 Rn. 126; *Habersack*, GmbHR 2020, 992–997, 994; *Hoffmann*/MHLS, GmbHG, § 53 Rn. 100; *Karst/Müller-Gschlößl*, NJOZ 2021, 961–964, 962.

397 *Fleischer*/MüKoGmbHG, GmbHG, Einleitung Rn. 154 m. w. N.

Es stellt sich jedoch weiterführend die Frage, ob der Grundsatz der Verbandsautonomie lediglich verlangt, dass die Willensbildung innerhalb der Gesellschafterversammlung der Haus-GmbH möglich sein muss. Darüberhinausgehend könnte die Verbandsautonomie eine Gesamtbetrachtung erfordern und voraussetzen, dass auch auf Ebene der MHS-GmbH und des MHS-Vereins eine funktionierende Willensbildung möglich sein muss. Wenn es nämlich aufgrund „faktischer Umstände“ ausgeschlossen ist, dass die MHS-GmbH als Gesellschafterin der Haus-GmbH ihre Zustimmung für Maßnahmen erteilt, die vom Zustimmungsvorbehalt erfasst sind, würde dies mittelbar zu einer „faktischen Unabänderlichkeit“ der betroffenen Regelungen in der Haus-GmbH führen.

Selbst wenn man unterstellt, dass es auch auf Ebene der MHS-GmbH und auf Ebene des MHS-Vereins nicht faktisch unmöglich sein darf, dass die MHS-GmbH ihre Zustimmung für Beschlüsse in der Haus-GmbH erteilt, dürfte diese Voraussetzung erfüllt sein. In der MHS-GmbH gibt es nur einen Gesellschafter – den MHS-Verein – sodass ausgeschlossen ist, dass die Beschlussfassung faktisch unmöglich ist. Im MHS-Verein wiederum findet sich eine Vielzahl von Mitgliedern. Dort ist jedoch aufgrund des Konsensprinzips jede Ablehnung eines Beschlusses lediglich auf ein ausdrückliches Veto eines Mitglieds zurückzuführen.[398] Damit scheitern Beschlüsse, welche die profitorientierte Verwertung von Wohnraum in Hausprojekten zum Gegenstand haben, nicht an „faktischen“ Hürden, sondern nur an Willensäußerungen von Mitgliedern.[399] Dies gilt entlang der gesamten Entscheidungskette im MHS-Ansatz.

Damit verstößt der Zustimmungsvorbehalt im MHS-Ansatz nicht gegen das Verbot von faktisch unabänderlichen Klauseln.

(c) Verstoß gegen gesellschaftsrechtliche Treuepflichten

Gesellschafter*innen einer GmbH sind gegenüber ihrer Gesellschaft und untereinander rechtlich zur Treue verpflichtet.[400] In Ausnahmefällen kann aus dieser Treuepflicht folgen, dass Gesellschafter*innen dazu verpflichtet sind, bestimmten Beschlüssen der Gesellschafterversammlung zuzustimmen.[401] Es

---

398 Siehe hierzu bereits D. I. 2. a) dd) (2).

399 Sofern Abstimmungen nicht faktisch unmöglich sind, sind auch kleine Sperrminoritäten beachtlich, selbst wenn sie bestimmte Satzungsregelungen faktisch perpetuieren, OLG München, Beschluss vom 30.10.2020 – 31 Wx 371/19 –, NZG 2020, 314–316, 315, Rn. 19f.

400 Einführend zu Treuepflichten der Gesellschafter*innen *Merkt*/MüKoGmbHG, GmbHG, § 13 Rn. 93ff.

401 BGH, Urteil vom 25.09.1986 – II ZR 262/85 –, NJW 1987, 189–191, 190; kritisch zu Stimmpflichten aufgrund von Treupflichten *Lieder*/MHLS, GmbHG, § 13 Rn. 183.

fragt sich vor diesem Hintergrund, ob die Zustimmungsklausel im MHS-Ansatz mit der Treuepflicht der GmbH-Gesellschafter*innen vereinbar ist. Konkret wäre es denkbar, dass die MHS-GmbH die Pflicht haben könnte, Beschlüssen zuzustimmen, welche die Dekommodifizierung des Wohnraums der Haus-GmbHs beeinträchtigen oder aufheben.

Die Treuepflicht gegenüber der Gesellschaft zwingt zunächst nur in eng umgrenzten Ausnahmefällen Gesellschafter*innen dazu, Beschlüssen zuzustimmen. Der BGH erklärt hierzu deutlich:

> „Auf Grund der Treuepflicht muss nach der Rechtsprechung des Senats nur dann in einem bestimmten Sinn abgestimmt werden, wenn die zu beschließende Maßnahme zur Erhaltung wesentlicher Werte, die die Gesellschafter geschaffen haben, oder zur Vermeidung erheblicher Verluste, die die Gesellschaft bzw. die Gesellschafter erleiden könnten, objektiv unabweisbar erforderlich ist und den Gesellschaftern unter Berücksichtigung ihrer eigenen schutzwürdigen Belange zumutbar ist, also wenn der Gesellschaftszweck und das Interesse der Gesellschaft gerade diese Maßnahme zwingend gebieten und der Gesellschafter seine Zustimmung ohne vertretbaren Grund verweigert."[402]

Die Zustimmungspflicht auf Grundlage der Treuepflicht betrifft also Ausnahmeszenarien, in denen Gesellschafter*innen sich Beschlüssen verweigern, die im Sinne des Gesellschaftszwecks „objektiv" erforderlich sind. Die profitorientierte Verwertung von Wohnraum steht aber gerade im Widerspruch zum ausdrücklichen Gesellschaftszweck der Haus-GmbHs. Die Treuepflicht der Gesellschafter*innen gegenüber der Gesellschaft spricht also gerade dafür, dass Gesellschafter*innen dafür stimmen müssen, die Dekommodifizierung aufrechtzuerhalten. In der Rechtsprechung ist zudem anerkannt, dass der Gesellschaftszweck, so wie er sich aus der Satzung ableitet, vorrangig zur Bestimmung des Gesellschaftsinteresses maßgeblich ist.[403]

Auch die gegenseitige Treuepflicht zwischen den Gesellschaftern dürfte nicht gebieten, dass die MHS-GmbH für die profitorientierte Verwertung des Wohnraums stimmen müsste. In der Ausübung einer Sperrminorität liegt grundsätzlich keine Verletzung der Treuepflicht.[404] Angesichts der Tatsache, dass der Ausschluss der profitorientierten Verwertung eindeutig im Gesellschaftsvertrag der Haus-GmbHs verankert ist und die jeweiligen Gesellschafter*innen sich bewusst in diese spezifische Bindung begeben haben, dürfte es auch keinen missbräuchlichen Verstoß gegen die Interessen des Hausvereins

---

402 BGH, Urt. v. 12.04.2016 – II ZR 275/14 –, NZG 2016, 781–782, 782 Rn. 14 ff. m. w. N.; BGH, Urteil vom 25.09.1986 – II ZR 262/85 –, NJW 1987, 189–191, 190.

403 OLG Düsseldorf, Urteil vom 14.03.1996 – 6 U 119/94 –, BeckRS 1996, 8126, Rn. 145.

404 *Lieder*/MHLS, GmbHG, § 13 Rn. 163; *Goette*/MüKoGmbHG, GmbHG, § 6 Rn. 7.

darstellen, wenn die MHS-GmbH ihre Zustimmung zur profitorientierten Verwertung verweigert.[405]

Schließlich hat der BGH in seiner Rechtsprechung festgestellt, dass es nicht treuwidrig ist, Abfindungsansprüche von Gesellschaftern auszuschließen, wenn die Gesellschaft „ideelle“ Zwecke verfolgt. Der BGH hat dabei „*gemeinschaftlich und alternativ zu wohnen*“ unter dem Ausschluss von Profitinteressen ausdrücklich als ideellen Zweck eingeordnet.[406] Hieraus kann gefolgert werden, dass Gesellschafter, die bewusst Teil einer ideell ausgerichteten GmbH werden, nicht auf Grundlage von Treuepflichten von ihren Mitgesellschaftern verlangen können, dass diese dem profitorientierten Zugriff auf das Gesellschaftsvermögen zustimmen.

Damit sind auch die Treuepflichten der MHS-GmbH gegenüber der Haus-GmbH oder dem Hausverein kein Hindernis für den Zustimmungsvorbehalt.

dd) Zwischenergebnis

Der MHS-Ansatz ist insgesamt darauf ausgelegt, dass Wohnraum nicht profitorientiert verwertet wird. Die Miete in den Hausprojekten entspricht einer Kostenmiete und einzelne Commoners können ihre Stellung nicht zu profitorientierten Zwecken missbrauchen. Zudem bedeuten wesentliche Strukturmerkmale des Ansatzes, wie der Solidarbeitrag oder der Kostenbeitrag, keine profitorientierte Verwertung.

Auch für den Fall, dass sämtlicher Commoners eines Hausprojektes im MHS-Ansatz beschließen, den Wohnraum profitorientiert zu verwerten, wird dies durch den Zustimmungsvorbehalt verhindert. Der Zustimmungsvorbehalt ist rechtlich zulässig. Weil die MHS-GmbH Gesellschafterin der Haus-GmbHs ist, gewährt der Zustimmungsvorbehalt keiner „außenstehenden“ Partei Stimmrechte. Damit verstößt er nicht gegen die Verbandssouveränität. Zudem

---

405 Insbesondere wird in der Literatur weitgehend vertreten, dass die Treuepflicht zwischen Gesellschaftern zwar nicht gänzlich abbedungen, wohl aber einschränkend konkretisiert werden kann. Dies wird u. a. darauf zurückgeführt, dass paternalistische Einschränkungen der Abdingbarkeit der Treuepflichten grundsätzlich erforderlich sind, weil Parteien die Konsequenzen von pauschalen Ausschlüssen der Treuepflicht nicht überblicken könnten. Wenn aber für klar definierte Fälle festgelegt wird, dass Gesellschafter*innen nicht verpflichtet sind, ihre Zustimmung zu erteilen, dürfte dieses Kognitionsproblem weniger stark ausgeprägt sein, *Fleischer/Harzmeier*, NZG 2015, 1289–1297, 1294; *Bachmann* et al., Rechtsregeln für die geschlossene Kapitalgesellschaft, S. 45 f. Bereits unter dem Gesichtspunkt, dass die Treuepflicht einschränkend konkretisiert werden kann, dürfte im Falle des MHS-Ansatzes kein Verstoß gegen die Treuepflicht anzunehmen sein, wenn die MHS-GmbH ihre Zustimmung zur Aufhebung der Dekommodifizierung verweigert.

406 BGH, Urteil vom 02. 06. 1997 – II ZR 81/96 –, NJW 1997, 2592–2593, 2592 f.

verstößt der Zustimmungsvorbehalt nicht gegen das Verbot faktischer Ewigkeitsklauseln. Soweit die Zustimmung der MHS-GmbH in der Gesellschafterversammlung von Haus-GmbHs nicht erteilt wird, ist dies auf die Ausübung von entgegenstehenden Willensäußerungen zurückzuführen, nicht aber auf die tatsächliche Unmöglichkeit einer Zustimmung. Schließlich ist die MHS-GmbH auch nicht aufgrund von Treuepflichten gegenüber der Haus-GmbH oder dem Hausverein dazu verpflichtet, ihre Zustimmung zur profitorientierten Verwertung von Wohnraum zu erteilen.

b) Co-Produktion

Der MHS-Ansatz entspricht rechtlich-strukturell dem Grundsatz der Co-Produktion. Co-Produktion bedeutet, dass die Verantwortung zur Schaffung und Erhaltung des Wohnraums grundsätzlich in der Hand *sämtlicher* Commoners liegt, sodass die Commoners den Wohnraum aktiv durch gemeinsames Handeln „co-produzieren".[407]

Die alltägliche Entscheidungsfindung für Wohnprojekte findet auf Ebene des Hausvereins statt.[408] Im Vereinsrecht kann über die Satzung flexibel festgelegt werden, wer inwiefern an der Geschäftsführung zu beteiligen ist.[409] Auch die Beteiligung sämtlicher Mitglieder ist möglich. Insbesondere obliegt die Geschäftsführungskompetenz nicht unentziehbar dem Vorstand. Mitglieder eines Hausvereins können auf dieser Grundlage ihren Wohnraum also gemeinsam für sich selbst „produzieren".

3. Offenheit

Rechtliche Ansätze können dem Grundsatz der Offenheit entsprechen, indem sie neue Wohnraum-Commons schaffen und damit mehr Menschen Zugang zu Wohnraum-Commons ermöglichen (D. II. 3. a)). Darüber hinaus können sie Wissen, das in Wohnraum-Commons geschaffen wird, teilen (D. II. 3. b)). Schließlich können sie Vorkehrungen treffen, um neue Commoners möglichst diskriminierungsfrei auszuwählen (D. II. 3. c)).[410]

---

407 Siehe hierzu C. III. 2. und C. I. 2. b) bb) (5) (c).

408 Siehe C. V. 4. c).

409 BGH, Beschluss vom 19.09.1977 – II ZB 9/76 –, BGHZ 69, 250–254, juris, Rn. 15 f.; BayObLG, Beschluss vom 10.08.1971 – BReg 2 Z 12/71 –, BayObLGZ 1971, 266–273, 272; *Leuschner*/MüKoBGB, BGB, § 26 Rn. 10; *Segna*/BeckOGK BGB, § 26 Rn. 8.

410 Siehe hierzu bereits C. I. 2. b) bb) (3) und C. III. 3.

a) Förderung von Expansion

Der MHS-Ansatz ist auf Expansion ausgelegt. Dies ist u. a. auf den Solidarfonds zurückzuführen. Der Solidarfonds wächst mit zunehmender Zahl von Hausprojekten an und finanziert über Unterbeteiligungen an Beteiligungen der MHS-GmbH neue Hausprojekte.[411] Bestehende Wohnraum-Commons tragen also dazu bei, dass neue Wohnraum-Commons teilweise finanziert werden können.[412]

Zudem bietet die MHS-GmbH interessierten Gruppen eine ehrenamtliche Projektberatung an, welche die Schaffung neuer Hausprojekte erleichtern und begleiten soll.[413] Darüber hinaus werden Beratungen auch dezentral über regionale Beratungs- und Koordinationsstellen angeboten, bei denen erfahrene Projekte Wissen weitergeben.[414] Hierdurch wird der Eintritt in das Mietshäuser Syndikat und damit die Schaffung eines Wohnraum-Commons erleichtert.

b) Teilen von Wissen

Indem der MHS-Ansatz verschiedene Hausprojekte miteinander vernetzt, ist er strukturell darauf ausgelegt, dass Wohnraum-Commons Wissen miteinander teilen.

Insbesondere die bereits genannten Beratungsangebote entsprechen dem Grundsatz, dass Commons Wissen weitergeben sollen. Darüber hinaus ist der MHS-Verein nicht bloß ein Mittel, um die Ausübung von Stimmrechten der MHS-GmbH zu koordinieren, sondern auch ein Forum zum Austausch der Hausprojekte.[415] Der Austausch findet zudem in regionalen Arbeitsgruppen statt.[416] Schließlich fließt situiertes Wissen aus der Praxis einzelner Hausprojekte in die Erstellung eines MHS-Handbuchs, welches Hausprojekten als Hilfestellung dient.[417]

---

411 Siehe C. V. 4. e).

412 Siehe zu diesem Punkt auch D. II. 6.

413 *Albrecht* et al., MHS-Broschüre Nr. 8, S. 17 f.

414 *Albrecht* et al., MHS-Broschüre Nr. 8, S. 18.

415 Im Rahmen von Mitgliederversammlungen werden etwa Austauschtreffen und Workshops organisiert, *Albrecht* et al., MHS-Broschüre Nr. 8, S. 18.

416 *Albrecht* et al., MHS-Broschüre Nr. 8, S. 18 f.

417 MHS-Handbuch, S. 1.

c) Diskriminierungsfreie Auswahl

In Bezug auf die Auswahl der Commoners weist der MHS-Ansatz keine rechtlichen Besonderheiten auf. Zwar gehört es zum erklärten Selbstverständnis des MHS-Ansatzes, dass Hausprojekte ihre Bewohnerschaft ohne Diskriminierung auswählen sollen.[418] Eine rechtliche Verankerung dieses Anspruchs ist im MHS-Ansatz jedoch nicht vorhanden.

4. Möglichkeit der Kapitalaufbringung

In Bezug auf die Möglichkeiten der Kapitalaufbringung weist der MHS-Ansatz einige rechtliche und organisatorische Besonderheiten auf.

a) Eigenkapital

Die Eigenkapitalbeschaffung für Wohnraum-Commons im MHS-Ansatz wird zunächst durch die Beteiligung der MHS-GmbH an Haus-GmbHs erleichtert. Die MHS-GmbH übernimmt entweder bei der Gründung oder nachträglich 49 % der Geschäftsanteile der Haus-GmbH und führt so anteilig Stammkapital zu, welches gem. § 5 Abs. 1 GmbHG mindestens 25.000 € beträgt. Damit führt sie dem Wohnraum-Commons Eigenkapital in Höhe von 12.400 € zu.[419] Das Stammkapital macht jedoch nur einen geringen Anteil des Kapitals aus, welches für den Erwerb bzw. Bau von Wohnraum benötigt wird. Stand November 2020 machte das Stammkapital 7 % des Gesamtvolumens der Finanzierungsquellen aller Haus-GmbHs im MHS aus.[420]

Darüber hinaus wirbt die MHS-GmbH qualifizierte Nachrangdarlehen für Haus-GmbHs ein.[421] Diese werden von einigen Banken als Eigenkapitalersatz akzeptiert.[422] Die Finanzierung über qualifizierte Nachrangdarlehen ist im MHS von großer Bedeutung. Stand November 2020 machten Direktkredite 39 % des Gesamtvolumens der Finanzierung im MHS-Ansatz aus.[423] Wie bereits dargestellt, steht die Verwendung sonstiger Instrumente zur Mezzanine-Eigenkapitalbeschaffung regelmäßig in Konflikt mit der Dekommodifizierung

418 So zumindest bei einer Vielzahl von Hausprojekten, *Albrecht* et al., MHS-Broschüre Nr. 8, S. 46, 59, 72, 78.

419 Diese Beteiligung wird wiederum auch durch Unterbeteiligungen der Solidarfonds-GmbH finanziert, C. V. 4. e).

420 *Albrecht* et al., MHS-Broschüre Nr. 8, S. 12.

421 Grundlage hierfür ist die Vereinbarung zur Kostenbeteiligung zwischen Haus-GmbHs und der MHS-GmbH, MHS-Handbuch, S. 56.

422 Zu den rechtlichen Rahmenbedingungen für Nachrangdarlehen siehe D. I. 4. a).

423 *Albrecht* et al., MHS-Broschüre Nr. 8, S. 12.

und ist von der Zustimmung der MHS-GmbH abhängig.[424] In der Praxis des MHS haben diese Instrumente zur Eigenkapitalbeschaffung keine Bedeutung.[425]

Es zeigt sich also insgesamt, dass der MHS-Ansatz bislang in der Lage ist, Hausprojekte mit Eigenkapital zu finanzieren, ohne wesentliche Kompromisse in Bezug auf die profitorientierte Verwertung von Wohnraum zu machen.

b) Fremdkapital

Fremdkapital in Form von Bankkrediten machte im MHS Stand November 2020 mit 54 % den größten Anteil aller Finanzierungsquellen aus.[426] Hierbei ergeben sich grundsätzlich keine rechtlich-strukturellen Besonderheiten im MHS-Ansatz.

5. Kosten und Komplexität

Insgesamt ist der MHS-Ansatz durch seine Vielzahl an beteiligten juristischen Personen und deren gesellschaftsrechtliche und vertragsrechtliche Beziehungen relativ komplex.[427] Diese Komplexität ist teilweise deshalb notwendig, weil der MHS-Verein nicht unmittelbar als Träger der Haus-GmbHs dienen kann. Würde der MHS-Verein unmittelbar – ohne Zwischenschaltung der MHS-GmbH – an den Haus-GmbHs beteiligt, würde die persönliche Haftung sämtlicher Vereinsmitglieder drohen.[428] Insbesondere vor dem Hintergrund, dass natürliche Personen Mitglieder des MHS-Vereins sind, ist dies zu vermeiden.

6. Generationengerechtigkeit

Im MHS-Ansatz wird über den Solidarfonds im Rahmen des „Solidartransfers" Geld von (teilweise) entschuldeten Hausprojekten an neue Hausprojekte gezahlt.[429] Dabei steigt mit zunehmender Entschuldung der Beitrag an, den Hausprojekte in dieses System einzahlen und neuen Hausprojekten zuführen.[430]

---

424 Siehe D. II. 2. a) bb) (6).

425 Vgl. *Albrecht* et al., MHS-Broschüre Nr. 8, S. 12.

426 *Albrecht* et al., MHS-Broschüre Nr. 8, S. 12.

427 Vgl. C. V. 4.

428 Siehe hierzu C. V. 4. b).

429 Zu den historischen Wurzeln des Systems siehe C. V. 1.

430 Siehe hierzu C.V. 4. e).

Durch dieses System wird die Gründungsgeneration von Hausprojekten durch Mitglieder von Altprojekten unterstützt. Insbesondere dann, wenn Mitglieder von Altprojekten zu einem Zeitpunkt eintreten, wenn ihr eigenes Hausprojekt bereits (weitgehend) entschuldet ist, trägt ihre Zahlung in den Solidartransfer zur gerechten Lastenverteilung zwischen den Generationen von Commonern bei.[431] Dabei findet der Lastenausgleich nicht zwischen den Generationen eines einzelnen Hausprojekts statt, sondern zwischen den Generationen verschiedener Hausprojekte.[432]

Die Wirkung des Solidartransfers ist jedoch überschaubar. Der Solidartransfer findet dadurch statt, dass die Solidarfonds-GmbH Unterbeteiligungen an den Beteiligungen der MHS-GmbH übernimmt. Die MHS-GmbH beteiligt sich bei neuen Projekten am Stammkapital in Höhe von 49 %, d.h. mit 12.400 €.[433] Das Stammkapital deckt wiederum insgesamt nur rund 7 % des Investitionsbedarfs im MHS.[434] Damit liegt der Anteil an allen Investitionen im MHS, der auf den Solidartransfer zurückgeht, bei ca. 3,5 %.

7. *Ostroms* Designprinzipien

Anders als die Wohnungsgenossenschaft ist der MHS-Ansatz auf mehreren Ebenen, d.h. zusammenhängenden juristischen Personen, organisiert. Dementsprechend müssen bei der Untersuchung, ob der MHS-Ansatz rechtlich den Designprinzipien von Ostrom entspricht, sämtliche relevanten Ebenen betrachtet werden.[435]

a) Klare Grenzen

Innerhalb des MHS-Ansatzes ist rechtlich eindeutig zugewiesen, wer die Commoners sind und was das Common ist. Damit vermeidet der MHS-Ansatz Open-Access-Szenarien und damit einhergehende CPR-Probleme.[436]

Der MHS-Ansatz erlaubt es, klare rechtliche Grenzen in Bezug auf den gemeinsam genutzten Wohnraum als Common und in Bezug auf den Kreis

---

431 Zum Problem der Generationengerechtigkeit siehe C. III. 6.

432 Eine gewisse Lastenverteilung kann auch zwischen den Generationen eines einzelnen Hausprojektes erreicht werden, indem die Laufzeit von Krediten möglichst lang gestreckt wird. Dies erhöht jedoch insgesamt die Kapitalkosten und erfordert, dass Banken zu entsprechenden Laufzeiten bereit sind.

433 Siehe D. II. 5.

434 *Albrecht* et al., MHS-Broschüre Nr. 8, S. 12.

435 Zum Untersuchungsmaßstab siehe bereits C. III. 7. und C. I. b) bb) (7).

436 Siehe hierzu C. I. 1. b) bb) (7) (a).

der Commoners zu ziehen. Das Eigentum am Wohnraum ist als solches klar grundbuchrechtlich determiniert. Die Haus-GmbH ist als Eigentümerin des Wohnraums nach §§ 903, 1004 Abs. 1 BGB berechtigt, Personen von dessen Nutzung auszuschließen.[437] Darüber hinaus ist über die Mitgliedschaft im Hausverein sowie über den Mietvertrag eindeutig zugeordnet, wer Nutzungsrechte in Bezug auf den Wohnraum hat.[438]

b) Kongruenz zwischen Regeln und örtlichen Bedingungen/ Proportionalität zwischen Nutzung und Bereitstellung

Um dem zweiten Designprinzip rechtlich-strukturell zu entsprechen, muss der MHS-Ansatz eine flexible Ausgestaltung operativer Regeln ermöglichen.[439] Nur so können diese an die örtlichen Gegebenheiten des Wohnraums angepasst werden.[440] Daher prüfe ich zunächst unter D. II. 3. b) aa), in welcher Weise Rechtsregeln über die Nutzung und Bereitstellung in den Hausprojekten aufgestellt werden. Darauf aufbauend untersuche ich, inwiefern die Regeln flexibel gestaltet werden können.

Außerdem müssen Mitglieder in Bezug auf die zu entrichtende Miete gleichbehandelt werden, sodass sämtliche Commoners für Wohnfläche grundsätzlich eine proportional vergleichbare Miete pro Quadratmeter zahlen (D. II. 3. b) bb)).

aa) Kongruenz zwischen Regeln und örtlichen Bedingungen

(1) Nutzungsregeln

Die operativen Nutzungsregeln über den Wohnraum können im MHS-Ansatz sowohl gesellschaftsrechtlich durch die Satzung des Hausvereins als auch vertraglich durch den Mietvertrag zwischen Haus-GmbH und den Mitgliedern des Hausvereins geregelt werden (etwa durch eine Hausordnung).[441] Darüber hinaus ist auch eine vertragliche Ausgestaltung über eine Vereinbarung zwischen den Mitgliedern des Hausvereins möglich. Schließlich ist denkbar, dass

---

[437] Alternativ ist denkbar, dass sich Rechte aus einem Erbbaurecht ableiten, gem. § 11 S. 1 ErbbauRG, siehe D. III. 1. a) aa), Fn. 512.

[438] Vgl. hierzu C. V. 5.

[439] Siehe hierzu C. III. 7. b) aa).

[440] Operative Regeln betreffen die Art und Weise der Nutzung und der Bereitstellung, siehe C. I. 1. b) bb) (6).

[441] Siehe hierzu auch D. I. 7. b) aa) (1).

Nutzungsregeln auf Ebene des Gesellschaftsvertrags der Haus-GmbH vereinbart werden.

Im MHS-Ansatz wird durch ein von der MHS-GmbH bereitgestelltes Vertragsmuster angeregt, dass Hausprojekte eine sog. „Binnenvereinbarung im Hausprojekt“ abschließen.[442] Dies ist eine vertragliche Vereinbarung zwischen den Mitgliedern des Hausvereins, welche das gemeinsame Zusammenleben regeln soll.[443] Die Binnenvereinbarung tritt als weiteres Regelungsinstrument neben die Satzung des Hausvereins und setzt im Ergebnis die operativen Nutzungsregeln fest. Dabei können sowohl die Satzung als auch eine Binnenvereinbarung grundsätzlich auch mündlich vereinbart werden.[444]

Soweit operative Nutzungsregeln über eine Binnenvereinbarung festgelegt werden, ist dies hinreichend flexibel möglich. Vertragliche Regelungen unterhalb der Ebene einer Vereinssatzung stellen eine sog. „Nebenordnung“ dar.[445] Nebenordnungen zur Vereinssatzung bedürfen zunächst einer Ermächtigungsgrundlage in der Satzung.[446] Zudem können grundlegende Angelegenheiten, welche die „Verfassung“ des Vereins betreffen, dort nicht geregelt werden.[447] Ein Indikator dafür, ob Regelungen zum Bereich der Vereinsverfassung gehören, ist, ob mit ihnen potenzielle Rechtsnachteile für Mitglieder verbunden sind, die nicht selbstverständlich sind und mit denen ein in den Verein eintretendes Mitglied nicht ohne Weiteres rechnen muss.[448] Trotz dieser Beschränkungen dürfte auch das Instrument der Nebenordnung hinreichende Flexibilität bieten, um operative Nutzungsregeln an die örtlichen Gegebenheiten des Wohnraums anzupassen. Die Binnenvereinbarung legt letztlich Modalitäten für die gemeinsame Nutzung von Vereinseinrichtungen fest. Nutzungsbedingungen für Vereinseinrichtungen betreffen nicht die Vereinsverfassung und

---

[442] Siehe hierzu bereits C. V. 4. c).

[443] MHS-Handbuch, S. 8.

[444] Zur Satzung des nicht rechtsfähigen Vereins OLG Frankfurt, Urteil vom 19.12.1984 – 9 U 107/83 –, juris, Rn. 54; *Leuschner*/MüKoBGB, BGB, § 25 Rn. 31; zu Nebenabreden bei der GmbH, BGH, Beschluss vom 15.03.2010 – II ZR 4/09 –, juris, Rn. 7.

[445] Siehe hierzu etwa *Grundwald*, ZHR 152, 242262; *Neudert/Waldner*/Sauter/Schweyer, Der eingetragene Verein, Rn. 151 ff.

[446] LG Duisburg, Urteil vom 05.03.2015 – 8 O 211/14 –, BeckRS 2015, 9250.

[447] BGH, Entscheidung vom 06.03.1967 – II ZR 231/64 –, BGHZ 47, 172–181, juris, Rn. 34; *Neudert/Waldner*/Sauter/Schweyer, Der eingetragene Verein, Rn. 151.

[448] BGH, Entscheidung vom 06.03.1967 – II ZR 231/64 –, BGHZ 47, 172–181, juris, Rn. 35; als *„fundamentales Regelungswerk“*, welches einer Satzungsregelung bedürfe, hat der BGH zudem eine Zuchtordnung eingeordnet, welche für Mitglieder eines Pferdezuchtverbandes Regeln über grundlegende Modalitäten der Zucht aufstellt, BGH, Urteil vom 11.07.1983 – II ZR 92/82 –, juris, Rn. 20 f.; siehe mit umfassender Rechtsprechungsübersicht *Schöpflin*/BeckOK BGB, BGB, § 25 Rn. 22.

sind als Nebenordnung zulässig. Verstöße gegen sie können als Ausschlussgrund herangezogen werden.[449]

Soweit die Nutzungsregeln in Form einer Hausordnung beschlossen werden, die Bestandteil des Mietvertrags ist, kann die Hausordnung grundsätzlich frei vertraglich ausgestaltet werden.[450] Dabei dürfen Regelungen, welche die Vereinsverfassung betreffen, ebenfalls nicht Gegenstand der mietvertraglichen Hausordnung sein.

Sofern die operativen Nutzungsregeln auf Ebene der Satzung des Hausvereins festgelegt werden, ist dies auf Grundlage von §§ 25, 40 BGB weitestgehend frei möglich. In dieser Hinsicht ist das Vereinsrecht flexibler als das Genossenschaftsrecht, in welchem der Grundsatz der Satzungsstrenge gilt (vgl. § 18 S. 2 GenG).[451]

Werden operative Nutzungsregeln auf Ebene des Gesellschaftsvertrags der Haus-GmbH festgelegt, ist dies ebenfalls flexibel möglich. Der Gesellschaftsvertrag erlaubt insofern die Aufnahme verschiedenster Regelungsinhalte, die sich auch auf Bedingungen für die Nutzung des Eigentums der Gesellschaft beziehen können.[452] Diese Regelungen binden die Mitglieder des Hausvereins indirekt, indem sie den Hausverein als Gesellschafter der Haus-GmbH adressieren.

Damit ist es insgesamt für die Mitglieder eines Hausprojekts flexibel möglich, ihre Nutzungsregeln rechtlich frei auszugestalten. Dadurch können Regeln an die örtlichen Gegebenheiten angepasst werden.[453]

---

[449] So etwa das LG Duisburg zu einer Kleiderordnung eines Sportvereins, welche das Trainieren in Muskelshirts untersagt, LG Duisburg, Urteil vom 05.03.2015 – 8 O 211/14 –, BeckRS 2015, 9250; zudem kann das Ausschlussverfahren grundsätzlich durch eine Nebenordnung geregelt werden, BGH, Entscheidung vom 06.03.1967 – II ZR 231/64 –, BGHZ 47, 172–181, juris, Rn. 34. Darüber hinaus entschied der BGH, dass Richtlinien darüber, ob Mitglieder eines Sportvereins für die Teilnahme an olympischen Spielen nominiert werden, über eine Nebenordnung aufgestellt werden können. Dies gibt Aufschluss darüber, dass auch grundlegende Angelegenheiten in einer Nebenordnung geregelt werden können, BGH, Urteil vom 13.10.2015 – II ZR 23/14 –, Rn. 24.

[450] Siehe hierzu bereits D. I. 7. b) aa) (1).

[451] Zur Satzungsautonomie im Vereinsrecht *Leuschner*/MüKoBGB, BGB, § 25 Rn. 32.

[452] Vgl. *C. Jaeger*/BeckOK GmbHG, GmbHG, § 3 Rn. 22; *J. Schmidt*/MHLS, GmbHG, § 3 Rn. 85.

[453] Inwiefern *die Mitglieder des Hausvereins* als Regelbetroffene die Änderung selbst bewirken können, ist Gegenstand meiner Prüfung anhand des dritten Designprinzips, D. II. 7. c).

(2) Bereitstellungsregeln

Ebenso wie bei der Wohnungsgenossenschaft lässt sich zwischen operativen Regeln über die Bereitstellung von Kapital, Nutzungsgebühr und von Geschäftsführungsmaßnahmen unterscheiden.[454] Ich untersuche im folgenden Abschnitt, wie diese Regeln jeweils aufgestellt werden und ob die Regeln dabei flexibel gestaltet werden können.

(a) Kapital

Die Mitgliedschaft im Hausverein erfordert keine Kapitalbeteiligung. Lediglich die Gründungsgeneration eines Hausprojekts führt der Haus-GmbH anteilig Stammkapital zu.[455] Dies erfolgt nach den Regeln des GmbHG.

Auf dieser Grundlage erübrigt sich weitgehend die Frage, ob die Regeln über die Bereitstellung von Kapital *durch Commoners* der jeweiligen Wohnraum-Commons flexibel ausgestaltet werden können. Insofern sind im laufenden Betrieb zumindest keine CPR-Probleme zu erwarten, wie sie bei der Bereitstellung von Leistungen durch Commoners zu erwarten sind.[456] Ich untersuche daher nicht weiter, inwiefern Regeln zur Bereitstellung von Kapital flexibel ausgestaltet werden können.

(b) Miete

Die Modalitäten der Miete werden auf Grundlage der Mietverträge zwischen der Haus-GmbH und Mitgliedern des Hausvereins geregelt.[457] Diese können im Rahmen des Mietrechts weitgehend flexibel ausgestaltet werden.[458]

(c) Geschäftsführung

Die operativen Regeln, welche Geschäftsführungsmaßnahmen zur Herstellung und Instandhaltung des Wohnraums von Hausprojekten betreffen, können flexibel vereinbart werden.

---

454 Siehe D. I. 7. b) aa) (2).

455 Stattdessen wird Kapital durch die MHS-GmbH, Direktkredite und Bankdarlehen beschafft, siehe hierzu D. II. 5.

456 Siehe hierzu C. I. 1. b) bb) (4).

457 Mietvertrag, MHS-Handbuch, S. 92.

458 Siehe hierzu bereits D. I. 7. b) aa) (2).

Geschäftsführungsmaßnahmen werden im MHS-Ansatz grundsätzlich auf Ebene der Hausvereine durch die Vereinssatzung geregelt.[459] Sofern keine Regelung getroffen wird, ist der Vorstand vereinsrechtlich für die Geschäftsführung zuständig (vgl. §§ 27 Abs. 3 BGB).[460] Es ist jedoch flexibel möglich, sämtlichen Vereinsmitgliedern in variablem Umfang Geschäftsführungskompetenzen zuzuweisen.[461]

Über die Ebene der Geschäftsführung durch den Hausverein hinaus finden Geschäftsführungsmaßnahmen auf Ebene der Haus-GmbHs statt.[462] Die Geschäftsführung obliegt in der GmbH grundsätzlich dem*r Geschäftsführer*in (vgl. § 35 GmbHG), sie kann jedoch auch weitgehend eingeschränkt und den Gesellschafter*innen zugewiesen werden.[463] Die Vorgaben für die Geschäftsführung können dabei weitgehend flexibel durch den Gesellschaftsvertrag festgelegt werden.[464]

Einige Maßnahmen der Geschäftsführung zur Bereitstellung des Wohnraums werden im MHS-Ansatz zudem durch die MHS-GmbH vorgenommen. Dies betrifft insbesondere die Kapitalakquise durch Einwerbung von qualifizierten Nachrangdarlehen. Darüber hinaus erbringt die MHS-GmbH für Haus-GmbHs Beratungsleistungen zur Organisation und zu finanziellen Verwaltungsangelegenheiten.[465] Die Modalitäten dieser Leistungen werden grundsätzlich vertraglich festgelegt.[466] Dabei ist die MHS-GmbH jedoch nicht selbst nutzendes Mitglied eines Hausvereins, d. h. keine Commonerin. Stattdessen ist sie „außenstehende" Vertragspartnerin, die für ihre Leistungen an die Haus-GmbH ein kostendeckendes Entgelt erhält. Insofern ist die Bereitstellung durch die MHS-GmbH nicht mit Maßnahmen vergleichbar, die durch Commoners im Gegenzug zur Nutzung des Wohnraums erfolgen. Es sind insofern nicht dieselben CPR-Probleme wie bei der Bereitstellung von Geschäftsführungsmaßnahmen durch Commoners zu erwarten. Ich lasse daher

---

459 Siehe C. V. 4. c). Zumindest grundlegende Zuweisungen der Geschäftsführungskompetenz dürften in den Kreis der Vereinsverfassung fallen und damit nicht einer Regelung durch eine Nebenordnung zugänglich sein.

460 BayObLG, Beschluss vom 10.08.1971 – BReg 2 Z 12/71 –, BayObLGZ 1971, 266–273, 272.

461 Anders als bei der Genossenschaft ist die Geschäftsführung nicht zwingend Aufgabe des Vorstands, siehe bereits zur Co-Produktion D. II. 1. b) bb) (2).

462 Siehe C. V. 4. d).

463 Siehe D. II. 1. b) bb) (3), Fn. 337.

464 OLG Nürnberg, Urteil vom 09.06.1999 – 12 U 4408/98 –, juris, Rn. 48; *Lenz*/MHLS, GmbHG, § 37 Rn. 10 ff.; *Stephan/Tieves*/MüKoGmbHG, GmbHG, § 37 Rn. 66.

465 Siehe C. V. 4. a).

466 Vereinbarung zur Kostenbeteiligung, MHS-Handbuch, S. 56.

Leistungen der MHS-GmbH an die Haus-GmbHs bei der weiteren Untersuchung außer Betracht.

bb) Proportionalität zwischen Nutzung und Bereitstellung

Der MHS-Ansatz ist rechtlich darauf ausgerichtet, dass Commoners in Bezug auf ihre Verpflichtungen zur Mietzahlung gleichbehandelt werden müssen. Dies ergibt sich aus dem vereinsrechtlichen Gleichbehandlungsgrundsatz, der im Hausverein gilt und erfordert, dass Mitglieder nicht ohne sachliche Rechtfertigung ungleich behandelt werden dürfen.[467]

Ähnlich wie im Genossenschaftsrecht dürfte aus dem Gebot der Gleichbehandlung der Vereinsmitglieder folgen, dass die Höhe der Miete bei vergleichbarem Wohnraum proportional gleich sein muss.[468] Dies dürfte trotz der Tatsache gelten, dass der Hausverein nicht selbst als Vermieter auftritt, sondern die Haus-GmbH als Tochtergesellschaft des Vereins. Der Hausverein hat in Bezug auf die Festlegung der Miethöhe vollständige Kontrolle über die Haus-GmbH.[469] Der Vorstand des Hausvereins muss auch bei der Ausübung seines Stimmrechts (vgl. § 26 BGB) in der Gesellschafterversammlung der Haus-GmbH seine Verpflichtung zur Gleichbehandlung gegenüber den Mitgliedern des Hausvereins berücksichtigen.

Damit erfüllt der MHS-Ansatz in seiner rechtlichen Struktur auch den zweiten Teil des zweiten Designprinzips.

c) Vorkehrungen für kollektive Entscheidungsfindungen

Damit die operativen Regeln an örtliche Gegebenheiten des Wohnraums angepasst werden können, ist nicht nur erforderlich, dass diese flexibel ausgestaltet werden können. Darüber hinaus müssen diejenigen, die von den Regeln betroffen sind, diese beeinflussen können. Die Abänderung der Regeln darf zudem nicht prohibitiv hohen Aufwand erfordern.[470]

Wie bereits oben unterscheide ich bei meiner Untersuchung zwischen operativen Nutzungs- und Bereitstellungsregeln:

---

[467] Vgl. BGH, Urteil vom 03.03.1971 – KZR 5/70 –, BGHZ 55, 381–392, juris, Rn. 19; LG Memmingen, Urteil vom 28.07.2021 – 13 S 1372/20 –, NJW-RR 2021, 1560–1562, 1561, Rn. 56f. Der Rechtsgrundsatz gilt allgemein im Gesellschaftsrecht, BGH, Urteil vom 16.12.1991 – II ZR 58/91 –, BGHZ 116, 359–376, juris, Rn. 34.

[468] Siehe D. I. 7. b) bb).

[469] Eine Zustimmung der MHS-GmbH ist nicht erforderlich, siehe C. V. 4. d).

[470] Siehe C. III. 7. c) und C. I. 1. b) bb) (7) (c).

aa) Nutzungsregeln

Die operativen Nutzungsregeln über den Wohnraum betreffen sämtliche Mitglieder des Hausprojekts bzw. des Hausvereins. Die Mitglieder des Hausvereins können diese Regeln grundsätzlich ohne prohibitiv hohen Aufwand ändern. Dies gilt – mit Ausnahme der Satzung der Haus-GmbH – unabhängig davon, auf welcher rechtlichen Ebene die Nutzungsregeln verankert sind.

Soweit die Nutzungsregeln im MHS-Ansatz auf Ebene des Hausvereins in der Satzung festgelegt werden, können die betroffenen Commoners die Regeln unmittelbar durch einen satzungsändernden Beschluss ändern (§§ 33, 32 BGB).

Soweit Nutzungsregeln in Form einer Hausordnung als Bestandteil des Mietvertrags geregelt werden, können die Mitglieder des Hausvereins die Regeln ändern, indem sie in der Mitgliederversammlung beschließen, den Vorstand des Hausvereins dazu zu verpflichten (vgl. §§ 27 Abs. 3 S. 1, 665, 32 Abs. 1 S. 1 BGB), sein Stimmrecht in der Gesellschafterversammlung der Haus-GmbH (§ 26 Abs. 1 S. 2 BGB i. V. m. §§ 37 Abs. 1 Var. 2, 47 Abs. 1, 48 Abs. 1 S. 1 GmbHG) dergestalt auszuüben, dass die Geschäftsführung der Haus-GmbH verpflichtet wird, in eine Änderung der Mietverträge (§ 311 Abs. 1 Var. 2 BGB) einzuwilligen. Dies dürfte trotz der verschiedenen involvierten Akteure und rechtlichen Schritte keinen prohibitiv hohen Aufwand erfordern.

Soweit Nutzungsregeln als Nebenordnung des Vereins aufgestellt werden, hängt die Prozedur für deren Änderung von den Regelungen der Nebenordnung ab. Soweit eine Vereinssatzung keine ausdrückliche Regelung trifft, ist grundsätzlich die Mitgliederversammlung dafür zuständig, Nebenordnungen zu erlassen und abzuändern (vgl. § 32 Abs. 1 S. 1 BGB).[471] In diesem Fall haben die Mitglieder des Hausvereins unmittelbaren Einfluss auf die Nutzungsregeln. Rechtlich denkbar ist auch, dass ein einzelnes Vereinsorgan die Nebenordnung erlässt.[472] In diesem Fall kann die Mitgliederversammlung das Organ anweisen, die Nutzungsregeln zu ändern, sodass weiterhin grundsätzlich direkte Einflussmöglichkeiten bestehen. Die MHS-GmbH legt in ihrem Handbuch nahe, dass der „Binnenvertrag" durch einstimmigen Beschluss der Bewohnerschaft, i. E. also der Mitglieder des Hausvereins, abgeändert werden kann.[473]

---

471 LG Duisburg, Urteil vom 05.03.2015 – 8 O 211/14 –, BeckRS 2015, 9250; *Neudert/Waldner*/Sauter/Schweyer, Der eingetragene Verein, Rn. 152.

472 Vgl. LG Duisburg, Urteil vom 05.03.2015 – 8 O 211/14 –, BeckRS 2015, 9250.

473 MHS-Handbuch, Eine Gruppe entsteht, 5. Anhang, 5.1. Binnenvertrag/Binnenvereinbarung in Hausprojekten, Präambel.

Soweit Nutzungsregeln in dem Gesellschaftsvertrag der Haus-GmbH festgelegt werden, muss dieser jeweils geändert werden.[474] Dies erfordert einerseits, dass Mitglieder des Hausvereins über ihre Mitgliedsversammlung den Vorstand per Beschluss beauftragen (vgl. §§ 27 Abs. 3 S. 1, 665, 32 Abs. 1 S. 1 BGB), sein Stimmrecht in der Gesellschafterversammlung der Haus-GmbH entsprechend auszuüben (§ 26 Abs. 1 S. 2 BGB i.V.m. §§ 53 Abs. 1, 48 Abs. 1 S. 1 GmbHG). Darüber hinaus ist die Zustimmung der MHS-GmbH erforderlich. Die Entscheidung der MHS-GmbH können Mitglieder des Hausvereins nur äußerst indirekt beeinflussen.[475] Aufgrund des hohen Aufwands ist in diesem Fall das dritte Designprinzip kaum erfüllt.

bb) Bereitstellung

(1) Miete

Die Regeln der Bereitstellung der Miete betreffen sämtliche Mitglieder des Hausprojekts bzw. des Hausvereins.

Die Regeln über die Miete können durch die Mitglieder des Hausvereins dadurch geändert werden, dass sie über die Mitgliederversammlung den Vorstand des Hausvereins dazu verpflichten (vgl. §§ 27 Abs. 3 S. 1, 665, 32 Abs. 1 S. 1 BGB), sein Stimmrecht in der Gesellschafterversammlung der Haus-GmbH (§ 26 Abs. 1 S. 2 BGB i.V.m. §§ 37 Abs. 1 Var. 2, 47 Abs. 1, 48 Abs. 1 S. 1 GmbHG) dergestalt auszuüben, dass die Geschäftsführung der Haus-GmbH verpflichtet wird, in eine Änderung der Mietverträge (§ 311 Abs. 1 Var. 2 BGB) einzuwilligen. Insgesamt ist der rechtliche Einfluss damit auf mehrere Akte angewiesen. Dadurch wird aber der Einfluss nicht in seiner Wirkung verwässert und dürfte keinen prohibitiv hohen Aufwand erfordern.

(2) Geschäftsführung

Grundsätzlich werden im MHS-Ansatz sämtliche Mitglieder des Hausprojekts bzw. des Hausvereins an der Geschäftsführung beteiligt, sodass sämtliche Mitglieder von den Regeln betroffen sind.[476] Die Mitglieder des Hausvereins können diese Regeln grundsätzlich ohne prohibitiv hohen Aufwand ändern. Dies gilt – mit Ausnahme der Satzung der Haus-GmbH – unabhängig

---

474 Im Mustervertrag zu den Haus-GmbHs sind Nutzungsregeln grundsätzlich nicht vorgesehen, außer sie betreffen die profitorientierte Verwertung von Wohnraum, siehe C. V. 4. d).

475 Siehe hierzu bereits D. II. 2. a) cc) (1).

476 Siehe D. II. 2. b).

davon, auf welcher rechtlichen Ebene die Bereitstellungsregeln verankert sind.

Sofern Regeln durch die Satzung des Hausvereins festgelegt wurden, können die betroffenen Mitglieder über satzungsändernde Beschlüsse in der Mitgliederversammlung die Regeln unmittelbar ändern (§ 33 Abs. 1 S. 1 BGB).

Soweit die operativen Regeln über die Bereitstellung von Geschäftsführungsmaßnahmen durch eine Nebenordnung festgelegt sind, können Mitglieder des Hausvereins die Nebenordnung über einen Beschluss der Mitgliederversammlung unmittelbar oder durch Einwirkung auf das zuständige Vereinsorgan abändern.[477]

Soweit Regeln auf Ebene des Gesellschaftsvertrags der Haus-GmbH festgelegt wurden, können diese mittelbar durch die Mitgliederversammlung des Hausvereins abgeändert werden (§§ 26 Abs. 1 S. 2, 27 Abs. 3 S. 1, 32 Abs. 1 S. 1, 665 BGB i.V.m. §§ 53 Abs. 1 GmbHG). Hierbei ist jedoch die Zustimmung der MHS-GmbH erforderlich. Damit ist eine Abänderung von Regeln auf dieser Ebene mit erheblichen Transaktionskosten und bestimmendem Dritteinfluss verbunden.

d) Gegenseitige Kontrolle

Um die Einhaltung der operativen Nutzungsregeln zu gewährleisten, muss die Regeleinhaltung kontrolliert werden. Das vierte Designprinzip setzt voraus, dass diejenigen, die die Regeleinhaltung kontrollieren, gegenüber den Commoners verantwortlich oder selbst Commoners sein müssen.[478]

Bei der Untersuchung anhand dieses Designprinzips prüfe ich zunächst, inwiefern jemand rechtlich befugt und verpflichtet ist, die Einhaltung der operativen Regeln zu kontrollieren. Darauf aufbauend prüfe ich, inwiefern diese rechtlich gegenüber den kontrollierten Commoners verantwortlich sind bzw. ob diese selbst Commoners sind. Auch in diesem Zusammenhang unterscheide ich zwischen Nutzungs- und Bereitstellungsregelungen:

aa) Nutzungsregeln

Je nachdem, auf welcher Ebene die operativen Nutzungsregeln verankert werden, und je nach rechtlicher Ausgestaltung im Einzelfall sind unterschiedliche Personen rechtlich dafür zuständig, deren Einhaltung zu überwachen. Dabei ist die Überwachung der Regeleinhaltung Teil der Geschäftsführung.

---

[477] Siehe D. II. 7. c) aa).

[478] Siehe C. I. 1. b) bb) (7) (d).

Die Zuständigkeit zur Überwachung ist daher akzessorisch zur Geschäftsführungsbefugnis.[479]

Soweit Nutzungsregeln in der Vereinssatzung verankert sind, ist grundsätzlich der Vorstand für die Überwachung der Einhaltung zuständig. Gleichzeitig können die Geschäftsführung und die Überwachung jedoch auch der Mitgliederversammlung übertragen werden, so wie es der Rechtspraxis im MHS-Ansatz entspricht.[480] In beiden Fällen sind die Personen, welche die Einhaltung der Nutzungsregeln kontrollieren, jeweils gegenüber den Commoners verantwortlich und auch selbst Commoners.[481]

Soweit Nutzungsregeln als Hausordnung Teil des Mietvertrags sind, ist grundsätzlich der*ie Geschäftsführer*in der Haus-GmbH für die Überwachung ihrer Einhaltung zuständig. Darüber hinaus ist in diesem Fall der Hausverein, vertreten durch seinen Vorstand als Gesellschafter der MHS-GmbH, für die Überwachung zuständig. Auch in diesem Fall sind sämtliche beteiligte Personen gegenüber den Commoners verantwortlich und selbst Commoners.[482]

Soweit Nutzungsregeln durch eine Nebenordnung zum Hausverein aufgestellt werden, hängt die Zuständigkeit von der Ausgestaltung im Einzelfall ab. Denkbar ist etwa eine Zuständigkeit des Vorstands oder der Mitgliederversammlung. Diese sind jeweils Commoner und gegenüber den Commoners verantwortlich.

Nach der verbreiteten Rechtspraxis im MHS-Ansatz sind operative Nutzungsregeln in der Nebenordnung verankert. Deren Einhaltung wird durch sämtliche Mitglieder überwacht.

Zusammenfassend lässt sich feststellen, dass in allen aufgeworfenen Konstellationen einerseits rechtlich klar zugeordnet werden kann, wer dafür zuständig ist, zu kontrollieren, ob die operativen Nutzungsregeln eingehalten werden. Andererseits sind diejenigen, die die Einhaltung kontrollieren, selbst Commoners und gegenüber diesen verantwortlich.

---

479 Siehe bereits D. I. 7. d) aa).

480 Siehe bereits D. II. 7. c) aa).

481 Der Vorstand des Hausvereins ist gegenüber den Mitgliedern verantwortlich, indem diese ihn bestellen und abberufen können, siehe D. II. 7. e) bb).

482 Der*ie Geschäftsführer*in ist gegenüber den Mitgliedern des Hausvereins verantwortlich, indem diese ihn*sie über ihren Vorstand bestellen und abberufen können, siehe D. II. 7. e) bb) (2).

bb) Bereitstellungsregeln

(1) Miete

Die Bereitstellung der Miete wird – zumindest formalrechtlich – durch den*ie Geschäftsführer*in der Haus-GmbH überwacht.[483] Im Rahmen der Ausgestaltung der internen Organisation der Hausprojekte wird diese Tätigkeit weitgehend unabhängig von der Stellung des Geschäftsführers auf Mitglieder des Hausvereins übertragen, etwa im Rahmen einer Arbeitsgemeinschaft für Finanzen.[484] In jedem Fall ist die Person, die die operativen Regeln über die Bereitstellung der Miete festlegt, gegenüber den Mitgliedern verantwortlich bzw. selbst Commoners.

(2) Geschäftsführung

Grundsätzlich kontrollieren sich die Mitglieder des Hausvereins gegenseitig, um festzustellen, ob sie jeweils die Regeln der Geschäftsführung einhalten.[485] Sofern lediglich der Vorstand des Hausvereins die Geschäftsführung übernimmt, überwacht die Mitgliederversammlung die Geschäftsführung.[486] Dasselbe gilt mittelbar, wenn der*die Geschäftsführer*in der Haus-GmbH für die Geschäftsführung zuständig ist. In diesem Fall ist der Vorstand des Hausvereins als dessen Vertreter in der Gesellschafterversammlung für die Überwachung zuständig (vgl. § 46 Nr. 6 GmbHG).[487] Der Vorstand wird wiederum durch die Mitgliederversammlung kontrolliert.

---

[483] Dies ergibt sich daraus, dass die Haus-GmbH Vertragspartei der Mietverträge ist und der*ie Geschäftsführer*in der Haus-GmbH grundsätzlich für die Geschäftsführung, d. h. auch für die Vertragsdurchführung, zuständig ist, Mietvertrag, MHS-Handbuch, S. 92.

[484] MHS-Handbuch, S. 8 f. Diese Delegation ist rechtlich möglich. In der GmbH ist der unentziehbare Kernbereich der Geschäftsführungskompetenzen der Geschäftsführung eng begrenzt und die Vertragsdurchführung fällt nicht hierunter, vgl. BGH, Beschluss vom 19. 09. 1977 – II ZB 9/76 –, BGHZ 69, 250–254, juris, Rn. 15 f.; BayObLG, Beschluss vom 10. 08. 1971 – BReg 2 Z 12/71 –, BayObLGZ 1971, 266–273, 272; *Leuschner*/MüKoBGB, BGB, § 26 Rn. 10; *Segna*/BeckOGK BGB, § 26 Rn. 8.

[485] Dies ergibt sich daraus, dass in Hausprojekten grundsätzlich sämtliche Mitglieder für die Geschäftsführung zuständig sind und die Überwachung Teil der Geschäftsführung ist, vgl. D. II. 2. b).

[486] Vgl. *Leuschner*/MüKoBGB, BGB, § 27 Rn. 85. Die Mitgliederversammlung kann dabei u. a. Kontroll- und Auskunftsrechte nach §§ 27 Abs. 3, 666 BGB geltend machen. Darüber hinaus ist in diesem Fall der Vorstand damit betraut, sich gegenseitig zu kontrollieren, vgl. *Segna*/BeckOGK BGB, § 27 Rn. 126.

[487] Nach h. M. haben die Gesellschafter*innen jedoch keine haftungsbewehrte Pflicht, den*ie Geschäftsführer*in zu überwachen, *Schindler*/BeckOK GmbHG, GmbHG, § 46 Rn. 78; *Römermann*/MHLS, GmbHG, § 46 Rn. 345 ff. m. w. N.

In sämtlichen aufgeworfenen Szenarien sind die überwachenden Personen selbst Commoners und gegenüber den anderen Commoners verantwortlich. Damit ist auch in Bezug auf die Kontrolle der Einhaltung von Regeln über die Geschäftsführung das vierte Designprinzip erfüllt.

e) Graduelle Sanktionen

Den Designprinzipien zufolge sind tendenziell solche Commons langfristig erfolgreich, bei denen Regelverstöße mit graduellen Sanktionen geahndet werden, die der Schwere und dem Zusammenhang des Regelverstoßes angemessen sind.[488] In diesem Abschnitt untersuche ich, inwiefern im MHS-Ansatz derartige Sanktionsmöglichkeiten in den jeweiligen Hausprojekten rechtlich angelegt sind, aufgeschlüsselt nach Nutzungs- und Bereitstellungsregeln.

aa) Nutzungsregeln

Wenn Mitglieder Verstöße eines Mitglieds gegen Nutzungsregeln feststellen und informelle Sanktionen nicht ausreichen, stehen im MHS-Ansatz rechtliche Sanktionsmöglichkeiten offen. Diese können gesellschaftsrechtlicher und vertragsrechtlicher Natur sein.

So kann die Mitgliederversammlung den Vorstand des Hausvereins anweisen (vgl. §§ 27 Abs. 3 S. 1, 665, 32 Abs. 1 S. 1 BGB), sein Stimmrecht in der Gesellschafterversammlung der Haus-GmbH (§ 26 Abs. 1 S. 2 BGB i. V. m. §§ 37 Abs. 1 Var. 2, 47 Abs. 1, 48 Abs. 1 S. 1 GmbHG) dergestalt auszuüben, dass der*ie Geschäftsführer*in der Haus-GmbH angewiesen wird, eine Kündigung auszusprechen, gem. §§ 543 Abs. 1, 569 Abs. 2 BGB bzw. § 573 Abs. 2 Nr. 1 BGB. Im Falle einer außerordentlichen Kündigung kann der*ie Geschäftsführer*in angewiesen werden, gem. § 543 Abs. 1 S. 1 BGB eine vorherige Abmahnung auszusprechen, sofern diese nicht ausnahmsweise nach § 543 Abs. 1 S. 2 BGB entbehrlich ist.

Die Mitgliederversammlung kann zudem vereinsrechtlich gegen ein Mitglied vorgehen, im Rahmen der sog. „*Straf- und Ausschließungsgewalt*“.[489]

---

[488] Zum Maßstab meiner Untersuchung siehe C. III. 7. e) und C. I. 1. b) bb) (7) (e).

[489] Die Rechtsprechung leitet aus der Vereinsautonomie eine „*Strafgewalt*“ des Vereins ab. Vereinsstrafgewalt ist hiernach Ausfluss der „*die Verhängung von Strafen umfassende*[n] *Selbstverwaltung des Vereins*“, RG, Urteil vom 16. 02. 1933 – IV 378/32 –, RGZ 140, 23–25, 24; siehe auch den BGH, „*dem Verein* [kommt] *eine selbständige Strafgewalt zu* […], *die der Staat gelten läßt und der sich die Mitglieder im Rahmen der Satzung unterwerfen* […]. *Ein Verein kann sich also wegen der Verletzung von Mitgliedspflichten eine Strafbefugnis geben und diese nach Maßgabe der Satzung ausüben.*“, BGH, Urteil vom 04. 10. 1956 – II ZR 121/55 –, BGHZ 21, 370–376, juris,

Sofern Mitglieder operative Nutzungsregeln verletzen, ist es möglich, auf Grundlage der Satzung des Hausvereins Strafen zu verhängen und/oder Mitglieder auszuschließen.[490]

Darüber hinaus ist es – soweit der Verstoß gegen Nutzungsregeln zu einem Schaden des Hausvereins geführt hat – für den Hausverein möglich, gegen Mitglieder auf die Zahlung von Schadensersatz zu klagen (§§ 280 Abs. 1, 241 Abs. 2 BGB).[491] Die Haftungsprivilegierung nach § 31b Abs. 1 BGB, welche die Haftung von Vereinsmitgliedern gegenüber dem Verein auf Fälle von grober Fahrlässigkeit und Vorsatz beschränkt, dürfte für Fälle der Verletzung von Nutzungsregeln nicht anwendbar sein. Gem. § 31b Abs. 1 S. 1 BGB setzt die Haftungsprivilegierung voraus, dass die streitgegenständliche Handlung in der Wahrnehmung einer satzungsmäßig übertragenen Vereinsaufgabe liegt. Satzungsgemäße Vereinsaufgaben sind alle Verrichtungen im Rahmen des Vereinszwecks, die dem Verein obliegen.[492] Die Nutzung des Wohnraums, d.h. der Vereinseinrichtungen, durch ein Mitglied fällt nicht hierunter.

Im Ergebnis ermöglicht die rechtliche Struktur des MHS-Ansatzes also Sanktionen gegenüber Mitgliedern, die operative Nutzungsregeln verletzen. Diese können auch abgestuft sein. So ist es möglich, abzumahnen, statt direkt

---

Rn. 21; mit Einschränkungen BGH, Urteil vom 30.05.1983 – II ZR 138/82 –, BGHZ 87, 337–346, juris, Rn. 19. In der Literatur sind dogmatische Begründungen und Grenzen der Strafgewalt umstritten, siehe m.w.N. *Könen*/BeckOGK BGB, § 38 Rn. 179ff.

490 Eingehend zum Ausschlussverfahren m.w.N. *Könen*/BeckOGK BGB, § 38 Rn. 184ff.

491 An dieser Stelle impliziere ich, dass der Schadensersatz eine präventive Rolle einnimmt. Zweck des fünften Designprinzips ist nicht, dass erlittene Schäden ausgeglichen werden sollen oder dass schädigende Commoner bestraft werden sollen. Ziel ist vielmehr, dass eine quasi-freiwillige Regelbefolgung ermöglicht wird, indem die Sanktionsmöglichkeiten den Commonern glaubhaft machen, dass andere Commoner sich an operative Regeln halten. Im deutschen rechtsdogmatischen Diskurs zum Schadensrecht wird jedoch teils vertreten, dass dem Schadensrecht eine derartige Präventionsfunktion nicht zukommen könne. So erklärt etwa der BGH einen Strafschadensersatz, der über die Ausgleichsfunktion hinausgeht, für unzulässig – „*Die Bestrafung und – im Rahmen des Schuldangemessenen – Abschreckung sind mögliche Ziele der Kriminalstrafe (§§ 46f StGB), die als Geldstrafe an den Staat fließt, nicht des Zivilrechts.*“, BGH, Urteil vom 04.06.1992 – IX ZR 149/91 –, BGHZ 118, 312–351; juris, Rn. 73ff.; siehe hierzu auch m.w.N. *Brand*/BeckOGK BGB, § 249 Rn. 47ff. Im Ergebnis wirkt sich dieser Streit an dieser Stelle nicht aus. So gehe ich davon aus, dass die abschreckende Sanktion nicht etwa durch einen über den Schadensausgleich hinausgehenden Strafschadensersatz bewirkt werden soll, sondern durch den regulär zulässigen Schadensausgleich nach §§ 249 BGB ff. Bemerkenswert ist aber, dass über die „Strafgewalt“ des Vereins auch im deutschen Recht i.E. ein Strafschadensersatz möglich ist, siehe hierzu Fn. 944. Insofern kann über die Vereinsstrafe theoretisch eine Summe geltend gemacht werden, die über das hinausgeht, was zur Schadensbeseitigung erforderlich wäre.

492 BT-Drs. 17/11316, S. 17.

zu kündigen (§ 543 Abs. 1 S. 1 BGB). Zudem kann die Satzung Vereinsstrafen unterhalb des Ausschlusses vorsehen. Realistischerweise dürften jedoch unterhalb der Schwelle der Kündigung und des Ausschlusses informelle Sanktionen wie Ermahnungen, Interventionen und Ultimaten die Mittel der Wahl darstellen. Rechtliche Sanktionen dürften hingegen nur den letzten Schritt der Eskalationsstufen darstellen.

bb) Bereitstellung

(1) Miete

In Bezug auf die Verletzung von operativen Regeln zur Zahlung der Miete gilt dasselbe wie für die Nutzungsregeln. Sofern ein Mitglied die Miete nicht oder nicht vertragsgemäß zahlt, kann die Mitgliederversammlung des Hausvereins auf den*ie Geschäftsführer*in der Haus-GmbH einwirken, um ggf. eine Kündigung herbeizuführen. Zudem kann die Mitgliederversammlung auf den Vorstand des Hausvereins einwirken, um einen Ausschluss herbeizuführen.

(2) Geschäftsführung

Auch Verstöße gegen operative Regeln über die Geschäftsführung können rechtlich sanktioniert werden. Wenn Mitglieder des Hausvereins gegen operative Regeln über die Bereitstellung von Geschäftsführungsmaßnahmen verstoßen, kann gegen das Mitglied mietrechtlich eine Abmahnung oder eine Kündigung erwirkt werden. Möglich sind zudem eine Vereinsstrafe oder der Vereinsausschluss.[493] Darüber hinaus ist es – soweit die Pflichtverletzung zu einem Schaden des Vereins geführt hat – möglich, Mitglieder auf Schadensersatz gegenüber dem Verein zu verklagen. Hierbei dürfte jedoch grundsätzlich die Haftungsprivilegierung nach § 31b Abs. 1 BGB greifen.[494]

Darüber hinaus sind weitere rechtliche Sanktionen möglich, wenn der*ie Geschäftsführer*in der Haus-GmbH oder der Vorstand des Hausvereins operative Regeln über Geschäftsführungsmaßnahmen verletzen. So kann die Mitgliederversammlung die Bestellung des infragestehenden Vorstandsmitglieds gem. § 27 Abs. 2 S. 1 BGB widerrufen. Zudem kann die Mitgliederversammlung den Vorstand anweisen, über sein Stimmrecht in der Gesellschaf-

---

[493] Es gilt insofern dasselbe wie zur Verletzung von Nutzungsregeln, D. II. 7. e) aa).

[494] Hausvereine, welche finanzielle Sanktionen für die Verletzung von operativen Regeln über die Bereitstellung von Geschäftsführungsmaßnahmen einführen wollen, können dieses Ziel also am besten durch das Institut der Vereinsstrafe erreichen, vgl. Fn. 944.

terversammlung den*ie Geschäftsführer*in der Haus-GmbH abzuberufen (§ 46 Nr. 5 Var. 2 GmbHG i. V. m. §§ 26 Abs. 1 S. 2, 27 Abs. 3 S. 1, 32 Abs. 1 S. 1, 665 BGB). Schließlich kann die Mitgliederversammlung gem. § 280 Abs. 1 BGB Schadensersatzansprüche gegen den Vorstand geltend machen, wobei die Haftungsbeschränkung nach § 31a Abs. 1 BGB zu beachten ist. Schließlich können Geschäftsführer*innen der Haus-GmbH nach § 43 Abs. 2 GmbHG i. V. m. §§ 26 Abs. 1 S. 2, 27 Abs. 3 S. 1, 32 Abs. 1 S. 1, 665 BGB auf Schadensersatz in Anspruch genommen werden.[495]

Insgesamt steht damit in Hausprojekten ein abgestuftes System an rechtlichen Sanktionsmöglichkeiten zur Verfügung, um Verstöße gegen die Regeln über die Geschäftsführung zu sanktionieren. Auch in diesem Bereich ist das fünfte Designprinzip rechtlich-strukturell erfüllt.

f) Foren zur Konfliktlösung

Die Praxis der Überwachung und Sanktionierung setzt voraus, dass Konflikte über die Auslegung von operativen Regeln einfach und ohne prohibitiv hohe Kosten überwunden werden können. Daher setzt das sechste Designprinzip voraus, dass Commoners einfach und kostengünstig Zugang zu Foren der Konfliktlösung für derartige Konflikte haben.[496]

Weder das Vereinsrecht noch das Recht der GmbH sehen ausdrücklich Foren zur Konfliktlösung zwischen Mitgliedern bzw. Gesellschaftern und Organen vor. Gleichzeitig sind im MHS-Ansatz potenzielle Foren vorhanden, welche sich aus dem Vereinsrecht, dem GmbH-Recht und aus der vertragsrechtlichen Praxis auf Grundlage von Handreichungen der MHS-GmbH ergeben.

aa) Nutzungsregeln

Konflikte über die Auslegung von operativen Nutzungsregeln betreffen i. d. R. nachbarschaftliche Streitigkeiten.[497] Als Forum für diese Streitigkeiten kann potenziell die Mitgliederversammlung des Hausvereins dienen.[498] Anders als bei der Generalversammlung der Genossenschaft umfasst die Mitgliederversammlung eines Hausvereins nur die Commoners eines Wohnraum-

---

[495] Dabei ist die Privilegierung nach § 31a Abs. 1 BGB in Bezug auf die Haftung des Geschäftsführers nach ganz h. M. nicht analog anwendbar, *Offenloch*/BeckOGK BGB, § 31a Rn. 15 m. w. N.

[496] Siehe hierzu C. I. 1. b) bb) (7) (f).

[497] Siehe bereits zur Wohnungsgenossenschaft D. I. 7. f) aa).

[498] Dies entspricht den Empfehlungen des Handbuchs der MHS-GmbH, MHS-Handbuch, S. 8 ff.

Commons.[499] Dadurch ist der Kreis an Teilnehmern strukturell kleiner und umfasst eine zusammenhängende soziale Gruppe. Damit ist im Vergleich zur Genossenschaft die Gefahr, dass die Mitgliederversammlung aufgrund ihrer Größe und übergeordneten Funktion für die Konfliktschlichtung ungeeignet ist, strukturell geringer.

Neben dem Rückgriff auf die Mitgliederversammlung von Hausvereinen wird durch die MHS-GmbH angeregt, dass im Hausprojekt Konflikte mit Mediationen geschlichtet werden.[500]

Im Ergebnis ist die dezentrale Struktur dafür zuträglich, dass Wohnraum-Commons Foren zur Konfliktlösung schaffen. Rechtlich-strukturell sind aber auch bei dem MHS-Ansatz keine verpflichtenden Foren zur Konfliktlösung für Streitigkeiten über Nutzungsregeln vorgesehen.

bb) Bereitstellung

Für Konflikte über die operativen Regeln über Mietzahlungen und Geschäftsführungsmaßnahmen dürfte die Mitgliederversammlung des Hausvereins grundsätzlich geeignet sein. Dies ergibt sich daraus, dass diese Konflikte sämtliche Mitglieder des Hausvereins betreffen. Darüber hinaus dürften auch in Bezug auf Streitigkeiten über Geschäftsführungsmaßnahmen ggf. Mediationsverfahren zweckmäßig sein.

Auch in diesem Zusammenhang ist die dezentrale Struktur des MHS-Ansatzes vorteilhaft, um Foren zur Aussprache zu schaffen, die lediglich ein Wohnraum-Commons betreffen und zur Konfliktlösung dienen können.

g) Polyzentrische Governance

Das achte[501] Designprinzip verlangt schließlich bei größeren Organisationen, dass die Nutzung, Bereitstellung, Kontrolle, Sanktionierung, Konfliktlösung und Verwaltungsaktivitäten auf mehreren Ebenen von ineinander eingebetteten Systemen organisiert sind. Einzelne CPR sollen jeweils eigene Systeme der Selbstverwaltung haben, die eine individuelle Regelgestaltung ermöglichen. Gleichzeitig sollen Commons dergestalt miteinander vernetzt werden, dass bei Bedarf Entscheidungen auf übergeordneter Ebene getroffen

---

[499] Siehe hierzu D. I. 7. f) aa).

[500] MHS-Handbuch, S. 10.

[501] Die Prüfung anhand des siebten Designprinzips geht in meiner Prüfung der sonstigen Designprinzipien auf, C. III. 7. g).

werden können. Darüber hinaus soll Wissen zwischen den jeweiligen Commons geteilt werden.[502]

Der MHS-Ansatz ist rechtlich auf eine polyzentrische Governance angelegt. Dies ergibt sich zunächst aus der Autonomie von Hausprojekten im MHS-Ansatz: Die MHS-GmbH hat in der Gesellschafterversammlung der Haus-GmbHs lediglich in Angelegenheiten der profitorientierten Verwertung von Wohnraum ein Stimmrecht. Hierdurch kommt dem jeweiligen Hausverein ein umfassendes Recht zur Selbstverwaltung zu.[503] Andererseits erlaubt das Vereinsrecht eine umfassende Aufteilung der Geschäftsführungskompetenz innerhalb von Hausprojekten. Selbst wenn also ein einzelner Hausverein Mitglieder aus mehreren Wohnraum-Commons umfasst, kann den jeweiligen Mitgliedern jeweils ein umfassendes Selbstverwaltungsrecht eingeräumt werden.[504] Im Ergebnis wird im MHS-Ansatz daher jedes Wohnraum-Common durch den jeweiligen Kreis an Commonern verwaltet. Dies erlaubt eine lokale Anpassung von operativen Regeln an die jeweiligen Umstände des Wohnraum-Commons im Einzelfall. Zudem können übergeordnete Angelegenheiten, welche sämtliche Wohnraum-Commons im Verbund betreffen, auf gemeinschaftlicher Ebene des MHS-Vereins beschlossen werden können.[505]

Schließlich ermöglicht die Einbettung der jeweiligen Wohnraum-Commons in eine föderale Struktur, dass Wissen von einzelnen Commons mit anderen geteilt werden kann.[506]

h) Zwischenfazit

Insgesamt entspricht der MHS-Ansatz den Designprinzipien von *Ostrom*. Dabei ist insbesondere seine dezentrale Struktur von Vorteil, indem sie die einfache und kostengünstige Änderung von operativen Regeln auf der Ebene einzelner Wohnraum-Commons ermöglicht (drittes und achtes Designprinzip). Lediglich das sechste Designprinzip ist nur in begrenztem Umfang erfüllt.

---

502 Siehe hierzu C. I. 1. b) bb) (7) (h) und C. III. 3. h).

503 Siehe bereits D. II. 1. a).

504 Dies ergibt sich daraus, dass die Geschäftsführungskompetenz im Verein umfassend aufgeteilt werden kann, D. II. 2. b).

505 Dies gilt etwa für die Verwaltung des Solidarfonds, die gemeinsame Einwerbung von Direktkrediten etc., C. V. 3.

506 Siehe hierzu bereits D. II. 3. b).

Tabelle 4

Zwischenfazit zur Erfüllung der Designprinzipien beim MHS-Ansatz

Designprinzip	**Grad der Erfüllung**
1. Klar definierte Grenzen	Erfüllt
2. a) Kongruenz zwischen operativen Regeln und örtlichen Bedingungen	Erfüllt
2. b) Proportionalität zwischen Nutzung und Bereitstellung	Erfüllt
3. Vorkehrungen für kollektive Entscheidungsfindung	Erfüllt, außer wenn Regeln auf Ebene der Haus-GmbH verankert werden
4. Gegenseitige Kontrolle	Erfüllt
5. Graduelle Sanktionen	Erfüllt
6. Konfliktlösungsmechanismen	Eher schwach erfüllt, aber grds. erfüllbar
7. Mindestmaß an rechtlicher Anerkennung	Geht in Untersuchung anderer Designprinzipien auf[507]
8. Polyzentrische Governance	Erfüllt

Quelle: Eigene Darstellung.

8. Fazit

Der MHS-Ansatz ist zur Schaffung und Erhaltung von Wohnraum-Commons geeignet. Er entspricht den konzeptuellen Grundsätzen des Commonings und weitestgehend den Designprinzipien von *Ostrom*. Darüber hinaus ist der MHS-Ansatz rechtlich-strukturell in der Lage, Kapital aufzubringen und Kosten und Komplexität zu bewältigen.

Hausprojekte setzen sich aus dem Kreis eines Wohnraum-Commons zusammen und bedürfen nur in Angelegenheiten der profitorientierten Verwertung ihres Wohnraums der Zustimmung der MHS-GmbH. Hierdurch können sie autonom Entscheidungen über die Ausgestaltung ihres physischen Wohnraums und sozialen Wohnumfeldes treffen. Aufgrund der Stimmgleichheit im Vereinsrecht sind Commoners dabei – vorbehaltlich abweichender Satzungsregeln im Hausverein – gleichberechtigt.

[507] Siehe C. III. 7. g).

Dadurch, dass Mitglieder eines Hausprojekts letztlich Wohnraum an sich selbst vermieten, ist der MHS-Ansatz nicht auf eine profitorientierte Verwertung des Wohnraums ausgerichtet. Dies wird durch Zustimmungsvorbehalte der MHS-GmbH abgesichert. Der gewählte Absicherungsmechanismus verstößt nicht gegen die Verbandssouveränität oder gegen die Verbandsautonomie in Gestalt des Verbots von echten und faktischen Ewigkeitsklauseln. Darüber hinaus steht der Mechanismus nicht in Konflikt mit Treuepflichten der Gesellschafter. Gleichzeitig können sämtliche Mitglieder eines Hausprojekts an der Geschäftsführung teilhaben, sodass sie den Wohnraum co-produzieren können.

Darüber hinaus fördert der MHS-Ansatz die Offenheit von Wohnraum-Commons, indem Hausprojekte über den Solidarfonds dazu beitragen, neue Wohnraum-Commons zu schaffen und damit mehr Menschen Zugang zu Wohnraum-Commons zu ermöglichen. Zudem fördert der MHS-Ansatz den Austausch von Wissen zwischen Hausprojekten und gegenüber Gruppen, die ein Hausprojekt gründen möchten. Strukturelle rechtlich Mechanismen zur Förderung einer diskriminierungsfreien Auswahl von Mitgliedern finden sich im MHS-Ansatz hingegen nicht.

Bei der Kapitalaufbringung können Hausprojekte von der Unterstützung durch die MHS-GmbH und dem Solidarfonds profitieren. Insbesondere die Vergabe von qualifizierten Nachrangdarlehen wird im MHS-Ansatz stark gefördert, was sich in der Kapitalstruktur der Hausprojekte widerspiegelt. Hierdurch können Hausprojekte mezzanines Kapital erlangen und gleichzeitig Kompromisse in Bezug auf die profitorientierte Verwertung ihres Wohnraums vermeiden.

Durch seine Vielzahl an Akteuren und deren verflochtene Beziehungen ist der MHS-Ansatz rechtlich und organisatorisch komplex. U. a. aufgrund von ehrenamtlichem Engagement durch seine Mitglieder ist der MHS-Ansatz jedoch nicht mit prohibitiv hohen Kosten verbunden.

Der MHS-Ansatz ist durch die jeweils verpflichtende Beteiligung von Hausprojekten am Solidarfonds darauf ausgelegt, dass die Generationen von Commoners, welche von der Entschuldung bestehender Hausprojekte profitieren, sich an der Finanzierung neuer Hausprojekte beteiligen. Damit fördert der MHS-Ansatz – wenn auch in geringem Ausmaß – die Generationengerechtigkeit zwischen Commoners.

Schließlich entspricht der MHS-Ansatz rechtlich-strukturell weitestgehend den Designprinzipien von *Ostrom*. Insbesondere die polyzentrische Governance ist im MHS-Ansatz wesentlich verankert.

III. Community Land Trust

Wie der MHS-Ansatz besteht der CLT-Ansatz aus mehreren zusammenhängenden juristischen und/oder natürlichen Personen, die über ihre Mitwirkung am Trust verbunden sind.[508] Daher ist eine Untersuchung auf mehreren Ebenen dieser Struktur erforderlich. Ausgangspunkt bleibt dabei jedoch die Perspektive einzelner Wohnraum-Commons. D. h., ich untersuche, inwiefern Wohnraum-Commons innerhalb des CLT-Ansatzes rechtlich-strukturell den Eignungskriterien entsprechen. Hieraus ergibt sich eine wesentliche Beschränkung für meine Untersuchung:

Wohnraum-Commons sind beim CLT-Ansatz die Erbbauberechtigten.[509] Im CLT-Ansatz ist grundsätzlich nur bestimmt, dass Erbbaurechte zur Nutzung von Grundstücken vergeben werden, nicht aber wie Erbbauberechtigte selbst rechtlich verfasst sind. Wenn etwa eine große Wohnungsgenossenschaft Erbbauberechtigte ist, bestehen potenziell die bereits beschriebenen Probleme der Wohnraum-Commons übergreifenden Verwaltung.[510] Sind Erbbauberechtigte als GmbH oder andere Rechtsform verfasst, ergeben sich wiederum andere Fragen in Bezug auf ihre Erfüllung der Eignungskriterien. Schließlich ist auch denkbar, dass natürliche Personen Erbbauberechtigte sind. Ich weiß also nicht, wie die Erbbauberechtigten rechtlich verfasst sind und inwiefern sie selbst den Eignungskriterien entsprechen.

Damit ist der Aussagegehalt meiner Untersuchung begrenzt. Die Untersuchung an sich bleibt aber zweckmäßig. Auch ohne zu wissen, welche Rechtsform[511] die Wohnraum-Commons als Erbbauberechtigte haben, kann ich untersuchen, inwiefern die rechtliche Struktur des CLT-Ansatzes dazu beiträgt, dass Wohnraum-Commons den Eignungskriterien entsprechen oder nicht. Entsprechende Einsichten lassen sich etwa aus der Untersuchung der Satzung der Stadtbodenstiftung und darauf beruhender Erbbauverträge ableiten.

Weiterhin prüfe ich, inwiefern die Stadtbodenstiftung als Trust ihrerseits dem Grundsatz der Gleichrangigkeit entspricht. Diese Untersuchung ist uneingeschränkt möglich.

---

[508] Zur Darstellung des Aufbaus des MHS-Ansatzes siehe C. V.

[509] Die Erbbauberechtigten sind diejenigen, die – sofern sie als juristische Person verfasst sind – kollektiv das Grundeigentum des CLT zu Wohnzwecken nutzen wollen.

[510] Siehe hierzu D. I. 1. a) bb) (4).

[511] Den Fall, dass Erbbauberechtigte natürliche Personen sind, klammere ich bei meiner Untersuchung aus. Einzelne natürliche Personen fallen nicht unter meine Arbeitsdefinition von Commons, siehe C. I. 2. c).

1. Gleichrangige Selbstverwaltung

Im CLT-Ansatz findet (Selbst-)Verwaltung auf mehreren Ebenen statt: Einerseits verwalten sich Erbbaurechtsberechtigte als einzelne Wohnraum-Commons. Andererseits trifft der Trust Entscheidungen auf Ebene der Nachbarschaft. Im Folgenden untersuche ich, inwiefern der CLT-Ansatz die Selbstverwaltung auf Ebene einzelner Wohnraum-Commons zulässt (D. III. 1. a)). Zudem untersuche ich, inwiefern der CLT-Ansatz insgesamt konzeptuell dem Grundsatz der Gleichrangigkeit entspricht (D. III. 1. b)).

a) Selbstverwaltung

Im CLT-Ansatz können Wohnraum-Commons sich grundsätzlich selbst verwalten (D. III. 1. a) aa)). Dieser Grundsatz wird jedoch potenziell durch Vorgaben aus dem Erbbaurechtsvertrag beschränkt (D. III. 1. a) bb)).

aa) Grundsatz der Selbstverwaltung

Wohnraum-Commons haben im CLT-Ansatz weitgehend die Befugnis, ohne äußeren Einfluss Entscheidungen über die Ausgestaltung ihres physischen Wohnraums und ihres sozialen Wohnumfeldes zu treffen.

Das Erbbaurecht vermittelt ihnen gem. § 1 Abs. 1, Abs. 2 ErbbauRG eine dinglich abgesicherte Stellung, welche aufgrund ihrer grundsätzlich weitreichenden Befugnisse „eigentumsähnlichen Charakter“ hat.[512] Konkret steht Erbbauberechtigten das Eigentum an der Bebauung eines Grundstücks zu. Darüber hinaus haben sie i. d. R. auch das umfassende Nutzungsrecht über die gesamte – auch unbebaute – Fläche des Grundstücks.[513] Dem Trust steht als Eigentümer während der Laufzeit des Erbbaurechts lediglich die wirtschaftliche Verwertung des Grundstücks in Form einer Gegenleistung zu – i. d. R. in Form einer wiederkehrenden Geldleistung, sog. „Erbbauzins“.[514]

---

512 Dies ergibt sich vorrangig daraus, dass gem. § 11 S. 1 ErbbauRG die Vorschriften über Grundstücke und Ansprüche aus dem Eigentum auf das Erbbaurecht entsprechend anwendbar sind, BGH, Urteil vom 22.2.1974 – V ZR 67/72 –, NJW 1974, 1137–1138, 1137. In der Folge können Erbbauberechtigte etwa Ansprüche auf Herausgabe aus § 985 BGB geltend machen, BGH, Urteil vom 27.06.2014 – V ZR 51/13 –, NJW-RR 2014, 1423–1426, 1425; möglich sind auch Abwehransprüche aus § 1004 Abs. 1 BGB, BGH, Urteil vom 12.12.1975 – V ZR 114/74 –, NJW 1976, 570.

513 Für unbebaute Flächen muss das Erbbaurecht gem. § 1 Abs. 2 ErbbauGB auf Nebenflächen erweitert werden, *Winkler/Schlögel*, Erbbaurecht, § 2 Rn. 67 ff.

514 Hierzu *Winkler/Schlögel*, Erbbaurecht, § 6 Rn. 1 f.

bb) Beschränkungen aus dem Erbbaurecht

Die Selbstverwaltung der Wohnraum-Commons kann im CLT-Ansatz dadurch beschränkt werden, dass der Erbbaurechtsvertrag Grenzen vorsieht. In den USA kommen insbesondere Beschränkungen des Kaufpreises bei der Weiterveräußerung des Erbbaurechts und des Kreises von potenziellen Käufern bei der Weiterveräußerung des Erbbaurechts in Betracht. Üblich sind zudem Beschränkungen über die Art und Weise der Nutzung und Instandhaltung von Gebäuden. Schließlich sind Beschränkungen über die Belastung der Ground Lease mit Grundpfandrechten typisch.[515]

Im deutschen (Erbbau-)Recht sind die für die USA typischen Beschränkungen jedoch nicht vollständig umsetzbar. So können der Kaufpreis und der Kreis der Käufer für die Weiterveräußerung des Erbbaurechts nur in Grenzen beschränkt werden (§§ 5 Abs. 1, 7 Abs. 1 S. 1 ErbbauRG).[516] Umfassend möglich sind hingegen Beschränkungen über die Art und Weise der Nutzung und Instandhaltung (§ 2 Nr. 1 ErbbauRG). Zudem sind Beschränkungen in Bezug auf die Belastung des Erbbaurechts mit Grundpfandrechten eingeschränkt möglich (§§ 5 Abs. 2, 7 Abs. 2 ErbbauRG).

Je nach Ausgestaltung der Nutzungsbeschränkungen im Erbbauvertrag verbleibt den einzelnen Wohnraum-Commons weitgehende Gestaltungsmacht. Inwiefern die Selbstverwaltung von Wohnraum-Commons gewährleistet ist, muss also jeweils anhand der Bedingungen der jeweiligen Erbbauverträge bewertet werden, welche Trusts mit Wohnraum-Commons abschließen. Ein allgemeines Urteil ist an dieser Stelle also nicht möglich. Soweit keine Beschränkungen nach § 2 Nr. 1 ErbbauRG erteilt werden, haben Wohnraum-Commons jedenfalls das umfassende Recht zur Selbstverwaltung. Den Grundsätzen des CLT-Ansatzes entspricht es jedenfalls, wenn der Trust den Erbbauberechtigten nur solche Beschränkungen auferlegt, die dafür notwendig sind, sicherzustellen, dass Erbbauberechtigte ihren Wohnraum generationsübergreifend, treuhänderisch und gemäß den Interessen der Nachbarschaft bewirtschaften.[517] Die Stadtbodenstiftung hat sich diesen Grundsätzen in ihrer

---

[515] Siehe C. VI. 3. und C. VI. 4.; § 4 S. 2, 3, 4 Satzung der Stadtbodenstiftung vom 16.12.2020.

[516] Siehe hierzu D. III. 2. a) bb) (3).

[517] Es entspricht den Grundsätzen des CLT-Ansatzes, dass involvierte Wohnraum-Commons sich als Teil einer Community verstehen, deren Belange sie in ihrer Entscheidungsfindung einbeziehen müssen. Insofern sind Beschränkungen von Erbbauberechtigten zugunsten der Nachbarschaftsinteressen mit den Grundsätzen des CLT-Ansatzes vereinbar, *DeFilippisa/Strombergb/Williams*, Journal of Urban Affairs 2018, Vol. 40, No. 6, 755–769, 757 f.; vgl. auch die konzeptuellen Ausführungen bei *Durose/Richardson/Rozenburg/Ryan/Escobar*, International Journal of the Commons, 15(1), 291–304, 294; vgl. bereits VI. 1.

Satzung verschrieben, sodass sie ihre Erbbaurechtsverträge entsprechend auszugestalten hat.[518]

cc) Zwischenfazit

Grundsätzlich ist der CLT-Ansatz darauf ausgelegt, dass Commoners ohne äußere Einflüsse ihren physischen Wohnraum und ihr soziales Wohnumfeld verwalten können. Inwiefern dieser grundsätzliche Befund im Einzelfall zutrifft, hängt jedoch davon ab, wie der Erbbauvertrag zwischen dem Trust und den Wohnraum-Commons jeweils ausgestaltet ist.

b) Gleichrangigkeit

Ich untersuche im Folgenden, inwiefern der CLT-Ansatz darauf ausgelegt ist, dass die Selbstverwaltung auf Ebene der Wohnraum-Commons, d. h. der Erbbauberechtigten, gleichrangig ist. Zudem untersuche ich, inwiefern die Verwaltung auf Ebene des Trusts gleichrangig ist.

aa) Auf Ebene einzelner Wohnraum-Commons

Auf Ebene einzelner Wohnraum-Commons ist im Rahmen des CLT-Ansatzes nicht pauschal bewertbar, inwiefern die Entscheidungsfindung gleichrangig ist. Dies hängt maßgeblich von der internen rechtlichen Struktur des jeweiligen Erbbauberechtigten ab.

Es ist jedoch denkbar, dass der Trust bei der Vergabe von Erbbaurechten die Bedingung aufstellt, dass Erbbauberechtigte in ihrer Satzung verankern, dass Commoners gleichrangig an der Entscheidungsfindung teilnehmen.[519] Darüber hinaus ist es denkbar, die Gleichrangigkeit als Beschränkung der Verwendung des Bauwerks gem. § 2 Nr. 1 ErbbauGB mit dinglicher Wirkung in das Erbbaurecht festzusetzen. Fraglich ist dabei, ob dies noch unter den Rahmen einer Beschränkung der Art und Weise der Verwendung eines Bauwerks fallen würde. Die Rechtsprechung legt den Begriff der Verwendungsbeschränkung grundsätzlich weit aus. Insbesondere Vorgaben mit sozialer Zielsetzung

---

[518] Siehe C. VI. 4. a); zudem will die Stadtbodenstiftung explizit die Selbstverwaltung dadurch fördern, dass sie in diesem Bereich Informations- und Bildungsangebote macht, § 3 Abs. 5 lit. a. Satzung der Stadtbodenstiftung vom 16. 12. 2020.

[519] Insbesondere bei der Vergabe von Erbbaurechten an Genossenschaften ist die Gleichrangigkeit in weiten Teilen durch § 43 Abs. 3 S. 1 GenG abgesichert, siehe D. I. 1. b) aa).

sind umfassend möglich.[520] Vorgaben über die gleichrangige Entscheidungsfindung des Erbbauberechtigten dürften vor diesem Hintergrund mit den Leitlinien der Rechtsprechung vereinbar sein. Dieses Ergebnis scheint aus meiner Sicht auch sachgerecht. Die Art und Weise der Verwendung eines Bauwerks kann nicht von der Frage getrennt werden, wie Entscheidungen über die Verwendung eines Bauwerks zustande kommen.

Die gleichrangige Entscheidungsfindung der Wohnraum-Commons ist im CLT-Ansatz also nicht automatisch gegeben. Der Trust kann jedoch durch seine Vergabepolitik und Regelungen des Erbbauvertrags darauf hinwirken, dass Erbbauberechtigte ihre Entscheidungsprozesse entsprechend ausrichten.

bb) Ebene des Trusts

Die Entscheidungsfindung der verschiedenen Organe[521] der Stadtbodenstiftung entspricht dem Grundsatz der Gleichrangigkeit: Das Stiftungskomitee ist mit Repräsentanten von drei Gruppen besetzt: Nutzende des CLT-Wohnraums, Mitglieder der Nachbarschaft und (Zu)Stifter. Jede Gruppe hat anteilig nach ihrer Größe das gleiche Stimmgewicht.[522] Das Kuratorium und der Vorstand sehen ebenfalls jeweils das gleiche Stimmgewicht für jedes Mitglied vor.[523]

Insofern ist auch auf Ebene der Organe des Trusts die Rechtspraxis der Stadtbodenstiftung mit dem Kriterium der Gleichrangigkeit vereinbar.[524]

---

[520] OLG Schleswig, Urteil vom 05.06.2014 – 2 U 2/14 –, BeckRS 2014, 12046, Rn. 32; BayObLG, Beschluss vom 25.10.2001 – 2Z BR 131/01 –, juris, Rn. 15.

[521] Siehe zu diesen Organen bereits C. VI. 4. b).

[522] § 11 Abs. 10 Satzung der Stadtbodenstiftung vom 16.12.2020.

[523] Vgl. für das Kuratorium § 10 Abs. 2 Satzung der Stadtbodenstiftung vom 16.12.2020; für den Vorstand ist dies nicht explizit in der Satzung geregelt, ergibt sich jedoch aus §§ 84b S. 1, 32 Abs. 1 S. 3 BGB.

[524] Auch die US-Rechtspraxis entspricht insofern dem Grundsatz der Gleichrangigkeit. Gemäß dem klassischen CLT-Aufbau ist der Trust mit Personen aus drei Gruppen besetzt: Erbbauberechtigte, Personen aus der Nachbarschaft und Vertreter des öffentlichen Interesses bzw. Experten aus der Stadtentwicklung, siehe hierzu C. VI. 3. Die Entscheidungsfindung zwischen diesen Parteien entspricht in der US-amerikanischen Rechtspraxis grundsätzlich dem Kriterium der Gleichrangigkeit. So gilt in der Mustersatzung des CLT Technical Manual für das Board des Trusts die Stimmgleichheit der Mitglieder, Art. 3 Nr. 11. d., GSN, Model Classic CLT Bylaws.

2. Dekommodifizierung

Dekommodifizierung bedeutet einerseits, dass der Wohnraum nicht profitorientiert verwertet werden darf (D. III. 2. a)), und andererseits, dass er nach dem Grundsatz der Co-Produktion bewirtschaftet wird (D. III. 2. b)).[525]

a) Profitorientierte Verwertung

Der Ausschluss von Profiten drückt sich darin aus, dass Wohnraum zur Kostenmiete bewirtschaftet wird und dass er nicht profitorientiert veräußert werden darf.[526]

Meine diesbezügliche Untersuchung beginnt mit der Feststellung, dass der CLT-Ansatz grundsätzlich darauf ausgerichtet ist, dass Wohnraum ohne Profitorientierung bewirtschaftet wird (D. III. 2. a) aa)). In einem weiteren Schritt untersuche ich, inwiefern dieser Befund durch bestimmte Strukturmerkmale und darauf beruhende Praktiken relativiert werden muss (D. III. 2. a) bb)). Darauf aufbauend untersuche ich, inwiefern der CLT-Ansatz langfristig absichert, dass eine profitorientierte Nutzung des Wohnraums unterbleibt (D. III. 2. a) bb)).

aa) Grundsätzlicher Ausschluss von Profit

Der CLT-Ansatz ist weitgehend darauf ausgelegt, dass Wohnraum nicht profitorientiert verwertet wird. Dies ergibt sich daraus, dass der Trust den Auftrag hat, derartige Verwertungen des Wohnraums weitgehend auszuschließen. Erbbauberechtigte sollen bei der Veräußerung ihres Erbbaurechts keine Profite erzielen, die auf der Wertsteigerung des zum Wohnraum gehörenden Bodens beruhen.[527]

Zudem sollen – gemäß der Satzung der Stadtbodenstiftung – Erbbauberechtigte den Wohnraum „*gemeinwohlorientiert*" und „*dauerhaft sozial orientiert*" nutzen. Dabei soll eine „*bezahlbare Miete*" gewährleistet sein.[528] Hieraus dürfte sich ergeben, dass in der Stadtbodenstiftung Erbbauberechtigte von ihren Mietern nur eine Kostenmiete – oder daran angenäherte Miete – verlangen dürfen.

---

525 Siehe hierzu C. III. 2.

526 Siehe hierzu bereits C. I. 2. b) bb) (5) (a).

527 Siehe hierzu die Zielsetzung der Stadtbodenstiftung, C. VI. 4. a) und die historisch bedingte Zielsetzung der CLT-Bewegung, C. VI. 1.

528 § 2 Abs. 2 Satzung der Stadtbodenstiftung vom 16. 12. 2020.

Der Trust kann seinen Auftrag weitgehend durch das Erbbaurecht umsetzen. So können Erbbauberechtigte nicht den Verkehrswert des Bodens ihres Wohnraums abschöpfen, weil sie daran kein Eigentum haben (vgl. § 1 Abs. 1 ErbbauRG).[529] Darüber hinaus kann der Trust im Erbbauvertrag vorschreiben, dass Erbbauberechtigte ihren Wohnraum nur zur Kostenmiete vermieten dürfen (§ 2 Nr. 1 Var. 3 ErbbauRG).[530]

bb) Praktiken und Strukturmerkmale in potenziellem Konflikt mit der Dekommodifizierung

(1) Erbbauzins

Erbbauberechtigte zahlen einen Erbbauzins an den Trust.[531] Der Erbbauzins wird regelmäßig über Einnahmen aus der Miete finanziert. Hierdurch wird der Wohnraum der Erbbauberechtigten jedoch nicht profitorientiert verwertet. Der Trust ist darauf ausgerichtet, kostendeckend zu arbeiten und keinen Profit für Dritte zu erwirtschaften.[532] Dies ergibt sich u. a. aus der Satzung der Stadtbodenstiftung, welche vorschreibt, dass die Stiftung selbstlos im Sinne von § 55 AO handelt.[533] Insbesondere schließen § 55 Abs. 1 Nr. 1 und Nr. 3 AO aus, dass Einnahmen aus den Erbbauzinsen etwa an Mitglieder eines der Stiftungsorgane oder an Dritte ausgezahlt werden.

---

[529] Erbbauberechtigte können jedoch z. T. den Marktwert der durch das Erbbaurecht vermittelten zeitlich begrenzten Nutzungsbefugnis abschöpfen, siehe hierzu D. III. 2. a) bb) (3).

[530] Vgl. OLG Schleswig, Urteil vom 05.06.2014 – 2 U 2/14 –, BeckRS 2014, 12046, Rn. 32; vgl. BayObLG, Beschluss vom 25.10.2001 – 2Z BR 131/01 –, juris, Rn. 15; ausdrücklicher die Literatur, *Winkler/Schlögel*, Erbbaurecht, § 4 Rn. 56; *Heinemann*/MüKoBGB, ErbbauRG, § 2 Rn. 17; *Maaß*/BeckOK BGB, ErbbauRG, § 2 Rn. 7.

[531] Stadtbodenstiftung, Mit Erbbaurecht gestalten; Stadtbodenstiftung, Wege zum Boden: Die Handlungsfelder der Stadtbodenstiftung.

[532] Auch soweit der Erbbauzins durch den Trust dafür verwendet wird, neue Grundstücke zu erwerben und weiteren Erbbauberechtigten zur Verfügung zu stellen, stellt dies keine profitorientierte Verwertung dar. Die „neuen“ Erbbauberechtigten, die mittelbar durch diese Verwendung des Erbbauzinses älterer Erbbauberechtigter profitieren, zahlen ihrerseits wieder an neue Erbbauprojekte, sodass sie langfristig keinen „Profit“ erwirtschaften, vgl. Stadtbodenstiftung, Mit Erbbaurecht gestalten.

[533] § 3 Abs. 1 Satzung der Stadtbodenstiftung vom 16.12.2020.

(2) Profitorientierte Untervermietung

Die Grundsätze des CLT-Ansatzes verbieten es Erbbauberechtigten, ihren Wohnraum profitorientiert zu vermieten.[534] Dieses Verbot kann über den Erbbaurechtsvertrag auch mit dinglicher Wirkung festgeschrieben werden.[535] Fraglich ist jedoch, inwiefern Mieter*innen von Erbbauberechtigten ihrerseits den Wohnraum profitorientiert verwerten können.

Im Innenverhältnis zwischen dem Erbbauberechtigten und dem*r Mieter*in greift grundsätzlich § 553 Abs. 1 S. 1 BGB. Hiernach hat der*ie Mieter*in regelmäßig einen Anspruch auf teilweise – auch profitorientierte – Untervermietung der Wohnung.[536] Indem die Mieter*innen grundsätzlich nicht selbst Erbbauberechtigte sind, sind sie durch Beschränkungen der Untervermietung im Erbbauvertrag nicht gebunden.[537]

Trusts können jedoch bei der Vergabe von Erbbaurechten bewusst Erbbauberechtigte auswählen, denen über eine dingliche Vertragsklausel des Erbbaurechts gem. § 2 Nr. 1 ErbbauGB gänzlich die Vermietung des Wohnraums versagt wird.[538] Ansonsten kann der Trust sicherstellen, dass lediglich solche juristischen Personen die Befugnis zur Vermietung erhalten dürfen, bei denen über Satzungsklauseln sichergestellt ist, dass eine profitorientierte Untervermietung ausgeschlossen ist.[539]

Damit kann auch die profitorientierte Untervermietung des Wohnraums im CLT-Ansatz grundsätzlich unterbunden werden.

(3) Veräußerung des Erbbaurechts

Erbbauberechtigte können ihr Erbbaurecht an Dritte veräußern. Dabei vergütet der Erwerber den Erbbauberechtigten insbesondere für die Bebauung auf dem Grundstück. Mit Übergang des Erbbaurechts auf den Erwerber übernimmt dieser zudem etwaige zukünftige Zahlungsverpflichtungen gegenüber

---

534 § 2 Abs. 2 Satzung der Stadtbodenstiftung vom 16. 12. 2020.

535 Vgl. OLG Schleswig, Urteil vom 05. 06. 2014 – 2 U 2/14 –, BeckRS 2014, 12046, Rn. 32; vgl. BayObLG, Beschluss vom 25. 10. 2001 – 2Z BR 131/01 –, juris, Rn. 15; ausdrücklicher die Literatur, *Winkler/Schlögel*, Erbbaurecht, § 4 Rn. 56; *Heinemann*/MüKoBGB, ErbbauRG, § 2 Rn. 17; *Maaß*/BeckOK BGB, ErbbauRG, § 2 Rn. 7.

536 Siehe zum Ganzen D. I. 2. a) bb) (4).

537 *Heinemann*/MüKoBGB, ErbbauRG, § 2 Rn. 7 m. w. N.

538 Eigennutzklauseln sind zulässig, BGH, Urteil vom 26. 06. 2015 – V ZR 144/14 –, DNotZ 2015, 761- 769, 762.

539 Siehe hierzu D. I. 2. a) bb) (4) und D. II. 2. a) bb) (2).

dem Trust, soweit das Erbbaurecht mit einer Erbbauzinsreallast belastet ist (vgl. § 9 Abs. 1 ErbbauRG i. V. m. §§ 1105 BGB ff.).

Es fragt sich, inwiefern Erbbauberechtigte hierdurch den Wohnraum profitorientiert verwerten können. Indem das Erbbaurecht kein Eigentum am Grundstück vermittelt, kann jedenfalls der Verkehrswert des Bodens bei der Veräußerung nicht profitorientiert verwertet werden.[540] Das Erbbaurecht vermittelt jedoch statt Grundeigentum eine zeitlich begrenzte Nutzungsbefugnis des Bodens und Eigentum an der darauf befindlichen Bebauung. Dieses Nutzungsrecht hat – unabhängig vom Eigentum am Boden – u. U. einen beträchtlichen Marktwert.[541] Daher kann nicht vollständig ausgeschlossen werden, dass durch die Veräußerung des Erbbaurechts ein Profit erwirtschaftet wird. Insbesondere wenn ein besonders niedriger Erbbauzins vereinbart wurde, kann der Erbbauberechtigte bei der Veräußerung leicht einen Profit erwirtschaften.[542]

---

540 Indem der Baulandkostenanteil eine derart signifikante Rolle bei den Mietkosten in Ballungsräumen spielt, ist dies ein starker Hebel, um Mietpreise senken zu können, siehe C. I. 2. b) bb) (5) (b).

541 Der Erbbauzins stellt jedoch rechtlich – anders als die Miete oder Pacht – keine Gegenleistung für die Nutzung des Grundstücks dar, weil die Nutzungsbefugnis dinglich aus dem Erbbaurecht und nicht aus einem schuldrechtlichen Austauschvertrag folgt, BGH, Urteil vom 20. 10. 2005 – IX ZR 145/04 –, juris, Rn. 10.

542 Folgendes Beispiel kann zur Veranschaulichung dienen (zur Vereinfachung wird die Inflation außer Betracht gelassen):

Die X-GmbH schließt mit der Z-CLT-Trust-Stiftung einen Erbbauvertrag mit Laufzeit von 99 Jahren ab. Dabei vereinbaren sie einen Erbbauzins, der die Hälfte des marktüblichen jährlichen Erbbauzinssatzes von 2.000 € beträgt, nämlich 1.000 € im Jahr. Die X-GmbH errichtet auf dem Grundstück ein Mehrfamilienhaus im Marktwert von 500.000 €. Als die Restlaufzeit des Erbbaurechts 50 Jahre beträgt, veräußert die X-GmbH ihr Erbbaurecht an die Y-GmbH.

Ein Kaufpreis für das Erbbaurecht unter Ausschluss der profitorientierten Verwertung des Bodens läge bei 500.000 €. Die Y-GmbH würde in diesem Fall der X-GmbH den Marktwert der von ihr errichteten Bebauung bezahlen. Zudem würde die Y-GmbH mit der Übernahme des Erbbaurechts in die Pflicht eintreten, der Z-CLT-Trust-Stiftung den verbleibenden Erbbauzins zu zahlen (voraussichtlich 50.000 €). Der Kaufpreis für das Erbbaurecht würde also lediglich den Wert der Bebauung abgelten. An dem Boden würde jedoch kein Profit erwirtschaftet.

Es wäre aber denkbar, dass die X-GmbH für die Veräußerung einen Kaufpreis von 550.000 € verlangt. In diesem Fall müsste die Y-GmbH einerseits die Verpflichtung übernehmen, für die kommenden 50 Jahre den verbleibenden Erbbauzins an die Z-CLT-Trust-Stiftung zu zahlen (50.000 €) und sie würde das Gebäude zu einem marktüblichen Kaufpreis erwerben (500.000 €). Zusätzlich müsste sie die Differenz zwischen dem ursprünglich vereinbarten Erbbauzins und dem Verkehrswert des Erbbaurechts an die X-GmbH zahlen (50.000 €). Damit würde die X-GmbH den ursprünglich vereinbarten sozialen Erbbauzins nutzen, um durch den Verkehrswert des Bodens Profite in Höhe von 50.000 € zu erzielen.

Diese profitorientierte Verwertung des Erbbaurechts kann weitgehend, aber nicht umfassend, ausgeschlossen werden. Gem. § 1 Abs. 1 ErbbauRG sind Erbbaurechte zwingend veräußerlich. Die Veräußerlichkeit kann nicht mit dinglicher Wirkung im Erbbaurechtsvertrag ausgeschlossen werden.[543] Die Veräußerung kann jedoch von der Zustimmung des Grundstückseigentümers abhängig gemacht werden, gem. § 5 Abs. 1 ErbbauRG. Erbbauberechtigte haben aber unter den Voraussetzungen des § 7 Abs. 1 ErbbauRG einen Anspruch auf Erteilung der Zustimmung.

Nach § 7 Abs. 1 S. 1 ErbbauRG besteht dann ein Anspruch auf Zustimmung zur Veräußerung des Erbbaurechts, wenn anzunehmen ist, dass der mit der Bestellung des Erbbaurechts verfolgte Zweck nicht wesentlich beeinträchtigt oder gefährdet wird. Dieser Zweck wird anhand des vertragsgemäßen Inhalts des Erbbaurechts (§ 2 ErbbauRG) bestimmt.[544] Der Trust kann also im Erbbaurechtsvertrag konkrete Vorgaben über den Zweck des Erbbaurechts machen und so die Möglichkeit einschränken, das Erbbaurecht für die Erzielung von Profiten zu nutzen. Wenn etwa im Erbbauvertrag bestimmt ist, dass das Grundstück samt Bebauung für Zwecke der selbstverwalteten Wohnraumbewirtschaftung zur Kostenmiete zu nutzen ist, dürfte dies spekulative Veräußerungen des Erbbaurechts deutlich beschränken. Es wäre in diesem Fall etwa ausgeschlossen, dass jemand das Erbbaurecht erwirbt, um auf dem Grundstück ein Hotel zu betreiben. In diesem Fall könnte der Trust seine Zustimmung zur Veräußerung verweigern.

Die Möglichkeit, durch die Veräußerung des Erbbaurechts die Dekommodifizierung zu beeinträchtigen, wird weiter dadurch eingeschränkt, dass Eigentümer ihre Zustimmung zur Veräußerung davon abhängig machen können, dass Erwerber in schuldrechtliche Verpflichtungen des vorherigen Erbbauberechtigten eintreten.

Zudem geben die Rechtsprechung und herrschende Literatur vor, dass für eine „spekulative Ausnutzung“ des Erbbaurechts die Zustimmung zur Veräußerung verweigert werden kann.[545] Wann genau die Schwelle der spekulativen Ausnutzung überschritten ist, ist jedoch nicht im Einzelnen geklärt. In der Regel wird die Vereinbarung eines regulären Marktpreises nicht als spekula-

---

543 Vgl. OLG Hamm, Beschluss vom 27.10.2005 – 15 W 296/05 –, NJW-RR 2006, 656–658, 657; *Winkler/Schlögel*, Erbbaurecht, § 2 Rn. 131; *Heinemann*/MüKoBGB, ErbbauRG, § 1 Rn. 71; *Toussaint*/BeckOGK, ErbbauRG, § 1 Rn. 52.

544 Maßgebend sind zudem die bei der Bestellung des Erbbaurechts verfolgten Interessen des Eigentümers, welche sich aus dem Inhalt des Erbbaurechtsvertrags und den Umständen seines Zustandekommens ergeben, BGH, Beschluss vom 13.07.2017 – V ZB 186/15 –, NJW-RR 2017, 1358–1361, 1360, Rn. 18; BayObLG, Beschluss vom 28.07.1972 – BReg. 2 Z 35/72 –, BayObLGZ 1972, 260–266, 262.

545 BGH, Urteil vom 15.05.1998 – V ZR 163–97 –, NJW-RR 1998, 1387–1388, 1388.

tive Ausnutzung gewertet, selbst wenn sich dabei aufgrund des ursprünglich günstigen Erbbauzinses ein Gewinn durch die Veräußerung ergibt.[546]

Schließlich kann das Zustimmungserfordernis auch durch einen sog. „Share Deal“ umgangen werden. Wenn der Erbbauberechtigte anstatt des Erbbaurechts seine Anteile veräußert, stellt dies keine zustimmungspflichtige Veräußerung i. S. v. gem. § 5 Abs. 1 ErbbauRG dar.[547] Der Erwerber der Anteile des Erbbauberechtigten ist jedoch ebenfalls sämtlichen Beschränkungen des Erbbaurechtsvertrags unterworfen.

Es lässt sich also feststellen, dass die Dekommodifizierung auch für den Fall der Veräußerung des Erbbaurechts weitgehend abgesichert werden kann. Es verbleibt jedoch ein Restrisiko, dass Erbbauberechtigte von besonders günstigen Konditionen beim Erbbauzins profitieren, indem sie ihr Erbbaurecht zu marktüblichen Konditionen veräußern. Um dieses Risiko zu minimieren, sind Beschränkungen über die soziale Nutzung nach § 1 Nr. 1 Var. 3 ErbbauRG erforderlich.

(4) Auflösung oder Umwandlung des Erbbauberechtigten

Auch wenn der Erbbauberechtigte eine juristische Person ist und sich auflöst und liquidiert oder umwandelt, ermöglich ihm dies keinen erweiterten Zugriff auf den Verkehrswert des Wohnraums. Sämtliche Beschränkungen des Erbbaurechtsvertrags gelten in diesem Fall gegenüber dem Erwerber fort.[548] Zudem kann im Erbbaurechtsvertrag gem. § 2 Nr. 4 ErbbauRG für diesen Fall vereinbart werden, dass das Erbbaurecht an den Trust im Wege des Heimfalls übertragen werden soll.[549]

cc) Absicherung der Dekommodifizierung

Die bisherige Untersuchung hat gezeigt, dass der Trust durch das Erbbaurecht und dessen Ausgestaltung im Erbbauvertrag weitgehend und wirksam

546 OLG Hamm, Beschluss vom 03. 11. 2005 – 15 W 337/05 –, NZM 2006, 276–277, 277.

547 *Winkler/Schlögel*, Erbbaurecht, § 4 Rn. 186; *Heinemann*/MüKoBGB, ErbbauRG, § 5 Rn. 7; *Toussaint*/BeckOGK, ErbbauRG, § 5 Rn. 24.

548 Allg. M., vgl. BGH, Beschluss vom 08. 07. 1960 – V ZB 8/59 –, BGHZ 33, 76–92, juris, Rn. 24; *Heinemann*/MüKoBGB, ErbbauRG, § 2 Rn. 6; *Toussaint*/BeckOGK, ErbbauRG, § 2 Rn. 37.

549 Problematisch ist dabei jedoch, dass der Heimfall in der Regel mit hohen Transaktionskosten verbunden ist. Die Durchsetzung dieses Anspruchs ist also z. T. mit prohibitiv hohem Zeit- und Kostenaufwand verbunden, *Löhr*, Marktgerechte Erbbaurechte, S. 56 f.

verhindern kann, dass Wohnraum-Commons ihren Wohnraum profitorientiert verwerten. Im folgenden Abschnitt untersuche ich vor diesem Hintergrund, inwiefern im CLT-Ansatz – in Gestalt der Rechtspraxis der Stadtbodenstiftung – abgesichert ist, dass Wohnraum-Commons auch in Zusammenwirkung mit den Organen des Trusts ihren Wohnraum nicht profitorientiert verwerten können.

Soweit der Trust – entsprechend der Rechtspraxis der Stadtbodenstiftung – die Rechtsform der Stiftung wählt, kann die profitorientierte Verwertung langfristig ausgeschlossen werden. Auch wenn sämtliche Mitglieder des Stiftungsvorstands und des Stiftungskuratoriums beschließen, das Stiftungsvermögen zu Zwecken zu nutzen, die der Dekommodifizierung widersprechen, ist dies rechtlich unzulässig.

Das Stiftungsvermögen ist gem. § 80 Abs. 1 S. 1 BGB „dauernd" und „nachhaltig" zur Erfüllung des Stiftungszwecks einzusetzen. Dementsprechend müssen sämtliche Stiftungsorgane gem. § 83 Abs. 2 BGB bei ihrer Tätigkeit für die Stiftung den bei der Errichtung der Stiftung zum Ausdruck gekommenen Stifterwillen, hilfsweise den mutmaßlichen Willen des Stifters, beachten. Dies wird durch die Überwachung der Stiftungsaufsicht sichergestellt (§ 83 Abs. 2 BGB).[550] Hieraus ergibt sich, dass Stiftungsorgane nicht in die Änderung von Erbbauverträgen einwilligen dürfen, um dadurch das Verbot der profitorientierten Verwertung des Wohnraums aufzuheben.[551]

Es ist auch nicht möglich, dass die Mitglieder der Stiftungsorgane über eine Satzungsänderung erreichen können, dass Wohnraum profitorientiert verwertet wird. Die Stadtbodenstiftung hat von der Möglichkeit nach § 85 Abs. 4 BGB Gebrauch gemacht und in ihrer Errichtungssatzung Voraussetzungen für Satzungsänderungen aufgestellt.[552] Nach § 13 Abs. 2 S. 3 der Satzung der Stadtbodenstiftung sind Satzungsänderungen, die den Stiftungszweck verändern, daran geknüpft, dass die Gemeinnützigkeit beibehalten wird. Dies umfasst gem. § 52 Abs. 1 S. 1 insbesondere die Selbstlosigkeit nach § 55 AO, sodass Stiftungsorgane auch bei einer Zweckänderung nicht profitorientiert auf das Stiftungsvermögen zugreifen könnten. Darüber hinaus setzt eine Änderung des Stiftungszwecks voraus, dass „*aufgrund einer wesentlichen Veränderung der Verhältnisse die Erfüllung des Stiftungszwecks nicht mehr möglich*

[550] Einzelheiten und Befugnisse für Eingriffe durch die Stiftungsaufsicht sind landesrechtlich geregelt. Für die Berliner Stadtbodenstiftung insbesondere in §§ 7 Abs. 2, 9 StiftG Bln.

[551] Insofern setzt der Satzungszweck der gemeinsamen Stiftungsverwaltung Grenzen.

[552] Die gesetzlichen Voraussetzungen nach § 85 Abs. 1 bis 3 BGB sind dispositiv, Bt. Drs. 19/28173, S. 64.

oder sinnvoll erscheint".[553] Bereits diese Restriktion dürfte profitorientierten Änderungen des Stiftungszwecks regelmäßig im Weg stehen.

Auch die Zusammenlegung von Stiftungen ist keine Option zur Aufhebung der Dekommodifizierung. So setzt etwa die Zusammenlegung von Stiftungen gem. § 86 Nr. 2 BGB voraus, dass die Zwecke der jeweiligen Stiftungen im Wesentlichen übereinstimmen.[554] Darüber hinaus erfordert die Zusammenlegung, dass sie mit dem Stifterwillen vereinbar ist.[555] Eine Änderung des Stiftungszwecks durch die Zusammenlegung, welche die profitorientierte Verwertung von Wohnraum ermöglicht, ist also nicht möglich.

dd) Zwischenfazit

Im CLT-Ansatz ist weitgehend sichergestellt, dass Wohnraum nicht profitorientiert verwertet werden kann.

Wohnraum-Commons können durch das Erbbaurecht nur sehr eingeschränkt auf den Verkehrswert des von ihnen genutzten Bodens zugreifen. Zudem kann der Erbbauvertrag Wohnraum-Commons und ihre Rechtsnachfolger wirksam dazu verpflichten, den Wohnraum nur zur Kostenmiete zu vermieten.

Darüber hinaus ist der Ausschluss der profitorientierten Verwertung langfristig durch den Stiftungszweck abgesichert, welcher in den Satzungsregelungen des Trusts festgelegt ist. Der Stiftungszweck kann auch nicht durch Satzungsänderungen oder eine Stiftungszusammenlegung abgeändert oder ausgehöhlt werden. Die Stiftungsaufsicht kontrolliert, dass diese Vorgaben eingehalten werden.

b) Co-Produktion

Da im CLT-Ansatz Wohnraum-Commons unterschiedlich rechtlich verfasst sein können, lässt sich nicht allgemein beurteilen, inwiefern der CLT-Ansatz auf die Co-Produktion des Wohnraums ausgerichtet ist. Wenn der Erbbauberechtigte etwa eine Wohnungsgenossenschaft mit mehr als zwanzig Mitgliedern ist, ist aufgrund von § 20 Abs. 1 GenG die gemeinsame Geschäftsführung sämtlicher Commoners ausgeschlossen.

Wohnraum-Commons sind jedoch über ihre Beteiligung an Organen des Trusts grundsätzlich an der Bereitstellung der von ihnen genutzten Leistungen

[553] § 13 Abs. 2 S. 1 Satzung der Stadtbodenstiftung vom 16. 12. 2020.

[554] Diese Regelung ist nicht dispositiv, Bt. Drs. 19/28173, S. 70.

[555] Bt. Drs. 19/28173, S. 69 f.

des Trusts beteiligt. Damit enthält der CLT-Ansatz auf seiner Gesamtebene Strukturelemente der Co-Produktion.

3. Offenheit

Rechtliche Ansätze können dem Grundsatz der Offenheit entsprechen, indem sie neue Wohnraum-Commons schaffen und damit mehr Menschen Zugang zu Wohnraum-Commons ermöglichen (D. III. 3. a)). Darüber hinaus können sie Wissen, das in Wohnraum-Commons geschaffen wird, teilen (D. III. 3. b)). Schließlich können sie Vorkehrungen treffen, um neue Commoners möglichst diskriminierungsfrei auszuwählen (D. III. 3. c)).[556]

a) Förderung von Expansion

Der CLT-Ansatz zielt – in Gestalt der Rechtspraxis der Stadtbodenstiftung – strukturell darauf ab, den Bestand seines Wohnraums zu erweitern. Die Stadtbodenstiftung wirbt als Trust aktiv darum, dass Personen ihr über Schenkungen oder im Rahmen eines Kaufs zum Ertragswert[557] Grundstücke überlassen.[558]

Darüber hinaus verwendet die Stadtbodenstiftung – zumindest perspektivisch – Einnahmen aus Erbbauzinszahlungen dafür, neue Grundstücke zu erwerben.[559]

b) Teilen von Wissen

Der CLT-Ansatz ist darauf ausgelegt, dass Wohnraum-Commons über ihre Beteiligung im Trust Wissen und Erfahrungen austauschen. Dabei ist für den CLT-Ansatz besonders, dass auch Personen aus der Nachbarschaft, die nicht Teil eines Wohnraum-Commons im CLT sind, in den Austausch einbezogen werden. Insofern kann der CLT-Ansatz eine besondere strukturelle Offenheit in Bezug auf nachbarschaftlichen Austausch leisten. Dies ist jedoch kein Automatismus. Erfahrungen aus den USA zeigen, dass insbesondere unter staatlicher Anleitung sehr großflächige CLT gegründet werden, die nur in geringem

---

556 Siehe hierzu bereits C. I. 2. b) bb) (3) und C. III. 3.

557 Gemeint ist nicht der Ertragswert gem. §§ 27 ImmoWertV ff., welcher sich aus künftig am Markt erzielbaren Mieteinnahmen zusammensetzt. Die am Markt erzielbaren Mieten lägen über dem Niveau der angestrebten sozialverträglichen Miete.

558 Stadtbodenstiftung, Wege zum Boden: Die Handlungsfelder der Stadtbodenstiftung.

559 Stadtbodenstiftung, Mit Erbbaurecht gestalten.

Ausmaß nachbarschaftliche Selbstverwaltung praktizieren.[560] Die Stadtbodenstiftung strebt den Austausch praktisch durch ihre repräsentative Besetzung des Stiftungskomitees und des Stiftungskuratoriums an.[561] Auf diese Weise kann ein nachbarschaftsweites Commons entstehen, das Personen außerhalb der beteiligten Wohnraum-Commons einschließt.

c) Diskriminierungsfreie Auswahl

Der CLT-Ansatz hat mit seinen Ursprüngen in der Bürgerrechtsbewegung der USA einen besonderen historischen Bezug zum antirassistischen Aktivismus.[562] In diesem Sinne erklärt auch die Stadtbodenstiftung in ihrer Satzung, dass sie sich für eine „*sozial gerechte, diskriminierungsfreie*" Stadt einsetzt.[563] U. a. dieses Ziel soll durch Informations- und Bildungsveranstaltungen, durch wissenschaftliche Forschung und durch die Vermögensverwaltung in Form der Vergabe von Erbbaurechten verfolgt werden.[564] Zudem erklärt die Stadtbodenstiftung bei ihrer Suche nach potenziellen Erbbauberechtigten ausdrücklich, dass diese „*die Raumvergabe transparent und diskriminierungsfrei organisieren*" sollen.[565] Insofern sind zumindest Absichtserklärungen der Stadtbodenstiftung vorhanden, dass sie sicherstellen will, dass der Zugang zu Wohnraum von Erbbauberechtigten und die Vergabe von Erbbaurechten möglichst diskriminierungsfrei stattfinden sollen. Inwiefern diese Erklärungen konkret strukturell umgesetzt werden, wird sich in der weiteren Rechtspraxis der Stadtbodenstiftung und möglicher weiterer CLT zeigen. Als wesentliche rechtliche Ansatzpunkte dürften hierfür einerseits die Vergaberichtlinien für Erbbaurechte dienen und andererseits die Regelungen im Erbbauvertrag nach § 2 Nr. 1 Var. 3 ErbbauRG.

4. Möglichkeiten der Kapitalaufbringung

Im CLT-Ansatz muss sinnvollerweise zwischen der Kapitalaufbringung auf Ebene einzelner Wohnraum-Commons und auf Ebene des Trusts unterschieden werden.

---

[560] *Davis*, Origins and Evolution of the Community Land Trust in the United States, S. 37 f.

[561] Siehe C. VI. 4. b).

[562] Siehe C. VI. 1.

[563] § 1 S. 1 Satzung der Stadtbodenstiftung vom 16. 12. 2020.

[564] § 1 S. 2 Satzung der Stadtbodenstiftung vom 16. 12. 2020.

[565] Stadtbodenstiftung, Projekte gemeinsam entwickeln.

a) Die Ebene der Erbbaurechtsberechtigten

Auf Ebene des Wohnraum-Commons muss Kapital aufgebracht werden, um auf dem per Erbbaurecht erlangten Grundstück Bau- und/oder Instandsetzungsmaßnahmen zu finanzieren. In der Regel müssen Wohnraum-Commons zudem eine Einmalzahlung leisten, um die Bebauung des Grundstücks zu erwerben.[566] Schließlich müssen Wohnraum-Commons den Erbbauzins zahlen. Dies kann i. d. R. unmittelbar durch Mieteinnahmen finanziert werden und erfordert keine Fremdfinanzierung.[567] Dadurch, dass Wohnraum-Commons regelmäßig nicht den Bodenwert als Gesamtsumme finanzieren müssen, ist der CLT-Ansatz für sie strukturell liquiditätsschonend.[568]

Die rechtlichen Rahmenbedingungen, die jeweils die Möglichkeiten zur Kapitalaufbringung bei Erbbauberechtigten erweitern oder begrenzen, sind maßgeblich von der jeweiligen Rechtsform und individuellen rechtlichen Verfassung der einzelnen Erbbauberechtigten bestimmt. Insofern sind verallgemeinerbare Aussagen über strukturelle rechtliche Möglichkeiten und Grenzen zur Kapitalaufbringung einzelner Wohnraum-Commons im CLT-Ansatz ausgeschlossen. Allen Wohnraum-Commons im CLT-Ansatz ist jedoch gemeinsam, dass sie Erbbauberechtigte und nicht Volleigentümer „ihres" Wohnraums sind.

Um notwendiges Kapital für den Bau, die Sanierung oder Instandhaltung aufzubringen, können Erbbaurechtsberechtigte ihr Erbbaurecht als Kreditsicherungsmittel verwenden. Das Erbbaurecht ist wie Grundstückseigentum mit Grundpfandrechten als Kreditsicherungsmittel belastbar. Dies ergibt sich aus § 11 Abs. 1 S. 1 ErbbauRG, wonach die sich auf Grundstücke beziehenden Vorschriften des BGB auf das Erbbaurecht Anwendung finden.[569] Dabei haben Erbbaurechte jedoch einen geringeren Beleihungswert[570] als Grundstückseigentum, sodass sie als Kreditsicherungsmittel nur eingeschränkt einsetzbar sind. Insbesondere mit abnehmender Restlaufzeit verlieren Grundpfandrechte an Erbbaurechten ihre Wertigkeit, sodass sie sich insbesondere

---

566 Die Art und Weise, wie die Stadtbodenstiftung und zugehörige Wohnraum-Commons Wohnraum erwerben und finanzieren, variiert im Einzelnen, Stadtbodenstiftung, Wege zum Boden: Die Handlungsfelder der Stadtbodenstiftung.

567 Über den Erbbauzins werden z. T. die Darlehenstilgung und Zinszahlung für den Kauf von Grundstücken finanziert, wobei die Stadtbodenstiftung versucht, diese Kosten durch Schenkungen und günstige Kaufkonditionen gering zu halten, Stadtbodenstiftung, Wege zum Boden: Die Handlungsfelder der Stadtbodenstiftung.

568 *Löhr*, Marktgerechte Erbbaurechte, S. 24, Fn. 12; Stadtbodenstiftung, Mit Erbbaurecht gestalten.

569 *Heinemann*/MüKoBGB, ErbbauRG, § 2 Rn. 31.

570 Der Beleihungswert beschreibt den während der Kreditlaufzeit erzielbaren Wiederverkaufswert eines Kreditsicherungsmittels, *Hölscher*, Beleihungswert.

für Investitionen zur Erhaltung und Instandsetzung von Bauwerken nur bedingt eignen.[571]

Damit lässt sich festhalten, dass der CLT-Ansatz auf Ebene der einzelnen Wohnraum-Commons den Vorteil aufweist, dass der Erbbauzins einen liquiditätsschonenden Zugang zu Grundstücken und zu ggf. vorhandener Bebauung ermöglicht. Dadurch, dass der Trust durch Erbbauzinsen keine Profite erwirtschaften darf, dürfte der Erbbauzins dabei günstiger ausfallen als bei vergleichbaren Grundstücken von profitorientierten Grundeigentümern.[572] Wohnraum-Commons müssen jedoch Kapital für den Bau sowie für Instandhaltungs- und Instandsetzungsmaßnahmen aufbringen. Dabei kann der mit abnehmender Restlaufzeit abnehmende Beleihungswert des Erbbaurechts einen strukturellen Nachteil bei der Kreditsicherung darstellen.

b) Die Ebene des Trusts

Der Trust muss Eigentum an Grundstücken erlangen, damit er Erbbaurechte an diesen vergeben kann. Der Erwerb von Grundstücken ist insbesondere dadurch möglich, dass der Trust sie kauft, als Geschenk erhält oder im Wege der Erbschaft erlangt.[573] Dabei erfordert der Kauf das Vorhandensein von Kapital.

Stiftungen benötigen zudem für ihre Anerkennung durch die Stiftungsaufsicht – und damit bereits bei ihrer Gründung – hinreichend Stiftungsvermögen, um die dauerhafte Erfüllung des Stiftungszwecks sicherzustellen (§§ 80 Abs. 2 S. 1, 81 Abs. 1 Nr. 2, 82 BGB). Die Stiftungsaufsicht stellt auf Grundlage des potenziellen Stiftungsvermögens eine entsprechende „Lebensfähigkeitsprognose“ auf.[574] Das bedeutet, dass der Trust bereits für seine Grün-

---

[571] Oltmann nennt folgendes Praxisbeispiel: Eine Wohnungsgenossenschaft will einen Fahrstuhl in ihr Wohngebäude einbauen lassen, um dieses möglichst barrierefrei auszugestalten. Dabei hält die Genossenschaft lediglich ein Erbbaurecht mit einer Restlaufzeit von 20 Jahren. In der Folge findet die Genossenschaft keine Finanzierung für das Vorhaben, weil Banken nur gegen Überlassung von Grundpfandrechten zur Kreditvergabe bereit sind, das Erbbaurecht angesichts der kurzen Restlaufzeit aber als nicht hinreichend wertig betrachtet wird, *Oltmann*, Experteninterview vom 24.06.2021.

[572] Vorbehaltlich einer kosteneffizienten Bewirtschaftung des Trusts, siehe C. I. 2. b) bb) (5) (b).

[573] In diesem Zusammenhang sind unterschiedliche Vorgehensweisen denkbar. Eine einheitliche Rechtspraxis zeichnet sich insofern noch nicht ab, Stadtbodenstiftung, Wege zum Boden: Die Handlungsfelder der Stadtbodenstiftung.

[574] Vgl. BT-Drs. 14/8765, 13; umfassend m.w.N., zu § 80 BGB a.F. *Roth*/BeckOGK, 01.07.2023, BGB, § 80 Rn. 257ff.; kritisch hierzu *Weitemeyer*/MüKoBGB, BGB, § 80 Rn. 130ff.

dung auf erhebliche Zuwendungen angewiesen ist.[575] Dabei hat der Trust den Vorteil, dass die mögliche steuerrechtliche Gemeinnützigkeit und Reputation der Rechtsform vorteilhaft für die Spendenakquise sind.[576]

Angesichts der relativ hohen Beträge, die für die Grundstücksakquise erforderlich sind, dürften die Anforderungen an die Vermögensausstattung der Stiftung bei ihrer Gründung nicht dramatisch ins Gewicht fallen. Gleichzeitig kennt das Stiftungsrecht keine Vor-Stiftung.[577] Dadurch muss in der Gründungsphase, in der noch kein ausreichendes Stiftungsvermögen vorhanden ist, auf eine andere Rechtsform zum Zwecke des Fundraisings zurückgegriffen werden.

5. Kosten und Komplexität

Der CLT-Ansatz ist aufgrund seiner Vielzahl an involvierten Parteien und Vertragsverhältnissen relativ komplex.

Zudem führt das Erbbaurecht durch die Trennung von Eigentum an Grundstück und Bebauung zu Transaktionskosten.[578] So muss der Trust sicherstellen, dass Erbbauberechtigte ihre Verpflichtungen aus dem Erbbauvertrag einhalten.[579] Dabei steigen die Transaktionskosten mit dem Detailgrad der Nutzungsbeschränkungen im Erbbaurechtsvertrag an.[580] Dementsprechend müssen Trusts sorgfältig prüfen, ob Beschränkungen im Erbbaurechtsvertrag notwendig und zweckmäßig sind. Insbesondere können positive Anreize und informelle Schritte gegenüber Sanktionen und Beschränkungen vorzugswürdig sein.[581]

---

575 Zustiftungen, die noch nicht erfolgt sind, die aber mit gewisser Sicherheit zu erwarten sind, können nur in begrenztem Umfang bei der Prognose berücksichtigt werden, BT-Drs. 14/8277, S. 6.

576 Insbesondere Erb- und Schenkungssteuer fallen bei der Überlassung von Vermögen an gemeinnützige Stiftungen nicht an, § 13 Abs. 1 Nr. 16 lit. b) ErbStG.

577 BFH, Urteil vom 11.02.2015 – X R 36/11 –, BFHE 249, 159, BStBl II 2015, 545, juris, Rn. 52ff.; OLG Braunschweig, Beschluss vom 09.07.2020 – 3 W 19/20 –, juris, Rn. 28; *Weitemeyer*/MüKoBGB, BGB, § 80 Rn. 61 m.w.N.; *a.A.* LG Heidelberg, Urteil vom 03.04.1991 – 8 0 392/90 –, NJW-RR 1991, 969–970, 969.

578 *Löhr*, Marktgerechte Erbbaurechte, S. 5.

579 Diese Transaktionskosten dürfen nicht die Ersparnisse übersteigen, die sich aus der Kostenmiete ergeben, vgl. GSN, Planning for Sustainability, S. 14; *Löhr*, Marktgerechte Erbbaurechte, S. 5.

580 Vgl. *Löhr*, Marktgerechte Erbbaurechte, S. 43.

581 Siehe *Löhr*, der zusätzlich aus Sicht von Kommunen dafür plädiert, statt durch Vorgaben im Erbbaurecht über Bauleitplanung, d.h. öffentlich-rechtlich über Bebauungspläne, verhaltenssteuernd auf Erbbauberechtigte einzuwirken. Diese Option steht im Bereich von Wohnraum-Commons freilich nicht offen, *Löhr*, Marktgerechte Erbbaurechte, S. 52f.

6. Generationengerechtigkeit

Soweit ein Trust Grundstücke über Zustiftungen, Erbschaften oder Schenkungen erhält, entschärft sich das Problem der Generationengerechtigkeit. Das Wohnraum-Commons erhält – wie bereits dargestellt – über das Erbbaurecht die Möglichkeit, auf dem Grundstück Bebauung zu errichten oder vorhandene Bebauung zu nutzen. Daher muss in diesem Fall die erste Generation eines Wohnraum-Commons lediglich die Kosten für den Kauf des Gebäudes sowie für Bau- oder Instandsetzungskosten aufbringen, nicht aber die vollen Kosten für das Grundstück.

Wenn aber der Trust erst das Grundstück fremdfinanziert erwirbt und das Geld für Tilgungen und Zinszahlungen durch Erbbauzinsen finanziert, stellt sich das Problem der Generationengerechtigkeit wieder in vollem Umfang. In diesem Fall zahlt die erste Generation von Commoners den Bodenpreis ab, während später eintretende Commoners von den finanziellen Beiträgen der früheren Commoners profitieren. Die Stadtbodenstiftung erklärt jedoch, dass sie langfristig Erbbauzinszahlungen dafür verwenden will, neue Projekte zu finanzieren.[582] Dies wäre im Ergebnis ein Solidartransfer, ähnlich wie bei dem MHS-Ansatz. Wenn Erbbauberechtigte von entschuldeten Grundstücken dazu beitragen, neue Grundstücke abzubezahlen, kann die finanzielle Belastung zwischen Generationen von Commoners gleichmäßiger verteilt werden.

In meinen Interviews mit zwei US-amerikanischen CLTs wurde dem Umstand, dass die Gründergeneration potenziell mehr zahlen muss als nachfolgende Generationen, mit dem Argument begegnet, dass auch für die Gründergeneration die Mietzahlungen relativ zur umgebenden hochpreisigen Nachbarschaft sehr gering ausfallen.[583] Darüber hinaus wurde ich darauf hingewiesen, dass Grundstücksankäufe ohnehin nur mit erheblicher staatlicher Förderung oder privaten Spenden möglich seien, sodass die Gründergeneration ohnehin nicht den Marktpreis abbezahle.[584]

7. Ostroms Design-Prinzipien

Meine Untersuchung, inwiefern im CLT-Ansatz bei einzelnen Wohnraum-Commons die Designprinzipien von Ostrom rechtlich-strukturell umgesetzt werden, ist wie bei den vorherigen Kriterien eingeschränkt.[585] Ich untersuche, inwiefern die rechtliche Struktur des CLT-Ansatzes dafür zu- oder abträglich

[582] Stadtbodenstiftung, Mit Erbbaurecht gestalten.

[583] *Winters*, Experteninterview vom 04.02.2022.

[584] *Barlas*, Experteninterview vom 18.02.2022; *Winters*, Experteninterview vom 04.02.2022.

[585] Siehe hierzu D. III.

ist, dass einzelne Wohnraum-Commons als Teil des CLT-Ansatzes die Designprinzipien erfüllen. Die Aussagekraft dieser Untersuchung ist jedoch begrenzt. Es bedarf weiterer Forschung für einzelne Konstellationen des CLT in Bezug auf spezifische Erbbauberechtigte.

a) Klare Grenzen

Der CLT-Ansatz erlaubt es, für einzelne Wohnraum-Commons, klare Grenzen in Bezug auf das genutzte Common und auf den Kreis der Commoners zu ziehen.[586]

Dies ergibt sich daraus, dass das Erbbaurecht jeweils klar definiert, welches Grundstück und welche Bebauung davon umfasst ist (vgl. § 1 Abs. 1, Abs. 2 ErbbauRG). Zudem können Erbbauberechtigte gegenüber Dritten dingliche Abwehransprüche geltend machen (vgl. § 11 Abs. 1 S. 1 ErbbauRG).[587] In der Folge können Commoners im CLT-Ansatz Außenstehende von der Nutzung ihres Wohnraums ausschließen, sodass der Wohnraum rechtlich nicht open access ist.

b) Kongruenz zwischen Regeln und örtlichen Bedingungen/ Proportionalität zwischen Nutzung und Bereitstellung

Die rechtliche Struktur des CLT-Ansatzes muss den Wohnraum-Commons hinreichende Flexibilität bieten, eigenständige operative Nutzungsregeln zu entwickeln.[588] Zudem müssen die Commoners in Bezug auf die Höhe ihrer Miete proportional (d. h., gemessen pro vergleichbarem Quadratmeter Wohnfläche) gleichbehandelt werden.[589]

aa) Kongruenz zwischen Regeln und örtlichen Bedingungen

Das Erbbaurecht räumt den Wohnraum-Commons grundsätzlich weitreichende Gestaltungsfreiheiten ein.[590] Auf dieser Grundlage können sie – je nach ihrer individuellen rechtlichen Verfassung – flexibel operative Regeln vereinbaren.

Gleichzeitig ist es möglich, dass operative Regeln über die Nutzung und/ oder Bereitstellung des Wohnraums auch durch den vertragsmäßigen Inhalt

---

586 Zum Untersuchungsmaßstab siehe bereits C. III. 7. und C. I. b) bb) (7).

587 *Toussaint*/BeckOGK, ErbbauRG, § 2 Rn. 33.

588 Siehe hierzu C. III. 7. b) aa).

589 Siehe hierzu C. III. 7. b) bb).

590 Siehe D. III. 1. a) aa).

des Erbbaurechts nach § 2 ErbbauRG bestimmt werden.[591] Soweit der Erbbauvertrag nach § 2 Nr. 1 ErbbauRG Vorgaben über operative Regeln in Form von Vorgaben über die Errichtung, Instandhaltung oder Verwendung des Wohnraums enthält, können diese jeweils weitgehend flexibel vereinbart werden.[592]

Insofern ermöglicht es der CLT-Ansatz, dass operative Regeln flexibel auf die individuellen örtlichen Gegebenheiten des Wohnraums zugeschnitten werden können.

bb) Proportionalität zwischen Nutzung und Bereitstellung

Inwiefern einzelne Wohnraum-Commons als Teil des CLT-Ansatzes ihre Commoners in Bezug auf die Verteilung von Aufwand und die daraus folgende Nutzungsbefugnis gleichbehandeln müssen, lässt sich nicht allgemein bestimmen.[593] Jedenfalls geht von dem Trust strukturell keine Vorgabe aus, die einer proportionalen Verteilung im Weg stünde. Denkbar wäre, dass der Trust gem. § 2 Nr. 1 Var. 3 ErbbauRG in seinen Erbbauverträgen vorgibt, dass Erbbauberechtigte sicherstellen müssen, dass Commoners pro vergleichbarem Quadratmeter Wohnfläche die gleiche Miete zahlen müssen.

c) Vorkehrungen für kollektive Entscheidungsfindung

Damit operative Regeln über die Art und Weise der Nutzung und Bereitstellung an veränderte Umstände angepasst werden können, müssen diejenigen, die von den operativen Regeln betroffen sind, diese mit möglichst geringem Aufwand abändern können.[594]

Soweit operative Regeln durch den Wohnraum-Commons intern vereinbart wurden, lässt sich nicht allgemein feststellen, wie viel Einfluss betroffene Commoners auf die Regeländerung haben.

Soweit operative Regeln als Teil des Erbbaurechts gem. § 2 ErbbauRG festgelegt wurden, können die Commoners zumindest mittelbar rechtlichen Einfluss auf die Regeln nehmen. Grundsätzlich ist eine Änderung des Erbbau-

---

[591] Siehe bereits D. III. 1. a) bb).

[592] Zu den Rahmenbedingungen, m.w.N. aus der Rechtsprechung, *Toussaint*/BeckOGK, ErbbauRG, § 2 Rn. 4 ff.

[593] Der Trust ist auf Grundlage des Stiftungsrechts nach h.M. seinerseits nicht dazu verpflichtet, die Erbbauberechtigten in Bezug auf den Erbbauzins gleich zu behandeln. Die Stiftung unterliege als mitgliederlose Vermögensmasse keinem Gleichbehandlungsgebot, *Weitemeyer*/MüKoBGB, BGB, § 85 Rn. 47 m.w.N.; offengelassen durch BGH, Urteil vom 15.12.2016 – I ZR 63/15 –, BGHZ 213, 179–200, juris, Rn. 35.

[594] Siehe C. III. 7. c) und C. I. 1. b) bb) (7) (c).

rechtsvertrags durch Einigung zwischen Erbbauberechtigten und Grundstückseigentümer gem. §§ 877, 873 BGB i.V.m. § 11 Abs. 1 S. 1 ErbbauRG möglich.[595] Um diese zu bewirken, müssen der Trust, d.h. die Stiftung, und die Commoners eine entsprechende Vereinbarung treffen. Der Trust wird als Stiftung durch seinen Vorstand vertreten, gem. § 84 Abs. 2 S. 1 BGB. Das Wohnraum-Commons kann über seine Zugehörigkeit zum Trust auf den Vorstand einwirken, um eine Änderung des Erbbaurechts zu erreichen. Im Falle der Stadtbodenstiftung können Commoners eines Wohnraum-Commons dies etwa über ihre Mitgliedschaft im Stiftungskuratorium oder im Stiftungskomitee erreichen. So definiert das Kuratorium alle wesentlichen Angelegenheiten der Stiftung, einschließlich der Kriterien zur Verwendung der Stiftungsmittel.[596] Durch Beschlussfassung im Kuratorium könnten diese Kriterien entsprechend geändert werden, was wiederum den Vorstand zur Änderung des Erbbauvertrags veranlassen würde.[597] Im Extremfall kann das Kuratorium die Vorstandsmitglieder bei Missachtung der Kriterien vor Ablauf ihrer Amtszeit aus wichtigem Grund abberufen.[598] Soweit ein Wohnraum-Commons Mitglied des Stiftungskomitees ist, kann es an der Meinungsbildung und Beratung des Kuratoriums mitwirken und hierüber mittelbar auf den Vorstand einwirken.[599] Zudem können Mitglieder des Stiftungskomitees das Kuratorium beeinflussen, indem sie für dessen Wahl- und Abwahl zuständig sind.[600] Im Extremfall ist auch eine Abwahl vor Ablauf der Amtszeit möglich.[601]

Soweit operative Regeln also durch den Erbbauvertrag vorgegeben sind, hat das Wohnraum-Commons in jedem Fall rechtlich mittelbaren Einfluss auf deren Änderung. Dieser dürfte jedoch im Einzelfall mit hohem Aufwand verbunden sein und von der Mitwirkung anderer Mitglieder des Trusts abhängen.[602] Soweit Regelungen des Erbbauvertrags durch den Stiftungszweck

---

595 *Toussaint*/BeckOGK, ErbbauRG, § 2 Rn. 33.

596 § 9 Abs. 2 a. Satzung der Stadtbodenstiftung vom 16.12.2020.

597 Die Beschlussfassung richtet sich nach § 10 Satzung der Stadtbodenstiftung vom 16.12.2020.

598 § 6 Abs. 7 Satzung der Stadtbodenstiftung vom 16.12.2020.

599 § 11 Abs. 11 b. Satzung der Stadtbodenstiftung vom 16.12.2020.

600 § 6 Abs. 5 S. 1 Satzung der Stadtbodenstiftung vom 16.12.2020.

601 § 8 Abs. 12 Satzung der Stadtbodenstiftung vom 16.12.2020.

602 Es ist denkbar, dass es sinnvoll sein kann, dass bestimmte Teile der operativen Regeln schwer abänderlich sind. Z. B. kann es sinnvoll sein, dass ein Trust gem. § 1 Nr. 1 Var. 2 ErbbauRG heteronom operative Regeln über die Instandhaltung des Wohnraums setzt. Dies kann insbesondere dann sinnvoll sein, wenn eine kritische Masse an Commonern eines Wohnraum-Commons eine hohe Diskontierungsrate auf künftige Vorteile durch Investitionen in den Wohnraum hat. Dies kann dazu führen, dass Investitionen, die sich nur über einen langen Zeitraum hinweg amortisieren, unterlassen werden. Ein plakatives Beispiel für diese Haltung wäre folgende Aussage: *„Ich ziehe eh in den nächsten 10 Jahren aus, warum sollte ich jetzt Geld ausgeben,*

vorgegeben sind, weil sie etwa den Ausschluss der profitorientierten Wohnraumbewirtschaftung vorschreiben, können diese nicht durch Einwirkung auf den Stiftungsvorstand abgeändert werden. Der Vorstand ist insofern an den Stiftungszweck gebunden (vgl. § 84a Abs. 2 S. 2 BGB).[603] Das dritte Designprinzip ist also nur in geringem Maße erfüllt, soweit operative Regeln auf Ebene des Erbbauvertrags festgelegt sind.

d) Gegenseitige Kontrolle

Die Einhaltung der operativen Regeln muss durch Personen überwacht werden, die gegenüber den Überwachten verantwortlich oder selbst Commoners sind.

Soweit operative Regeln auf Ebene des Wohnraum-Commons verankert sind, lässt sich über die Überwachung der Regeleinhaltung keine Aussage treffen. In jedem Fall steht die rechtliche Struktur des CLT nicht mit der gegenseitigen Kontrolle in Konflikt.

Soweit operative Regeln durch das Erbbaurecht verankert sind, obliegt die Überwachung ihrer Einhaltung dem Vorstand im Rahmen seiner Geschäftsführungsbefugnis (vgl. § 84 Abs. 1 S. 2 BGB).[604] Zur Kontrolle der Einhaltung der Verpflichtungen kann ein Besichtigungsrecht vereinbart werden.[605] Der Vorstand ist wiederum zumindest mittelbar gegenüber den Commoners verantwortlich.[606]

Damit ist das vierte Designprinzip im CLT-Ansatz grundsätzlich erfüllt, jedenfalls stehen keine strukturellen rechtlichen Hürden entgegen.

e) Graduelle Sanktionen

Damit Commoners operative Regeln quasi-freiwillig befolgen, muss die Einhaltung der Regeln nicht nur überwacht werden, sondern es bedarf abge-

damit in 20 Jahren das Dach nicht leckt?" Dementsprechend können Vorgaben zur Instandhaltung im Interesse von künftigen Generationen von Commonern der Gestaltungsfreiheit der gegenwärtigen Generation Grenzen setzen. Inwiefern Vorgaben durch den Trust in Bezug auf Instandhaltungsmaßnahmen zweckmäßig sind, ist jedoch eine Frage des Einzelfalls, die an dieser Stelle nicht allgemein beantwortet werden kann.

603 Vgl. hierzu Bt.-Drs. 19/28173, S. 61.

604 Die Zuweisung der Geschäftsführung an den Vorstand ist dispositiv, BT-Drs. 19/28173, S. 59. In der Rechtspraxis der Stadtbodenstiftung übernimmt der Vorstand die Geschäftsführung, siehe § 7 Abs. 1 Satzung der Stadtbodenstiftung vom 16. 12. 2020; siehe auch ausdrücklich Stadtbodenstiftung, Land: die Eigentumsfrage.

605 LG Regensburg, Beschluss vom 04. 03. 1991 – 5 T 18/91 –, Rpfleger 1991, 363–364, 363.

606 Siehe D. III. 7. c).

stufter Sanktionen für Regelbrüche, je nach Schwere und Zusammenhang des Regelbruchs.[607]

Soweit operative Regeln auf Ebene des Wohnraum-Commons festgelegt sind, lässt sich für den CLT-Ansatz nicht allgemein feststellen, inwiefern Regelverstöße rechtlich sanktioniert werden können.

Soweit operative Regeln durch den Erbbaurechtsvertrag festgelegt werden, sind rechtliche Sanktionen bei Regelverstößen möglich. So kann je nach Verpflichtung per Leistungsklage auf Erfüllung oder Unterlassung geklagt werden.[608] Zudem können ein Heimfallgrund (§ 2 Nr. 4 ErbbauRG) oder eine Vertragsstrafe (§ 2 Nr. 5 ErbbauRG) vereinbart werden.[609] Damit hat der Trust die rechtliche Möglichkeit, erhebliche Sanktionsmittel einzusetzen und kann so vorgelagerten informellen Schritten Nachdruck verleihen.

f) Konfliktlösungsmechanismen

Die Praxis der Überwachung und Sanktionierung setzt voraus, dass Konflikte über die Auslegung von operativen Regeln einfach und ohne prohibitive Kosten überwunden werden können. Daher setzt das sechste Designprinzip voraus, dass Commoner einfachen Zugang zu kostengünstigen Foren der Konfliktlösung für derartige Dispute haben.[610]

Soweit operative Regeln auf Ebene der einzelnen Wohnraum-Commons verankert sind, lässt sich nicht allgemein beurteilen, inwiefern derartige Foren zur Konfliktlösung vorhanden sind.

Soweit operative Regeln auf Ebene des Erbbaurechts vereinbart sind, lässt sich zunächst feststellen, dass das Stiftungsrecht keine gesonderten Foren zur Konfliktlösung mit Vertragspartnern vorsieht. In der Rechtspraxis der Stadtbodenstiftung sind jedoch Organe vorgesehen, welche als Forum zur Konfliktlösung dienen können. So kann sowohl im Kuratorium als auch in dem Stiftungskomitee eine Aussprache und Verhandlung stattfinden. Diese können ggf. durch die Vorsitzenden des Kuratoriums oder des Stiftungskomitees moderiert werden. Eine rechtlich-strukturell vorgesehene neutrale dritte Partei

---

607 Siehe C. III. 7. e)) und C. I. 1. b) bb) (7) (e).

608 Dies ist z. B. dann möglich, wenn entgegen den Vorgaben des dinglich vereinbarten Zwecks des Erbbaurechts kein „Wohnheim für alleinstehende Frauen" betrieben wird, BayObLG, Beschluss vom 28.07.1972 – BReg. 2 Z 35/72 –, BayObLGZ 1972, 260–266, 264; eingehend *Winkler/Schlögel*, Erbbaurecht, § 4 Rn. 61 ff.; *Toussaint*/BeckOGK, ErbbauRG, § 2 Rn. 7.

609 *Toussaint*/BeckOGK, ErbbauRG, § 2 Rn. 7; *Winkler/Schlögel*, Erbbaurecht, § 4 Rn. 63.

610 Siehe hierzu C. I. 1. b) bb) (7) (f).

zur Konfliktschlichtung, etwa in Form der Mediation, ist jedoch nicht vorgegeben.

In der US-amerikanischen Rechtspraxis wird in Verträgen über Ground Leases zwischen Wohnraum-Commons und Trusts regelmäßig eine Schiedsklausel und teils eine Klausel zur vorgeschalteten Mediation eingesetzt.[611] Es wäre denkbar, auch bei Erbbauverträgen – zumindest in einer schuldrechtlichen Nebenvereinbarung – eine Klausel aufzunehmen, die für Konflikte ein optionales Mediationsverfahren vorstrukturiert.[612]

Das sechste Designprinzip ist im CLT-Ansatz also rechtlich-strukturell zumindest erfüllbar.

g) Polyzentrische Governance

Das achte[613] Designprinzip verlangt schließlich bei größeren Organisationen, dass die Nutzung, Bereitstellung, Kontrolle, Sanktionierung, Konfliktlösung und Verwaltungsaktivitäten auf mehreren Ebenen von ineinander eingebetteten Systemen organisiert sind. Einzelne CPR sollen jeweils eigene Systeme der Selbstverwaltung haben, die eine individuelle Regelgestaltung ermöglichen. Gleichzeitig sollen Commons dergestalt miteinander vernetzt werden, dass bei Bedarf Entscheidungen auf übergeordneter Ebene getroffen werden können. Darüber hinaus soll Wissen zwischen den jeweiligen Commons geteilt werden.[614]

Der CLT-Ansatz ist grundlegend auf polyzentrische Governance ausgelegt. Indem jeweils für einzelne Einheiten von Grundstücken und Bebauung Erbbaurechte vergeben werden und Erbbauberechtigte ihre Angelegenheiten selbst verwalten können, ermöglicht der CLT-Ansatz eine dezentrale, CPR-angepasste Entscheidungsfindung.[615]

Gleichzeitig bettet der CLT-Ansatz einzelne Wohnraum-Commons in ein föderales System der übergeordneten Selbstverwaltung ein, die einen Informationsaustausch zwischen den beteiligten Wohnraum-Commons ermöglicht.[616] In der Rechtspraxis der Stadtbodenstiftung können Wohnraum-Commons zudem im Stiftungskuratorium über die Richtlinien der Vermö-

---

611 GSN, Model Lease Commentary, S. 28 f.

612 Zu sog. „Mediationsklauseln" *Töben*, RNotZ 2013, 321–345.

613 Die Prüfung anhand des siebten Designprinzips geht in meiner Prüfung der sonstigen Designprinzipien auf, C. III. 7. g).

614 Siehe hierzu C. I. 1. b) bb) (7) (h) und C. III. 7. h).

615 Siehe D. III. 1. a).

616 Siehe bereits D. III. 3. b).

gensverwaltung entscheiden und damit an der Entscheidungsfindung zu übergeordneten Fragen mitwirken.[617]

h) Zwischenfazit

Insgesamt entspricht der CLT-Ansatz – soweit er Gegenstand meiner Untersuchung ist – weitgehend den Designprinzipien von *Ostrom*.[618] Soweit operative Regeln über Erbbauverträge festgelegt werden, können diese allerdings nur unter hohem Aufwand durch betroffene Wohnraum-Commons geändert werden (zweites Designprinzip, erstes Unterprinzip). Zudem ist das sechste Designprinzip nur in begrenztem Umfang erfüllt.

Tabelle 5

Zwischenfazit zur Erfüllung der Designprinzipien beim CLT-Ansatz

Designprinzip	**Grad der Erfüllung**
1. Klar definierte Grenzen	Erfüllt
2. a) Kongruenz zwischen operativen Regeln und örtlichen Bedingungen	Erfüllt
2. b) Proportionalität zwischen Nutzung und Bereitstellung	Erfüllbar durch entsprechende Gestaltung
3. Vorkehrungen für kollektive Entscheidungsfindung	Erfüllt; soweit operative Regeln im Erbbauvertrag erfüllt werden, nur schwach erfüllt
4. Gegenseitige Kontrolle	Erfüllt
5. Graduelle Sanktionen	Erfüllt
6. Konfliktlösungsmechanismen	Eher schwach erfüllt, aber grds. Erfüllbar
7. Mindestmaß an rechtlicher Anerkennung	Geht in Untersuchung anderer Designprinzipien auf[619]
8. Polyzentrische Governance	Erfüllt

Quelle: Eigene Darstellung.

617 § 9 Abs. 1 Satzung der Stadtbodenstiftung vom 16. 12. 2020; siehe zudem C. VI. 4. b).

618 Inwiefern Erbbauberechtigte bzw. Wohnraum-Commons als Teil des CLT-Ansatzes jeweils den Design-Prinzipien entsprechen, kann nicht allgemein gesagt werden.

619 Siehe C. III. 7. g).

8. Fazit

Der CLT-Ansatz ist zur Schaffung und Erhaltung von Wohnraum-Commons geeignet.

Erbbauberechtigte bilden im CLT-Ansatz jeweils ein Wohnraum-Commons. Diese Wohnraum-Commons haben Eigentum an der Bebauung ihres Grundstücks und ein umfassendes dinglich abgesichertes Nutzungsrecht am darunter befindlichen Boden. Auf dieser Grundlage können sie weitgehend ohne äußeren Einfluss Entscheidungen über die Ausgestaltung ihres physischen Wohnraums und ihres sozialen Wohnumfeldes treffen.

Der Trust selbst entspricht bei seiner Entscheidungsfindung dem Grundsatz der Gleichrangigkeit. Er kann über die Auswahl von Erbbauberechtigten und Regelungen im Erbbauvertrag steuern, dass zugehörige Wohnraum-Commons ihrerseits gleichrangig Entscheidungen treffen.

Die profitorientierte Verwertung des Wohnraums ist im CLT-Ansatz weitgehend dadurch ausgeschlossen, dass Wohnraum-Commons kein Eigentum am Boden haben. Zudem können sie durch Vorgaben des Erbbaurechtsvertrags dazu verpflichtet werden, ihren Wohnraum in einer nicht profitorientierten Weise zu verwerten. Auf Ebene des Trusts sorgt die unabänderliche Zweckbindung der Stiftung dafür, dass auch unter Mitwirkung sämtlicher Beteiligter der Wohnraum des CLT nicht profitorientiert verwertet werden kann. Zumindest auf Ebene des Trusts entspricht die Wohnraumbewirtschaftung auch der Co-Produktion.

Indem der Trust neue Grundstücke als Zustiftungen einwirbt und Grundstücke ankauft, ist er darauf ausgelegt, neue Wohnraum-Commons zu schaffen. Darüber hinaus vernetzt der Trust über seine Stiftungsorgane verschiedene Wohnraum-Commons miteinander und bindet sie in ein System der gemeinsamen übergeordneten Verwaltung ein. Dabei ist für den CLT-Ansatz besonders, dass auch Personen aus der Nachbarschaft und Stifter*innen in den Austausch und die Entscheidungsfindung einbezogen werden. Dadurch bietet der CLT-Ansatz strukturell ein Forum zur nachbarschaftsweiten Selbstorganisation und Community-basierten Stadtentwicklung. Hierbei entsteht neben den jeweiligen Wohnraum-Commons ein übergeordnetes Nachbarschafts-Commons, welches die einzelnen Wohnraum-Commons miteinander verknüpft. Schließlich erklärt die Stadtbodenstiftung, dass sie über ihre Vergabekriterien für Erbbaurechte sicherstellen will, dass Wohnraum-Commons Verfahren anwenden, die Diskriminierungen bei der Aufnahme von Commoners vermeiden sollen. Damit entspricht der CLT-Ansatz dem Kriterium der Offenheit.

Im CLT-Ansatz benötigt der Trust zur Stiftungsgründung relativ viel Startkapital. Aufseiten der Wohnraum-Commons besteht dagegen regelmäßig ein relativ geringer Kapitalbedarf. Dafür steht Wohnraum-Commons mit Ablauf ihres Erbbaurechts dieses weniger als Kreditsicherungsmittel zur Verfügung.

Indem entschuldete Erbbauberechtigte neue Erbbauberechtigte mit ihrem Erbbauzins unterstützen, kann der CLT-Ansatz strukturell das Problem der Generationengerechtigkeit abmildern.

Schließlich ist die Umsetzung der Designprinzipien von *Ostrom* im CLT-Ansatz weitgehend möglich. Dabei muss einschränkend festgehalten werden, dass angesichts der Vielzahl an möglichen Rechtsformen für Wohnraum-Commons im CLT-Ansatz ein allgemeines Urteil nicht möglich ist.

IV. Fazit zur Untersuchung de lege lata

Die Untersuchung nach geltendem Recht ergibt – wie erwartet – kein pauschales Bild einer Über- und Unterordnung der verschiedenen rechtlichen Ansätze. Alle untersuchten Ansätze sind grundsätzlich dazu geeignet, Wohnraum-Commons zu schaffen und zu erhalten. Dabei haben die rechtlichen Ansätze jeweils unterschiedliche Stärken und Schwächen. Zudem leisten die verschiedenen Ansätze über die Schaffung und Erhaltung einzelner Wohnraum-Commons hinaus unterschiedliche Dinge.

Tabelle 6

Übersicht zu den Ergebnissen meiner Untersuchung de lege lata

Eignungs-kriterium	**Wohnungs-genossenschaft**	**MHS-Ansatz**	**CLT-Ansatz**
Selbstverwaltung	Erfüllt (bei über zwanzig Mitglie-dern schwach erfüllt)	Erfüllt	Erfüllbar (abhängig von Wohnraum-Commons & Ausgestaltung Erbbauvertrag)
Gleichrangigkeit	Erfüllt (bei über zwanzig Mitglie-dern schwach erfüllt)	Erfüllt	Erfüllbar (abhängig von Wohnraum-Commons)
Dekommodifizie-rung – Ausschluss von Profit	Nur bei größerer Mitgliederzahl erfüllbar	Erfüllt	Erfüllt
Dekommodifizie-rung – Co-Produktion	Erfüllt (bei über zwanzig Mitglie-dern nicht erfüllt)	Erfüllt	Erfüllbar (abhän-gig von Wohn-raum-Commons)

Eignungs-kriterium	**Wohnungs-genossenschaft**	**MHS-Ansatz**	**CLT-Ansatz**
Offenheit – Expansion	Erfüllbar (nicht angelegt)	Erfüllt	Erfüllt
Offenheit – Teilen von Wissen	Erfüllbar (im Prüfverband)	Erfüllt (syndikatsweit)	Erfüllt (nachbarschafts-weit)
Offenheit – Diskriminierungs-freie Auswahl	Erfüllbar (nicht angelegt)	Erfüllbar (nicht ausdrücklich angelegt)	Erfüllbar (Erkenntnisse aus Rechtspraxis fehlen)
Möglichkeit der Kapital-aufbringung	Erfüllbar	Erfüllbar	Erfüllbar
Kosten und Komplexität	Geringe Komple-xität, moderate Kosten	Hohe Komplexität, moderate Kosten	Hohe Komplexität, moderate Kosten
Generationen-gerechtigkeit	Nicht erfüllt	Moderat erfüllt	Erfüllbar
Ostroms Design-prinzipien	Siehe Tabelle	Siehe Tabelle	Siehe Tabelle

Quelle: Eigene Darstellung.

Im Vergleich ergeben sich jedoch trotz der gebotenen Differenzierung teils überraschende Befunde: Das Genossenschaftsrecht erlaubt – anders als der CLT- und der MHS-Ansatz – keine gleichzeitige Umsetzung der Kernkriterien der Dekommodifizierung und der gleichrangigen Selbstverwaltung. Hieraus folgt jedoch nicht, dass die Wohnungsgenossenschaft kategorisch unterlegen ist. Gegenstand meiner Prüfung war die Wohnungsgenossenschaft als *einzelne* juristische Person, wohingegen der CLT- und der MHS-Ansatz auf mehrere juristische Personen zurückgreifen.

Die Genossenschaft kann über eine dachgenossenschaftliche Konstruktion einige der dargestellten Nachteile und Beschränkungen überwinden: So wäre es denkbar, unter Rückgriff auf die Genossenschaft den MHS-Ansatz zu imitieren und eine zirkuläre Beteiligungsstruktur mit mehreren Wohnungsgenossenschaften und einer Dachgenossenschaft zu erschaffen. Die Dachgenossenschaft wäre dann in der Wächterrolle der MHS-GmbH.[620] Durch diese Struktur könnte – auch unter Rückgriff auf die Genossenschaft – sowohl die

[620] Vgl. hierzu *Flieger*, Expertise, S. 39 ff.

Selbstverwaltung als auch die Dekommodifizierung weitgehend sichergestellt werden. Rechtliche Grenzen dürften sich bei einem „Genossenschaftssyndikat“ jedoch insofern ergeben, als auch einzelne Wohnraum-Commons mehr als zwanzig Mitglieder haben können, sodass die zwingende Kompetenzverteilung nach § 27 Abs. 1 S. 1 GenG gelten würde. Darüber hinaus ist fraglich, ob das Förderzweckprinzip nach § 1 Abs. 1 GenG mit einem Solidarausgleich zwischen Wohnraum-Commons vereinbar wäre.[621] Wenn entschuldete Genossenschaften über ihre Nutzungsgebühr zur Entschuldung neu gegründeter Genossenschaften beitragen, betätigen sie sich insofern solidar- und nicht mitgliedernützig.[622]

Im Vergleich zum MHS-Ansatz und zum CLT-Ansatz hat die einzelne Wohnungsgenossenschaft jedoch den Vorteil, dass sie weniger komplex ist. Der CLT-Ansatz und der MHS-Ansatz erfordern zwingend das Zusammenspiel verschiedener juristischer Personen, die ein Gesamtnetzwerk ergeben. Diese juristischen Personen können anders als bei den Mitgliedern einer Dachgenossenschaft, nicht als Einzelteil im Sinne einer „Stand-alone“-Variante funktionieren.

Insofern ergibt sich ein Bild, in welchem für verschiedene Bedürfnisse und Zielrichtungen verschiedene rechtliche Ansätze mehr oder weniger geeignet sind. Der CLT-Ansatz ist besonders geeignet für eine innovative nachbarschaftsweite Selbstverwaltung bei gleichzeitiger Absicherung der Dekommodifizierung von Wohnraum. Damit ist im Gegenzug ein hoher Einsatz von Gründungskapital verbunden. Der MHS-Ansatz ist besonders geeignet, um eine Vielzahl von Wohnraum-Commons in ein großes solidarisches Netzwerk einzubinden, bei gleichzeitiger Sicherstellung der Dekommodifizierung. Die einzelne Wohnungsgenossenschaft ist besonders geeignet, um ohne größere Komplexität und weitläufige Verpflichtungen gegenüber einem Netzwerk ein Wohnraum-Commons zu schaffen und zu erhalten.[623]

Die unterschiedlichen Ansätze stehen nebeneinander und stehen in keinem Über- oder Unterordnungsverhältnis. Ich hoffe, dass meine Untersuchung dazu beiträgt, die Auswahl zwischen den rechtlichen Ansätzen zu rationalisieren und rechtliche Stärken und Schwächen der Ansätze besser erkennbar zu machen.

---

621 Vgl. *Flieger*, Expertise, S. 31.

622 *Flieger*, Expertise, S. 31.

623 Die Pflichtmitgliedschaft im Prüfverband gliedert Genossenschaften durchaus in ein Netzwerk ein und begründet erhebliche Pflichten. Die Genossenschaft ist jedoch m. E. im Vergleich zum CLT- und MHS-Ansatz geringer in ihr Netzwerk integriert und im laufenden Betrieb grundsätzlich weniger davon beeinflusst.

Die Untersuchung verdeutlicht, dass Rechtsanwender bei der Gestaltung von Wohnraum-Commons nicht nur konzeptuelle Aspekte in den Blick nehmen dürfen. Sie müssen berücksichtigen, dass Konzepte nur auf Grundlage von wirtschaftlichen Realitäten umsetzbar sind. So brauchen Wohnraum-Commons etwa Kapital. Die Kapitalbeschaffung kann im Widerspruch dazu stehen, den Wohnraum nicht profitorientiert verwerten zu wollen. Zudem sind einfache und kostengünstige Strukturen vorzugswürdig gegenüber komplexeren und teureren Strukturen, welche dasselbe Ergebnis erzeugen. Soweit Rechtsanwender mehr Komplexität oder Kosten einführen, müssen diese in einem angemessenen Verhältnis zu deren Grenznutzen stehen. Darüber hinaus begegnen Wohnraum-Commons potenziell CPR-Problemen. Bei der Gestaltung von Wohnraum-Commons sollte daher auch beachtet werden, dass die Design-Prinzipien von *Ostrom* rechtlich-strukturell erfüllt sind.

Neben dem Erkenntnisgewinn für die Anwendung und Beforschung des geltenden Rechts dient meine Untersuchung als Grundlage für die nachfolgenden Vorschläge, wie das Recht Commons-freundlicher gestaltet werden könnte.

E. Untersuchung de lege ferenda

Im folgenden Abschnitt untersuche ich, wie das geltende Recht verändert werden könnte, sodass die Rechtspraxis von Wohnraum-Commons gestärkt wird. Konkret schlage ich vor, eine Genossenschaftsvariante mit gebundenem Vermögen zu schaffen (eG-gebV).[1] Die eG-gebV soll die im vorherigen Abschnitt aufgezeigten Schwächen des Genossenschaftsrechts überwinden und gleichzeitig die einfache und kostengünstige Struktur einer einzelnen Genossenschaft beibehalten. Für meinen Vorschlag beziehe ich mich auf Teile des existierenden Vorschlags zur Schaffung einer GmbH mit gebundenem Vermögen (im Folgenden: „GmbH-gebV").

Um meinen Vorschlag zur eG-gebV verständlich zu machen, stelle ich zunächst seine Zielsetzung und seinen Umfang dar (E. I.). Sodann beschreibe ich im Überblick die Reformbewegung zur Einführung einer GmbH-gebV (E. II.). Auf dieser Grundlage untersuche ich, wie eine eG-gebV ausgestaltet werden könnte (E. III.).

I. Zielsetzung und Umfang des Vorschlags

Mein Vorschlag zur eG-gebV soll in erster Linie die aufgezeigten Schwächen des geltenden Genossenschaftsrechts überwinden. Insbesondere soll die eG-gebV die gleichrangige Selbstverwaltung bei gleichzeitiger Dekommodifizierung des Wohnraums ermöglichen. Sie tritt damit neben andere rechtliche Ansätze wie den CLT- und den MHS-Ansatz als einfache und kostengünstige Option für die Schaffung und Erhaltung von Wohnraum-Commons. Darüber hinaus soll die eG-gebV als Baustein für andere rechtliche Ansätze einsetzbar sein. So könnte die eG-gebV insbesondere als Trust im CLT-Ansatz verwendet werden und dabei im Vergleich zur Stiftung eine flexiblere (nicht an einen Stifterwillen gebundene) und kostengünstigere (kein Stiftungsvermögen erforderlich) Alternative bieten.

Es stellt sich jedoch die Frage, ob mein Entwurf für eine eG-gebV lediglich auf die Schaffung und Erhaltung von *Wohnraum*-Commons zugeschnitten sein soll oder ob die eG-gebV darüber hinaus eine insgesamt Commons-freundliche Rechtsformvariante sein soll. Mein Entwurf baut auf meine bishe-

---

[1] Grundlegend zur Dogmatik der Rechtsformvariante *Lieder/Becker*, NZG 2021, 357–366.

rige Untersuchung auf, welche sich auf Wohnraum-Commons beschränkt. Auf dieser Grundlage eine Rechtsformvariante für sämtliche Arten von Commons zu entwerfen, könnte also vermessen sein. Es besteht die Gefahr, dass ich eine zu spezifische Datengrundlage und zu spezifische Problemanalyse heranziehe und so einen Vorschlag aufwerfe, der nicht hinreichend Aspekte berücksichtigt, die über die Wohnraumbewirtschaftung hinausgehen.

Gleichzeitig scheint es nicht zweckmäßig, eine Rechtsformvariante der eG ausschließlich für Wohnraum-Commons zu schaffen. Eine derart spezifische Gesetzgebung würde das Potenzial der eG übergehen, auch für andere Formen von Commons zu dienen. Darüber hinaus sind meine Kriterien, die ich heranziehe, um zu prüfen, ob ein rechtlicher Ansatz zur Schaffung und Erhaltung von Wohnraum-Commons geeignet ist, durchaus auch für andere Formen von Commons relevant. Insbesondere die Dekommodifizierung und die gleichrangige Selbstverwaltung sind Kernmerkmale, die für sämtliche Commons gelten.[2]

Meine Ausführungen zur eG-gebV sind also wie folgt zu verstehen: Mein Vorschlag zur eG-gebV soll eine einfache, kostengünstige und rechtssichere Möglichkeit zur Schaffung und Erhaltung von Wohnraum-Commons bieten. Gleichzeitig soll die eG-gebV aber auch dasselbe für *sämtliche* Formen von Commons leisten können.

Zudem versuche ich einen Gestaltungsvorschlag aufzuwerfen, der die voraussichtlichen Kosten seiner Umsetzung minimiert und sich möglichst gut in das existierende Wertungsgefüge des geltenden Rechts einfügt.[3]

II. Die Reformbewegung zur GmbH-gebV

Ich stelle zunächst den Vorschlag zur GmbH-gebV dar (E. II. 1.). In einem zweiten Schritt untersuche ich, inwiefern die Inhalte der GmbH-gebV für meinen Vorschlag zur eG-gebV relevant sind (E. II. 2.).

---

[2] Vgl. die allgemeinen Ausführungen zu Commons unter C. I. 1.

[3] Die Kosten von Gesetzen sind nach der gemeinsamen Geschäftsordnung der Bundesministerien bei der Rechtssetzung zu berücksichtigen, § 43 GGO. Fleischer unterteilt die Kosten zur Schaffung einer neuen Rechtsform(variante) in drei Kategorien: Erstens Opportunitätskosten durch die Bindung von Kapazitäten des Staates bei der Gesetzgebung. Zweitens Kosten des Geschäftsverkehrs, um sich mit den neuen Regelungen vertraut zu machen. Drittens Kosten, die dadurch entstehen, dass Ressourcen der Justiz dafür verwendet werden, Rechtsprobleme zu klären, die im Zusammenhang mit der Reform entstehen, *Fleischer*, ZIP 2022, 345–355, 447 f.

1. Grundlegendes zur GmbH-gebV

Die Idee zur Schaffung einer GmbH-gebV geht auf ein Konzept zurück, das sich „Verantwortungseigentum" nennt.[4] Verantwortungseigentum ist eine Form von Eigentum an Unternehmen, das bereits nach geltendem Recht von verschiedenen Unternehmen praktiziert wird.[5] Aus dieser Praxis und ihrer zugrunde liegenden Theorie heraus entstand die Forderung, eine Rechtsform für Verantwortungseigentum zu schaffen.[6] Mit Aufnahme der Forderung in den Koalitionsvertrag der 24. Bundesregierung hat die Bewegung bereits bedeutende Erfolge verzeichnen können.[7]

Die neue Rechtsform soll es einfacher und kostengünstiger machen, Unternehmen in Verantwortungseigentum zu gründen oder existierende Unternehmen in Verantwortungseigentum umzuwandeln.[8] Eine Gruppe von Professorinnen und Professoren legte zwei Gesetzesentwürfe vor, die dieses Ziel verfolgen. Der aktuellere dieser Entwürfe schlägt Änderungen des GmbHG vor, um die GmbH-gebV als Rechtsformvariante der GmbH zu schaffen (im Folgenden: „GmbHG-gebV").

Das Konzept von Verantwortungseigentum in Gestalt des GmbHG-gebV ist durch zwei Kernelemente geprägt.[9] Das erste dieser Elemente ist die dauerhafte Vermögensbindung, die weder aufgehoben noch beschränkt werden kann (§ 77b Abs. 1 S. 1 GmbHG-gebV). Die GmbH-gebV darf gem. §§ 77f, 77g, 77i GmbHG-gebV keine Gewinne an Gesellschafter*innen ausschütten.[10] Stattdessen müssen Gewinne thesauriert oder an gemeinnützige Dritte gespendet werden (§§ 77f Abs. 2 S. 2 GmbH-gebV).[11] Dabei stellen sämtli-

---

4 Zu den historischen und konzeptuellen Wurzeln des Verantwortungseigentums siehe *Homeyer/Reiff*, npoR 2020, 224–232, 224 f. m. w. N. und insbesondere *Reiff*, Verantwortungseigentum, S. 21 ff. m. w N.

5 Beispiele sind etwa Bosch, Zeiss oder Ecosia, vgl. Stiftung Verantwortungseigentum, Eine Rechtsform für Verantwortungseigentum.

6 So etwa die Ergebnisse einer repräsentativen Umfrage bei Unternehmern, Stiftung Verantwortungseigentum, Zur Resonanz von Familienunternehmen auf eine spezifische Option für die Nachfolgeregelung. Zudem haben über 1.200 Unternehmer eine entsprechende Petition unterzeichnet, Stiftung Verantwortungseigentum, Liste der Unterzeichnenden.

7 Koalitionsvertrag 2021–2025 zwischen der Sozialdemokratischen Partei Deutschlands (SPD), BÜNDNIS 90/DIE GRÜNEN und den Freien Demokraten (FDP), S. 30.

8 *Sanders*, ZRP 2020, 140–143, 142; *Sanders* et al., Entwurf eines Gesetzes für die GmbH-gebV, S. 18 ff.

9 *Sanders* et al., Entwurf eines Gesetzes für die GmbH-gebV, S. 18; siehe auch meine Darstellung unter *Neitzel*, KJ 2022, KJ 2022, 479 – 493, 480.

10 *Sanders* et al., Entwurf eines Gesetzes für die GmbH-gebV, S. 32 f.

11 *Sanders* et al., Entwurf eines Gesetzes für die GmbH-gebV, S. 65 f.

che Leistungen der GmbH-gebV an die Gesellschafter*innen ohne marktübliche Gegenleistung eine verbotene Auszahlung dar. Das gilt auch für Naturalleistungen, die an die Gesellschafter*innen gewährt werden. Derartige Leistungen führen dazu, dass die Gesellschafter*innen nach § 77h Abs. 1 GmbHG-gebV – und ggf. die Geschäftsführung nach § 77h Abs. 2 GmbHG-gebV – die Differenz zum Marktpreis an die Gesellschaft erstatten müssen.[12] Die Gesellschafter*innen dürfen jedoch für die GmbH-gebV arbeiten und für ihre Arbeit einen Lohn erhalten, der einem Drittvergleich standhalten muss (§ 77g Abs. 2 S. 2, 3 GmbHG-gebV). Über diesen Lohn hinaus sind Auszahlungen an die Gesellschafter*innen untersagt (§ 77g Abs. 2 S. 1 GmbHG-gebV).

Neben der Vermögensbindung ist das zweite Kernelement, dass die Gesellschafter*innen eng an die Gesellschaft gebunden sein sollen. Es soll keine „absentee owners“ geben, sondern „Gesellschafter mit Gesicht“.[13] Das bedeutet, dass Gesellschafter*innen ihre Stellung nicht an den*ie Meistbietende*n veräußern, sondern dass ihre Stellung innerhalb einer „Fähigkeiten- und Wertefamilie“ weitergegeben wird.[14] Das GmbHG-gebV verfolgt dieses Ziel durch vier Beschränkungen: Erstens können nur natürliche Personen, aus natürlichen Personen bestehende Personengesellschaften und sonstige juristische Personen mit vergleichbarer Vermögensbindung Gesellschafter*in werden (§ 77a Abs. 2 S. 1 GmbHG-gebV).[15] Zweitens sind die Geschäftsanteile vinkuliert, d.h. sie können nur mit Zustimmung der existierenden Gesellschafter*innen abgetreten werden (§ 77c Abs. 2 S. 2 GmbHG-gebV). Drittens kann die Vererblichkeit der Anteile ausgeschlossen werden (§ 77j Abs. 5 GmbHG-gebV). Schließlich kann die Satzung vorsehen, dass Geschäftsanteile nur zu ihrem Nennbetrag veräußerbar sind (§ 77c Abs. 3 GmbHG-gebV).[16]

---

[12] *Sanders* et al., Entwurf eines Gesetzes für die GmbH-gebV, S. 41.

[13] *Sanders*, NZG 2021, 1573–1583, 1574; *Sanders* et al., Entwurf eines Gesetzes für die GmbH-gebV, S. 41.

[14] *Sanders* et al., Entwurf eines Gesetzes für die GmbH-gebV, S. 16.

[15] Die Regelung zu Personengesellschaften nach § 77a Abs. 2 S. 2 GmbHG-gebV soll eine Beteiligung der Belegschaft von Unternehmen erleichtern, *Sanders* et al., Entwurf eines Gesetzes für die GmbH-gebV, S. 42.

[16] Bereits aufgrund der Vermögensbindung dürfte der Veräußerungspreis der Geschäftsanteile weitgehend ihrem Nennwert entsprechen. Der wirtschaftliche Wert von Geschäftsanteilen richtet sich grundsätzlich nach den daraus zu erwartenden künftigen risikobereinigten Erträgen, siehe hierzu *Weller/Reichert*/MüKoGmbHG, GmbHG, § 14 Rn. 19 ff. Indem Gesellschafter*innen der GmbH-gebV nur auf die Stammeinlage zugreifen können und sonst keinen Anspruch auf Überschüsse oder Liquidationserlöse haben, entspricht der wirtschaftliche Wert dem risikobereinigten Auszahlungsanspruch auf den Nennbetrag. Etwas anderes gilt nur dann, wenn Käufer von Geschäftsanteilen bereit sind, für die in den Geschäftsanteilen verkörperten Kontrollrechte einen Preis zu

2. Relevanz für Wohnraum-Commons

Der Vorschlag zur GmbH-gebV kann für den Diskurs zu (Wohnraum-) Commons fruchtbar gemacht werden. Insbesondere könnte die Vermögensbindung als Konzept für die Genossenschaft dienen, um langfristig auszuschließen, dass Commoners ihr Common profitorientiert verwerten. Die Vermögensbindung würde bei jeglicher Genossenschaftsgröße rechtssicher wirken. Daher müsste eine eG-gebV anders als nach geltendem Recht nicht den Bestand ihrer Mitglieder vergrößern oder Teil einer Syndikatsstruktur werden, um die profitorientierte Verwertung ihres Vermögens sicher auszuschließen. Dadurch stünde die Dekommodifizierung nicht mehr im Widerspruch zur gleichrangigen Selbstverwaltung oder der einfachen und kostengünstigen Gesellschaftsstruktur.

Von den strukturellen Besonderheiten der GmbH-gebV ist grundsätzlich nur die Vermögensbindung für die Genossenschaft relevant. Anders als die GmbH kennt die eG keine übertragbaren Geschäftsanteile, sondern die personenbezogene Mitgliedschaft.[17] Dementsprechend sind Inhalte des Entwurfs zur GmbH-gebV, die sich auf den Geschäftsanteil und seine Vinkulierung beziehen, für die eG-gebV grundsätzlich ohne Bedeutung. Auch bei der Übertragung der Vermögensbindung von der GmbH-gebV auf die eG-gebV müssen signifikante strukturelle Unterschiede zwischen der eG und der GmbH berücksichtigt werden. Die Vermögensbindung in der GmbH-gebV verfolgt eine andere Zweckrichtung als in der eG-gebV. Die Vermögensbindung, wie sie in der GmbH-gebV verankert ist, kann daher nicht unverändert auf die eG-gebV übertragen werden. Um zu verstehen, wie die Vermögensbindung der GmbH-gebV für die eG-gebV verändert und angepasst werden muss, schildere ich, wie sich ihre Zweckrichtung jeweils unterscheidet (E. II. a)). Darauf aufbauend erkläre ich, wie die Vermögensbindung in der eG-gebV konzipiert sein müsste (E. II. b)). In einem weiteren Schritt setze ich mich mit der Kritik auseinander, die gegenüber der Vermögensbindung der GmbH-gebV erhoben wurde (E. II. c)). Auf dieser Grundlage ziehe ich ein Zwischenfazit darüber, inwiefern ich für die eG-gebV auf das Konzept der Vermögensbindung der GmbH-gebV zurückgreife (E. II. d)).

---

zahlen, der über dem Nennbetrag liegt. In diesem Fall kann die Regelung nach § 77c Abs. 3 GmbHG-gebV verhindern, dass Kaufkraft darüber entscheidet, wer Gesellschafter*in der GmbH-gebV wird.

[17] Vgl. hierzu bereits D. I. 2. a) bb) (5).

a) *Vermögensbindung in der GmbH-gebV*

Die Vermögensbindung der GmbH-gebV verfolgt mehrere Zwecke. Erstens soll die GmbH-gebV die Unternehmensnachfolge erleichtern und mehr Menschen Zugang zur Unternehmensführung eröffnen (E. II. 2. a) aa)). Zweitens soll die GmbH-gebV nachhaltiges Unternehmertum fördern (E. II. 2. a) bb)).

aa) Erleichterung der Nachfolge

Insbesondere bei Familienunternehmen[18] soll die GmbH-gebV die Nachfolge erleichtern.[19] So stehen viele deutsche Familienunternehmen vor der Herausforderung, geeignete Nachfolger für die Unternehmensführung zu finden.[20] Wenn in der Unternehmerfamilie keine geeignete oder gewillte Person vorhanden ist, die das Unternehmen übernehmen könnte, verbleibt regelmäßig nur die Weitergabe des Unternehmens an geeignete und gewillte Angestellte oder die Veräußerung an außenstehende Investoren. Angestellte wollen oder können jedoch regelmäßig nicht die Unternehmensanteile zu ihrem Marktwert erwerben.[21] Die Schenkung an Angestellte birgt jedoch das Risiko, dass Angestellte oder ihre Nachfolger die erhaltenen Anteile dennoch an Investoren veräußern. Damit verbleibt regelmäßig die unmittelbare Veräußerung des Unternehmens an Private-Equity-Investoren.[22]

Durch die unabänderliche Vermögensbindung kann für die Unternehmensnachfolge eine neue Handlungsmöglichkeit geschaffen werden: Wenn Unternehmer ihr Unternehmen in eine GmbH-gebV überführen, können sie ihr Unternehmen unentgeltlich oder zum Nennwert der Geschäftsanteile an geeignete und gewillte Angestellte übertragen. Durch die Vermögensbindung ist

---

[18] Der Begriff des Familienunternehmens wird wissenschaftlich nicht einheitlich definiert, siehe hierzu etwa *Röhl*, Die Zukunft der Familienunternehmen in Deutschland, S. 6 ff. Gemessen an der Definition von Gottschalk et al. sind deutsche Familienunternehmen, soweit sie als Kapitalgesellschaft verfasst sind, mehrheitlich eine GmbH und keine AG, siehe im Einzelnen mit Abstufungen nach Beschäftigtenzahlen *Gottschalk* et al., Die volkswirtschaftliche Bedeutung der Familienunternehmen, S. 3 f., 12 ff.

[19] *Sanders* et al., Entwurf eines Gesetzes für die GmbH-gebV, S. 18 ff.

[20] Siehe Stiftung Verantwortungseigentum, Zur Resonanz von Familienunternehmen auf eine spezifische Option für die Nachfolgeregelung, 24 ff.; *Leifels/Schwartz*, Nachfolge-Monitoring Mittelstand 2021, S. 3.

[21] Vgl. *Sanders* et al., Entwurf eines Gesetzes für die GmbH-gebV, S. 17.

[22] Private-Equity-Fonds strukturierten im Jahr 2021 62 Übernahmen im deutschen Mittelstand. Dies ergab ein (Rekord)Gesamtvolumen von 6,6 Mrd. EUR. Anlass der Transaktionen war häufig die Unternehmensnachfolge, *Homann*, Unternehmeredition 1/2022, 30–31, 30. Kritisch zu sozioökonomischen Folgen von Private-Equity-Übernahmen *Scheuplein*, Wie entwickeln sich Unternehmen mit Private-Equity-Eigentümern in Deutschland?

nun ausgeschlossen, dass die Angestellten oder ihre Nachfolger das Unternehmen an Investoren veräußern. Die Vermögensbindung ermöglicht damit die Weitergabe der Kontrolle über Unternehmen innerhalb einer „Fähigkeiten- und Wertefamilie“. Damit leistet sie gleichzeitig einen Beitrag zur Erweiterung des Zugangs zur Unternehmensleitung, indem weder Geld noch biologische Verwandtschaft für den Aufstieg zur Unternehmensleitung unmittelbar entscheidend sind.[23]

bb) Förderung nachhaltigen Unternehmertums

Neben der Erleichterung der Unternehmensnachfolge soll die Vermögensbindung nachhaltige Geschäftsführungspraktiken fördern.[24] „Nachhaltigkeit“ wird in diesem Zusammenhang regelmäßig als eine Abkehr von der „Shareholder Primacy“ und als eine Hinwendung zum Konzept des „Corporate Purpose“ verstanden.[25] Im Folgenden erläutere ich zunächst knapp die Shareholder Primacy (E. II. 2. a) aa) (1)). Auf dieser Grundlage erkläre ich, wie die GmbH-gebV Nachhaltigkeit im Sinne des Corporate Purpose (E. II. 2. a) aa) (2)) verfolgt.

(1) Shareholder Primacy

Die Shareholder Primacy ist ein Leitprinzip, nach welchem die Unternehmensleitung einzig die Pflicht hat, – im Rahmen der Gesetze – im Interesse der Anteilseigner zu handeln.[26] Das Interesse der Anteilseigner wird dabei mit dem Interesse an der Profitmaximierung gleichgesetzt.[27] Aus der Pflicht zur

---

[23] Siehe hierzu *Sanders*, NZG 2021, 1573–1583, 1575; *Neitzel*, KJ 2022, 479–493, 491; *Reiff*, Verantwortungseigentum, Nachhaltigkeit und Kapitalismus, S. 220 f.

[24] Die Verfasser des Entwurfs zur GmbH-gebV sehen diesen „*im Kontext einer weltweiten Debatte um nachhaltiges Unternehmertum*“, *Sanders* et al., Entwurf eines Gesetzes für die GmbH-gebV, S. 5; siehe umfassend zur Vermögensbindung und Nachhaltigkeit *Neitzel*, KJ 2022, 479–493; *Reiff*, Verantwortungseigentum, Nachhaltigkeit und Kapitalismus, S. 207 ff.

[25] Dabei kann Verantwortungseigentum auch mit dem Konzept der „Corporate Social Responsibility (CSR)“ in Verbindung gebracht werden, *Neitzel*, KJ 2022, 479–493, 487 f.

[26] Maßgebend zur Shareholder Primacy *Friedman*, The Social Responsibility Of Business Is to Increase Its Profits; ebenfalls wegbereitend *Hayek*, The Corporation in a Democratic Society: In Whose Interest Ought It to and Will It Be Run?, S. 232 ff.; siehe auch *Kusunoki*, Constitutional Political Economy, Vol. 27, 2016, 93–110.

[27] *Friedman*, The Social Responsibility Of Business Is to Increase Its Profits; kritisch in diesem Zusammenhang Shareholder Value von „Shareholder Welfare“ abgrenzend *Hart/Zingales*, Journal of Law, Finance, and Accounting, vol. 2, issue 2, 2017, 247–274, 247 ff.

Profitmaximierung folgt, dass die Unternehmensleitung keine Profite des Unternehmens zugunsten von anderen Stakeholdern opfern darf.[28] Stakeholder sind dabei sämtliche Personen, die von dem Handeln des Unternehmens betroffen sind.[29]

Rechtlich drückt sich die Shareholder Primacy einerseits in den haftungsbewehrten Sorgfaltspflichten der Unternehmensleitung gegenüber dem Unternehmen aus.[30] Andererseits ist die Shareholder Primacy das Resultat von Anreizen, denen die Unternehmensleitung ausgesetzt ist. Wenn die Unternehmensleitung dafür belohnt wird, die Profite der Anteilseigner zu maximieren und dafür bestraft wird, wenn sie dies nicht tut, wird sie – unabhängig von einer etwaigen Rechtspflicht – mit größerer Wahrscheinlichkeit dem Grundsatz der Shareholder Primacy folgen.[31]

In Deutschland ist in Bezug auf die Sorgfaltspflichten der Unternehmensleitung bei der AG (§§ 76 Abs. 1, 93 Abs. 1 AktG) und der GmbH (§ 43 Abs. 1 GmbHG) nicht eindeutig geklärt, inwiefern die Unternehmensleitung verpflichtet ist, Profite der Anteilseigner zu maximieren.[32] Die Anreize der Unternehmensleitung sind hingegen regelmäßig so gelagert, dass die Profitmaximierung belohnt wird und Abweichungen davon bestraft werden können. So werden der Vorstand und die Geschäftsführer*innen regelmäßig variabel in Form von Gewinntantiemen oder durch Gesellschaftsanteile vergütet.[33] Im Ergebnis ist damit auch das deutsche Recht von der Shareholder Primacy zumindest faktisch geprägt.[34]

---

28 *Friedman*, The Social Responsibility Of Business Is to Increase Its Profits.

29 Hierzu gehören etwa Angestellte, Lieferanten, Kunden oder Gewerkschaften, d. h. „*Any group or individual who can affect or is affected bv the achievement of the firm's objectives.*“, *Freeman*, Strategic Management: A Stakeholder Approach, S. 25, 55.

30 D. h. die Unternehmensleitung ist gegenüber dem Unternehmen verpflichtet, die Profite der Anteilseigner zu maximieren, *Neitzel*, KJ 2022, 479–493, 481 ff.; siehe in den USA für Delaware *eBay Domestic Holdings Inc. v. Craig Newmark* et al., 16 A.3d 1 (Del. Ch. 2010).

31 *Bebchuk/Tallarita*, Cornell Law Review, 2020, Vol. 106, 91–178, 140 ff.; *Rock*, The Business Lawyer, Vol. 76, 2021, 363–395, 372; *Mayer*, Firm Commitment, S. 42.

32 *Neitzel*, KJ 2022, 479–493, 483 f. m. w. N.

33 Zur AG hat der Gesetzgeber mit der Absicht, derartige Anreize zu schaffen, etwa den Erwerb von Aktien durch Führungskräfte gem. § 192 Abs. 2 Nr. 3 AktG erleichtert, vgl. Bt.-Drs. 13/9712, S. 23; § 87 Abs. 1 S. 1 AktG zählt Aktienbezugsrechte ausdrücklich zu „anreizorientierten“ Bezügen des Vorstands, siehe hierzu auch *Spindler*/MüKoAktG, Nachtrag ARUG II, AktG, § 87 Rn. 102. Zur GmbH siehe *Tebben*/MHLS, GmbHG, § 6 Rn. 167 ff.; *Hülsen*, Controlling & Management Review 2019, Vol. 63, 8–17, 12 ff.

34 Vgl. *Höpner*, Corporate Governance in Transition: Ten Empirical Findings on Shareholder Value and Industrial Relations in Germany, 2001, S. 9 ff.; dieser Befund bedarf jedoch einer differenzierten Betrachtung unter Berücksichtigung des sozioöko-

(2) Purpose und Vermögensbindung

Auch wenn unternehmerische Tätigkeit weltweit Wohlstand geschaffen hat, hat gleichzeitig das kompromisslose Profitstreben von Unternehmen zur massiven Ausbeutung von planetaren Ressourcen und von Menschen geführt.[35] Insbesondere die gegenwärtige Klimakatastrophe und zunehmende Ungleichheiten in der Vermögensverteilung verdeutlichen das Ausmaß dieser Probleme.[36]

Nach marktliberalem Verständnis ist unternehmerisches Profitstreben lediglich durch staatliche Regulierung „von außen" in Form von Steuern oder sonstigen Vorgaben zu beschränken.[37] Hierdurch würden die Marktkräfte nach dem Leitbild von Adam Smith im Rahmen der Gesetze den Wohlstand aller maximieren.[38] Angesichts des Ausmaßes der genannten Probleme muss das alleinige Vertrauen auf staatliche Regulierung bei gleichzeitigem unbeschränktem Profitstreben von Unternehmen jedoch als gescheitert gelten.[39]

An dieser Stelle setzt die Purpose-Bewegung an. Gemäß der Corporate-Purpose-Bewegung soll sich unternehmerische Tätigkeit nicht an der Profitmaximierung ausrichten, sondern an einem darüber hinausgehenden „Pur-

---

nomischen Gesamtsystems, in welchem die Anreize der Unternehmensleitung eingebettet sind, *Neitzel*, KJ 2022, 479–493, 484 f. m. w. N.

35 Eindrücklich *Reiff*, Verantwortungseigentum, Nachhaltigkeit und Kapitalismus, S. 206 f.; *Henderson*, Reimagining Capitalism in a World on Fire, 12 ff.; *Savitt/Kovvali*, Cornell Law Review, 2021, Vol. 106, 1881–1895, 1883 ff.; *Mayer*, Cornell Law Review, 2021, Vol. 106, 1859–1880, 1872 ff.

36 Siehe etwa zum Ausmaß der Klimakrise *Pörtner* et al., IPCC 2022: Summary for Policymakers; zur Entwicklung der Vermögensungleichheit in Deutschland *Albers/Bartels/Schularick*, The Distribution of Wealth in Germany 1895–2018; eine gute Übersicht zur sozioökonomischen Ungleichheit in Deutschland gebend *Chatziathanasiou*, Der Staat 60, 2021, 177–210, 187 ff.

37 *Friedman*, The Social Responsibility Of Business Is to Increase Its Profits; *Hayek*, The Corporation in a Democratic Society: In Whose Interest Ought It to and Will It Be Run?, S. 232; *Bebchuk/Tallarita*, Cornell Law Review, 2020, Vol. 106, 91–178, 94.

38 *Smith*, The Wealth of Nations, S. 349; explizit *Smith* im Zusammenhang mit Vermögensbindung aufgreifend *Loritz/Weinmann*, DStR 2021, 2205–2211, 2209 f.; treffend und kritisch zu dieser Prämisse, m. w. N., *Reiff*, Verantwortungseigentum, Nachhaltigkeit und Kapitalismus, S. 212.

39 So sind die Möglichkeiten des Staates, unternehmerisches Handeln zu regulieren, mit zunehmender Globalisierung und zunehmender Komplexität unternehmerischen Handelns beschränkt. Unternehmen agieren global, während Staaten oftmals nur national effektiv regulieren können. Darüber hinaus besteht regelmäßig eine Wissensasymmetrie zwischen Staat und Unternehmen, *Mayer*, Journal of Management Studies 2021, Vol. 58, Issue 3, 887–901, 891; *Edmans*, Grow the Pie, 58, 373 ff. Schließlich behindern Unternehmen durch Lobbyarbeit gezielt staatliche Regulierung, *Edmans*, Grow the Pie, 52.

pose". Dieser Purpose ist im deutschen Gesellschaftsrecht schwer einzuordnen und ähnelt als „Daseinszweck" am ehesten dem Gesellschaftszweck.[40] Durch den Purpose-Gedanken kehrt sich im Kern die herkömmliche Zweck-Mittel-Relation der unternehmerischen Tätigkeit um: Anstatt dass die Tätigkeit eines Unternehmens Mittel zum Zweck des Profites ist, soll der Profit Mittel zum Zweck der Tätigkeit des Unternehmens sein.[41] Nach Colin Mayer muss sich der Purpose dabei innerhalb folgender Parameter bewegen: *„To solve problems of people and planet while not profiting from producing problems for people and planet"*[42] Dadurch, dass Unternehmen statt der Profitmaximierung einem Purpose folgen, erhöht sich die Chance, dass sie ökologischer und sozialer, d. h. nachhaltiger, wirtschaften.[43]

Durch die Vermögensbindung verfolgen die Gesellschafter*innen der GmbH-gebV per Definition nicht die Maximierung des Profits der Gesellschaft, weil sie auf diesen keinen Zugriff haben. Stattdessen lenken sie die Gesellschaft aus einer intrinsischen Motivation heraus, die in der Verfolgung eines Purpose liegen kann. Die Vermögensbindung bietet in der GmbH-gebV daher einen Rahmen, der Unternehmertum auf Grundlage des Purpose-Gedankens strukturell fördert. Dies geschieht dadurch, dass die Unternehmensleitung strukturell weniger Anreize hat, Profite zu Lasten von Stakeholdern zu maximieren. Die Überschüsse, die in der Gesellschaft anfallen, können zudem in Stakeholder-orientierte Investitionen fließen.[44] Das können etwa Löhne der Belegschaft sein, Ausgaben für Forschung und Entwicklung oder Spenden an Organisationen außerhalb des Unternehmens.[45]

b) Vermögensbindung in der eG-gebV

Die Vermögensbindung verfolgt in der eG-gebV eine andere Zweckrichtung als in der GmbH-gebV.

---

[40] *Fleischer*, ZIP 2021, 5–15, 11.

[41] *Reiff*, ZIP 2020, 1750–1754, 1753 f.; *Neitzel*, KJ 2022, 479–493, 488.

[42] *Mayer*, Journal of Management Studies 2021, Vol. 58, Issue 3, 887–901, 889.

[43] Siehe hierzu vertiefend meine Ausführungen an anderer Stelle, *Neitzel*, KJ 2022, 479–493, 489 ff.

[44] Vgl. *Fischer/Fischer*, BB 2020, 2122–2128, 2122 f.

[45] Der Begriff „Überschüsse" ist hier nicht bilanzrechtlich gemeint. Soweit Erträge der Gesellschaft in Löhne von Angestellten fließen, sind sie in der Gewinn- und Verlustrechnung gem. § 275 Abs. 2 Nr. 6 lit. a) bzw. § 275 Abs. 3 Nr. 2, Nr. 4, Nr. 5 HGB definitorisch keine Überschüsse, sondern Kosten. Mit „Überschüssen", die in Löhne fließen, sind hier also Beträge gemeint, die über den marktwirtschaftlich erforderlichen Lohn hinausgehen. Soweit also der Lohn von Angestellten über den Betrag hinausgeht, der unter der Prämisse der Gewinnmaximierung optimal wäre, kann davon gesprochen werden, dass Überschüsse in den Lohn fließen.

Zunächst ist der Aspekt der Nachfolge für die eG-gebV nicht relevant. Anders als in der GmbH kann die Mitgliedschaft in einer Genossenschaft ohnehin nicht veräußert werden.[46] Es ist also nicht erforderlich, über die Vermögensbindung sicherzustellen, dass der Erwerb der Mitgliedschaft in der Genossenschaft nicht von der finanziellen Leistungsfähigkeit abhängt. Der Zugang zur Genossenschaft ist lediglich insofern finanziell beschränkt, als Geschäftsanteile gezeichnet werden müssen und ggf. ein Eintrittsgeld gezahlt werden muss.[47] Dieses Geld wird jedoch dem genossenschaftlichen Förderbetrieb zugeführt und nicht einem ausscheidenden Mitglied als Profit. Dadurch sind die finanziellen Voraussetzungen der Mitgliedschaft – anders als bei der GmbH – strukturell nicht durch Marktpreise bestimmt und damit geringer.[48]

Auch die Förderung einer Purpose-orientierten Wirtschaftsweise ist bei der Vermögensbindung in der eG-gebV nicht das Ziel. Die Genossenschaft ist bereits durch ihr Förderprinzip und das daraus folgende Identitätsprinzip darauf ausgerichtet, keine Profite zu maximieren, sondern in kollektiver Selbsthilfe kostendeckend Naturalleistungen für die Mitglieder zu erbringen.[49] Insofern verfolgt die Genossenschaft bereits hierdurch auf Grundlage von § 1 Abs. 1 GenG einen „Purpose“, der genossenschaftlichen Parametern unterliegt.[50] Das Förderprinzip gebietet dabei – konträr zur Vermögensbindung in

[46] Siehe bereits D. I. 2. a) bb) (5).

[47] Vgl. bereits C. IV. 6.

[48] Zudem wird der Erwerb von Genossenschaftsanteilen durch die Kreditanstalt für Wiederaufbau (KfW) teilweise subventioniert, KfW, Merkblatt Förderung genossenschaftlichen Wohnens, Kredit 134; vgl. auch den gesetzlichen Förderauftrag der KfW nach § 2 Abs. 1 Nr. 1 lit. c) KredAnstWiAG.

[49] Deutlich wird diese auch dadurch, dass eine sog. „Dividendengenossenschaft“ ausdrücklich verboten ist. In dieser Genossenschaft liegt der Schwerpunkt der eG darin, dass nicht nutzende Mitglieder Gewinne durch Nichtmitgliedergeschäfte erwirtschaften und sich als Dividende auszahlen, eingehend hierzu m. w. N. *Beuthien*, NZG 2020, 681–687, 681 ff. Anders liegt der Fall nur bei der sog. „Produktivgenossenschaft“. Hier liegt die Förderleistung in der Stellung eines Arbeitsplatzes und die Genossenschaft schließt im Übrigen weitreichend Geschäfte mit beliebigen Dritten. Volkswirtschaftlich spielen Produktivgenossenschaften jedoch insbesondere in den alten Bundesländern nur eine geringfügige Rolle, siehe hierzu im Einzelnen *Steding*, NZG 2000, 617–622; *Beuthien*, GenG, § 1 Rn. 58 ff.

[50] Der Unterschied zwischen der Vermögensbindung in der eG-gebV und der GmbH-gebV lässt sich wie folgt vereinfacht ausdrücken: In der GmbH-gebV wird ein*e Gesellschafter*in sagen: „*Natürlich liegt der Sinn und Zweck meiner Tätigkeit nicht darin, die Profite der Gesellschaft zu maximieren. Die Profite kann ich ja nicht an mich auszahlen. Ich verfolge durch meine Tätigkeit also andere Zwecke und der Profit ist Mittel zu diesen Zwecken.*“ Ein Mitglied einer Genossenschaft wird sagen: „*Natürlich liegt der Sinn und Zweck meiner Tätigkeit nicht darin, die Profite der Genossenschaft zu maximieren. Denn ich mache ja im Ergebnis Geschäfte mit mir selbst.*

der GmbH-gebV –, dass die Genossenschaft für ihre Mitglieder Leistungen unterhalb des Marktwertes erbringt.[51] Gerade dadurch, dass Commoners eines Wohnraum-Commons nicht zum Marktpreis wohnen können, entsteht z. B. ein sozialer Mehrwert.[52] Daher muss es – anders als bei der GmbH-gebV – bei der eG-gebV möglich sein, dass Mitglieder Naturalleistungen unterhalb des Marktpreises erhalten.[53]

Parallelen zwischen der eG-gebV und der GmbH-gebV bestehen jedoch in Bezug auf die Beschränkung der Auszahlung des Liquidationserlöses. In beiden Rechtsformvarianten sollen Gesellschafter*innen bzw. Mitglieder nicht in der Lage sein, Vermögen der Gesellschaft oder die Gesellschaft als Ganzes liquidieren und den Liquidationserlös einstreichen zu können.[54]

Zusammengefasst lassen sich in drei Bereichen Unterschiede und Parallelen zwischen der Vermögensbindung in der eG-gebV und der GmbH-gebV feststellen:

Der Zweck meiner Tätigkeit liegt darin, gute und günstige Leistungen an mich selbst zu erbringen.“

51 Menschen schließen sich in der Genossenschaft zusammen, um sich gemeinsam selbst Leistungen zu erbringen, die sie am freien Markt nicht in der Form erlangen könnten. Dieses Handeln ist also nicht rein altruistisch, sondern zielt darauf ab, durch Kostenersparnisse gegenüber Marktpreisen „Profite“ zu erwirtschaften. Genossenschaftliches Wirtschaften sollte daher nicht als uneigennützige Tätigkeit romantisiert werden. Gleichzeitig ist genossenschaftliches Wirtschaften durch die gemeinsame Co-Produktion und die Überwindung von „antagonistischen“ Geschäftsbeziehungen potenziell mehr als die reine Erzielung von Kostenersparnissen, siehe hierzu bereits C. I. 2. b) bb) (5).

52 Siehe hierzu C. I. 2. b) bb) (5) (b).

53 Das Verbot der verbilligten Naturalleistungen an Gesellschafter*innen der GmbH-gebV ist jedoch konsequent. Wären nicht marktgerechte Geschäfte mit der GmbH-gebV möglich, würden die in der GmbH existierenden Anreize zur Gewinnmaximierung in anderer Gestalt fortbestehen. Eine Gesellschafterin einer GmbH-gebV, die bspw. Autos verkauft, könnte Fahrzeuge unter Marktpreisniveau an sich selbst verkaufen und durch marktgerechte Weiterverkäufe die Vermögensbindung aushöhlen. Ähnliches gilt bei der Vermietung und Untervermietung von Wohnraum.

54 In der GmbH-gebV ist dies darin begründet, dass ansonsten die Gesellschafter *innen die Vermögensbindung umgehen könnten. Sie hätten einen Anreiz, Unternehmen privatnützig zu liquidieren, anstatt sie fortzuführen, *Sanders* et al., Entwurf eines Gesetzes für die GmbH-gebV, S. 94.

Tabelle 7

Unterschiede und Parallelen zwischen der Vermögensbindung in der eG-gebV und der GmbH-gebV

	GmbH-gebV	eG-gebV
Gewinn bei Geschäften mit Kunden	Erlaubt und beabsichtigt	Erlaubt aber nicht beabsichtigt (Kunden müssen Mitglieder sein)
Gewinnausschüttung an Gesellschafter/Mitglieder	Nicht erlaubt	Erlaubt, aber nicht beabsichtigt[55] (Kostendeckender Betrieb)
Geschäfte mit Gesellschaftern/ Mitgliedern unterhalb Marktwert	Nicht erlaubt	Geboten
Auszahlung von Erlösen aus der Liquidation von Gesellschaftsvermögen	Nicht erlaubt	Nicht erlaubt

Quelle: Eigene Darstellung.

Vor dem Hintergrund der Corporate-Purpose-Perspektive kann die Wirkungsweise der eG-gebV wie folgt mit derjenigen der GmbH-gebV kontrastiert werden:

Tabelle 8

Vergleich der Wirkungsweise der Vermögensbindung in Bezug auf Corporate Purpose Perspektive

	GmbH-gebV	eG-gebV
Purpose jenseits von Erwirtschaftung von Dividenden beim Geschäftsbetrieb	Ergebnis der Vermögensbindung	Ergebnis des Identitätsprinzips
Purpose jenseits von Profiterwirtschaftung bei der Liquidation	Ergebnis der Vermögensbindung	Ergebnis der Vermögensbindung

Quelle: Eigene Darstellung.

Insgesamt kann also festgehalten werden, dass die Vermögensbindung der GmbH-gebV nur teilweise auf die eG-gebV übertragen werden sollte. Naturalleistungen der eG-gebV an ihre Mitglieder unterhalb des Marktpreises müssen weiterhin zulässig sein. Ansonsten muss den Mitgliedern der eG-

55 Mit Ausnahme der Produktivgenossenschaft, siehe E. II. 2. b), Fn. 49.

gebV – wie bei der GmbH-gebV – der Zugriff auf das Vermögen der eG-gebV verwehrt sein.

3. Kritik an der Vermögensbindung

An der GmbH-gebV ist verschiedentlich Kritik geäußert worden. Diese Kritik kann an dieser Stelle – bereits aus Kapazitätsgründen – nicht umfassend dargestellt und aufgearbeitet werden.[56] Stattdessen stelle ich im Folgenden potenziell relevante Kritik an der Idee der Vermögensbindung dar und untersuche, inwiefern diese für meine Überlegungen zur Schaffung einer eG-gebV durchgreifend ist.

a) Verbandsautonomie

Von verschiedenen Seiten wurde erklärt, die Möglichkeit, eine Vermögensbindung zu vereinbaren, stelle einen Verstoß gegen die einfachrechtliche[57] Verbandsautonomie dar.[58]

Zur Natur und Begründung der Verbandsautonomie verweise ich auf meine obigen Ausführungen.[59] Bei diesen Ausführungen bin ich zu dem Ergebnis gekommen, dass Klauseln, die faktisch nur sehr schwer abänderlich sind, weil eine Abänderung einen einstimmigen Beschluss erfordert und davon auszugehen ist, dass sich eine Sperrminorität finden wird, nach geltendem Recht zulässig sind.[60] Hieraus lässt sich aber nicht unmittelbar schließen, dass die Vermögensbindung der eG-gebV nicht gegen die Verbandsautonomie verstoßen würde. Anders als etwa beim MHS-Ansatz wären die GmbH-gebV und die eG-gebV darauf ausgelegt, eine rechtlich unabänderliche Vermögensbindung zu schaffen. Diese Bindung könnte auch durch einen einstimmigen Beschluss sämtlicher Mitglieder nicht aufgehoben werden.

---

[56] Siehe nur *Weitemeyer/Weißenberger/Wiese*, GmbHR 2021, 1069–1079; *Loritz/Weinmann*, DStR 2021, 2205–2011. Zum ersten Entwurf *Arnold/Burgard/Roth/Weitemeyer*, NZG 2020, 1321–1328; *Hüttemann/Rawert/Weitemeyer*, npoR 2020, 296–298.

[57] Bei meiner Einordnung der Standpunkte muss erwähnt werden, dass oft nicht klar ersichtlich ist, ob sich Literaturmeinungen bei diesem Punkt nur auf einfachrechtliche oder auch auf verfassungsrechtliche Grundsätze berufen.

[58] *Arnold/Burgard/Roth/Weitemeyer*, NZG 2020, 1321–1328, 1324; *Hüttemann/Rawert/Weitemeyer*, npoR 2020, 296–298, 297; m. w. N. *Sanders*, NZG 2021, 1573–1583, Fn. 52.

[59] Unter D. I. 2. a) dd).

[60] Diese Klauseln dürfen aber nicht deshalb unabänderlich sein, weil eine Abstimmung über ihre Abänderung logistisch oder aus sonstigen praktischen Gründen strukturell nicht durchgeführt werden kann, siehe D. I. 2. a) dd) (2).

Die eG-gebV würde jedoch auch mit einer echten und nicht bloß „faktischen“ Ewigkeitsbindung nicht gegen die einfachrechtliche Verbandsautonomie verstoßen. Dies ergibt sich daraus, dass die Vermögensbindung in der eG-gebV gesetzlicher und nicht gesellschaftsvertraglicher Natur wäre. Das Gesellschaftsrecht kennt eine Vielzahl zwingender gesetzlicher Normen, welche die konkrete Gestalt verschiedener juristischer Personen prägen. Diese Normen sind nach geltendem Recht keine Beschränkung der einfachrechtlichen Verbandsautonomie, sondern schlichtweg Teil der gesetzgeberisch gewählten Ausgestaltung der jeweiligen Rechtsform. So ist z. B. das zwingende Förderprinzip nach § 1 Abs. 1 GenG keine Beschränkung der Verbandsautonomie der Genossenschaftsmitglieder, obwohl diese Norm die möglichen Gesellschaftszwecke der Genossenschaft stark eingrenzt. Wer sich der Rechtsform der eG bedient oder einer eG beitritt, begibt sich von vornherein in diese eingeschränkt nutzbare Rechtsform. Der Gesetzgeber ist auch in Bezug auf die Vermögensbindung in seiner demokratisch legitimierten Gestaltungsmacht nicht durch den einfachrechtlichen Grundsatz der Verbandsautonomie beschränkt.[61]

b) Vereinigungsfreiheit und Privatautonomie

Im Zuge der Diskussion zur GmbH-gebV wurden Zweifel an der Verfassungsmäßigkeit des Vorhabens geäußert. Die Vorwürfe beziehen sich dabei u. a. auf die Vereinigungsfreiheit nach Art. 9 Abs. 1 GG und auf die Privatautonomie nach Art. 2 Abs. 1 GG. Diese Vorwürfe haben zwei Stoßrichtungen: Erstens wird erklärt, dass die Schaffung einer GmbH-gebV einen unverhältnismäßigen Eingriff in die Vereinigungsfreiheit und Privatautonomie darstellen würde.[62] Zweitens wurde infrage gestellt, ob die GmbH-gebV auf Grundlage der Vereinigungsfreiheit als bloße Rechtsformvariante einer GmbH verfassungsrechtlich zulässig wäre oder ob nicht eine eigenständige Regelung außerhalb des GmbHG erforderlich wäre.[63]

aa) Kein unverhältnismäßiger Eingriff

Im Folgenden untersuche ich die Frage, ob die Einführung der Vermögensbindung unverhältnismäßig in Art. 2 Abs. 1 oder Art. 9 Abs. 1 GG eingreift,

---

61 *Lomfeld/Neitzel*, Verfassungsblog, 13.03.2021; *Sanders*, NZG 2021, 1573-1583, 1576.

62 *Grunewald/Hennrichs*, NZG 2020, 1201–1206, 1202; *Karst/Müller-Gschlößl*, NJOZ 2021, 961–964, 964; skeptisch auch *Herchen*, ZGR 2022, 664–689, 683 ff.

63 So aus den Kreisen des BMJV, Stiftung Verantwortungseigentum, Policy Brief – Gesetzesentwurf, S. 51.

nach dem klassischen grundrechtlichen Prüfschema von Schutzbereich, Eingriff und Rechtfertigung.[64]

(1) Schutzbereich

Die Vereinigungsfreiheit nach Art. 9 Abs. 1 GG schützt die Möglichkeit der freien sozialen Gruppenbildung.[65] Dies umfasst die Freiheit zum Beitritt zu bestehenden Vereinigungen, die freie Teilnahme der Mitglieder an der Selbstbestimmung über die eigene Organisation, das Verfahren ihrer Willensbildung und die Führung der Geschäfte.[66]

U.a. in seiner *Bahá'í*-Entscheidung konkretisierte das Bundesverfassungsgericht, dass die Vereinigungsfreiheit auch in der Weise ausgeübt werden kann, dass das Selbstverwaltungsrecht der Vereinigung satzungsmäßig beschränkt wird.[67] Auch eine solche Beschränkung stellt die Ausübung von Autonomie dar und es würde daher eine Beschneidung von Autonomie bedeuten, wenn [selbstbeschränkende] Regelungen für unzulässig erklärt würden.[68] Die Vereinigungsfreiheit

> „wird somit von zwei nicht notwendig parallel laufenden inhaltlichen Tendenzen geprägt: Einerseits schützt [sie] die Autonomie in der Bildung und organisatorischen Gestaltung des Vereins nach der freien Selbstentscheidung der Mitglieder [...] andererseits bewahrt [sie] die Selbstbestimmung des Vereins und seiner Mitglieder vor einer Entäußerung, die die eigene Willensbestimmung nahezu vollständig zum Erliegen bringt."[69]

Indem die Vermögensbindung die kollektive Willensbildung und Handlungsfähigkeit in einer Vereinigung betrifft, ist zumindest der Schutzbereich von Art. 9 Abs. 1 GG eröffnet.

---

64 Siehe hierzu *Jarass*/Pieroth, GG, Vorb. vor Art. 1, Rn. 14.

65 Siehe hierzu im Einzelnen BVerfG, Beschluss vom 18.12.1974 – 1 BvR 430/65 –, BVerfGE 38, 281–312, juris, Rn. 98.

66 BVerfG, Urteil vom 10.06.2009 – 1 BvR 706/08 –, BVerfGE 123, 186–267, juris, Rn. 142.

67 Gegenstand dieser Entscheidung war jedoch keine unabänderliche Satzungsklausel, sondern die Auslagerung von Entscheidungskompetenzen auf einen anderen Verein. Insofern betrifft die Entscheidung wesentlich die Frage der *Verbandssouveränität*, d.h. die Zulässigkeit des Dritteinflusses und nicht die Frage, inwiefern unabänderliche Satzungsklauseln zulässig sind, BVerfG, Beschluss vom 05.02.1991 – 2 BvR 263/86 –, BVerfGE 83, 341–362; zur Verbandssouveränität siehe auch D. II. 2. a) cc) (2) (a).

68 BVerfG, Beschluss vom 05.02.1991 – 2 BvR 263/86 –, BVerfGE 83, 341–362, juris, Rn. 77.

69 BVerfG, Beschluss vom 05.02.1991 – 2 BvR 263/86 –, BVerfGE 83, 341–362, juris, Rn. 78.

Die Privatautonomie nach Art. 2 Abs. 1 GG umfasst das Recht des Einzelnen, seine Rechtsverhältnisse nach seinem Willen frei zu gestalten.[70] Hierzu gehört insbesondere die Vertragsfreiheit.[71] Die Freiheit der kollektiven rechtlichen Selbstbestimmung im Verband unterfällt dabei dem spezielleren Schutzbereich von Art. 9 Abs. 1 GG.[72] Der Schutzbereich von Art. 2 Abs. 1 GG geht daher im Fall der kollektiv beschlossenen Vermögensbindung in dem von Art. 9 Abs. 1 GG auf.

(2) Eingriff

Würde der Gesetzgeber über die eG-gebV die Möglichkeit der Vermögensbindung einführen, wäre dies bereits kein Eingriff in die Vereinigungsfreiheit.[73]

Gleichlaufend mit dem Vorschlag zur GmbH-gebV (§ 77b Abs. 1 S. 1 GmbHG-gebV) schlage ich vor, dass eine eG-gebV nur *einstimmig*, entweder im Wege der Gründung oder durch einen notariell beurkundeten Beschluss sämtlicher Mitglieder, geschaffen werden kann.[74] Hieraus folgt, dass die Mitglieder, die diesen Beschluss fassen, lediglich ihre eigenen Rechte beschneiden. Künftige Mitglieder würden von vornherein lediglich eine eingeschränkte Rechtsposition erhalten. Diese Rechtsposition würden sie entweder selbstbestimmt durch einen Beitritt in die eG wählen oder sie würden lediglich eine eingeschränkte Rechtsposition erben.[75] Hierin liegt keine Beschränkung der Verbandsautonomie.[76]

---

70 BVerfG, Beschluss vom 13.05.1986 – 1 BvR 1542/84 –, BVerfGE 72, 155–175, juris, Rn. 46.

71 Die Vertragsfreiheit gilt jedoch nicht absolut, siehe hierzu eingehend BVerfG, Beschluss vom 19.10.1993 – 1 BvR 567/89 –, BVerfGE 89, 214–236, juris, Rn. 51 ff.

72 Vgl. BVerfG, Beschluss vom 04.06.1985 – 1 BvL 12/84 –, BVerfGE 70, 115–12, juris, Rn. 26; BVerfG, Beschluss vom 12.11.1958 – 2 BvL 4/56 –, BVerfGE 8, 274–332, juris, Rn. 8; *Di Fabio*/Dürig/Herzog/Scholz, GG, Art. 2 Abs. 1, Rn. 103.

73 Der hypothetische Eingriff würde letztlich von den Mitgliedern der eG-gebV ausgehen, welche die Gesellschaft gründen oder die Vermögensbindung per Beschluss einführen. Insofern könnte die Einführung der eG-gebV gegen die staatliche Pflicht verstoßen, die Grundrechte von Dritten zu schützen, in welche die Vermögensbindung eingreifen würde, *Herchen*, ZGR 2022, 664–689, 683 m.w.N. zum Drittschutz von Grundrechten.

74 Siehe § 52a GenG-gebV unter E. III. 2.

75 Gem. § 77 Abs. 1 S. 2 GenG endet die im Wege der Gesamtrechtsnachfolge erworbene Mitgliedschaft ohnehin nach einem Jahr ab Erwerb, sofern nichts anderes in der Satzung bestimmt ist. Bereits das geltende Recht sieht also für Erben von Genossenschaftsmitgliedern erhebliche Beschränkungen vor.

76 *Sanders*, NZG 2021, 1573–1583, 1576; *Lomfeld/Neitzel*, Verfassungsblog, 13.03.2021. Siehe auch umfassend zur ähnlich gelagerten Frage, ob die Verlagerung

Was verbleibt, ist lediglich die ordnungspolitische Dimension der Vereinigungsfreiheit. Die Vereinigungsfreiheit schützt auch die Funktionsfähigkeit von Verbänden im Interesse der Allgemeinheit.[77] Wie bereits dargelegt, würde die grenzenlose Schaffung von Ewigkeitsklauseln potenziell lähmend auf Unternehmen wirken, die nicht mehr in der Lage wären, auf veränderte Umstände zu reagieren.[78] Die Folge könnte eine sinnlose, gesamtwirtschaftlich schädliche Handlungsunfähigkeit von Unternehmen sein. Insofern könnte die Schaffung einer eG-gebV unverhältnismäßig in Grundrechte der Stakeholder von betroffenen Unternehmen eingreifen.[79] Die Vermögensbindung würde jedoch das Verbot von Ewigkeitsklauseln mit einer Ausnahme intakt lassen. Auch mit Vermögensbindung wäre es weiterhin möglich, die Zusammensetzung des Genossenschaftsvermögens zu ändern. Lediglich die Erwirtschaftung von Profit in Form einer Kapitaldividende wäre ausgeschlossen.[80] Damit ist keine lähmende Handlungsunfähigkeit der eG-gebV zu befürchten. Insbesondere wäre die Vermögensbindung keine „*Entäußerung, die die eigene Willensbestimmung nahezu vollständig zum Erliegen bringt*".[81]

Damit greift die Vermögensbindung insgesamt nicht in die Vereinigungsfreiheit nach Art. 9 Abs. 1 GG ein.

bb) Rechtsformvariante

Es wäre auch nicht verfassungsrechtlich erforderlich, eine neue Rechtsform zu schaffen, sondern die eG-gebV wäre als Rechtsformvariante zulässig.

Der Schutzbereich der Vereinigungsfreiheit ist im Einzelnen normgeprägt, d. h. er unterliegt in weiten Teilen der Ausgestaltung durch den Gesetzgeber.[82] Der Gesetzgeber hat bei der Ausgestaltung des Gesellschaftsrechts einen erheblichen Entscheidungsspielraum. Er ist insbesondere nicht an die bestehenden Rechtsformen und Normkomplexe des Gesellschaftsrechts gebun-

---

von Entscheidungskompetenzen auf vereinsfremde Dritte mit Art. 9 Abs. 1 GG vereinbar ist, *Wolff*, Der drittbestimmte Verein, S. 57 ff.

[77] Vgl. BGH, Urteil vom 13.03.1980 – II ZR 54/78 –, BGHZ 76, 191–201, juris, Rn. 14; OLG München, Beschluss vom 30.10.2020 – 31 Wx 371/19 –, NZG 2020, 314–316, 315, Rn. 13; zur AG, *Stein*/MüKoAktG, AktG, § 179 Rn. 56; zur AG, *Holzborn*/BeckOGK AktG, § 179 Rn. 6.

[78] Siehe D. I. 2. dd).

[79] Denkbar wären hier etwa Art. 12 Abs. 1 S. 1 GG oder Art. 14 Abs. 1 S. 1 GG.

[80] *Lomfeld/Neitzel*, Verfassungsblog, 13.03.2021.

[81] BVerfG, Beschluss vom 05.02.1991 – 2 BvR 263/86 –, BVerfGE 83, 341–362, juris, Rn. 78.

[82] BVerfG, Urteil vom 01.03.1979 – 1 BvR 532/77 –, BVerfGE 50, 290–381, juris, Rn. 155; BVerfG, Beschluss vom 09.10.1991 – 1 BvR 397/87 –, BVerfGE 84, 372–381, juris, Rn. 17.

den. Eine Grenze seines Gestaltungsspielraums bzw. Gestaltungsauftrags[83] findet sich erst dort, wo die Funktionsfähigkeit der Vereinigungen und ihrer Organe nicht mehr gewährleistet ist.[84] Zudem müssen die getroffenen Regelungen verhältnismäßig sein.[85]

Die Funktion des Verbandsrechts liegt u. a. darin, Menschen die kollektive Selbstentfaltung durch soziale Gruppenbildung in Form von Vereinigungen zu ermöglichen.[86] Diese Funktion wird durch die Option der Vermögensbindung in keiner Weise beeinträchtigt. Stattdessen würde die Möglichkeit der sozialen Gruppenbildung sogar erweitert. Die demokratisch legitimierte Gestaltungskraft des Gesetzgebers kann insofern nicht eingeschränkt sein.[87]

Darüber hinaus wäre die Vermögensbindung bei der Genossenschaft – anders als bei der GmbH und der GmbH-gebV – kein rechtsdogmatischer Paradigmenwechsel. Die eG-gebV würde weiterhin nach dem Förderprinzip wirtschaften. Durch die Vermögensbindung würden lediglich Geschäfte ausgeschlossen, die – vom Förderzweck abweichend – darauf ausgerichtet sind, einen Profit in Form eines Dividendenertrags oder eines Liquidationserlöses zu erlangen.[88] Damit wäre – anders als bei der GmbH-gebV – nicht zu befürchten, dass die Regelungstechnik der Rechtsformvariante zu Problemen führen könnte. In der Rechtsformvariante gelten – mit variantenspezifischen Ausnahmen und Besonderheiten – die Regeln der Grundrechtsform.[89] Bei der GmbH-gebV sind dies die Regeln des GmbHG. Das GmbHG ist als rechtliche Grundlage einer Kapitalgesellschaft auf eine grundsätzlich andere Handlungslogik ausgerichtet als die GmbH-gebV.[90] Die Anwendung des GmbHG könnte daher in Konflikt mit der Vermögensbindung stehen.[91] Dies ist bei der eG-gebV und dem GenG allerdings nicht zu befürchten.

Damit ist die eG-gebV insgesamt als Rechtsformvariante der eG verfassungsrechtlich zulässig. Darüber hinaus ist sie rechtsdogmatisch und konzeptuell mit der eG kompatibel.

---

83 Aus Art. 9 Abs. 1 GG folgt ein Gestaltungsauftrag für den Gesetzgeber, BVerfG, Urteil vom 01.03.1979 – 1 BvR 532/77 –, BVerfGE 50, 290–381, juris, Rn. 155.

84 BVerfG, Urteil vom 01.03.1979 – 1 BvR 532/77 –, BVerfGE 50, 290–381, juris, Rn. 156.

85 BVerfG, Beschluss vom 09.10.1991 – 1 BvR 397/87 –, BVerfGE 84, 372–381, juris, Rn. 17.

86 BVerfG, Urteil vom 01.03.1979 – 1 BvR 532/77 –, BVerfGE 50, 290–381, juris, Rn. 153.

87 Zur GmbH-gebV, *Lomfeld/Neitzel*, Verfassungsblog, 13.03.2021.

88 Vgl. hierzu bereits E. II. 2. b).

89 Siehe hierzu *Lieder/Becker*, NZG 2021, 357–366, 357 f.

90 Siehe hierzu E. II. 2. a) bb).

91 Eingehend zu dieser Thematik *Reiff*, Verantwortungseigentum, S. 426 ff.

c) Eigentumsgarantie

In Teilen des Schrifttums wurde Skepsis darüber geäußert, ob die GmbH-gebV mit der Eigentums- bzw. Institutsgarantie aus Art. 14 Abs. 1 S. 1 GG vereinbar wäre.[92] Insofern stellt sich die Frage, ob diese Bedenken durchgreifend sind und – wenn ja – ob auch die Vermögensbindung der eG-gebV mit der Eigentumsgarantie in Konflikt stünde.[93]

Die Institutsgarantie sichert einen Grundbestand von Normen, die als Eigentum im verfassungsrechtlichen Sinne bezeichnet werden.[94] Dem Gesetzgeber obliegt es, diese Normen als Inhalt und Schranken des Eigentums unter Beachtung der grundlegenden verfassungsrechtlichen Wertentscheidungen zu bestimmen.[95] Dabei kann und muss der Gesetzgeber den Inhalt und die Funktion des Eigentums an die gesellschaftlichen und wirtschaftlichen Verhältnisse anpassen. Die Institutsgarantie verbietet jedoch, dass solche Sachbereiche der Privatrechtsordnung entzogen werden, die zum elementaren Bestand grundrechtlich geschützter Betätigung im vermögensrechtlichen Bereich gehören und damit der durch das Grundrecht geschützte Freiheitsbereich aufgehoben oder wesentlich geschmälert wird.[96]

Vor diesem Hintergrund stellt sich die Frage, ob die GmbH-gebV deswegen gegen die Institutsgarantie des Eigentums verstoßen würde, weil sie die in den GmbH-Geschäftsanteilen verkörperten Vermögensrechte ausschließt.[97] Das Gesellschaftsvermögen steht zivilrechtlich im Eigentum der Gesellschaft. GmbH-Gesellschafter*innen haben daher zivilrechtlich kein Eigentum am Gesellschaftsvermögen.[98] Verfassungsrechtlich ist jedoch den Gesellschaftern

---

[92] So etwa *Herchen*, ZGR 2022, 664–689, 68 ff. Teilweise wurde auch aus nicht juristischen Kreisen harsche Kritik geäußert, so sei die Vermögensbindung ein „*Angriff auf das Privateigentum*“, *Sigmund/Hoppe/Holzki*, Widerstand gegen die „GmbH für Verantwortungseigentum“ formiert sich.

[93] Eingehend zu dieser Frage *Reiff*, Verantwortungseigentum, S. 463 ff.

[94] BVerfG, Urteil vom 18. 12. 1968 – 1 BvR 638/64 –, BVerfGE 24, 367–424, juris, Rn. 81.

[95] BVerfG, Beschluss vom 12. 01. 1967 – 1 BvR 169/63 –, BVerfGE 21, 73–87, juris, Rn. 22.

[96] Zur Überführung von Privateigentum in öffentliches Eigentum BVerfG, Urteil vom 18. 12. 1968 – 1 BvR 638/64 –, BVerfGE 24, 367–424, juris, Rn. 82; zum Anteilseigentum, BVerfG, Urteil vom 01. 03. 1979 – 1 BvR 532/77 –, BVerfGE 50, 290–381, juris, Rn. 130 ff.

[97] So wohl *Herchen*, ZGR 2022, 664–689, 69; *a. A. Lomfeld/Neitzel*, Verfassungsblog vom 13. 03. 2021; *Loritz/Weinmann*, DStR 2021, 2205–2011, 2209.

[98] Sog. „Trennungsprinzip“, vgl. *Merkt*/MüKoGmbHG, GmbHG, § 13 Rn. 340 m. w. N.; *Reiff*, Verantwortungseigentum, S. 484.

einer Kapitalgesellschaft das Gesellschaftsvermögen durch ihr „Anteilseigentum“ zugeordnet.[99]

Den kritischen Stimmen ist zuzugeben, dass es einen Paradigmenwechsel im Kapitalgesellschaftsrecht bedeuten würde, wenn mit der GmbH-gebV die Möglichkeit bestünde, Vermögensrechte aus dem Anteilseigentum herauszulösen. Gleichzeitig dürfte dies noch nicht bedeuten, dass eine entsprechende Regelung verfassungswidrig wäre. Eigentum ist kein starres Naturrecht, sondern ein Bündel von Rechten, aus welchem der Gesetzgeber einzelne Rechte herauslösen- und in das er andere hinzufügen kann.[100] Dabei dürften auch Vermögensrechte als Teil dieses Bündels nicht sakrosankt bzw. der demokratisch legitimierten Gestaltungskraft des Gesetzgebers entzogen sein. Dies gilt umso mehr, als niemand gezwungen würde, die Vermögensbindung herbeizuführen. Der Verzicht auf Vermögensrechte wäre jeweils freiwillig.[101]

Unabhängig von der Bewertung der Frage, ob die GmbH-gebV mit der Eigentumsgarantie vereinbar wäre, stellt sich diese Frage nicht in gleicher Weise für die Genossenschaft. Die Genossenschaft kennt keine handelbaren Geschäftsanteile, sondern lediglich die Mitgliedschaft. Die Mitgliedschaftsrechte fallen als vermögenswerte Rechtsposition unter den Schutz von Art. 14 Abs. 1 S. 1 GG.[102] Zu den strukturell-zentralen Mitgliedschaftsrechten gehören jedoch nicht Vermögensrechte in Form von Dividendenbezugsrechten. Zwar kann die Genossenschaft Dividenden an ihre Mitglieder zahlen (§ 19 GenG), aufgrund des Förderzwecks bilden Dividenden aber nicht den wirtschaftlichen und rechtlichen Kern der Mitgliedschaft. Dieser liegt vielmehr in der Förderung der Mitglieder durch Naturalleistungen (§ 1 Abs. 1 GenG).[103] Die Dividendengenossenschaft ist hingegen verboten.[104] Auch der Zugriff auf den Liquidationserlös der Genossenschaft bildet kein prägendes Merkmal der Mitgliedschaft. Ausscheidende Mitglieder haben keinen Zugriff auf das Ver-

---

99 *„Das Anteilseigentum ist in seinem mitgliedschaftsrechtlichen und seinem vermögensrechtlichen Element gesellschaftsrechtlich vermitteltes Eigentum“*, BVerfG, Urteil vom 01.03.1979 – 1 BvR 532/77 –, BVerfGE 50, 290–381, juris, Rn. 131; BVerfG, Nichtannahmebeschluss vom 09.01.2014 – 1 BvR 2344/11 –, juris, Rn. 18f.; *Reiff*, Verantwortungseigentum, S. 486f. m.w.N.

100 Grundlegend hierzu der sog. „Nassauskiesungsbeschluss“, BVerfG, Beschluss vom 15.07.1981 – 1 BvL 77/78 –, BVerfGE 58, 300–353, juris, Rn. 117ff.; eingehend zum Nassauskiesungsbeschluss und dessen Folgen für die deutsche Eigentumsdogmatik *Zech*, ACP, 219, 2019, 488–592, 503ff.; *Lomfeld/Neitzel*, Verfassungsblog vom 13.03.2021.

101 Siehe bereits E. II. 3. b) aa) (1).

102 BVerfG, Urteil vom 08.04.1997 – 1 BvR 48/94 –, BVerfGE 95, 267–322, juris, Rn. 200; *Papier/Shirvani*/Dürig/Herzog/Scholz, GG Art. 14 Rn. 310.

103 Siehe hierzu bereits C. IV. 3. a).

104 *Beuthien*, NZG 2020, 681–687, 681ff. m.w.N.

mögen der Genossenschaft (§ 73 Abs. 2 S. 2 GenG).[105] Nur Personen, die zum Zeitpunkt der Liquidation noch Mitglied sind, haben nach geltendem Recht – je nach Satzungsgestaltung – einen Zugriff auf das Genossenschaftsvermögen in Form des Liquidationserlöses.[106] Vor diesem Hintergrund wäre die Vermögensbindung für die Genossenschaft – anders als bei der GmbH – kein Paradigmenwechsel, sondern eine Beschränkung auf den Kern der mitgliedschaftlichen Vermögensrechte.

Damit wäre die Vermögensbindung bei der eG-gebV kein Verstoß gegen die Eigentumsgarantie.

d) Europarechtswidrigkeit

Insbesondere Engel und Haubner haben Bedenken darüber geäußert, ob die GmbH-gebV europarechtskonform wäre.[107] Zentraler Kritikpunkt ist, dass die GmbH-gebV die grenzüberschreitende Umwandlung ausschließen würde (§ 77n Abs. 4 GmbHG-gebV i. V. m. §§ 122a, 122b Abs. 1 Nr. 1 UmwG) und dass dies gegen die Niederlassungsfreiheit nach Art. 49, 54 AEUV verstoßen würde.[108]

Hintergrund dieser Kritik ist, dass die Vermögensbindung der GmbH-gebV nur dann dauerhaft abgesichert werden kann, wenn sie nicht dadurch aufgehoben werden kann, dass die GmbH-gebV in eine Gesellschaft ohne Vermögensbindung umgewandelt wird. Dies erfordert auch, dass derartige grenzüberschreitende Umwandlungen ausgeschlossen werden.[109] Auch für die eG-gebV müsste die grenzüberschreitende Umwandlung ausgeschlossen sein.[110]

Der Europäische Gerichtshof hat in mehreren Urteilen entschieden, dass die Niederlassungsfreiheit nach Art. 49, 54 AEUV Mitgliedstaaten dazu verpflichtet, grenzüberschreitende Umwandlungen zuzulassen.[111] So hielt der Gerichtshof in seiner sog. *Cartesio*-Entscheidung fest, dass Mitgliedstaaten die grenzüberschreitende Sitzverlegung bei gleichzeitigem Rechtsformwechsel in eine Rechtsform des Zuzugsstaates (sog. „Herausformwechsel“) nicht verhindern dürfen.[112] In seiner *Polbud*-Entscheidung konkretisierte der Ge-

---

[105] Siehe hierzu D. I. 2. a) bb) (6).

[106] Siehe hierzu D. I. 2. a) bb) (9).

[107] *Engel/Haubner*, DStR 2022, 844–849; *a. A. Möslein/Sanders*, JZ 2022, 923–933.

[108] *Engel/Haubner*, DStR 2022, 844–849.

[109] *Möslein/Sanders*, JZ 2022, 923–933, 924.

[110] Siehe hierzu im Einzelnen E. III. 1. a) aa) (6) (c).

[111] Siehe hierzu die Rechtsprechungsübersicht bei *Ego*/MüKoAktG, Europäische Niederlassungsfreiheit, Rn. 92 ff.

[112] EuGH, Urteil vom 16. 12. 2008 – C-210/06 –, NJW 2009, 569–572.

richtshof, dass bei einem Herausformwechsel nicht erforderlich ist, dass Unternehmen ihren tatsächlichen Sitz in den Zuzugsstaat verlegen und die satzungsmäßige Anpassung des Sitzes ausreicht.[113] Dementsprechend stellt sich die Frage, ob auch eine GmbH-gebV oder eine eG-gebV zwingend in eine ausländische Gesellschaft ohne Vermögensbindung umwandelbar sein müsste.

Zunächst ist zweifelhaft, ob die eG-gebV überhaupt in den Anwendungsbereich von Art. 54 AEUV fallen würde. Dieser umfasst zwar gem. Art. 54 Abs. 2 AEUV ausdrücklich auch Genossenschaften, nicht aber solche Gesellschaften, die „keinen Erwerbszweck" verfolgen. Damit sind insbesondere Akteure ausgenommen, die nicht auf die Teilnahme am wirtschaftlichen Wettbewerb ausgerichtet sind. Hierunter fallen etwa Gesellschaften, die rein religiöse, karitative, kulturelle oder soziale Zielsetzungen verfolgen.[114] Indem die eG-gebV ausdrücklich für Commons-strukturiertes Wirtschaften dienen soll und dies auch rechtlich abgesichert sein soll, spricht einiges dafür, dass die eG-gebV keinen Erwerbszweck i. S. v. Art. 54 Abs. 2 AEUV verfolgt. Insofern dürfte Wirtschaften nach den Grundsätzen des Commonings m. E. als soziale Zielsetzung einzuordnen sein.[115] Daher dürfte die eG-gebV bereits aus dem Anwendungsbereich der Niederlassungsfreiheit herausfallen.

Aber auch wenn unterstellt wird, dass der Anwendungsbereich von Art. 54 AEUV eröffnet ist, ergibt sich aus der Rechtsprechung des Gerichtshofs nicht, dass die eG-gebV inklusive Umwandlungsverbot europarechtswidrig wäre. So ist die Genossenschaft bereits nach geltendem (europäischem) Recht gem. § 122b Abs. 2 Nr. 1 UmwG i. V. m. Art. 120 Abs. 2 RL (EU) 2017/1132 von der grenzüberschreitenden Verschmelzung ausgeschlossen.[116] Auch der Ausschluss der grenzüberschreitenden Spaltung und des Rechtsformwechsels dürften europarechtskonform sein.[117] Nach wohl herrschendem Verständnis der bisherigen Rechtsprechung verbieten Art. 49, 54 AEUV lediglich Diskriminierungen bei der grenzüberschreitenden Umwandlung, nicht aber jegliche

---

113 EuGH, Urteil vom 25.10.2017 – C-106/16 –, NJW 2017, 3639–3643.

114 *Müller-Graff*/Streinz AEUV Art. 54 Rn. 3; *Jürgen Tiedje*/Groeben, von der/Schwarze/Hatje AEUV Art. 54 Rn. 22.

115 Dies stützt sich insbesondere auf die oben dargestellten Vorteile, die sich aus der Dekommodifizierung und der gleichrangigen Selbstverwaltung ergeben, C. I. 2 b) bb) (4) und C. I. 2 b) bb) (5).

116 Dies begründet sich darin, dass das europäische Genossenschaftsrecht in Mitgliedstaaten sehr unterschiedlich gestaltet ist, sodass eine Verschmelzung rechtliche Unsicherheiten birgt. Darüber hinaus erkannte der Gesetzgeber angesichts der Möglichkeit der Gründung einer Europäischen Genossenschaft kein Bedürfnis an der grenzüberschreitenden Verschmelzung, Bt.-Drs. 16/2919, S. 14f.

117 Die grenzüberschreitende Spaltung und der Rechtsformwechsel sind für die Genossenschaft gesetzlich nicht geregelt. Insofern besteht Unklarheit, welche Regeln hierfür Anwendung finden, vgl. hierzu *Hörtnagl*/Schmitt, UmwG, § 1 Rn. 46.

Beschränkungen. Hiernach sind Beschränkungen der Umwandlung dann zulässig, wenn sie unterschiedslos sowohl inländische als auch grenzüberschreitende Umwandlungen betreffen.[118] Mein Vorschlag zur eG-gebV würde sämtliche formwechselnden Umwandlungen ausschließen, auch innerhalb Deutschlands.[119] Eine Diskriminierung wäre damit nicht gegeben.

Darüber hinaus gebietet die Niederlassungsfreiheit nicht, dass Mitgliedstaaten die Umwandlung in beliebige ausländische Rechtsformen zulassen. Die neue Zielrechtsform muss insofern den Fortbestand wesenstypischer Merkmale gewährleisten.[120] Wäre dies nicht der Fall, würde etwa das Stiftungsrecht hinfällig, da Stiftungen sich beispielsweise durch die Umwandlung in eine ausländische Kapitalgesellschaft von ihrer Zweckbindung lösen könnten.[121] Die Vermögensbindung ist als prägendes Merkmal jedenfalls wesenstypisch für die eG-gebV. Insofern würde – unterstellt, dass der deutsche Gesetzgeber den Formwechsel zulassen müsste – die eG-gebV lediglich in ausländische Genossenschaften umgewandelt werden können müssen, die eine vollständige Vermögensbindung beinhalten.[122]

Damit ist im Ergebnis die Vermögensbindung der eG-gebV mit der Niederlassungsfreiheit vereinbar.[123]

e) Selbstzweckorganisation

Insbesondere gegen den Vorgängerentwurf zur GmbH-gebV wurde der Vorwurf erhoben, die Vermögensbindung schaffe eine Selbstzweckorganisation.[124] Die Selbstzweckorganisation ist ein Begriff aus dem Stiftungsrecht und beschreibt Stiftungen, die allein den Zweck verfolgen, ihr Vermögen zu erhalten. Derartige Selbstzweckstiftungen sind nach h. M. verboten (Vgl. § 80 Abs. 1 S. 1 BGB).[125] Einer der Gründe für dieses Verbot liegt darin, dass Stiftungen nicht als „Perpetuum Mobile“ unbegrenzt Vermögen anhäufen sol-

---

[118] *Weitemeyer*/MüKoBGB, BGB, § 80 Rn. 319; m. w. N. *Möslein/Sanders*, JZ 2022, 923–933, 927 ff.

[119] Siehe §§ 52g eG-gebV ff. unter E. III. 2.

[120] M. w. N. *Möslein/Sanders*, JZ 2022, 923–933, 928 f.

[121] Dieses Beispiel wählend *Möslein/Sanders*, JZ 2022, 923–933, 928.

[122] So zur GmbH-gebV *Möslein/Sanders*, JZ 2022, 923–933, 929.

[123] Eine tiefere und breitere Untersuchung der Herausforderungen der Vermögensbindung und der grenzüberschreitenden Umwandlung wäre wünschenswert. Diese würde jedoch den Rahmen meiner Untersuchung übersteigen. Insofern verweise ich jedoch auf *Möslein/Sanders*, JZ 2022, 923–933.

[124] *Arnold/Burgard/Roth/Weitemeyer*, NZG 2020, 1321–1328, 1322 ff.; *Grunewald/Hennrichs*, NZG 2020, 1201–1206, 1203.

[125] Bericht der Bund-Länder-Arbeitsgruppe Stiftungsrecht vom 09.09.2016, S. 13, 110; *Weitemeyer*/MüKoBGB, BGB, § 80 Rn. 127 m. w. N.

len, welches keinem über seine Vermehrung und Erhaltung hinausgehenden Zweck dient.[126]

Unabhängig davon, ob diese Kritik in Bezug auf die GmbH-gebV valide ist, ist sie für die eG-gebV nicht relevant.[127] Die Vermögensbindung in der eG-gebV würde den Förderzweck nach § 1 Abs. 1 GenG nicht aufheben.[128] Damit hätte die eG-gebV in jedem Fall weiterhin einen klaren Förderzweck und keinen Selbstzweck.

f) Fehlende Anreize zur optimalen Nutzung des Vermögens

Gegen die Vermögensbindung der GmbH-gebV wurde angeführt, diese führe dazu, dass Gesellschafter*innen sich nicht mehr um die Gesellschaft kümmern würden, weil sie hierzu mangels Gewinnmöglichkeit keinen Anreiz hätten.[129] Auch dieser Kritikpunkt ist – unabhängig von seiner Überzeugungskraft – nicht für die Vermögensbindung der eG-gebV relevant.[130] Anders als in der GmbH-gebV können Mitglieder einer eG-gebV von den Naturalleistungen ihrer Genossenschaft wirtschaftlich profitieren.[131] Sie haben daher auch finanzielle Anreize, ihren Wohnraum möglichst kosteneffizient zu erhalten.

g) Gläubigergefährdung

Der GmbH-gebV wurde schließlich vorgeworfen, sie würde die Gläubiger ihrer Gesellschafter*innen gefährden. Inhalt des Vorwurfs ist, dass Gläubiger von Gesellschaftern nicht mehr auf unter Umständen erhebliche Vermögenswerte zurückgreifen könnten, wenn ihre Schuldner ihr Vermögen durch Gründung oder Umwandlung in eine GmbH-gebV überführen.[132] Dem ist bereits bei der GmbH-gebV entgegenzuhalten, dass die Vermögensbindung nicht zu einer Gläubigerbenachteiligung im Sinne einer Ungleichbehandlung durch Schlechterstellung von einigen Gläubigern gegenüber anderen Gläubigern

---

126 *Arnold/Burgard/Roth/Weitemeyer*, NZG 2020, 1321–1328, 1323.

127 Siehe die m. E. überzeugende Erwiderung auf die Kritik, *Sanders*, NZG 2021, 1573–1583, 1577 f.

128 Siehe E. II. 2. b).

129 So *Grunewald/Hennrichs*, NZG 2020, 1201–1206, 1203; *Arnold/Burgard/Roth/Weitemeyer*, NZG 2020, 1321–1328, 1326.

130 Siehe die m. E. überzeugende Erwiderung, *Sanders*, NZG 2021, 1573–1583, 1579 f.

131 Siehe E. II. 2. b).

132 „*Vollstreckungsfreie Vermögensenklave*“, noch zum früheren Gesetzesentwurf von 2020, *Arnold/Burgard/Roth/Weitemeyer*, NZG 2020, 1321, 1325; *Grunewald/Hennrichs*, NZG 2020, 1201–1206, 1204.

führt. Die Vermögensbindung haftet Geschäftsanteilen universell gegenüber jedem an und nicht nur gegenüber bestimmten Gläubigern.[133] Im Übrigen werden Gläubiger durch das Anfechtungs- und Insolvenzrecht geschützt.[134]

Darüber hinaus ist bei der Zwangsvollstreckung in Genossenschaftsanteile durch Gläubiger von Mitgliedern auch nach geltendem Recht ohnehin kein Zugriff auf das Genossenschaftsvermögen möglich, der über das Geschäftsguthaben des Mitglieds hinausgeht. Gläubiger von Genossenschaftsmitgliedern können in den Anspruch der Mitglieder auf Auszahlung des Geschäftsguthabens im Rahmen ihrer Auseinandersetzung gem. § 73 Abs. 2 S. 2 GenG zwangsvollstrecken.[135] Dieser Anspruch umfasst gem. § 73 Abs. 2 S. 3 GenG eben nicht den anteiligen Verkehrswert des Genossenschaftsvermögens, sondern lediglich das Geschäftsguthaben.[136] Erst in der Auflösung und Verteilung des Liquidationserlöses ist es nach geltendem Recht möglich, dass Mitglieder auf den Verkehrswert des Genossenschaftsvermögens zugreifen. In diesen Anspruch auf Liquidationserlös kann vollstreckt werden.[137] Nur in Bezug auf die Zwangsvollstreckung in den Anspruch auf den anteiligen Liquidationserlös ändert die eG-gebV also die Rechtslage in relevanter Weise.

Die Zwangsvollstreckung in den Anspruch auf Auszahlung des anteiligen Liquidationserlöses ist bereits nach geltendem Recht wenig aussichtsreich. Der Anspruch entsteht mit Erwerb der Mitgliedschaft aufschiebend bedingt auf die Auflösung der Genossenschaft.[138] Gläubiger müssen für dessen Geltendmachung also darauf warten, dass die Genossenschaft aufgelöst wird. Zudem sind Gläubiger der Gefahr ausgesetzt, dass der Anspruch dadurch erlischt, dass Schuldner vor Auflösung der Genossenschaft ihre Mitgliedschaft beenden, sodass Schuldner lediglich in den Anspruch auf Auszahlung des Geschäftsguthabens gem. § 73 Abs. 2 S. 2 GenG vollstrecken können.

Angesichts der Tatsache, dass die Zwangsvollstreckung in den Anspruch auf den Liquidationserlös also ohnehin wenig aussichtsreich ist, ist der Verlust

---

133 *Sanders*, NZG 2021, 1573–1583, 1581.

134 Siehe insbesondere §§ 3, 4 Abs. 1 AnfG und §§ 133, 134 Abs. 1 InsO.

135 Der Anspruch des Mitglieds auf Auszahlung des Geschäftsguthabens ist bereits vor der Auseinandersetzung als aufschiebend bedingte Forderung vorhanden, BGH, Urteil vom 08.01.2009 – IX ZR 217/07 –, NJW-RR 2009, 755–757, 756. Die Zwangsvollstreckung erfolgt mittels Pfändungs- und Überweisungsbeschluss gem. § 857 Abs. 1 ZPO i.V.m. §§ 828ff. ZPO. Weil der Pfändungs- und Überweisungsbeschluss nicht auch die Kündigung von Geschäftsanteilen beinhaltet, können Gläubiger nach § 66 GenG die Kündigung von Geschäftsanteilen erklären.

136 Zum Inhalt des Geschäftsguthabens siehe C. IV. 6. b).

137 *Beuthien*, GenG, § 91 Rn. 1; *Althanns*, Genossenschafts-Handbuch 3200, § 91 Rn. 18.

138 *Beuthien*, GenG, § 91 Rn. 1; *Althanns*, Genossenschafts-Handbuch 3200, § 91 Rn. 18.

dieses Anspruchs keine signifikante Schlechterstellung für Gläubiger. Im Übrigen sind Gläubiger durch das existierende System des Anfechtungs- und Insolvenzrechts geschützt. Die Einführung einer eG-gebV würde also zu keiner signifikanten Gläubigergefährdung führen.

h) Zwischenfazit zur Kritik

Es lässt sich festhalten, dass die Kritik an der Vermögensbindung der GmbH-gebV entweder nicht für die Vermögensbindung der eG-gebV relevant ist oder dass sie nicht durchgreifend ist.

4. Zwischenfazit zur Reformbewegung

Die Vermögensbindung der GmbH-gebV bietet insgesamt eine taugliche konzeptuelle Grundlage für die Vermögensbindung in der eG-gebV. Da die eG-gebV andere Zwecke verfolgt als die GmbH-gebV, kann die Vermögensbindung jedoch nur in angepasster Form übernommen werden. Insbesondere muss es möglich sein, dass Mitglieder der eG-gebV Naturalleistungen der Genossenschaft zu einem Preis beziehen, der unterhalb des Marktpreises liegt.

Ich greife die insofern angepasste Vermögensbindung als Grundlage für meinen nachfolgenden Vorschlag zur eG-gebV auf.

III. Vorschlag zur eG-gebV

In einem ersten Schritt stelle ich die prägenden Merkmale der eG-gebV dar (E. III. 1.). Hierauf aufbauend formuliere ich in einem zweiten Schritt einen konkreten Gesetzesvorschlag (E. III. 2.).

1. Merkmale der eG-gebV

Für meinen Vorschlag zur eG-gebV greife ich nicht nur die Vermögensbindung als Konzept auf (E. III. 1. a)). Daneben schlage ich – auf Grundlage meiner Untersuchung zum geltenden Recht – folgende Punkte vor: Die Leitungsmacht des Vorstands sollte durch die Satzung beschränkbar sein (E. III. 1. b)). Mehrfachstimmrechte sollten ausgeschlossen sein (E. III. 1. c)). Schließlich sollte ausdrücklich gesetzlich normiert werden, dass das Vermögen der eG-gebV ein „Gemeingut“ ist (E. III. 1. d)). Damit schlage ich gleichzeitig vor, den Rechtsbegriff des Gemeinguts zu schaffen.

a) Vermögensbindung

In diesem Abschnitt stelle ich dar, welche konkreten Inhalte die Vermögensbindung im System des Genossenschaftsrechts haben könnte (E. III. 1. a) aa)). Darüber hinaus untersuche ich, wie die Vermögensbindung abgesichert werden könnte (E. III. 1. a) bb)).

aa) Inhalt der Vermögensbindung

Die Vermögensbindung soll konzeptuell der Dekommodifizierung bzw. dem darin enthaltenen Ausschluss der profitorientierten Bewirtschaftung entsprechen.[139] Für meinen Entwurf zur eG-gebV verwende ich jedoch den Begriff der Vermögensbindung und nicht den der Dekommodifizierung. Damit stelle ich bewusst einen Bezug zur Diskussion zur GmbH-gebV her. Weil die Vermögensbindung in der eG-gebV in einigen Hinsichten anders funktioniert als in der GmbH-gebV, birgt dies zwar die Gefahr, Verwirrung zu stiften. Ich wähle den Begriff aber dennoch, weil Parallelen klar existieren und weil der Begriff „Vermögensbindung" aus sich heraus verständlicher ist als der Begriff „Dekommodifizierung".

Bei meiner Untersuchung zum geltenden Recht habe ich verschiedene mögliche Praktiken und Strukturmerkmale der eG identifiziert, die mit der Dekommodifizierung in Konflikt stehen.[140] Auf dieser Untersuchung baue ich meinen Vorschlag zur eG-gebV auf.

(1) Auflösung und Verteilung von Liquidationserlös

Soweit die eG-gebV aufgelöst wird, sollte der Liquidationserlös nicht an die Genossenschaftsmitglieder ausgezahlt werden. Hierzu schlage ich die Regelung in § 52d GenG-gebV vor (siehe unter E. III. 2.).

(2) Auseinandersetzung bei Ausscheiden

Bei der Auseinandersetzung mit ausscheidenden Mitgliedern sollte dem Grundsatz von § 73 Abs. 2 S. 2 GenG entsprechend höchstens das Geschäftsguthaben ausgezahlt werden. Auf die Rücklagen und das sonstige Vermögen der Genossenschaft soll ein Mitglied – so wie es gem. § 73 Abs. 2 S. 3 GenG dem geltenden Recht entspricht – keinen Anspruch haben. Lediglich die Möglichkeit, gem. § 73 Abs. 3 GenG einen Beteiligungsfonds zu schaffen, würde

[139] Siehe C. I. 1. c) bb) (5) (a).

[140] Siehe D. I. 2. a) bb).

für die eG-gebV gestrichen.[141] Hierzu schlage ich die Regelung in § 52b Abs. 3 GenG-gebV vor (siehe unter E. III. 2.).

(3) Veräußerung von Wohnraum

Wenn eine Genossenschaft Wohnraum veräußert, führt dies dazu, dass die Vermögensbindung in Bezug auf diesen Wohnraum aufgehoben wird (sofern der Erwerber nicht seinerseits einer Vermögensbindung unterliegt).[142] Dennoch sollte es auch in der eG-gebV möglich sein, Wohnraum frei zu veräußern. Die Vermögensbindung sollte nicht dazu führen, dass eine bestimmte Zusammensetzung von Vermögen eingefroren wird. Stattdessen soll ausgeschlossen werden, dass diejenigen, die über das Vermögen verfügen können, sich – von dem Bezug von Naturalleistungen abgesehen – daran bereichern können. Dadurch ist sichergestellt, dass die eG auf veränderte Umstände und Erfordernisse reagieren kann, aber dass die Mitglieder gleichzeitig keinen profitorientierten Anreiz an der Veräußerung von Genossenschaftsvermögen haben. Dies setzt voraus, dass eine eG-gebV nicht Wohnraum bzw. Genossenschaftsvermögen veräußern und den Erlös als Dividende nach § 19 Abs. 1 GenG an die Mitglieder ausschütten kann. Ebenso darf der Erlös nicht in Form von günstigeren Förderkonditionen, d.h. billigerer Miete bzw. Nutzungsgebühr an die Mitglieder, ausgekehrt werden. Dies entspricht bereits jetzt geltendem Recht, da der Förderzweck nach § 1 Abs. 1 GenG die ersatzlose Veräußerung von Vermögensgegenständen, die zur Erfüllung des Förderzwecks erforderlich sind, untersagt.[143] Gleichzeitig steht dieser Befund in Konflikt mit verbreiteter Rechtspraxis, in welcher Genossenschaften Wohnraum veräußern, den sie weiter genossenschaftlich bewirtschaften könnten. Daher ist eine gesetzliche Klarstellung sinnvoll.

Zur Umsetzung schlage ich in § 52d Abs. 2 GenG-gebV vor, abgestuft die Auflösung von Rücklagen nur in Grenzen zuzulassen und den Liquidationserlös Dritten zukommen zu lassen (siehe unter E. III. 2.).

(4) Untervermietung

Die profitorientierte Untervermietung bzw. die profitorientierte Überlassung von Leistungen der eG-gebV durch Mitglieder an Dritte muss untersagt sein. Dies setze ich in § 52b Abs. 1 eG-gebV um (siehe unter E. III. 2.).

---

141 Siehe D. I. 2. a) bb) (6).

142 Siehe D. I. 2. a) bb) (7).

143 *Beuthien/Klappstein*, Sind genossenschaftliche Rücklagen ein unteilbarer Fonds?, S. 92f.

(5) Nichtmitgliedergeschäft

Indem das Nichtmitgliedergeschäft zur profitorientierten Verwertung von Wohnraum bzw. Genossenschaftsvermögen führt und im Widerspruch zur gleichrangigen Selbstverwaltung steht, schließe ich dieses in meinem Entwurf aus. Siehe hierzu § 52b Abs. 4 S. 1 eG-gebV unter E. III. 2.[144]

(6) Kapitalaufbringung

Es stellt sich die Frage, welche Beschränkungen in Bezug auf die Kapitalaufbringung gestellt werden müssen. Einerseits hat meine bisherige Untersuchung gezeigt, dass bestimmte Instrumente zur Kapitalaufbringung mit der Dekommodifizierung konzeptuell in Konflikt stehen.[145] Andererseits ist die eG-gebV nicht tragfähig, wenn sie im Geschäftsbetrieb nicht für die notwendige Finanzierung geeignet ist.[146] Die eG-gebV muss in der Lage sein, Eigenkapital auch außerhalb des Kreises der Commoners aufzubringen. Von den dafür in Betracht kommenden Finanzierungsinstrumenten dürften solche Instrumente ausscheiden, die Gewinnbezugsrechte mit Kontrollrechten kombinieren. Daher sollten in der eG-gebV atypische stille Beteiligungen ausgeschlossen sein (§ 52c Abs. 3 S. 3, 4 eG-gebV unter E. III. 2.).[147] Genussrechte sind angesichts ihrer Handelbarkeit ebenfalls ein Risiko für die Dekommodifizierung in Gestalt der Vermögensbindung.[148] Insofern sollten diese ausgeschlossen werden (§ 52c Abs. 3 S. 2 eG-gebV unter E. III. 2.). Partiarische Darlehen sollten zulässig sein. Gewinnabführungsverträge sollten ausgeschlossen sein (§ 52c Abs. 1, 2 eG-gebV unter E. III. 2.).[149]

Investierende Mitglieder stehen mit der Vermögensbindung in Konflikt, indem sie den Wohnraum strukturell als Investitionsobjekt zur Erzielung einer Kapitalrendite betrachten.[150] Darüber hinaus können sie mit der Selbstverwaltung in Konflikt stehen, indem sie als nicht nutzende Mitglieder im Vorstand Aufgaben der Geschäftsführung wahrnehmen.[151] Da investierende Mitglieder zur Eigenkapitalbeschaffung und damit mittelbar zur Offenheit des Wohnraums für kapitalschwache Commoners beitragen, schlage ich vor, in-

---

[144] Zum Nichtmitgliedergeschäft D. I. 2. a) bb) (1).

[145] Siehe D. I. 2. a) bb) (8).

[146] So auch zur GmbH-gebV *Sanders* et al., Entwurf eines Gesetzes für die GmbH-gebV, S. 75.

[147] Siehe D. I. 2. a) bb) (8) (b).

[148] Siehe D. I. 2. a) bb) (8) (c).

[149] Siehe D. I. 2. a) bb) (11).

[150] Siehe D. I. 2. bb) (2).

[151] Siehe D. I. 1. a) bb) (1).

vestierende Mitglieder in der eG-gebV zuzulassen. Die Regelungen zu investierenden Mitgliedern sollten jedoch modifiziert werden. So sollten investierende Mitglieder kein Stimmrecht in der Generalversammlung erhalten. Zudem sollten investierende Mitglieder keine Stellung in Organen der Genossenschaft wahrnehmen können, insbesondere in Vorstand und Aufsichtsrat. Siehe hierzu meinen Vorschlag, § 52b Abs. 3 S. 2 GenG-gebV unter E. III. 2.

Insgesamt muss die Vermögensbindung für die eG-gebV bestmöglich den Anspruch der Dekommodifizierung umsetzen und gleichzeitig den wirtschaftlichen Realitäten des Bedarfs an Eigenkapital gerecht werden. Insofern müssen bei der Vermögensbindung Prioritäten gesetzt werden. Entscheidend ist, dass Commoners nicht zu Lasten von künftigen Generationen das Genossenschaftsvermögen durch Auflösung erlangen können. Die Auszahlung von Gewinnen, etwa an investierende Mitglieder oder stille Gesellschafter, während des laufenden Betriebs ist demgegenüber weniger bedeutsam, weil dadurch nicht der Erhalt des Wohnraums für künftige Generationen gefährdet wird.

(7) Umwandlung

Schließlich muss die Möglichkeit, die eG-gebV in andere Rechtsformen umzuwandeln, beschränkt werden. Insbesondere muss verhindert werden, dass die Vermögensbindung dadurch aufgehoben wird, dass die eG-gebV in eine Rechtsform ohne Vermögensbindung umgewandelt wird.[152] Die für die eG relevanten Formen der Umwandlung sind nach § 1 Abs. 1 UmwG die Verschmelzung (§§ 2 ff. UmwG), Spaltung (§§ 123 ff. UmwG) und der Formwechsel (§§ 190 ff. UmwG). Zusätzlich muss die grenzüberschreitende Umwandlung beschränkt werden.[153]

(a) Formwechsel

Ich schlage vor, den Formwechsel (§§ 190 ff. UmwG) für die eG-gebV auszuschließen (§ 52g Abs. 2 GenG-gebV unter E III. 2.).

(b) Spaltung und Verschmelzung

Die Spaltung (§§ 123 ff. UmwG) und die Verschmelzung (§§ 2 ff. UmwG) können zulässig bleiben, soweit sichergestellt ist, dass die übernehmenden

---

152 Siehe zur Umwandlung bereits D. I. 2. a) bb) (10). Zum Verständnis dieser Thematik sind die grafischen Darstellungen zum Gesetzesentwurf zur GmbH-gebV hilfreich, *Sanders* et al., Entwurf eines Gesetzes für die GmbH-gebV, S. 104 ff.

153 Zur Vereinbarkeit dieser Beschränkung mit dem Europarecht siehe E. II. 3. d).

oder neu zu gründenden Rechtsträger jeweils ihrerseits der Vermögensbindung unterliegen. Ich rege daher an, die Spaltung und Verschmelzung nur dann zuzulassen, wenn übernehmende oder neu gegründete Rechtsträger ihrerseits eine eG-gebV sind (§§ 52h, 52i GenG-gebV unter E III. 2.).

Anders als beim Vorschlag zur GmbH-gebV muss auch die Ausgliederung als Unterform der Spaltung (§ 123 Abs. 3 UmwG) eingeschränkt werden. So ist für die GmbH-gebV die Ausgliederung keine Beeinträchtigung der Vermögensbindung, weil sie keine Verschiebung des Vermögens der GmbH-gebV auf ihre Gesellschafter*innen bedeutet.[154] Die Ausgliederung überträgt Vermögen der ausgliedernden Gesellschaft auf eine andere Gesellschaft. Im Gegenzug erhält die ausgliedernde Gesellschaft Anteile an der (aufnehmenden, existierenden oder neuzugründenden) Gesellschaft. Da die neu entstehenden Anteile der ausgliedernden Gesellschaft und nicht ihren Gesellschaftern zustehen, ist es konsequent, dass dies für die GmbH-gebV zulässig ist.

Die Möglichkeit, Vermögen (d. h. Wohnraum) der eG-gebV auf einen anderen Rechtsträger ohne Vermögensbindung ausgliedern zu können, würde Missbrauchspotenzial bergen. So könnten Mitglieder einer eG-gebV Teile des Wohnraums etwa auf eine GmbH ausgliedern. Die GmbH könnte dann profitorientiert den Wohnraum an Dritte vermieten. Die dadurch erlangten Profite könnten sich die Mitglieder der eG-gebV an die eG-gebV nach § 29 GmbHG auszahlen lassen und dann als Dividende nach § 19 Abs. 1 S. 1 GenG oder indirekt über vergünstigte Nützungsgebühren auszahlen.[155]

Daher schlage ich vor, die Ausgliederung nach § 52e Abs. 2 GenG-gebV (siehe E. III. 2.) nur dann zu erlauben, wenn der übernehmende oder neuzugründende Rechtsträger eine eG-gebV ist.

(c) Grenzüberschreitende Umwandlung

Ich schlage vor, den grenzüberschreitenden Formwechsel nur dann zuzulassen, wenn die eG-gebV als Zielrechtsform fortbesteht, d. h., wenn ein ausländischer Rechtsträger sich in eine eG-gebV umwandelt (§ 52g Abs. 3 S. 1 GenG-gebV). Gleichzeitig schlage ich vor, Ausnahmen dann zuzulassen, wenn sichergestellt ist, dass die ausländische Zielrechtsform ihrerseits einer vergleichbaren Vermögensbindung unterliegt (§ 52g Abs. 3 S. 2 GenG-gebV).

---

[154] *Sanders* et al., Entwurf eines Gesetzes für die GmbH-gebV, S. 109.

[155] Derartiges missbräuchliches Vorgehen dürfte bereits nach der Generalklausel über den Zweck der eG-gebV ausgeschlossen sein (siehe E. III. 1. d)). Gleichwohl sollte diese Möglichkeit der Klarheit halber ausdrücklich ausgeschlossen werden.

Das Verbot der grenzüberschreitenden Verschmelzung der Genossenschaft nach § 122b Abs. 2 Nr. 1 UmwG i. V. m. Art. 120 Abs. 2 RL (EU) 2017/1132 behalte ich in meinem Entwurf zur eG-gebV bei.

Für die grenzüberschreitende Spaltung schlage ich vor, diese nur dann zuzulassen, wenn die eG-gebV als aufnehmender oder neu zu gründender Rechtsträger beteiligt ist (§ 52g Abs. 3 S. 3 GenG-gebV). Eine Ausnahme hiervon soll nur dann gelten, wenn sichergestellt ist, dass der aufnehmende oder neu zu gründende ausländische Rechtsträger seinerseits einer vergleichbaren Vermögensbindung unterliegt (§ 52g Abs. 3 S. 4 GenG-gebV).

bb) Absicherung der Vermögensbindung

Die Vermögensbindung sollte durch zwei Ansätze abgesichert werden: Erstens bedarf es einer Regelung über die Rückforderung von Beträgen, die entgegen dem Auszahlungsverbot an Mitglieder geleistet wurden. Zweitens muss die Einhaltung dieser Regelungen überwacht werden.

(1) Rückzahlungspflicht

Wenn entgegen der unter E. III. 1. a) aa) diskutierten Regelungen Vermögen an Mitglieder der eG-gebV ausgezahlt wird, sollten die Mitglieder das Erhaltene zurückzahlen müssen.

Ich schlage vor, für diese Zwecke einen gesetzlichen Rückzahlungsanspruch zu verankern (§ 52e GenG-gebV). Hierfür kann auf die – zumindest im Schrifttum anerkannten – Grundsätze der Rückzahlung zum Zwecke der Kapitalerhaltung zurückgegriffen werden. Gem. § 22 Abs. 4 S. 1 GenG darf das Geschäftsguthaben von Mitgliedern während des Bestehens der Mitgliedschaft nicht ausgezahlt werden. Es ist im GenG nicht ausdrücklich geregelt, welche Rechtsfolge eine Zahlung entgegen dieser Vorschrift hat. In Rechtsprechung und Schrifttum ist aber anerkannt, dass derartige Zahlungen dazu führen, dass die Genossenschaft gegen das jeweils begünstigte Mitglied einen Anspruch auf Rückzahlung hat. Dieser Rückzahlungsanspruch ist in analoger Anwendung von § 31 Abs. 1 GmbHG und § 62 Abs. 1 S. 1 AktG körperschaftlicher Natur.[156]

Bei der Festlegung der Rückzahlungspflicht muss jedoch beachtet werden, dass es teils nicht genügt, einen Anspruch zugunsten der eG-gebV festzule-

---

156 BGH, Urteil vom 17.05.1999 – II ZR 76/98 –, BGHZ 141, 372–380, juris, Rn. 21; *Bayer*, DStR 1999, 1815–2821, 1818 f.; *Pöhlmann*/Fandrich/Bloehs, GenG, § 22 Rn. 9; *a. A.* bereicherungsrechtlich nach § 812 Abs. 1 S. 1 Var. 1 BGB, *Holthaus/Lehnhoff*/Lang/Weidmüller, GenG, § 22 Rn. 9.

gen. Verbotene Auszahlungen des Genossenschaftsvermögens betreffen vor allem Gelder, die durch unzulässiges Nichtmitgliedergeschäft erworben wurden, durch verbotene Untervermietung, durch die unzulässige Veräußerung von Wohnraum bzw. Vermögensgegenständen oder durch die unzulässige Verteilung von Liquidationserlös nach Auflösung.

Nur im Fall der Veräußerung von Genossenschaftsvermögen und der Auszahlung von daraus entstehenden Gewinnen an Mitglieder ist eine bloße Rückzahlung an die eG-gebV ausreichend und zweckdienlich. In den sonstigen Fällen wäre es unzureichend oder unmöglich, das erlangte Vermögen an die eG-gebV zuzuführen: Im Falle des Nichtmitgliedergeschäfts würde der ungewollte Profit nicht an die Person zurückkehren, die durch das Profitverbot begünstigt werden sollte (Commoners, in diesem Fall die Nichtmitglieder). Stattdessen würde der Profit als Rücklage in der eG-gebV verbleiben. Er würde entweder von dort aus – der Vermögensbindung zuwider – als verbilligte Naturalleistung an Mitglieder zurückfließen oder ohne sinnvollen Verwendungszweck in der eG-gebV verbleiben. Im Falle der Liquidation der eG-gebV ergibt es schließlich definitorisch keinen Sinn, den Liquidationserlös an die eG-gebV zurückzuzahlen, weil diese nicht fortbesteht. Es muss stattdessen ein Anspruch von Dritten bestehen.

Nur im Falle der Auflösung und Auskehr von förderzweckdienlichen Rücklagen ergibt es also Sinn, die Beträge der Gesellschaft zuzuführen und für den Erhalt der Förderfähigkeit zu verwenden.

Auf dieser Grundlage schlage ich eine differenzierende Rückzahlungsregelung vor nach § 52e GenG-gebV (siehe E. III. 2).

(2) Überwachung

Um die Einhaltung der Regelungen zur Vermögensbindung sicherzustellen, schlage ich mit § 52f GenG-gebV (unter E.III.2.) vor, die genossenschaftliche Pflichtprüfung fruchtbar zu machen. Ein derartiger Mechanismus wurde für die GmbH-gebV erörtert und ist als Gestaltungsvariante im aktuellen Gesetzesentwurf enthalten.[157] Der Vorschlag zur GmbH-gebV sieht allerdings – abweichend vom Genossenschaftsrecht – vor, dass die GmbH-gebV über ihre Einhaltung der Vermögensbindung Bericht erstattet und dass ein*e Wirtschaftsprüfer*in diese Berichterstattung überprüft. Diese Tätigkeit des*r Wirtschaftsprüfers*in soll wiederum von einem Prüfverband geprüft werden.[158] Dieses dreistufige Verfahren scheint angesichts der Notwendigkeit ei-

157 *Sanders* et al., Entwurf eines Gesetzes für die GmbH-gebV, S. 87 ff.

158 Siehe *Sanders* et al., Entwurf eines Gesetzes für die GmbH-gebV, S. 87 f., § 77j Vorschlag 2.

ner möglichst kostensparenden Selbstverwaltung von Wohnraum-Commons überdimensioniert. Zwar sieht der Entwurf in § 77j Vorschlag 2 Abs. 2 S. 3 GmbHG-gebV vor, dass bei kleinen Kapitalgesellschaften i. S. v. § 267 HGB ein*e Steuerberater*in die Prüfung durch den*ie Wirtschaftsprüfer*in ersetzen kann. Auch diese Regelung dürfte jedoch nicht erforderliche Mehrkosten verursachen. Ich schlage hiervon abweichend vor, das existierende genossenschaftliche Prüfwesen weitgehend intakt zu lassen und lediglich inhaltlich zu erweitern. Das bedeutet, dass die Prüfung der Einhaltung der Vermögensbindung vollständig in das reguläre Verfahren nach § 57 GenG unter Einsatz des gesetzlichen Prüfers nach § 55 GenG integriert werden sollte.

Die im GenG vorhandenen Sanktionsmöglichkeiten des Prüfverbands scheinen indes nicht der Aufsicht der Vermögensbindung gerecht zu werden. So ist die Auflösung der Genossenschaft gem. § 81 GenG als Ultima Ratio durchaus sinnvoll, es dürfte jedoch sachgerecht sein, vorgelagerte Sanktionsmöglichkeiten zu schaffen, die über das bestehende Instrumentarium des Prüfverbands hinausgehen. Ich schlage daher vor, eine Regelung zu schaffen, die es dem Prüfverband ermöglicht, zu Unrecht erlangte Beträge der eG-gebV abzuschöpfen und an die Berechtigten auszuzahlen (siehe § 52f Abs. 2 GenG-gebV, E.III.2.).

b) Beschränkung der Leitungsmacht des Vorstands

Über die Vermögensbindung hinaus schlage ich vor, abweichend von § 27 Abs. 1 GenG Beschränkungen der Leitungsmacht des Vorstands der Genossenschaft zuzulassen.[159] Das bedeutet, die Generalversammlung soll unabhängig von der Größe der Genossenschaft Weisungen an den Vorstand erteilen können. Ziel dieses Vorschlags ist es, den Grundsatz der gleichrangigen Selbstverwaltung der eG auch bei Genossenschaften mit mehr als zwanzig Mitgliedern rechtlich besser zu ermöglichen.[160] Dadurch soll gleichzeitig die dezentrale, polyzentrische Governance der Genossenschaft gestärkt werden.

Die Weisungsbindung des Vorstands und dezentrale Verteilung von Entscheidungsbefugnissen sollte zudem für sämtliche Genossenschaften und nicht nur für die eG-gebV möglich sein. Dies ergibt sich daraus, dass die eigenverantwortliche Leitungsbefugnis bei sämtlichen Genossenschaften einer dezentralen Geschäftsführungspraktik im Wege steht und nicht nur bei der eG-gebV.

Mein konkreter Vorschlag findet sich bei § 27 Abs. 1 GenG-gebV, unter E. III. 2.

---

[159] Damit würde der Rechtszustand vor der Reform des Genossenschaftsrechts von 1973 wiederhergestellt, BT-Drs. 7/97, 1, 20 f.

[160] Siehe hierzu D. I. 1. a) bb) (2); D. I. 1. b) bb) (3).

c) *Ausschluss von Mehrfachstimmrechten*

Um das Recht der eG-gebV konzeptuell auf eine gleichrangige Selbstverwaltung auszurichten, schlage ich vor, Mehrfachstimmrechte auszuschließen.[161] Konkret schlage ich hierfür vor, § 52 Abs. 3 GenG-gebV einzuführen (siehe E. III. 2.).

d) *Commons-Begriffe als Rechtsbegriffe/ Genossenschaftsvermögen als Gemeingut*

Ich schlage vor, u. a. den Rechtsbegriff des „Gemeinguts" zu schaffen und diesen als Grundlage und Leitbild der eG-gebV in das GenG aufzunehmen (siehe § 52 Abs. 1 S. 2 GenG-gebV unter E. III. 2.).[162]

Dieser Vorschlag beruht wesentlich auf zwei Erwägungen: Erstens scheint es mir regelungstechnisch wenig aussichtsreich, gesetzlich lediglich *negativ* festzulegen, was die eG-gebV ausmachen soll. Es werden sich immer Strategien zur Umgehung der Vermögensbindung finden, die bei der Erstellung des Gesetzesentwurfs nicht bedacht wurden. Damit die Rechtsprechung für diese Fälle ein *positives* Leitbild hat, an dem sie ihre Entscheidungen orientieren kann, schlage ich vor, ein solches Leitbild in § 52 Abs. 1 GenG-gebV zu verankern. Hierdurch – das ist die zweite Erwägung – könnte über das Genossenschaftsrecht hinaus die Rechtswissenschaft Commons dogmatisch durchdringen und im Ergebnis fördern.[163]

Als wesentliche Begriffe des Leitbildes wähle ich neben „Gemeingut" die Begriffe „offen" und „gleichrangig" (§ 52 Abs. 1 S. 1 GenG-gebV unter E. III. 2.). Diese Begriffe verweisen auf die von mir beschriebenen Commons-Grundsätze: Der Begriff der Offenheit soll die Bedeutung der Expansion, der Weitergabe von Wissen und des diskriminierungsfreien Zugangs zur Mitgliedschaft betonen und als Leitbild verankern.[164] Der Begriff der Gleichrangigkeit soll über den Grundsatz der Gleichbehandlung der Genossenschaftsmitglieder und der Stimmgleichheit hinausgehend verankern, dass die Entscheidungsfin-

---

[161] Siehe hierzu bereits D. I. 1. b) bb) (1).

[162] In der jüngeren italienischen Geschichte findet sich ein ähnliches Vorhaben: Dort schlug die sog. Rodotà Kommission 2007 eine Änderung des codice civile (Zivilgesetzbuch) vor. Hierdurch sollte das *„beni comuni"* – d. h. Gemeingut – als dritte Kategorie neben privatem und öffentlichem Eigentum kodifiziert werden. Siehe hierzu Rodotà Kommission, Bericht vom 14.07.2007; *Cortese*, Pólemos, 2017, Vol. 11, No. 2, 417–435, 421 ff.

[163] Eine umfassende rechtsdogmatische Aufarbeitung des Rechtsbegriffs „Gemeingut" kann an dieser Stelle nicht geleistet werden.

[164] Siehe C. I. 1. c) bb) (3) und C. I. 2. b) bb) (3).

dung grundsätzlich von sämtlichen Mitgliedern ausgehen soll.[165] Die Arbeitsteilung und Delegation von Aufgaben soll hierdurch aber nicht behindert werden.

Schließlich soll der Begriff „Gemeingut“ insbesondere die Dekommodifizierung, aber auch die sonstigen Commons-Grundsätze umfassen. Ich wähle dabei bewusst den Begriff des „Gemeinguts“ und nicht den des „Commons“. Der Begriff „Gemeingut“ dürfte für die Mehrzahl der Rechtsanwender klarer und leichter aus sich heraus verständlich sein. Darüber hinaus ist der Begriff „Gemeingut“ im deutschen Sprachgebrauch stärker etabliert (vgl. § 23 Abs. 1 VwVfG, § 184 S. 1 ZPO). Schließlich ist im öffentlichen Recht der Begriff des „Gemeingebrauchs“ bekannt, der eine inhaltliche Nähe zu Commons bzw. Gemeingütern aufweist. Gemeingebrauch liegt vor, wenn die Allgemeinheit Eigentum der öffentlichen Hand frei nutzen darf, solange dies im Rahmen der Widmung und nicht gewerblich geschieht.[166]

2. Konkreter Vorschlag zur eG-gebV

Auf Grundlage meiner obigen Ausführungen schlage ich folgende konkrete Änderungen des GenG vor.

§ 27 Abs. 1 wird wie folgt neugefasst:

§ 27 GenG-gebV

Beschränkung der Vertretungsbefugnis

(1) [1]Der Vorstand hat die Genossenschaft unter eigener Verantwortung zu leiten. [2]Er hat dabei die Beschränkungen zu beachten, die durch die Satzung festgesetzt worden sind. [3]Die Satzung kann vorsehen, dass der Vorstand an Weisungen der Generalversammlung gebunden ist.

Nach Abschnitt 3 wird folgender Abschnitt eingefügt:

Abschnitt 4: Eingetragene Genossenschaft mit gebundenem Vermögen

§ 52 GenG-gebV

Eingetragene Genossenschaft mit gebundenem Vermögen

(1) [1]Die Genossenschaft mit gebundenem Vermögen ist ein offener Zusammenschluss gleichrangiger Mitglieder. [2] Das Vermögen der Genossenschaft mit gebundenem Vermögen ist ein Gemeingut.

(2) § 43 Abs. 3 S. 2 GenG findet keine Anwendung.

---

[165] Siehe C. I. 1. c) bb) (4) und C. I. 2. b) bb) (4).

[166] Der Begriff ist insbesondere im Straßenrecht verbreitet, vgl. § 10 BerlStrG. Siehe aber auch etwa zum Gemeingebrauch am Meeresstrand BVerwG, Urteil vom 13.09.2017 – 10 C 7/16 –, BVerwGE 159, 337–356, juris, Rn. 29ff.

(3) Eine Genossenschaft, deren Vermögen nach den Vorschriften dieses Abschnitts dauerhaft gebunden ist, muss in der Firma ergänzend zu den nach § 3 erforderlichen Angaben die Zusatzbezeichnung „mit gebundenem Vermögen" oder eine allgemein verständliche Abkürzung dieses Zusatzes führen.

§ 52a GenG-gebV

Herstellung der Vermögensbindung

(1) [1]Die dauerhafte Vermögensbindung erfolgt entweder bei der Gründung der Genossenschaft oder durch notariell beurkundeten Beschluss sämtlicher Mitglieder in einer Mitgliederversammlung (Vermögensbindungsbeschluss). [2]Die dauerhafte Vermögensbindung kann weder aufgehoben noch eingeschränkt werden.

(2) [1]In dem Vermögensbindungsbeschluss müssen mindestens bestimmt werden:

1 die Bindung des Genossenschaftsvermögens nach Maßgabe der Bestimmungen der §§ 52 bis 52i dieses Gesetzes;

2 die Begünstigten nach § 52d Absatz 2 Satz 1;

[2]In dem Vermögensbindungsbeschluss muss auch die Satzung der Genossenschaft mit gebundenem Vermögen enthalten sein.

(3) Der Vorstand hat der Generalversammlung spätestens zusammen mit der Einberufung der Generalversammlung, welche die dauerhafte Vermögensbindung beschließen soll, die dauerhafte Vermögensbindung als Gegenstand der Beschlussfassung in Textform auszuhändigen.

(4) Der Entwurf des Vermögensbindungsbeschlusses ist spätestens einen Monat vor dem Tag der Generalversammlung, welche die dauerhafte Vermögensbindung beschließen soll, dem zuständigen Betriebsrat der Genossenschaft zuzuleiten.

§ 52b GenG-gebV

Vermögensbindung

(1) Mitglieder dürfen Leistungen der Genossenschaft nicht zu gewinnorientierten Zwecken an andere Personen überlassen.

(2) [1]Mitglieder haben keinen Anspruch auf die Rücklagen und das sonstige Vermögen der Genossenschaft. [2]Rücklagen der Genossenschaft dürfen nur aufgelöst werden, soweit sie nicht zweckmäßig dem Fördergeschäftsverkehr dienen können. [3]Werden Rücklagen aufgelöst, müssen die daraus erlangten Beträge dazu eingesetzt werden, die Fähigkeit zur künftigen Erfüllung des Förderzwecks sicherzustellen. [4]Sofern eine Verwendung der Liquidationserlöse nach Satz 3 nicht möglich oder nicht zumutbar ist, gelten § 52d Absatz 2 und Absatz 3 entsprechend.

(3) § 73 Abs. 3 findet keine Anwendung.

(4) [1]Das Nichtmitgliedergeschäft ist untersagt. [2]Investierende Mitglieder haben, soweit sie durch die Satzung zugelassen sind, kein Stimmrecht in der Generalversammlung und können nicht an der Geschäftsführung der Genossenschaft beteiligt werden.

§ 52c GenG-gebV

Unternehmensverträge und Gewinnbeteiligungsrechte

(1) Eine Genossenschaft mit gebundenem Vermögen kann sich nicht entsprechend § 291 AktG verpflichten, die Leitung ihrer Gesellschaft einem anderen zu unterstellen oder den Gewinn an einen anderen abzuführen.

(2) Eine Gesellschaft mit gebundenem Vermögen kann sich nicht entsprechend § 292 AktG verpflichten, ihren Gewinn zur Aufteilung eines gemeinschaftlichen Gewinns zusammenzulegen, einen Teil ihres Gewinns oder den Gewinn einzelner ihrer Betriebe ganz oder zum Teil an einen anderen abzuführen oder den Betrieb ihres Unternehmens einem anderen zu verpachten oder sonst zu überlassen.

(3) [1] Absatz 2 gilt nicht für Verträge, durch die sich eine Genossenschaft mit gebundenem Vermögen verpflichtet, einen Teil ihres Gewinns oder den Gewinn einzelner ihrer Betriebe ganz oder zum Teil an einen anderen abzuführen. [2] Eine Verbriefung dieses Rechts ist ausgeschlossen. [3] Rechtsgeschäfte, welche über die Gewinnbeteiligung hinaus eine Partizipation an der Wertsteigerung der Genossenschaft gewähren, sind untersagt. [4] Dritten, denen eine Gewinnbeteiligung an der Genossenschaft eingeräumt wird, dürfen über die Rechte nach § 233 HGB hinaus keine Kontrollrechte über die Genossenschaft gewährt werden.

(4) [1] Ein Vertrag nach Absatz 3 wird nur mit Zustimmung der Generalversammlung wirksam. [2] §§ 16 und 11 gelten entsprechend.

(5) Verträge nach Absatz 3, die vor der Begründung der Vermögensbindung abgeschlossen wurden, bleiben wirksam.

§ 52d GenG-gebV

Vermögensverteilung in der Liquidation

(1) § 91 findet keine Anwendung.

(2) [1] Das nach den Grundsätzen von § 90 verteilbare Vermögen steht einer (oder mehreren) in der Satzung zu benennenden anderen Genossenschaft mit gebundenem Vermögen oder Körperschaft mit vergleichbarer Vermögensbindung (Begünstigten) zu. [2] Eine nachträgliche Änderung der Person des Begünstigten bestimmt sich nach den §§ 16 und 11. [3] Ist ein Begünstigter entgegen Satz 1 nicht benannt oder existiert dieser im Zeitpunkt der Liquidation nicht mehr, so gilt § 92 entsprechend.

(3) [1] Den Begünstigten ist die Auflösung der Genossenschaft und das Bestehen eines Anspruchs auf den Liquidationserlös durch den Vorstand mitzuteilen. [2] Auf Verlangen ist den Begünstigten Einsicht in die Bücher und Schriften der Genossenschaft zu geben. [3] Die Mitteilung nach Satz 1 und die entsprechende Verteilung des Reinvermögens ist dem Registergericht anzuzeigen.

§ 52e GenG-gebV

Erstattung verbotener Zahlungen

(1) Zahlungen, welche den Vorschriften der §§ 52b Absatz 2, 52c zuwider geleistet wurden, müssen der Genossenschaft erstattet werden.

(2) Zahlungen, welche der Vorschrift des § 52b Absatz 1 und 4 Satz 1 zuwider geleistet wurden, müssen zurückerstattet werden. Ist eine Erstattung nicht möglich, sind die Beträge an Personen nach § 52d Absatz 2 zu erstatten.

(3) Wurde entgegen der Vorschrift des § 52d Absatz 1 und 2 der Liquidationserlös an Mitglieder ausgezahlt, haben diese die erlangten Beträge an die Empfänger nach § 52d Absatz 2 zu erstatten.

§ 52f GenG-gebV

Absicherung der Vermögensbindung

(1) Im Rahmen der Pflichtprüfung nach § 53 kontrolliert der Prüfer die Einhaltung der Vermögensbindung nach den Vorschriften dieses Abschnitts sowie die Geltendmachung der Rückforderungsansprüche nach § 52e.

(2) Übt die Genossenschaft mit gebundenem Vermögen auch nach Fristsetzung ihr Rückforderungsrecht nach § 52e nicht aus, übt der Prüfverband das Rückforderungsrecht an deren Stelle aus.

§ 52g GenG-gebV

Die eG-gebV in der Umwandlung

(1) Das Umwandlungsgesetz gilt für Genossenschaften mit gebundenem Vermögen, soweit die nachfolgenden Vorschriften nichts anderes bestimmen.

(2) Eine Genossenschaft mit gebundenem Vermögen ist kein formwechselnder Rechtsträger im Sinne von § 191 Absatz 1 Nummer 3 des Umwandlungsgesetzes.

(3) [1] Die Genossenschaft mit gebundenem Vermögen kann an einem grenzüberschreitenden Formwechsel nur als Zielrechtsträger beteiligt sein. [2] Satz 1 dieses Absatzes gilt nicht, soweit der Zielrechtsträger eines Mitgliedstaates einer vergleichbaren Vermögensbindung unterliegt. [3] Die Genossenschaft mit gebundenem Vermögen kann an einer grenzüberschreitenden Spaltung nur als aufnehmender oder neu zu gründender Rechtsträger beteiligt sein. [4] Satz 2 dieses Absatzes gilt für Fälle nach Satz 3 dieses Absatzes entsprechend.

§ 52h GenG-gebV

Verschmelzung

Eine Genossenschaft mit gebundenem Vermögen kann nur

1. Mit einer anderen Genossenschaft mit gebundenem Vermögen verschmolzen werden,
2. als übernehmender Rechtsträger andere Rechtsträger aufnehmen oder
3. im Wege der Neugründung durch die Verschmelzung anderer Rechtsträger gegründet werden.

§ 52i GenG-gebV

Spaltung

(1) Die Aufspaltung unter Beteiligung von Genossenschaften mit gebundenem Vermögen kann nur

1. zur Aufnahme, wenn die übernehmenden Rechtsträger Genossenschaften mit gebundenem Vermögen sind, oder
2. zur Neugründung, wenn ausschließlich Genossenschaften mit gebundenem Vermögen gegründet werden,

erfolgen

(2) § 123 Absatz 2 und Absatz 3 des Umwandlungsgesetzes gilt mit der Maßgabe, dass übernehmende oder neu zu gründende Rechtsträger eine oder mehrere Genossenschaften mit gebundenem Vermögen sein müssen.

F. Fazit

Ich beende meine Untersuchung mit einem dreiteiligen Fazit. Zunächst werfe ich meine Forschungsergebnisse als Thesen auf. Sodann benenne ich Fragen und Bereiche, bei denen meine Untersuchung ergeben hat, dass weiterer Forschungsbedarf besteht. Schließlich gebe ich einen Ausblick für die weiteren Entwicklungen in meinem Forschungsbereich.

I. Thesen

1. Die *Wohnungsgenossenschaft* ist grundsätzlich zur Schaffung und Erhaltung von Wohnraum-Commons geeignet. Gleichzeitig bestehen erhebliche rechtlich-strukturelle Einschränkungen.

1.1. Die Wohnungsgenossenschaft ist grundsätzlich auf die gleichrangige Selbstverwaltung ausgerichtet.

1.1.1. Dies folgt aus dem Identitätsprinzip und aus dem Grundsatz der Stimmgleichheit.

1.1.2. Bei größeren Genossenschaften wird dies jedoch durch die eigenverantwortliche Leitungsbefugnis des Vorstands relativiert, welcher alleinig und unabänderlich für einzelne Geschäftsführungsmaßnahmen zuständig sein muss. Zudem können verschiedene fakultative Strukturelemente wie das Nichtmitgliedergeschäft, investierende Mitglieder oder Mehrfachstimmrechte die gleichrangige Selbstverwaltung relativieren.

1.2. Die Wohnungsgenossenschaft ist grundsätzlich auf Dekommodifizierung ausgelegt.

1.2.1. Dies folgt aus dem Förderzweckprinzip, wonach beim Commoning kein Profit entsteht.

1.2.2. Dies wird ebenfalls durch verschiedene rechtliche Strukturmerkmale und mögliche Praktiken des Genossenschaftsrechts relativiert. Diese Praktiken sind grundsätzlich fakultativ, sodass Commoners sich gegen die profitorientierte Wohnraumbewirtschaftung entscheiden können.

1.2.3. Im Genossenschaftsrecht kann der Ausschluss von Profiten nur unter Abstrichen bei der Qualität der gleichrangigen Selbstverwaltung langfristig sichergestellt werden. Ewigkeitsklauseln sind unwirksam. Im Übrigen besteht ein Dilemma aus zunehmender Sicherheit bei zunehmender Mitgliederzahl und gleichzeitig abnehmender Qualität der gleichrangigen Selbstverwaltung.

1.2.4. Die eigenverantwortliche Leitungsbefugnis des Vorstands steht der Co-Produktion regelmäßig entgegen.

1.3. Die Mitgliedernützigkeit, welche aus dem Förderzweckprinzip folgt, steht konzeptuell in einem Spannungsverhältnis mit dem Anspruch der Offenheit. Praktisch erlaubt aber auch die Förderzweckwirtschaft hinreichenden Spielraum, um dem Anspruch der Offenheit im Wesentlichen gerecht zu werden. So kann die Wohnungsgenossenschaft trotz des Förderzwecks Wissen teilen, das Common erweitern und sich bemühen, neue Mitglieder diskriminierungsfrei auszuwählen. Es dürfte aber mit dem Förderzweck unvereinbar sein, dass eine Wohnungsgenossenschaft sich an einem Solidarbeitrag ähnlich wie dem Solidarfonds des MHS-Ansatzes beteiligt.

1.4. Bei der Kapitalaufbringung kann die Wohnungsgenossenschaft als Rechtsform davon profitieren, dass eine geringe Insolvenzquote und die Aufsicht durch den Prüfungsverband den Zugang zu Kapital erleichtern können. Gleichzeitig leidet die Genossenschaft – was jedoch der Dekommodifizierung und nicht dem Genossenschaftsrecht zuzuschreiben ist – strukturell an einem Mangel an Eigenkapitalinvestitionen.

1.5. Indem die Wohnungsgenossenschaft grundsätzlich eine einzelne unabhängige Rechtsform ist, kann sie davon profitieren, dass sie relativ einfach strukturiert ist und auf eine langjährige Erfahrung aus der Rechtspraxis aufbauen kann. Gleichzeitig ist die Wohnungsgenossenschaft aufgrund der Kosten der Pflichtprüfung nur ab einer gewissen Mindestgröße wirtschaftlich tragfähig.

1.6. Bei der Wohnungsgenossenschaft bestehen keine besonderen rechtlich-strukturellen Mechanismen, um die Herausforderung der gerechten Lastenverteilung zwischen Generationen von Commoners zu lösen.

1.7. Schließlich entspricht die Wohnungsgenossenschaft zwar rechtlich-strukturell weitgehend den Designprinzipien von *Ostrom*. Gleichzeitig ist sie aber bei zunehmender Größe abnehmend in der Lage, die Designprinzipien zu erfüllen. Insbesondere die polyzentrische Governance ist in der einzelnen Genossenschaft kaum umsetzbar.

2. Der *MHS-Ansatz* ist dazu geeignet, Wohnraum-Commons zu schaffen und zu erhalten.

2.1. Hausprojekte bedürfen nur in Angelegenheiten der profitorientierten Verwertung ihres Wohnraums der Zustimmung der MHS-GmbH. Hierdurch können Commoners autonom Entscheidungen über die Ausgestaltung ihres physischen Wohnraums und sozialen Wohnumfeldes treffen. Aufgrund der Stimmgleichheit im Vereinsrecht sind sie dabei – vorbehaltlich abweichender Satzungsregeln im Hausverein – gleichberechtigt.

2.2. Dadurch, dass Mitglieder eines Hausprojekts letztlich Wohnraum an sich selbst vermieten, ist der MHS-Ansatz nicht auf eine profitorientierte Verwertung des Wohnraums ausgerichtet. Dies wird durch Zustimmungsvorbehalte der MHS-GmbH abgesichert. Gleichzeitig können sämtliche Mitglieder eines Hausprojekts an der Geschäftsführung teilhaben, sodass sie den Wohnraum co-produzieren können.

2.2.1. Der Zustimmungsvorbehalt in den Haus-GmbHs verstößt nicht gegen die Verbandsautonomie. Insbesondere ist er nicht als faktische Ewigkeitsklausel einzustufen. Die Verweigerung der Zustimmung zur profitorientierten Verwertung des Wohnraums durch die MHS-GmbH ist nicht darauf zurückzuführen, dass eine Abstimmung über die Zustimmungsausübung faktisch ausgeschlossen wäre. Stattdessen dürften sich jeweils Mitglieder im MHS-Verein finden, die insofern ihr Veto-Recht ausüben und damit mittelbar eine Zustimmung der MHS-GmbH in der Haus-GmbH verhindern. Diese Willensäußerung ist (auch nach den Maßstäben der Rechtsprechung) hinzunehmen.

2.2.2. Der Zustimmungsvorbehalt verstößt nicht gegen die Verbandssouveränität. Indem die MHS-GmbH Gesellschafterin der Haus-GmbH ist, stellt ihr Stimmrecht keine Delegierung von Entscheidungsmacht an Gesellschaftsfremde dar. Auch Treuepflichten der MHS-GmbH gegenüber der Haus-GmbH und dem Hausverein stehen mit der Absicherung durch den Zustimmungsvorbehalt nicht in Konflikt.

2.3. Der MHS-Ansatz fördert die Offenheit von Wohnraum-Commons, indem Hausprojekte über den Solidarfonds dazu beitragen, neue Wohnraum-Commons zu schaffen und damit mehr Menschen Zugang zu Wohnraum-Commons zu ermöglichen. Zudem fördert der MHS-Ansatz den Austausch von Wissen zwischen Hausprojekten und gegenüber Gruppen, die ein Hausprojekt gründen möchten. Rechtlich-strukturelle Mechanismen zur Förderung einer diskriminierungsfreien Auswahl von Mitgliedern finden sich im MHS-Ansatz hingegen nicht.

2.4. Bei der Kapitalaufbringung können Hausprojekte von der Unterstützung durch die MHS-GmbH und dem Solidarfonds profitieren. Insbesondere die Vergabe von qualifizierten Nachrangdarlehen wird im MHS-Ansatz stark gefördert, was sich in der Kapitalstruktur der Hausprojekte widerspiegelt. Hierdurch können Hausprojekte Mezzanine-Kapital erlangen und gleichzeitig Kompromisse in Bezug auf die profitorientierte Verwertung ihres Wohnraums vermeiden.

2.5. Durch seine Vielzahl an Akteuren und deren verflochtene Beziehungen ist der MHS-Ansatz rechtlich und organisatorisch komplex. U. a. aufgrund von ehrenamtlichem Engagement durch seine Mitglieder ist der MHS-Ansatz jedoch nicht mit prohibitiv hohen Kosten verbunden.

2.6. Der MHS-Ansatz ist durch die jeweils verpflichtende Beteiligung von Hausprojekten am Solidarfonds darauf ausgelegt, dass die Generationen von Commoners, welche von der Entschuldung bestehender Hausprojekte profitieren, sich an der Finanzierung neuer Hausprojekte beteiligen. Damit fördert der MHS-Ansatz – wenn auch in geringem Ausmaß – die Generationengerechtigkeit zwischen Commoners.

2.7. Schließlich entspricht der MHS-Ansatz rechtlich-strukturell weitestgehend den Designprinzipien von *Ostrom*. Insbesondere die polyzentrische Governance ist im MHS-Ansatz wesentlich verankert.

3. Der *CLT-Ansatz* ist zur Schaffung und Erhaltung von Wohnraum-Commons geeignet.

3.1. Erbbauberechtigte bilden im CLT-Ansatz jeweils ein Wohnraum-Commons. Diese Wohnraum-Commons haben Eigentum an der Bebauung ihres Grundstücks und ein umfassendes dinglich abgesichertes Nutzungsrecht am darunter befindlichen Boden. Auf dieser Grundlage können sie weitgehend ohne äußeren Einfluss Entscheidungen über die Ausgestaltung ihres physischen Wohnraums und ihres sozialen Wohnumfeldes treffen.

3.2. Der Trust selbst entspricht bei seiner Entscheidungsfindung dem Grundsatz der Gleichrangigkeit. Er kann über die Auswahl von Erbbauberechtigten und Regelungen im Erbbauvertrag steuern, dass zugehörige Wohnraum-Commons ihrerseits gleichrangig Entscheidungen treffen.

3.3. Die profitorientierte Verwertung des Wohnraums ist im CLT-Ansatz weitgehend dadurch ausgeschlossen, dass Wohnraum-Commons kein Eigentum am Boden haben. Zudem können sie durch Vorgaben des Erbbaurechtsvertrags dazu verpflichtet werden, ihren Wohnraum in einer nicht profitorientierten Weise zu bewirtschaften. Auf Ebene des Trusts sorgt die unabänderliche Zweckbindung der Stiftung dafür, dass auch unter Mitwirkung sämtlicher Beteiligter der Wohnraum des CLT nicht profitorientiert verwertet werden kann. Zumindest auf Ebene des Trusts entspricht die Wohnraumbewirtschaftung der Co-Produktion.

3.4. Indem der Trust neue Grundstücke als Zustiftungen wirbt und Grundstücke ankauft, ist er darauf ausgelegt, neue Wohnraum-Commons zu schaffen. Darüber hinaus vernetzt der Trust über seine Stiftungsorgane verschiedene Wohnraum-Commons miteinander und bindet sie in ein System der gemeinsamen übergeordneten Verwaltung ein. Dabei ist an dem CLT-Ansatz besonders, dass auch Personen aus der Nachbarschaft und Stifter*innen in den Austausch und die Entscheidungsfindung einbezogen werden. Dadurch bietet der CLT-Ansatz strukturell ein Forum zur nachbarschaftsweiten Selbstorganisation und Community-basierten Stadtentwicklung. Schließlich erklärt die Stadtbodenstiftung, dass sie über ihre Vergabekriterien für Erbbaurechte sicherstellen will, dass Wohnraum-Commons Verfahren anwenden, die Diskriminierungen bei der Aufnahme von Commoners vermeiden sollen. Damit entspricht der CLT-Ansatz dem Kriterium der Offenheit.

3.5. Im CLT-Ansatz benötigt der Trust zur Stiftungsgründung und Grundstücksakquise relativ viel Startkapital. Aufseiten der Wohnraum-Commons besteht dagegen regelmäßig ein etwas geringerer Kapitalbedarf. Dafür steht Wohnraum-Commons mit Ablauf ihres Erbbaurechts dieses weniger als Kreditsicherungsmittel zur Verfügung.

3.6. Indem entschuldete Wohnraum-Commons neue Wohnraum-Commons mit ihrem Erbbauzins unterstützen, kann der CLT-Ansatz strukturell dem Problem der Generationengerechtigkeit begegnen.

3.7. Schließlich entspricht der CLT-Ansatz weitgehend den Designprinzipien von *Ostrom*. Dabei muss einschränkend festgehalten werden, dass angesichts der Vielzahl von möglichen Rechtsformen für Wohnraum-Commons im CLT-Ansatz ein allgemeines Urteil nicht möglich ist. Darüber hinaus habe ich bei meiner Untersuchung die Rechtspraxis der Stadtbodenstiftung zugrunde gelegt, die für den Trust die Rechtsform der Stiftung gewählt hat.

4. Es besteht bei allen untersuchten rechtlichen Ansätzen ein strukturelles Dilemma zwischen dem konzeptuellen Anspruch, das Common nicht profitorientiert zu verwerten, und dem Bedarf an Kapital, um die Bewirtschaftung bzw. das Commoning zu ermöglichen. Der Konflikt wird umso stärker, je mehr Kapitalgeber*innen gleichzeitig Gewinnbezugsrechte und Kontrollrechte haben. Gewinnbezugsrechte schaffen strukturell den Anreiz, das Commoning auf eine Profitmaximierung auszurichten. Die Kontrollrechte verschaffen Kapitalgeber*innen die Möglichkeit, das Commoning zu gestalten und so die Profitmaximierung durchzusetzen.

4.1. Hieraus folgt, dass die Finanzierung von Commons möglichst unter Vermeidung der Kombination aus Gewinnbezugs- und Kontrollrechten gestaltet werden sollte. Dies führt insbesondere zu Herausforderungen bei der Akquise von Eigenkapital, welches typischerweise auf diese Kombination ausgerichtet ist. Kompromisse werden sich in diesem Bereich nicht vermeiden lassen.

4.2. Der MHS-Ansatz demonstriert, dass die Vernetzung und gegenseitige Unterstützung bei der Akquise von Eigenkapital bzw. Mezzanine-Kapital dabei helfen kann, das Dilemma zu überwinden.

5.1. Meine Untersuchung des geltenden Rechts zeigt, dass ein rechtlicher Ansatz fehlt, der die einfache, kostengünstige und rechtssicherere Schaffung und Erhaltung von (Wohnraum-)Commons ermöglicht.

5.2. Darüber hinaus ist das Genossenschaftsrecht mit der zwingenden eigenverantwortlichen Leitungsbefugnis des Vorstands zu unflexibel. Dadurch, dass bei Genossenschaften mit über zwanzig Mitgliedern nur der Vorstand die Geschäftsführung übernehmen darf, wird in größeren Genossenschaften strukturell die gleichrangige Selbstverwaltung und polyzentrische Governance verhindert.

6. Um den aufgezeigten Schwächen des geltenden Rechts zu begegnen, wäre sinnvoll, eine eG-gebV zu schaffen:

6.1. Die eG-gebV würde es ermöglichen, einzelne Wohnraum-Commons einfach und kostengünstig zu schaffen und zu erhalten. Dabei könnte sie das nach geltendem Recht bestehende Dilemma zwischen Sicherheit der Dekommodifizierung und Umsetzung der gleichrangigen Selbstverwaltung überwinden.

6.2. Die eG-gebV würde die Schaffung und Erhaltung von CLTs erleichtern, indem sie als Trust dienen könnte. Dabei wäre sie einfacher, kostengünstiger und flexibler als die Stiftung.

6.3. Die Vermögensbindung in der eG-gebV verfolgt andere Ziele als ihr Vorbild, das Verantwortungseigentum in Gestalt der GmbH-gebV. Daher muss sie anders ausgestaltet sein.

6.3.1. Die Vermögensbindung in der GmbH-gebV soll einerseits die Unternehmensnachfolge erleichtern und andererseits eine nachhaltige, Purpose-orientierte Wirtschaftsweise fördern. Die Gesellschafter*innen der GmbH-gebV können weder direkt noch indirekt auf Residualeinkommen aus der GmbH-gebV zugreifen. Daher ist ihre Tätigkeit per Definition darauf ausgerichtet, einen Purpose/Zweck zu verfolgen, der über die Profitmaximierung hinausgeht. Dieser Purpose soll weitgehend frei wählbar sein.

6.3.2. Die Vermögensbindung in der eG-gebV soll langfristig die Dekommodifizierung absichern, aber gleichzeitig ermöglichen, dass Commoners den Wohnraum zur Kostenmiete nutzen. Der über die bloße Erwirtschaftung einer Kapitalrendite hinausgehende Zweck ergibt sich aus dem genossenschaftlichen Identitätsprinzip. Mitglieder sind letztlich Kunden ihrer eigenen, kollektiv erbrachten Leistung. Daher besteht kein Anreiz zur Erwirtschaftung eines Überschusses.

6.3.3. Das Identitätsprinzip ist während des Geschäftsbetriebs der eG-gebV das funktionale Äquivalent des Ausschüttungsverbotes der GmbH-gebV. Bei der Liquidation der Gesellschaft ist die Vermögensbindung wiederum gleich gelagert.

6.4. Die Kritik an der Vermögensbindung in der GmbH-gebV ist für die eG-gebV entweder nicht relevant oder nicht durchgreifend.

6.4.1. Die Einführung einer eG-gebV würde nicht in den Schutzbereich von Art. 9 Abs. 1 GG eingreifen. Zudem wäre die eG-gebV kein Verstoß gegen die Eigentumsgarantie nach Art. 14 Abs. 1 S. 1 GG.

6.4.2. Die eG-gebV würde mit ihrer Beschränkung der grenzüberschreitenden Umwandlung nicht gegen Art. 49, 54 AEUV verstoßen.

6.4.3. Die eG-gebV wäre keine Selbstzweckorganisation, sondern hätte einen Förderzweck.

6.4.4. Bei der eG-gebV gäbe es keinen Mangel an Anreizen zur effizienten Geschäftsführung. Mitglieder profitieren wirtschaftlich durch effiziente Förderleistungen.

6.4.5. Die eG-gebV würde nicht die Gläubiger ihrer Mitglieder benachteiligen.

7. Über die Schaffung der eG-gebV hinaus schlage ich vor, § 27 Abs. 1 GenG so neuzufassen, dass die zwingende eigenverantwortliche Leitungsbefugnis des Vorstands abgeschafft wird.

Hierdurch könnten Genossenschaften Entscheidungsbefugnisse rechtssicher dezentralisieren und so eine polyzentrische Governance stärken. Gleichzeitig stärkt die Genossenschaft damit den Grundsatz der gleichragen Selbstverwaltung.

II. Forschungsbedarf

1. Es sollte rechtsdogmatisch weiter untersucht werden, wie sich die Kategorie des Commons in das deutsche Rechtssystem einfügt. Verfassungsrechtlich wäre insbesondere das Verhältnis von Gemeineigentum und Gemeinwirtschaft nach Art. 15 S. 1 GG zum Begriff der Commons zu untersuchen. Zudem ist zu untersuchen, wie Commons sich gesellschaftsrechtlich, sachenrechtlich, vertragsrechtlich, bauplanungsrechtlich und vergaberechtlich einordnen lassen.

2. Es sollte ideengeschichtlich und konzeptuell weiter untersucht werden, inwiefern das Verantwortungseigentum, Commons und Genossenschaften Gemeinsamkeiten und Unterschiede aufweisen.

3. Es sollte ökonomisch untersucht werden, inwiefern wohnungspolitische Ziele effektiv und effizient dadurch verfolgt werden könnten, dass der Erwerb von Wohnraum durch Wohnraum-Commons subventioniert wird. Hierbei sollte geprüft werden, inwiefern die bestehenden Subventionsmodelle rationalisiert werden könnten.

4. Es sollte untersucht werden, inwiefern die Rechtspraxis zu Wohnraum-Commons steuerrechtlich zweckmäßig ist. Darauf aufbauend sollte untersucht werden, inwiefern *de lege ferenda* Anpassungsbedarf besteht, um Wohnraum-Commons steuerrechtlich zumindest Wohnraum im Eigenbesitz gleichzustel-

len. Zudem sollte untersucht werden, wie sich die geplante Reform zur Wohngemeinnützigkeit zu Wohnraum-Commons verhält.[1]

5. Es sollte untersucht werden, wie die Finanzierung von Wohnraum-Commons durch geeignete Finanzierungsstrukturen und Instrumente verbessert werden könnte.[2] Zudem sollte untersucht werden, inwiefern die gegenwärtigen finanzaufsichtsrechtlichen Anforderungen den Risiken und Bedürfnissen der Finanzierung von Commons angemessen sind.[3]

6. Es bedarf empirischer Untersuchungen, inwiefern die von mir untersuchten rechtlichen Ansätze den Designprinzipien von *Ostrom* entsprechen. Meine rechtlich-strukturelle Untersuchung könnte hierdurch ergänzt werden.

7. Es bedarf weiterer Untersuchungen dazu, wie Foren zur Konfliktlösung in Commons sinnvoll rechtlich verankert werden könnten.

8. Es bedarf weiterer Untersuchungen dazu, durch welche (rechtlichen) Mechanismen und Organisationsstrukturen Wohnraum-Commons strukturell Diskriminierung entgegenwirken können. Insbesondere besteht Bedarf an interdisziplinärer rechtswissenschaftlicher Beforschung von Wohnraum-Commons unter Einbeziehung einer feministischen Perspektive.[4]

III. Ausblick

Wohnraum-Commons bergen erhebliche Potenziale für die Wohnungspolitik. Es wird sich zeigen, inwiefern der Staat diese Potenziale aufgreifen und fruchtbar machen wird. Es finden sich jedoch erste Anzeichen dafür, dass ein solcher Trend bevorstehen könnte. So wurde u. a. in Potsdam die erste deutsche Konferenz zu Commons-Public-Partnerships[5] abgehalten und das Land Berlin hat die „Arbeits- und Koordinierungsstruktur Gemeinwohlorien-

---

[1] Koalitionsvertrag 2021–2025 zwischen der Sozialdemokratischen Partei Deutschlands (SPD), BÜNDNIS 90/DIE GRÜNEN und den Freien Demokraten (FDP), S. 69.

[2] Hierzu dürfte die Arbeit von Elisabeth Pichler hilfreich sein, die gegenwärtig zu Finanzierungsinstrumenten für Unternehmen in Verantwortungseigentum forscht.

[3] Siehe hierzu etwa die Kritik von *Rost*, Forum Recht 1. Ausgabe 2015, 30–31.

[4] Hierzu dürfte insbesondere die laufende Forschung der DFG-Forschungsgruppe „Recht – Geschlecht – Kollektivität" hilfreich sein. Diese untersucht in ihrer zweiten Förderphase „Praktiken und Konflikte des Commoning in Urban und Housing Commons" und nimmt dabei sowohl eine rechtswissenschaftliche als auch eine feministische Perspektive ein, siehe hierzu DFG-Forschungsgruppe Recht – Geschlecht – Kollektivität, Mit Recht und jenseits des Rechts? Feministische Perspektiven auf Urban & Housing Commons.

[5] Bei dieser Konferenz habe ich einen Vortrag zum Thema „das Recht der CPPs" gehalten. Siehe einführend hierzu *Jerchel/Pape*, Diskussionspapier: CPPs, 2022.

tierte Stadtentwicklung“ (AKS Gemeinwohl) geschaffen. Die AKS Gemeinwohl soll unter der Trägerschaft des Gemeinwohl Stadt e. V. als Schnittstelle zwischen Politik, Verwaltung und Zivilgesellschaft agieren und gemeinwohlorientierte – i. E. Commons-orientierte – Stadtentwicklung fördern.[6]

Die Rechtswissenschaft darf diese Entwicklung nicht ignorieren, sondern sollte sie fortlaufend rezipieren und begleiten. Dies gilt sowohl für Wohnraum-Commons als auch für Commons allgemein.

Für die Rechtswissenschaft ergibt sich aus der Wissenschaft und Praxis der Commons also ein Forschungsauftrag. Dieser Auftrag ist gleichzeitig eine Chance. Der Einfallsreichtum und Scharfsinn, mit denen Commoners das Recht für ihre Zwecke gestalten, machen die Forschung – ich spreche aus Erfahrung – zur wahren Freude.

---

6 Siehe insbesondere die Broschüre „Der Gemeinwohlkreis“. Diese Broschüre beschreibt Gemeinwohlorientierung anhand verschiedener Kriterien, welche sich wesentlich mit den von mir aufgestellten Commons-Kriterien decken, *Burghardt/Pelger*, Der Gemeinwohlkreis.

Anhang 1: Teilnehmerliste Experteninterviews*

Altrogge, Benedikt: 18.06.2021, Branchenkoordinator für den Bereich Wohnen bei der GLS-Bank eG

Barlas, Faizah: 18.02.2022, Director of Finance and Operations des Beverly-Vermont Community Land Trust, Los Angeles

Botzem, Sebastian (nicht zitiert): 01.04.2021, Professor am Institut für Interkulturelle und Internationale Studien, Universität Bremen, Leitung der Forschungsgruppe „Transnationale politische Ordnungsbildung auf Finanzmärkten"

Just, Tobias: 17.04.2021, Ökonom, Inhaber des Lehrstuhls für Immobilienwirtschaft an der International Real Estate Business School der Universität Regensburg, Wissenschaftlicher Leiter und Geschäftsführer der IREBS Immobilienakademie

Kidokoro, Yuki (nicht zitiert): 18.02.2022, Board Member des Beverly-Vermont Community Land Trust, Los Angeles

Kuhnert, Jan: 18.06.2021, Geschäftsführer bei KUB Kommunal- und Unternehmensberatung GmbH, Politiker, ehemaliger Abgeordneter des Hessischen Landtags

Mathée, David: 05.05.2021, Vorstand bei Stiftung trias und Wir vom Gut eG

Oltmann, Rosemarie: 24.06.2021, freie Mitarbeiterin in der Baubetreuung bei STATT-BAU HAMBURG

Rückriemen, Norbert: 03.03.2021, Vorstand des Prüfungsverbands der kleinen und mittelständischen Genossenschaften e. V.

Schaller, Natalie: 07.04.2021, Projektleiterin und Beraterin bei mitbauzentrale münchen: Beratung für gemeinschaftsorientiertes Wohnen

Winters, Ian: 04.02.2022, Executive Director des Northern California Land Trust, Berkeley

---

* Die Transkripte und Aufnahmen zu den Experteninterviews können beim Autor unter noah.neitzel@law-school.de angefordert werden.

Anhang 2: Leitfaden 1 Experteninterviews

Interviewleitfaden – erste Runde

Übergeordnete Forschungsziele der Promotion

- Es soll vergleichend untersucht werden, inwiefern nach geltendem Recht, (i) die Rechtsform der Wohnungsgenossenschaft, (ii) das Mietshäuser Syndikats Modell und (iii) das Community Land Trust Modell, als rechtliche Ansätze dazu geeignet sind, Wohnraum-Commons zu schaffen und zu erhalten.
- Auf diese Untersuchung aufbauend soll ein Reformvorschlag entwickelt werden, der die Praxis von Wohnraum-Commons stärkt.

Arbeitsdefinition von Wohnraum-Commons

Wohnraum-Commons: Ein auf Dauer ausgelegter, offener Zusammenschluss, aus einer erneuerbaren Bewohnerschaft (Commoner), welche Wohnraum (Common) gemeinsam, gleichberechtigt und in dekommodifizierter Art und Weise selbstbestimmt bewirtschaftet und für sich selbst nutzt (Commoning).

a) Auf Dauer ausgelegt: Die Kriterien sollen unabänderlich verankert sein. D. h. auch nicht durch einstimmigen Beschluss der jeweiligen Bewohnerschaft.

b) Offen: Keine Diskriminierung (aber potenziell Ausschluss von Personen mit hohem Einkommen/Vermögen).

c) Gleichberechtigt: Stimmgleichheit, ≠ Stimme nach Kapitalbeteiligung

d) Dekommodifiziert: Kostenmiete, unveräußerlich

e) Selbstbestimmt: Entscheidungsbefugnis über Gestaltung des Physischen Wohnraums und sozialen Wohnumfelds liegt bei Bewohnerschaft.

Themenbeschreibung

Mit meiner Forschung untersuche ich rechtliche Ansätze zur Schaffung und Erhaltung von Wohnraum-Commons. Wohnraum-Commons sind selbstverwaltete Wohnprojekte, bei denen die Miete auf einen kostendeckenden Betrag gedeckelt (*Dekommodifizierung*) ist. Diese beiden Kernkriterien – die Selbstverwaltung und Dekommodifizierung – sind integraler Teil eines Wohnraum-Commons und sollen unabänderlicher darin verankert sein.

Auf diesem Konzept aufbauend untersuche ich drei rechtliche Ansätze, die potenziell als Träger für Wohnraum-Commons dienen. Mit diesen Ansätzen könnten Wohnraum-Commons also geschaffen und erhalten werden. Diese Ansätze sind erstens Wohnungsgenossenschaften als e.G., zweitens das „Mietshäuser Syndikat“ und drittens „Community Land Trusts“.

Ich untersuche vergleichend, inwiefern diese drei Ansätze bzw. Rechtsformen tatsächlich dazu geeignet sind, um selbstverwalteten, dekommodifizierten Wohnraum zu schaffen und zu erhalten. Dadurch soll am Ende ein differenzierter Erkenntnisgewinn über die Leistungsfähigkeit der jeweiligen rechtlichen Ansätze entstehen. Darauf aufbauend möchte ich Reformvorschläge entwickeln, welche die Praxis von Wohnraum-Commons stärken könnten. Ich arbeite derzeit mit der These, dass Bedarf an einer neuen Variante der eingetragenen Genossenschaft mit Vermögensbindung besteht. Diese Rechtsform würde unabänderlich – ähnlich wie bei der Stiftung – die profitorientierte Verwertung des Genossenschaftsvermögens ausschließen.

Zielsetzung für die erste Interviewrunde

Meine Forschung soll eine möglichst realistische Aussage darüber treffen, inwiefern die untersuchten rechtlichen Ansätze auch für die Immobilienbewirtschaftung praktisch brauchbar sind. Das bedeutet, dass ich nicht nur untersuche, ob die Ansätze die Selbstverwaltung verankern und Profite ausschließen. Darüber hinaus untersuche ich, ob sie für die alltägliche Selbstverwaltung von Wohnraumimmobilien tauglich sind.

Da ich Jurist bin, weiß ich nicht selbst welche Voraussetzungen eine Rechtsform „mitbringen“ muss, damit sie für die Selbstverwaltung von Wohnraumimmobilien geeignet ist. Daher wende ich mich an Sie als Expert*in im Bereich der Immobilienwirtschaft. Ich möchte von Ihnen gerne wissen was eine Rechtsform leisten muss, damit sie für die selbstverwaltete, nicht profit-orientierte Immobilienwirtschaft geeignet ist.

Indem ich durch Experteninterviews Wissen über die Anforderungen der Immobilienwirtschaft an Rechtsformen sammle, kann ich in einem nächsten Schritt untersuchen, inwiefern die von mir untersuchten Ansätze diese Anforderungen erfüllen oder nicht. Hierzu werde ich u. a. erneut Experteninterviews mit Personen aus dem Kreis der untersuchten Ansätze führen.

These zu Eignungskriterien

Auf Grundlage dieser Überlegungen, habe ich die These aufgeworfen, dass folgende Kriterien für die Eignung eines rechtlichen Ansatzes zur Schaffung und Erhaltung von Wohnraum-Commons entscheidend sind:

Kriterien der Eignung		
Dekommodifizierung	Selbstverwaltung	Haftung
Kosten/Besteuerung	Mitgliederwechsel	Sonstige administrative Hürden
Möglichkeiten der Kapitalaufbringung	Langfristiger Erhalt der Bausubstanz	?

Fragen der ersten Interviewrunde

Bitte gehen Sie bei den folgenden Fragen auf Unterschiede zwischen der Gründungsphase (Schaffung) und dem laufenden Betrieb (Erhaltung) ein, soweit diese bestehen:

I. Gibt es aus Ihrer Sicht betriebswirtschaftliche Grundfaktoren die dafür entscheidend, dass eine Wohnimmobilie langfristig erfolgreich bewirtschaftet werden kann?

II. Welche Herausforderungen ergeben sich aus Ihrer Sicht bei der Selbstverwaltung von Wohnimmobilien? Was für Formen der Selbstverwaltung kommen Ihnen in den Sinn? Welche Grade von Selbstverwaltung sind aus Ihrer Sicht denkbar? Welche Herausforderungen ergeben sich dabei jeweils aus Ihrer Sicht?

III. Gibt es aus Ihrer Sicht Herausforderungen bei der nicht-profitorientierten Bewirtschaftung von Wohnimmobilien?

IV. Was muss eine Rechtsform leisten, um den Herausforderungen der (selbstverwalteten nicht profitorientierten) Immobilienwirtschaft gerecht zu werden? (Rechtsform soll hier weit verstanden werden. Auch eine Verflechtung verschiedener Gesellschaften etwa in einer Holdingstruktur wäre in diesem Sinne eine Rechtsform)

(Folgende Fragen werden gestellt, soweit nicht bereits darauf eingegangen wurde)

V. Welche Relevanz hat aus Ihrer Sicht die *Haftung* bei der Entscheidung, welche Rechtsform für die Selbstverwaltung von Wohnimmobilien gewählt werden sollte?

VI. Welche Relevanz haben aus Ihrer Sicht die *Rechtsformkosten* bei der Entscheidung, welche Rechtsform für die Selbstverwaltung von Wohnimmobilien gewählt werden sollte?

VII. Welche Relevanz hat aus Ihrer Sicht die *Besteuerung* bei der Entscheidung, welche Rechtsform für die Selbstverwaltung von Wohnimmobilien gewählt werden sollte?

VIII. Welche Relevanz hat aus Ihrer Sicht die *Möglichkeit der Kapitalaufbringung* bei der Entscheidung, welche Rechtsform für die Selbstverwaltung von Wohnimmobilien gewählt werden sollte?

IX. Welche Relevanz hat aus Ihrer Sicht die Einfachheit/Praktikabilität des *Mitgliederwechsels* (Einzug, Auszug, Tod, Insolvenz) bei der Entscheidung, welche Rechtsform für die Selbstverwaltung von Wohnimmobilien gewählt werden sollte?

X. Welche Relevanz hat aus Ihrer Sicht der *langfristige Erhalt der Bausubstanz* (z.B. Sicherstellung von Investitionsmaßnahmen) bei der Entscheidung, welche Rechtsform für die Selbstverwaltung von Wohnimmobilien gewählt werden sollte?

(Ggf. zum Abschluss)

XI. Sehen Sie sonst Eigenschaften, die eine Rechtsform aufweisen sollte, um eine erfolgreiche Selbstverwaltung von nicht profitorientierten Wohnraumimmobilien sowohl in der Gründungsphase als auch im langfristigen Betrieb sicherzustellen?

XII. Sehen Sie Möglichkeiten das geltende Recht zu verbessern, um die Praxis von selbstverwaltetem, unveräußerlichem non-profit zu stärken?

Anhang 3: Leitfaden 2 Experteninterviews

Research Interview – Context and Questions

Overall research objectives of the doctoral thesis:

- To understand to which extent, under current law, (i) the Limited Equity Cooperative Model, (ii) the Mietshäuser Syndikat Model, and (iii) the Community Land Trust Model, are appropriate legal forms for creating and sustaining self-governed, non-profit housing.
- Based on this research, to propose reforms which strengthen the practice of self-governed non-profit housing.

Questions:

Introduction

1. What is the mission and purpose of your CLT?
2. Since when does your CLT exist and how did it get started?
3. How many members does your CLT have? How many members are tenants?
4. How did you get involved in the organization and what is your role in the organization?
5. Please describe what your daily life and work in the organization looks like!

Governance

6. What kind of work does the board do? How is it composed?
7. What does it mean to live in housing on ground that is owned by the CLT?
8. How are decisions made in the CLT?
9. Which decisions are made by all members of the CLT, including tenants and which decisions are made only by the board?
10. How does the CLT ensure that the buildings are maintained in the long-term and that necessary investments are made?
11. How does the CLT address conflicts amongst its members?
12. How easy is it to make necessary decisions in the CLT?

De-commodification

13. How does the CLT select new residents/members?
14. Can tenants pass on their position to successors? If so, to whom?

15. How does the rent in your CLT compare to other comparable housing in its neighborhood?
16. How does the CLT ensure that housing assets are not used to create profits?

Financing

17. How does the CLT obtain its financing? From which sources and what share/importance does each source have in the financing?
18. Has the CLT encountered financial difficulties?
19. Has the CLT acquired land through debt financing? If so, do you see the risk of one generation of tenants being disproportionately burdened by paying off the acquisition while subsequent generations benefit from the previous generations financial sacrifice? If so, (how) do you address this issue?
20. What kind of expenses does the CLT have and what is their respective share/importance in the total amount of expenses?

Conclusion

21. Is there anything else you would like to tell me about your CLT?

Literaturverzeichnis

Ackersyndikat e. V.: Das Ackersyndikat: Woher kommt's?, o. D., abrufbar im Internet: https://ackersyndikat.org/ackersyndikat/woher-kommts/

Albers, Thilo/*Bartels*, Charlotte/*Schularick*, Moritz: The Distribution of Wealth in Germany 1895–2018, ECONtribute Policy Brief No. 001, 2020 (zitiert als: *Albers/Bartels/Schularick*, The Distribution of Wealth in Germany 1895–2018)

Albrecht, Wolfgang/*Benz*, Julian/*Hagemeier*, Martin/*Hoffmann*, Hubert/*Holtappels*, Moritz/*Koskowski*, Wibke/*Kowalski*, Sonja/*Maier*, Regina/*Möller*, Regina/*Schultheiß*, Ingo/*Rost*, Stefan/*Schmidt*, Jochen: Das Mietshäuser Syndikat und seine Projekte Selbstorganisiert wohnen, solidarisch wirtschaften Keine Profite mit der Miete sozialer und bezahlbarer Wohnraum für alle, Broschüre Nr. 8, 2021, Freiburg (zitiert als: *Albrecht* et al., MHS-Broschüre Nr. 8)

Althanns, Andrea/*Buth*, Birgit/*Leißl*, Alexander: Genossenschafts-Handbuch, Berlin, Loseblatt, Stand: Februar 2024, (zitiert als: *Bearbeiter*in*, Genossenschafts-Handbuch)

Amsler, Lisa Blomgren/*Martinez*, Janet K./*Smith*, Stephanie E.: Dispute System Design: Preventing, Managing, and Resolving Conflict, Erstaufl. 2020, Stanford (zitiert als: *Amler/Martinez/Smith*, Dispute System Design)

Amtsfeld eG: Schlichtungsordnung der Amtsfeld eG, 15.04.2009, abrufbar im Internet: https://www.wbg-amtsfeld.de/wp-content/uploads/2014/06/schlichtungsordnung.pdf

Anderson, Joel/*Honneth*, Axel: Autonomy, Vulnerability, Recognition, and Justice, in: Christman, John (Hrsg.), Autonomy and the Challenges to Liberalism: New Essays, Erstaufl. 2005, Cambridge, 127–149 (zitiert als: *Anderson/Honneth*, Autonomy, Vulnerability, Recognition, and Justice)

Arnold, Arnd/*Burgard*, Ulrich/*Roth*, Gregor/*Weitemeyer*, Birgit: Die GmbH im Verantwortungseigentum – eine Kritik, NZG 2020, 1201–1206

Aschermann, Rolf: Genossenschaftliche Gründungsprüfung und Aufnahme in den Prüfungsverband, Aschermann, ZfgG 1987, 297–309

Auspurg, Katrin/*Hinz*, Thomas/*Schmid*, Laura: Contexts and conditions of ethnic discrimination: Evidence from a field experiment in a German housing market, Journal of Housing Economics Vol. 35, Issue C, 2017, 26–36

Bachmann, Gregor/*Eidenmüller*, Horst/*Engert*, Andreas/*Fleischer*, Holger/*Schön*, Wolfgang: Rechtsregeln für die geschlossene Kapitalgesellschaft, 2012, Berlin, Boston (zitiert als: *Bachmann* et al., Rechtsregeln für die geschlossene Kapitalgesellschaft)

Baer, Susanne: Rechtssoziologie: eine Einführung in die interdisziplinäre Rechtsforschung, 4. Aufl. 2021, Baden-Baden

Balmer, Ivo/*Bernet*, Tobias: Housing as a Common Resource? Decommodification and Self-Organization in Housing – Examples from Germany and Switzerland, in: Dellenbaugh, Mary/Kip, Markus/Bieniok, Majken/Schweigmann, Martin (Hrsg.), Urban Commons Moving: Beyong State and Market, Erstaufl. 2015, Basel, 178–195 (zitiert als: *Balmer/Bernet*, Housing as a Common Resource?)

Balmer, Ivo/*Bernet*, Tobias: Selbstverwaltet bezahlbar wohnen? Potentiale und Herausforderungen genossenschaftlicher Wohnprojekte, in: Schönig, Barbara/Kadi, Justin/Schipper, Sebastian (Hrsg.), Wohnraum für alle?! Perspektiven auf Planung, Politik und Architektur, Erstaufl. 2017, Bielefeld, 259–279 (zitiert als: *Balmer/Bernet*, Selbstverwaltet bezahlbar wohnen?)

Baron, Jane: Rescuing the Bundle-of-Rights Metaphor in Property Law, University of Cincinnati Law Review, Vol. 82, No. 1, 2014, 57–101

Bartel, Bettina: Legal hacking und seine praktischen Dimensionen am Beispiel des Mietshäuser Syndikats, juridicum 2020, 366–371

Bates, Robert: Contra Contractarianism: Some Reflections on the New Institutionalism, Politics & Society, Vol. 16, Issue 2–3, 1988, 387–401

Battis, Ulrich/*Krautzberger*, Michael/*Löhr*, Rolf-Peter (Begr.): Kommentar zum BauGB, 15. Aufl. 2022, München (zitiert als: *Bearbeiter*in*/Battis/Krautzberger/Löhr, BauGB)

Bauverein der Elbgemeinden eG: Bauverein der Elbgemeinden eG, Jahresbericht 2021, abrufbar im Internet: https://jahresbericht2021.bve.de/ (zitiert als: *BVE*, Jahresbericht 2021)

Bauverein der Elbgemeinden eG: Hausordnung (Ausgabe VIII), Oktober 2016, abrufbar im Internet: https://www.bve.de/media/1135/bve066-hausordnung_web.pdf (zitiert als: Hausordnung der „Bauverein der Elbgemeinden eG")

Bayer, Walter: Die Anwendung aktienrechtlicher Regelungen auf die eingetragene Genossenschaft – unter besonderer Berücksichtigung der Rechtsprechung des BGH –, DStR 1999, 1815–2821

Bebchuk, Lucian/*Tallarita*, Roberto: The Illusory Promise of Stakeholder Governance, Cornell Law Review, 2020, Vol. 106, 91–178

Beck'scher Online-Großkommentar AktG, Gesamthrsg.: *Henssler*, Martin, Hrsg.: Spindler, Gerald/Stilz, Eberhard, Stand: 24.05.2024 (zitiert als: *Bearbeiter*in*/BeckOGK AktG)

Beck'scher Online-Großkommentar BGB, Gesamthrsg.: *Gsell*, Beate/*Krüger*, Wolfgang/Lorenz, Stephan/Reymann, Christoph, Stand: 24.05.2024 (zitiert als: *Bearbeiter*in*/BeckOGK BGB)

Beck'scher Online-Kommentar BGB, Hrsg. *Hau*, Wolfgang/*Poseck*, Roman; 70. Ed., Stand: 01.05.2024 (zitiert als: *Bearbeiter*in*/BeckOK BGB)

Beck'scher Online-Kommentar GmbHG, Hrsg. *Ziemons*, Hildegard/*Jaeger*, Carsten/*Pöschke*, Moritz, 59. Ed., Stand: 24.05.2024 (zitiert als: *Bearbeiter*in*/BeckOK GmbHG)

Beck'scher Online-Kommentar HGB, Hrsg. *Häublein*, Martin/*Hoffmann-Theinert*, Roland, 42. Ed., Stand: 24.05.2024 (zitiert als: *Bearbeiter*in*/BeckOK HGB)

Bennholdt-Thomsen, Veronika: Geld oder Leben – Was uns wirklich reich macht, Erstaufl. 2010, München

Berwanger, Jörg: formwechselnde Umwandlung, in: Gabler Wirtschaftslexikon, Stand: 19.02.2018, abrufbar im Internet: https://wirtschaftslexikon.gabler.de/definition/formwechselnde-umwandlung-33425/version-256951

Beuthien, Volker: Was tun, wenn eingetragene Genossenschaften ihren Förderzweck missachten? Zur Reformbedürftigkeit des § 81 I 1 GenG bei Rechtsformverfehlung, NZG 2020, 681–687

Beuthien, Volker: Die atypische stille Gesellschaft: Ein Weg zu mehr Eigenkapital für eingetragene Genossenschaften?, NZG 2003, 849–853

Beuthien, Volker: Wie kapitalistisch darf eine Genossenschaft sein? – Zum förderwirtschaftlichen Nutzen nicht nutzender Mitglieder, AG 2006, 53–62

Beuthien, Volker: Wie demokratisch sind die Wahlen zur Vertreterversammlung einer Genossenschaft?, NZG 2013, 895–896

Beuthien, Volker: Entfernen sich zu viele Genossenschaften von ihrer Leitidee?, ZRP 2019, 108–111

Beuthien, Volker: Ist die gründungsgutachtliche Äußerung eines genossenschaftlichen Prüfungsverbandes drittschützend? Zum Normzweck des § 11 II Nr. 3 GenG, NZG 2021, 500–505

Beuthien, Volker (Hrsg.): Beck'scher Kurz-Kommentar zum Genossenschaftsgesetz, 6. Auflage 2018, München (zitiert als: *Bearbeiter*in*/Beuthien, GenG)

Beuthien, Volker/*Klappstein*, Verena: Kämmerer, Jörn Axel/Schmidt, Karsten/Veil, Rüdiger (Hrsg.): Sind genossenschaftliche Rücklagen ein unteilbarer Fonds? Zur Kapitalerhaltung und Überschussverwendung im Genossenschaftsrecht, Erstaufl. 2018, Tübingen (zitiert als: *Beuthien/Klappstein*, Sind genossenschaftliche Rücklagen ein unteilbarer Fonds?)

Bezdek, Barbara: To Have and To Hold? Community Land Trust as Commons, in: The Cambridge Handbook on Innovations in Commons, im Erscheinen, 2020, Cambridge (zitiert als: *Bezdek*, To Have and To Hold? Community Land Trust as Commons)

Binz, Mark/*Freudenberg*, Götz: Ist die Rechtsform der Genossenschaft noch zeitgemäß? – Ein Rechtsformvergleich zwischen Genossenschaft und Aktiengesellschaft, DB 1991, 2473–2477

Blath, Simon: Das Mehrheitsprinzip im GmbH-Recht – Grundlegendes und Gestaltungsfragen, Blath, RNotZ 2017, 218–230

Blome-Drees, Johannes/*Bøggild*, Nikolaj/*Degens*, Philipp/*Michels*, Judith/*Schimmele*, Clemens/*Werner*, Jennifer: Potenziale und Hemmnisse von unternehmerischen Aktivitäten in der Rechtsform der Genossenschaft, Erstaufl. 2016, Berlin (zitiert als: *Blome-Drees* et al., Potenziale und Hemmnisse von unternehmerischen Aktivitäten in der Rechtsform der Genossenschaft)

Bollier, David: Why Karl Polanyi Still Matters: It's a ripe moment to dust off „The Great Transformation“ and its anthropological critique of „self-regulating markets.“, On the Commons, abrufbar im Internet: http://www.onthecommons.org/why-karl-polanyi-still-matters#sthash.09rhlUyN.dpbs (zitiert als: *Bollier*, Why Karl Polanyi Still Matters, On the Commons, 24.02.2009)

Bollier, David/*Helfrich*, Silke: Frei, fair und lebendig – Die Macht der Commons, Erstaufl. 2019, Bielefeld (zitiert als: *Bollier/Helfrich*, Frei, fair und lebendig)

Bösche, Burchard: Warum eine „Kleine Genossenschaft“?, npoR 2014, 229–231

Boudreaux, Donald/*Holcombe*, Randall: Government By Contract, Public Finance Quarterly, 1989, Vol. 17, Issue 3, 264–280 (zitiert als: *Boudreaux/Holcombe*, Public Finance Quarterly, 1989, Vol. 17, Issue 3, 264–280)

Bruns, Axel: Blogs, Wikipedia, Second Life, and Beyond: From Production to Produsage, Erstaufl. 2008, u. a. New York

Bruun, Maja Hojer: The financialization of Danish cooperatives and the debasement of a collective housing good, Critique of Anthropology, Vol. 38, Issue 2, 2018, 140–155

Bundesinstitut für Bau-, Stadt- und Raumforschung (BBSR): Neues Wohnen – Gemeinschaftliche Wohnformen bei Genossenschaften, 2014, abrufbar im Internet: https://www.bbsr.bund.de/BBSR/DE/veroeffentlichungen/sonderveroeffentlichungen/2014/NeuesWohnen.html

Bundesinstitut für Bau-, Stadt- und Raumforschung (BBSR): Laufende Stadtbeobachtung – Raumabgrenzungen: Stadt- und Gemeindetypen in Deutschland, 2023, abrufbar im Internet: https://www.bbsr.bund.de/BBSR/DE/forschung/raumbeobachtung/Raumabgrenzungen/deutschland/gemeinden/StadtGemeindetyp/StadtGemeindetyp.html#:~:text=Kriterien%20sind%20die%20Gr%C3%B6%C3%9Fe%20der,diese%20als%20%22Stadt%22%20bezeichnet

Bundesministerium für Umwelt, Naturschutz, Bau und Reaktorsicherheit (BMUB): Wohnungsgenossenschaften – Potenziale und Perspektiven, 2004, Berlin, abrufbar im Internet: https://www.bmi.bund.de/SharedDocs/downloads/DE/veroeffentlichungen/themen/bauen/wohnen/bericht-expertenkommission-wohnungsgenossenschaften.pdf%3F__blob%3DpublicationFile%26amp%3Bv%3D2

Bundesministerium für Verkehr, Bau und Stadtentwicklung (BMVBS): Aktivierung von Potenzialen genossenschaftlichen Wohnens: Evaluierung der Empfehlungen der Expertenkommission Wohnungsgenossenschaften im Forschungsprogramm „Experimenteller Wohnungs- und Städtebau (ExWoSt)“ – BMVBS-Online-Publikation, Nr. 25/2010, 2010, abrufbar im Internet: https://www.bbsr.bund.de/BBSR/DE/veroeffentlichungen/ministerien/bmvbs/bmvbs-online/2010/DL_ON252010.pdf?__blob=publicationFile&v=1 (zitiert als: *BMVBS*, Aktivierung von Potenzialen genossenschaftlichen Wohnens)

Bundesministerium für Verkehr, Bau und Stadtentwicklung (BMVBS)/Bundesamt für Bauwesen und Raumordnung (BBR): Erschließen von Genossenschaftspotenzialen: im Forschungsfeld Modelle Genossenschaftlichen Wohnens, Forschungen Heft 126, 2007, Bonn (zitiert als: *BMVBS/BBSR*, Erschließen von Genossenschaftspotenzialen)

Bund-Länder-Arbeitsgruppe Stiftungsrecht: Bericht der Bund-Länder-Arbeitsgruppe „Stiftungsrecht“ an die Ständige Konferenz der Innenminister und -senatoren der Länder, 09. 09. 2016, abrufbar im Internet: https://www.innenministerkonferenz.de/IMK/DE/termine/to-beschluesse/2016-11-29_30/nummer%2026%20reform%20stiftungsrecht.pdf?__blob=publicationFile&v=2 (zitiert als: Bericht der Bund-Länder-Arbeitsgruppe Stiftungsrecht vom 09. 09. 2016)

Bura, Josef/*Markones*, Magdalena/*Töllner*, Andrea: Potentiale und Grenzen genossenschaftlicher Kooperationen: Die Weiterentwicklung von innovativen Wohnformen für ältere Menschen und Familien durch neue genossenschaftliche Trägerstrukturen, Erstaufl. 2016, Hannover (zitiert als: *Bura/Markones/Töllner*, Potentiale und Grenzen genossenschaftlicher Kooperationen)

Burghardt, Roberta/*Pelger*, Dagmar: Der Gemeinwohlkreis: Gemeinwohl Entwickeln: kooperativ und langfristig!, 2019, abrufbar im Internet: https://coopdisco.net/wp-content/uploads/2022/05/200923_COOPDISCO-Gemeinwohlkreis-Plakat.pdf (zitiert als: *Burghardt/Pelger*, Der Gemeinwohlkreis)

Caffentzis, George/*Federici*, Silvia: Commons against and beyond capitalism, Community Development Journal, Vol. 49, 2014, Supplement 1, Commons Sense: New thinking about an old idea, i92–i105 (zitiert als: *Caffentzis/Federici*, Community Development Journal, Vol. 49, 2014, Supplement 1, i92-i105)

Cario, Daniela: Aufnahme von Investorenmitgliedern in die SCE? – Gedanken zur Ausübung des Wahlrechts in Art. 14 Abs. 2 SCE-VO durch den deutschen Gesetzgeber, ZfgG 2005, 146–152

Center for Community Land Trust Innovation: Global CLT Map + Directory, 15. 06. 2022, abrufbar im Internet: https://cltweb.org/clt-directory/ (zitiert als: *Center for CLT Innovation*, Global CLT Map + Directory)

Chatziathanasiou, Konstantin: Sozio-ökonomische Ungleichheit: Verfassungstheoretische Bedeutung, verfassungsrechtliche Reaktionen, Der Staat 60, 2021, 177–210

Choe, Hyun/*Yun*, Sun-Jin: Revisiting the concept of common pool resources: Beyond Ostrom, Development and Society, 2017, Vol. 46, 113–129

Choe, Jaesong: The Organization of Urban Common-Property Institutions: The Case of Apartment Communities in Seoul, 1993, Bloomington (zitiert als: *Choe*, The Organization of Urban Common-Property Institutions)

Christman, John: The Myth of Property: Toward an Egalitarian Theory of Ownership, Erstaufl. 1994, New York, Oxford (zitiert als: *Christman*, The Myth of Property)

Cortese, Fulvio: What Are „Common Goods“ (beni comuni)? Pictures from the Italian Debate, Pólemos, 2017, Vol. 11, No. 2, 417–435

Cowen, Tyler: Public Goods Definitions and their Institutional Context: a Critique of Public Goods Theory, Review of Social Economy, 1985, Vol. 43, 1, 53–63

Creditreform Wirtschaftsforschung: Insolvenzen in Deutschland: Jahr 2021, 2021, Neuss, abrufbar im Internet: https://www.creditreform.de/aachen/aktuelles-wissen/pressemeldungen-fachbeitraege/news-details/show/insolvenzen-in-deutschland-jahr-2021 (zitiert als: Insolvenzen in Deutschland 2021)

Crüger, Hans/*Crecelius*, Adolf/*Parisius*, Ludolf/*Citron*, Fritz: Das Reichsgesetz, betreffend die Erwerbs- und Wirtschaftsgenossenschaften: Kommentar zum praktischen Gebrauch für Juristen und Genossenschaften, 11. Aufl. 1928, Berlin, Leipzig (zitiert als: *Parisius/Crüger/Crecelius/Citron*, GenG)

Davis, John Emmeus: 7-Key Characteristics of CLTs, Rationale and Variations, 2008, abrufbar im Internet: https://www.burlingtonassociates.com/files/5213/4461/1878/7-Key_Characteristics_of_CLTs_Rationale_and_Variations.pdf (zitiert als: *Davis*, 7-Key Characteristics of CLTs)

Davis, John Emmeus: Origins and Evolution of the Community Land Trust in the United States, in: White, Kirby (Hrsg.), Community Land Trust Technical Manual, 2018, Oakland, Introduction: Historical Background, Chapter 1

Davis, John Emmeus (Hrsg.): Preface, in: The Community Land Trust Reader, 2010, Danbury, ix–xii

Davis, John Emmeus/*Jacobus*, Rick: The City–CLT Partnership – Municipal Support for Community Land Trusts, 2008, Cambridge (zitiert als: *Davis/Jacobus*, The City-CLT Partnership)

Dawes, Robyn: Formal Models of Dilemmas in Social Decision-Making, 1974, Oregon

De Angelis, Massimo: Marx and primitive accumulation: The continuous character of capital's „enclosures", Issue 2, September 2001

De Angelis, Massimo: On the Commons: A Public Interview with Massimo De Angelis and Stavros Stavrides, e-flux Journal, #17, June-August 2010

Decker, Andrew: Community Land Trusts and State Legislation: A Model Act to Enable This Affordable Housing Tool, Journal of Affordable Housing & Community Development Law, 2018, Vol. 26, No. 3, 489–530

DeFilippis, James/*Stromberg*, Brian/*Williams*, Olivia R.: W(h)ither the community in community land trusts?, Journal of Urban Affairs 2018, Vol. 40, No. 6, 755–769

Demsetz, Harold: Toward a Theory of Property Rights, The American Economic Review, Vol. 57, No. 2, 1967, 347–359

Denga, Michael: Genossenschaften als Vehikel der Nachhaltigkeit, NZG 2022, 1179–1185

DFG-Forschungsgruppe Recht – Geschlecht – Kollektivität: Mit Recht und jenseits des Rechts? Feministische Perspektiven auf Urban & Housing Commons, abrufbar im Internet: https://www.recht-geschlecht-kollektivitaet.de/de/teilprojekte/tp-c-gemeinschaftliches-wohnen-2

Diamond/McQuade/Qian: The Effects of Rent Control Expansion on Tenants, Landlords, and Inequality: Evidence from San Francisco, American Economic Review, Vol. 109, No. 9, 2019, S. 3365–3394

Di Robilant, Anna: Common Ownership and Equality of Autonomy, McGill Law Journal, Vol. 58, No 2, 2012, 265–320

Drasdo, Michael: Genossenschaftliches Wohnen: Wohnraumüberlassung an der Schnittstelle von Miete und Gesellschaftsrecht, NZM 2012, 585–599

Dülfer, Eberhard: Konzeption und Kodifikation der „Genossenschaft“ bei Hermann Schulze-Delitzsch, ZfgG 1989, 93–111

Dumyahn, Sarah/*Pijanowski*, Bryan: Beyond noise mitigation: managing soundscapes as common-pool resources, Landscape Ecology, 2011, Vol. 26, 1311–1326

Dürig, Günter (Begr.)/*Herzog*, Roman (Hrsg.)/*Scholz*, Rupert (Hrsg.): Kommentar zum Grundgesetz für die Bundesrepublik Deutschland: GG, 103. Auflage. 2024, Looseblatt, Stand: Januar 2024, München (zitiert als: *Bearbeiter*in*/Dürig/Herzog/Scholz, GG)

Edmans, Alex: Grow the Pie: How Great Companies Deliver Both Purpose and Profit, überarbeitete Erstaufl. 2022, Cambridge (zitiert als: *Edmans*, Grow the Pie)

Edney, Julian/*Harper*, Christopher: The commons dilemma – A review of contributions from psychology, Environmental Management, 1978, Vol. 2, No. 6, 491–507

Engel, Andreas/*Haubner*, David: Die GmbH mit gebundenem Vermögen und das Europarecht, DStR 2022, 844–849

Englisch, Peter/*Sieger*, Philipp/*Zellweger*, Thomas: Psychologisches Eigentum – Wie aus Mitarbeitern Mitunternehmer werden, Ernst & Young GmbH, Universität St. Gallen, 2010 (zitiert als: *Englisch/Sieger/Zellweger*, Psychologisches Eigentum)

erste marzahner wohnungsgenossenschaft eG: Hausordnung, 01.03.2012, abrufbar im Internet: https://www.emwg-eg.de/wp-content/uploads/2019/01/hausordnung.pdf

Erste Suhler Bewohnergenossenschaft eG: Hausordnung und Brandschutzbestimmung – Fassung Mai 2016, abrufbar im Internet: https://bewohnergenossenschaft.de/images/pdf/Hausordnung.pdf (zitiert als: Hausordnung der „Erste Suhler Bewohnergenossenschaft eG“, von Mai 2016)

Euler, Johannes: Conceptualizing the Commons: Moving Beyond the Goods-based Definition by Introducing the Social Practices of Commoning as Vital Determinant, Ecological Economics, Vol. 143, 2018, 10–16

Faulstich, Clarissa/*Kemmerer*, Pia/*Strauch*, Boris: Mieterbeiräte: Zugleich zu den Früchten einer (rechts-)vergleichenden Perspektive auf sonstige Einrichtungen zur Bündelung von Kollektivinteressen, NZM 2020, 617–623

Faust, Helmut: Geschichte der Genossenschaftsbewegung: Ursprung und Aufbruch der Genossenschaftsbewegung in England, Frankreich und Deutschland sowie ihre weitere Entwicklung im deutschen Sprachraum, 3. Aufl. 1977, Frankfurt am Main (zitiert als: *Faust*, Geschichte der Genossenschaftsbewegung)

Fischer, Hans-Jörg/*Fischer*, Klaus: Die GmbH in Verantwortungseigentum (VE-GmbH) im Rahmen der Umsetzung globaler Nachhaltigkeitsziele – eine mögliche neue Rechtsform für den Mittelstand, BB 2020, 2122–2128

Fleischer, Holger: Corporate Purpose: Ein Management-Konzept und seine gesellschaftsrechtlichen Implikationen, ZIP 2021, 5–15

Fleischer, Holger: Ein Schönheitswettbewerb für eine neue Gesellschaftsform mit Nachhaltigkeitsbezug: zur rechtspolitischen Diskussion um eine GmbH mit gebundenem Vermögen, ZIP 2022, 345–355

Fleischer, Holger/*Harzmeier*, Lars: Zur Abdingbarkeit der Treuepflichten bei Personengesellschaft und GmbH, NZG 2015, 1289–1297

Flieger, Burghard: Expertise, Das Mietshäuser Syndikat, Hintergrund und Entstehung – Bausteine des Modells – genossenschaftliche Merkmale – Übertragbarkeit für genossenschaftliches Wohnen, unveröffentlicht, 2006 (zitiert als: *Flieger*, Expertise)

Foster, Sheila/*Iaione*, Christian: Ostrom in the City: Design principles and practices for the urban commons, in: Hudson, Blake/Rosenbloom, Jonathan/Cole, Dan (Hrsg.), Routledge Handbook of the Study of the Commons, Erstaufl. 2019, Oxon/New York, S. 235–255 (zitiert als: *Foster/Iaione*, Ostrom in the City: Design Principles and Practices for the Urban Commons)

Freeman, R. Edward: Strategic Management: A Stakeholder Approach, Erstaufl. 1987, Boston/London/Melbourne/Toronto

Friedman, Milton: A Friedman doctrine – The Social Responsibility Of Business Is to Increase Its Profits, The New York Times Magazine, 13.09.1970 (zitiert als: *Friedman*, The Social Responsibility Of Business Is to Increase Its Profits)

GBI-AG: Jeder elfte Städtereisende in Deutschland schläft bei AirBnB & Co., Pressemitteilung vom 11.04.2016, abrufbar im Internet: https://www.gbi.ag/news/presse/etwa-jeder-elfte-staedtereisende-in-deutschland-schlaeft-bei-airbnb-co/ (zitiert als: *GBI-AG*, Pressemitteilung vom 11.04.2016)

GdW Bundesverband deutscher Wohnungs- und Immobilienunternehmen e.V.: GdW kompakt – GdW Jahresstatistik 2020: Ausgewählte Ergebnisse, 2021, Berlin

Gehrig, Thomas: Commons: Zwischen Marktliberalismus und Utopie, Widersprüche: Zeitschrift für sozialistische Politik im Bildungs-, Gesundheits, und Sozialbereich, 2015, 9–24 (zitiert als: *Gehrig*, Widersprüche 2015, 9–24)

Genossenschaft von Unten: Forderungen des Alternativen Genossenschaftskongresses vom 26.03.2022 in Berlin, abrufbar im Internet: http://www.genossenschaft-von-unten.eu/2022-03-26-forderungen-genkon.pdf

Genossenschaft von Unten: Vorschläge zur Neuregelung oder zu Änderungen im Genossenschaftsgesetz vom 18.8.2006, Stand: 26.03.2022, abrufbar im Internet: http://www.genossenschaft-von-unten.eu/2022-03-26-vorschlaege-zur-aenderung-geng.pdf

George, Henry: Social Problems, Erstaufl. 1884, London

GEWOBA Nord Baugenossenschaft eG: Schlichtungs-Kommissions-Ordnung, 01.01.2012, abrufbar im Internet: https://www.gewoba-nord.de/wp-content/uploads/gn_schlichtungskommissionsordnung.pdf (zitiert als: Kommissionsordnung der GEWOBA Nord Baugenossenschaft eG, Januar 2012)

Glenk, Hartmut: Genossenschaftsrecht, 2. Aufl. 2013, München

Godwin, Kenneth/*Shepard*, Bruce: Forcing Squares, Triangles and Ellipses Into a Circular Paradigm: the Use of the Commons Dilemma in Examining the Allocation of Common Resources, Western Political Quarterly, Vol. 32 issue 3, 1979, 265–277

Gottschalk, Sandra/*Lubczyk*, Moritz/*Hauer*, Annegret/*Keese*, Detlef/*Stiftung Familienunternehmen* (Hrsg.): Die volkswirtschaftliche Bedeutung der Familienunternehmen, 5. Aufl. 2019, München (zitiert als: *Gottschalk* et al., Die volkswirtschaftliche Bedeutung der Familienunternehmen)

Gray, Karen: Community Land Trusts in the United States, Journal of Community Practice, 2008, Vol. 16, No. 1, 65–78

Greve, Rolf/*Zimmer*, Annette/*Weßels*, Bernhard (Hrsg.): Genossenschaften: Entwicklung und Bedeutung, in: Verbände und Demokratie in Deutschland, Erstaufl. 2001, Wiesbaden, 107–131 (zitiert als: *Greve*, Genossenschaften: Entwicklung und Bedeutung)

Groeben, Hans von der/*Schwarze*, Jürgen/*Hatje*, Armin (Hrsg.): Europäisches Unionsrecht, 7. Aufl. 2015, Baden-Baden (zitiert als: *Bearbeiter*in*/Groeben, von der/Schwarze/Hatje, AEUV)

Grounded Solutions Network (GSN): CLTs and Limited Equity Housing Coops, with Model CLT-Coop Lease, in: White, Kirby (Hrsg.), Community Land Trust Technical Manual, 2018, Oakland, Chapter 15-A (zitiert als: *GSN*, CLTs and Limited Equity Housing Coops)

Grounded Solutions Network (GSN): Commentary on the 2011 CLT Network Model Ground Lease, 2018, Oakland, Chapter 11-B (zitiert als: *GSN*, Model Lease Commentary)

Grounded Solutions Network (GSN): Implementing Restrictions on Ownership, in: White, Kirby (Hrsg.), Community Land Trust Technical Manual, 2018, Oakland, Chapter 8 (zitiert als: *GSN*, Implementing Restrictions on Ownership)

Grounded Solutions Network (GSN): Model Classic CLT Bylaws, in: White, Kirby (Hrsg.), Community Land Trust Technical Manual, 2018, Oakland, Chapter 5-A (zitiert als: *GSN*, Model Classic CLT Bylaws)

Grounded Solutions Network (GSN): Planning for Sustainability, in: White, Kirby (Hrsg.), Community Land Trust Technical Manual, 2018, Oakland, Chapter 24 (zitiert als: *GSN*, Planning for Sustainability)

Grounded Solutions Network (GSN): Resale Formula Design, in: White, Kirby (Hrsg.), Community Land Trust Technical Manual, 2018, Oakland, Chapter 12 (zitiert als: *GSN*, Resale Formula Design)

Grounded Solutions Network (GSN): The 2011 CLT Network Model Ground Lease, in: White, Kirby (Hrsg.), Community Land Trust Technical Manual, 2018, Oakland, Chapter 11-A (zitiert als: 2011 CLT Network Model Ground Lease)

Grunewald, Barbara: Vereinsordnungen: Praktische Bedeutung und Kontrolle, ZHR 152, 242–262

Grunewald, Barbara/*Hennrichs*, Joachim: Die GmbH in Verantwortungseigentum, wäre das ein Fortschritt?, NZG 2020, 1201–1206

Gusy, Christoph: Konsensprinzip oder Demokratie: zur Auseinandersetzung um das Mehrheitsprinzip, Zeitschrift für Politik, 1985, Vol. 32, No. 2, 133–152

Gweled Homesteads: History, o. D., abrufbar im Internet: https://bryngweled.org/history-1

Habersack, Mathias: „Gesellschaft mit beschränkter Haftung in Verantwortungseigentum“ – ein Fremdkörper im Recht der Körperschaften, GmbHR 2020, 992–997

Hadding, Walther: Zur gesellschaftlichen Vereinbarkeit von stillen Vermögenseinlagen und Genußrechten mit dem Förderungszweck eingetragener Kreditgenossenschaften, ZIP 1984, 1295–1296, 1298–1302

Han, Didi/*Imamasa*, Hajime: Overcoming Privatized Housing in South Korea: Looking through the Lens of „Commons“ and „the Common“, in: Dellenbaugh, Mary/Kip, Markus/Bieniok, Majken/Schweigmann, Martin (Hrsg.), Urban Commons Moving: Beyong State and Market, Erstaufl. 2015, Basel, 91–100 (zitiert als: *Han/Imamasa*, Overcoming Privatized Housing in South Korea: Looking through the Lens of „Commons“ and „the Common“)

Hardin, Garret: The Tragedy of the Commons, Science, 1968 Vol. 162, 1243–1248

Hardt, Michael/*Negri*, Antonio: Commonwealth, Erstaufl. 2009, Cambridge

Hart, Oliver/*Zingales*, Luigi: Companies Should Maximize Shareholder Welfare Not Market Value, Journal of Law, Finance, and Accounting, vol. 2, issue 2, 2017, 247–274

Hartnett, Tim: The Basics of Consensus Decision Making, o. D., abrufbar im Internet: https://www.groupfacilitation.net/Articles%20for%20Facilitators/The%20Basics%20of%20Consensus%20Decision%20Making.pdf

Hartz, Ronald/*Hühn*, Melanie/*Rybnikova*, Irma/*Tümpel*, Markus: Partizipationspraktiken in Genossenschaften – Eine Untersuchung des normativen Anspruchs und der Alltagsrealität, 2020, Berlin/London/Münster/Wien/Zürich (zitiert als: *Hartz* et al., Partizipationspraktiken in Genossenschaften)

Harvey, David: Rebel Cities, From the Right to the City to the Urban Revolution, Erstaufl., 2012, London/New York (zitiert als: *Harvey*, Rebel Cities)

Hayek, Friedrich von: The Corporation in a Democratic Society: In Whose Interest Ought It to and Will It Be Run?, 1960, wiederveröffentlicht in: Lewis, Paul (Hrsg.), Essays on Liberalism and the Economy, Vol. 18, Erstaufl. 2021, Chicago, 232–244 (zitiert als: *Hayek*, The Corporation in a Democratic Society: In Whose Interest Ought It to and Will It Be Run?)

Heidinger, Andreas/*Leible*, Stefan/*Schmidt*, Jessica (Hrsg.): Kommentar zum Gesetz betreffend die Gesellschaften mit beschränkter Haftung (GmbH-Gesetz): GmbHG, 3. Aufl. 2017, München (zitiert als: *Bearbeiter**in*/MHLS)

Helfrich, Silke: Sie verlassen jetzt den Tauschwertsektor, ila, 336, Juni 2010, 59–60

Helfrich, Silke/*Knaffl*, Tomislav/*Meretz*, Stefan: Commons statt Gemeinschaft – Anders bauen und wohnen, in: Holm, Andrej/Laimer, Christoph (Hrsg.), Gemeinschaftliches Wohnen und selbstorganisiertes Bauen, Erstaufl. 2021, Wien, 49–55 (zitiert als: *Helfrich/Knaffl/Meretz*, Commons statt Gemeinschaft – Anders bauen und wohnen)

Heller, Michael: The Gridlock Economy: How Too Much Ownership Wrecks Markets, Stops Innovation, and Costs Lives, Erstaufl. 2008, New York (zitiert als: *Heller*, The Gridlock Economy)

Heller, Michael: The Tragedy of the Anticommons: A Concise Introduction and Lexicon, The Modern Law Review, Vol. 76, Issue 1, 2013, 6–25

Heller, Michael/*Salzman*, James: Mine! – How the Hidden Rules of Ownership Control Our Lives, E-Book, Erstaufl. 2021, New York (zitiert als: *Heller/Salzmann*, Mine!)

Henderson, Rebecca: Reimagining Capitalism in a World on Fire, E-Book, Erstaufl. 2020, New York

Hennsler, Martin/*Strohn*, Lutz (Hrsg.): Beck'scher Kurz-Kommentar zum Gesellschaftsrecht, 6. Aufl. 2024, München (zitiert als: *Bearbeiter*in*/Henssler/Strohn, Gesellschaftsrecht)

Herchen, Hilke: Zum Für und Wider einer GmbH mit gebundenem Vermögen, ZGR 2022, 664–689

Hinz, Werner: Vereinbarungen zum Umfang des Mietgebrauchs, NZM 2019, 649–657

Hoffmann, Jochen/*Bierlein*, Johanna: Die Anwendung des AGG auf Diskriminierungen beim Zugang zu Wohnraum, ZfPW 2021, 286–309

Hofmokl, Justyna: Towards an eclectic theory of the internet commons, International Journal of the Commons, Vol. 4, Nr. 1, 2009, 226–250

Holm, Andrej: Die Bindung an die Kostenmiete wird in Berlin zum Problem: Nach dem Wegfall der Anschlussförderung steigen die Mieten in den öffentlich geförderten Wohnungen, MieterEcho Nr. 312, 2005, 10–11

Holm, Andrej: Das Recht auf die Stadt, Blätter für deutsche und internationale Politik, 8, 2011, 89–97 (zitiert als: *Holm*, Blätter, 8, 2011, 89–97)

Holm, Andrej/*Laimer*, Christoph (Hrsg.): Alternative Finanzierungsinstrumente für Haus- und Wohnprojekte, in: Wohnen zwischen Markt, Staat und Gesellschaft. Ein sozialwissenschaftliches Handbuch, Erstaufl. 2021, Hamburg, 137–148 (zitiert als: *Holm/Laimer*, Alternative Finanzierungsinstrumente für Haus- und Wohnprojekte)

Hölscher, Reinhold: Beleihungswert, in: Gabler Wirtschaftslexikon, Stand: 19.02.2018, abrufbar im Internet: https://wirtschaftslexikon.gabler.de/definition/beleihungswert-30601/version-254178 (zitiert als: *Hölscher*, Beleihungswert)

Holthaus, Jan: Wer beaufsichtigt eingetragene Genossenschaften und sind die gesetzlichen Möglichkeiten hierzu ausreichend? NZG 2019, 54–57

Homann, Felix: Private Equity und Nachfolge: Mit individuellen Lösungen zu langfristigem Wachstum, Unternehmeredition 1/2022, 30–31

Homeyer, Oskar von/*Reiff*, Marvin: Verantwortungseigentum ante portas? – Erste Betrachtungen einer weitreichenden Idee, npoR 2020, 224–232

Höpner, Martin: Corporate Governance in Transition: Ten Empirical Findings on Shareholder Value and Industrial Relations in Germany, MPIfG Discussion Paper 01/5, 2001, Köln

Horlitz, Sabine: Community Land Trusts in den USA: Strukturen und aktuelle Tendenzen, in: Wohnraum für alle?! Perspektiven auf Planung, Politik und Architektur,

Erstaufl. 2017, Bielefeld, 281–296 (zitiert als: *Horlitz*, Community Land Trusts in den USA)

Horlitz, Sabine: Community Land Trusts – Ein Modell auch für Berlin? Vortragstext, 11.11.2019, Werkstatt Haus der Statistik Berlin, Abrufbar im Internet: https://www.kw-berlin.de/files/REALTY_Sabine_Horlitz_DE.pdf

Hülsen, Hans-Carl von: Variable Vergütung auf dem Rückzug?, Controlling & Management Review 2019, Vol. 63, 8–17

Huron, Amanda: Carving Out the Commons: Tenant Organizing and Housing Cooperatives in Washington, D.C., Erstaufl. 2018, Minneapolis (zitiert als: *Huron*, Carving out the Commons)

Hüttemann, Rainer/*Rawert*, Peter/*Weitemeyer*, Birgit: Zauberwort „Verantwortungseigentum“: Mit Verve fordern Lobbyisten eine neue Eigentumsform für Unternehmen. Was fortschrittlich klingt, ist in Wahrheit ein Pakt gegen künftige Generationen, npoR 2020, 296–298

Jarass, Hans (Hrsg.)/*Pieroth*, Bodo (Begr.): Kommentar zum Grundgesetz für die Bundesrepublik Deutschland: GG, 18. Aufl. 2024, München (zitiert als: *Bearbeiter*in*/Jarass/Pieroth, GG)

Jerchel, Paul/*Pape*, Judith: Commons-Public Partnerships: Neue Kooperationsformen für die sozialökologische Transformation, IASS Discussion Paper, September 2022, abrufbar im Internet: https://publications.iass-potsdam.de/pubman/item/item_6002376 (zitiert als: *Jerchel/Pape*, Diskussionspapier: CPPs, 2022)

jurisPK-BGB Band 1: Gesamthrsg.: Herberger, Maximilian/Martinek, Michael/Rüßmann, Helmut/Weth, Stephan/Würdinger, Markus, 10. Aufl. 2024, Saarbrücken, Stand: 24.05.2024 (zitiert als: *Bearbeiter*in*/jurisPK-BGB)

Kaltenborn, Wilhelm: Die historischen Wurzeln des Anschlusszwanges der Genossenschaften an Prüfungsverbände, in: 125 Jahre Genossenschaftsgesetz – 100 Jahre Erster Weltkrieg: Beiträge zur 9. Tagung zur Genossenschaftsgeschichte am 7.– 8. November 2014 im Hamburger Gewerkschaftshaus, 2015, Norderstedt, 51–58 (zitiert als: *Kaltenborn*, Die historischen Wurzeln des Anschlusszwanges der Genossenschaften an Prüfungsverbände)

Karst, Alexander/*Müller-Gschlößl*, Robert: Die Gesellschaft mit beschränkter Haftung mit gebundenem Vermögen, NJOZ 2021, 961–964

Keßler, Jürgen: Selbsthilfe, Selbstverwaltung und Verbandsdemokratie – zur Co-operative Governance genossenschaftlich verfasster Unternehmen. In: Schröder, Carolin/Walk, Heike (Hrsg.), Genossenschaften und Klimaschutz, 2014, Wiesbaden, 93–105 (zitiert als: *Keßler*, Selbsthilfe, Selbstverwaltung und Verbandsdemokratie)

Kip, Markus/*Bieniok*, Majken: Preface – Seizing the (Every)Day: Welcome to the Urban Commons!, in: Dellenbaugh, Mary/Kip, Markus/Bieniok, Majken/Schweigmann, Martin (Hrsg.), Urban Commons Moving: Beyong State and Market, Erstaufl. 2015, Basel, 7–25 (zitiert als: *Kip* et al., Seizing the (Every)Day: Welcome to the Urban Commons!)

Klein, Naomi: Reclaiming the Commons, New Left Review, 9, May/Jun 2001, 81–89

Kloosterman, Robert/*Lambregts*, Bart: Between Accumulation and Concentration of Capital: Toward a Framework for Comparing Long-Term Trajectories of Urban Systems, Urban Geography Vol. 28, Nr. 1, 54–73

Kloster-Harz, Doris: Mediation im Mietrecht, ZMR 2003, 82–86

Kluth, Winfried: Der Förderzweck von Genossenschaften im Spannungsfeld von Gruppenwohl und Gemeinwohl: Versuch einer Systematisierung der Zwecke kooperativen Handelns in Genossenschaften, npoR 2022, 194–199

Kluth, Winfried/*Sieker*, Susanne: Sozialgenossenschaften aus dem Blickwinkel des Genossenschaftsrechts und des Gemeinnützigkeitsrechts, in: Genossenschaft innovativ, 2016, Wiesbaden (zitiert als: *Kluth/Sieker*, Sozialgenossenschaften)

Koch, Jens (Hrsg.): Beck'scher Kurzkommentar zum Aktiengesetz, 18. Aufl. 2024, München (zitiert als: *Bearbeiter*in*/Koch, AktG)

Koglin, Erika: Das Kleinanlegerschutzgesetz und seine Auswirkungen auf den sogenannten Dritten Sektor, npoR 2016, 60–63

Kratzwald, Brigitte: Urban Commons – Dissident Practices in Emancipatory Spaces, in: Dellenbaugh, Mary/Kip, Markus/Bieniok, Majken/Schweigmann, Martin (Hrsg.), Urban Commons Moving: Beyong State and Market, Erstaufl. 2015, Basel, 26–41 (zitiert als: *Kratzwald*, Urban Commons)

Kreps, David/*Milgrom*, Paul/*Wilson*, Robert/*Roberts*, John: Rational Cooperation in the Finitely Repeated Prisoners' Dilemma, Journal of Economic Theory, Vol. 27, Issue 2, 1982, 245–252

Kusunoki, Shigeki: Hayek on corporate social responsibility, Constitutional Political Economy, Vol. 27, 2016, 93–110

Lang, Johann (Begr.)/*Weidmüller*, Ludwig (Begr.): Genossenschaftsgesetz, 40. Aufl. 2022, Berlin, Boston (zitiert als: *Bearbeiter*in*/Lang/Weidmüller, GenG)

Lebuhn, Henrik/*Holm*, Andrej/*Junker*, Stephan/*Neitzel*, Kevin: Wohnverhältnisse in Deutschland – eine Analyse der sozialen Lage in 77 Großstädten – Bericht aus dem Forschungsprojekt „Sozialer Wohnversorgungsbedarf", Hans-Böckler-Stiftung, Berlin, Düsseldorf, 2017 (zitiert als: *Lebuhn/Holm/Junker/Neitzel*, Wohnverhältnisse in Deutschland)

Lee, Shin/*Webster*, Chris: Enclosure of the urban commons, GeoJournal 66, 2006, 27–42

Lefebvre, Henri: La Révolution urbaine, Erstaufl. 1970, Paris, wiederveröffentlicht als: The Urban Revolution, 2003, Minneapolis, London (zitiert als: *Lefebvre*, La Révolution urbaine)

Lehmann, Matthias/*Sieker*, Susanne: Eine neue Rechtsform für kleine Genossenschaften – Der Referentenentwurf zur Einführung einer Kooperationsgesellschaft, ZfgG 2015, 3–22

Leifels, Arne/*Schwartz*, Michael: Nachfolge-Monitoring Mittelstand 2021: wieder mehr Planungen nach Corona-Knick – Familiennachfolge in der Krise beliebt, KfW Research Fokus Volkswirtschaft, Nr. 365, 27.01.2022 (zitiert als: *Leifels/Schwartz*, Nachfolge-Monitoring Mittelstand 2021)

Levi, Margaret: Of Rule and Revenue, Erstaufl. 1988, Berkeley, Los Angeles/London

Lieder, Jan/*Becker*, Marcus: Das Sonderrecht der Rechtsformvarianten am Beispiel der UG –Zugleich ein Beitrag zur „gUG (haftungsbeschränkt)" und zu anderen „g"-Gesellschaften, NZG 2021, 357–366

Ling, Gabriel Hoh Teck/*Ho*, Chin Siong/*Tsau*, Kar Yen/*Cheng*, Chin Tiong: Interrelationships between Public Open Space, Common Pool Resources, Publicness Levels and Commons Dilemmas: A Different Perspective in Urban Planning, International Journal of Built Environment and Sustainability, Vol. 6 No. 2 2019, 13–21 (zitiert als: *Ling* et al., IJBES Vol. 6 No. 2 2019, 13–21)

Löhr, Dirk: Marktgerechte Erbbaurechte: Wie Kommunen über Erbbaurechte bezahlbares Wohnen ermöglichen können, Erstaufl. 2020, Wiesbaden (zitiert als: *Löhr*, Marktgerechte Erbbaurechte)

Lomfeld, Bertram/*Neitzel*, Noah: Verantwortungseigentum! Der Gesetzesentwurf zur GmbH mit gebundenem Vermögen, Verfassungsblog, 13.03.2021, abrufbar im Internet: https://verfassungsblog.de/verantwortungseigentum/ (zitiert als: *Lomfeld/Neitzel*, Verfassungsblog vom 13.03.2021)

Loritz, Karl-Georg/*Weinmann*, Philipp: Die GmbH mit gebundenem Vermögen – Kreative Idee oder Legitimation zum Betreiben eines Unternehmens ohne typische Unternehmerpflichten?, DStR 2021, 2205–2211

Marshall, Graham: Polycentricity, reciprocity, and farmer adoption of conservation practices under community-based governance, Ecological Economics, Vol. 68, Issue 5, 2009, 1507–1520

Martens, Holger: Das Genossenschaftsgesetz von 1889 und der Gründungsboom in Hamburg, in: 125 Jahre Genossenschaftsgesetz – 100 Jahre Erster Weltkrieg: Beiträge zur 9. Tagung zur Genossenschaftsgeschichte am 7.–8. November 2014 im Hamburger Gewerkschaftshaus, 2015, Norderstedt, 6–13 (zitiert als: *Martens*, Das Genossenschaftsgesetz von 1889 und der Gründungsboom in Hamburg)

Marx, Karl: Das Kapital – Kritik der politischen Oekonomie, Erster Band, Buch I: Der Produktionsprocess des Kapitals, 3. Aufl. 1883, Hamburg, wiederveröffentlicht in: Karl Marx und Friedrich Engels Gesamtausgabe (MEGA), Zweite Abteilung, „Das Kapital" und Vorarbeiten, Band 8, 1989, Berlin (zitiert als: *Marx*, Das Kapital, Erster Band, Buch I)

Mayer, Claudia/*Eichel*, Florian/*Klinck*, Fabian: Hausordnung im Mietverhältnis: Voraussetzungen, Rechtsfolgen, Durchsetzung, NZM 2018, 689–698

Mayer, Colin: Firm Commitment: Why the corporation is failing us and how to restore trust in it, Erstaufl. 2013, Oxford (zitiert als: *Mayer*, Firm Commitment)

Mayer, Colin: Shareholderism Versus Stakeholderism – A Misconceived Contradiction: A Comment on „The Illusory Promise of Stakeholder Governance," by Lucian Bebchuk and Roberto Tallarita, Cornell Law Review, 2021, Vol. 106, 1859–1880

Mayer, Colin: The Future of the Corporation and the Economics of Purpose, Journal of Management Studies 2021, Vol. 58, Issue 3, 887–901

Mayer, Jan Niklas/*Mayeres*, Elena: Historische Genese der Wohnungsfrage, in: Holm, Andrej (Hrsg.): Wohnen zwischen Markt, Staat und Gesellschaft Ein sozialwissenschaftliches Handbuch, Erstaufl. 2021, Hamburg, 14–29 (zitiert als: *Mayer/Mayeres*, Historische Genese der Wohnungsfrage)

Meyer-Abich, Matthias: Dritte in der Mietwohnung: Besucher, Aufnahme von Angehörigen/Nahepersonen, Untermieter, NZM 2020, 19–26

Meyer-Abich, Matthias: Nutzungskonflikte im Mehrfamilienhaus: Fallstricke und Lösungswege, NZM 2022, 113–123

Michelsen, Claus/*Mense*, Andreas: Evaluierung der Mietpreisbremse – Endbericht, 2018, Deutsches Institut für Wirtschaftsforschung Berlin e. V., abrufbar unter: https://www.bmj.de/SharedDocs/Downloads/DE/Ministerium/ForschungUndWissenschaft/MPB_Gutachten_DIW.pdf?__blob=publicationFile&v=4 (zitiert als: *Michelsen/Mense*, Evaluation der Mietpreisbremse, 2018)

Mieder, Rosemarie: Kostenmiete Sozialer Wohnungsbau – Schlupfloch schließen!. MieterMagazin Nr. 3, 2018, 22

Mietshäuser Syndikat: Fragen und Antworten: Warum basiert das Syndikat auf der Rechtsform der GmbH (anstatt Genossenschaft oder Stiftung)?, o. D., abrufbar im Internet: https://www.syndikat.org/faq/

Mietshäuser Syndikat: Fragen und Antworten: Was kostet es, wenn sich das Syndikat an einem neuen Projekt beteiligt?, abrufbar im Internet: https://www.syndikat.org/faq/

Mietshäuser Syndikat GmbH: Die Verbundbausteine, Viele Häuser – ein Fundament: die Grundstruktur, o. D., abrufbar im Internet: https://www.syndikat.org/syndikat/ (zitiert als: *Mietshäuser Syndikat*, Die Verbundbausteine)

Mietshäuser Syndikat GmbH: Finanzierung, o. D., abrufbar im Internet: https://www.syndikat.org/syndikat/

Mietshäuser Syndikat GmbH: Handbuch, unveröffentlicht, Stand: Oktober 2020 (zitiert als: MHS-Handbuch)

Mietshäuser Syndikat GmbH: Kurze Ideengeschichte Mietshäusersyndikat: 2019 – Der Ausgangspunkt liegt in der Zukunft, Contraste November 2003, 7–10

Mietshäuser Syndikat GmbH: Projekte in Deutschland, o. D., abrufbar im Internet: https://www.syndikat.org/projekte/

Moldenhauer, Joschka/*Maier-Rigaud*, Remi: Kollektives Handeln und die Entstehung von Gemeingütern zwischen privatem und öffentlichem Nutzen, in: Blome-Drees, Johannes/Göler von Ravensburg, Nicole/Jungmeister, Alexander/Schmale, Ingrid/Schulz-Nieswandt, Frank (Hrsg.), Handbuch Genossenschaftswesen, 2020, Wiesbaden, 1–23 (zitiert als: *Moldenhauer/Maier-Rigaud*, Kollektives Handeln)

Momberger, Benjamin: Social Entrepreneurship: im Spannungsfeld zwischen Gesellschafts- und Gemeinnützigkeitsrecht, 2015, Hamburg (zitiert als: *Momberger*, Social Entrepreneurship)

Möslein, Florian/*Sanders*, Anne: Vermögensbindung und Europäisches Gesellschaftsrecht, JZ 2022, 923–933

Münchener Anwaltshandbuch Mietrecht, hrsg. von Hannemann, Thomas und Wiegner, Michael, 5. Aufl. 2019, München (zitiert als: *Bearbeiter*in*/Hannemann/Wiegner, Münchener Anwaltshandbuch Mietrecht)

Münchener Handbuch des Gesellschaftsrechts, Band 2: Kommanditgesellschaft, GmbH & Co. KG, Publikums-KG, Stille Gesellschaft, hrsg. von Gummert, Hans/Weipert, Lutz, 5. Aufl. 2019, München (zitiert als: *Bearbeiter*in*/Münch. Hdb. d. GesR., Bd. 2)

Münchener Kommentar zum Aktiengesetz, hrsg. von Goette, Wulf/Habersack, Mathias/Kalss, Susanne

– Bd. 1, 6. Aufl. 2024, München (zitiert als: *Bearbeiter*in*/MüKoAktG)

– Bd. 4, 5. Aufl. 2021, München (zitiert als: *Bearbeiter*in*/MüKoAktG)

– Bd. 5, 6. Aufl. 2023, München (zitiert als: *Bearbeiter*in*/MüKoAktG)

– Bd. 7, 5. Aufl. 2021, München (zitiert als: *Bearbeiter*in*/MüKoAktG)

– Nachtrag: §§ 67, 67a-67f, 87, 87a, 107, 111a-111c, 113, 162 infolge des ARUG II, 5. Aufl. 2021, München, (zitiert als: *Bearbeiter*in*/MüKoAktG)

Münchener Kommentar zum Bürgerlichen Gesetzbuch, hrsg. von Säcker, Franz Jürgen/Rixecker, Roland/Oetker, Hartmut/Limperg, Bettina

– Bd. 1, 9. Aufl. 2021, München (zitiert als: *Bearbeiter*in*/MüKoBGB)

– Bd. 7, 9. Aufl. 2024, München (zitiert als: *Bearbeiter*in*/MüKoBGB)

– Bd. 8, 9. Aufl. 2023, München (zitiert als: *Bearbeiter*in*/MüKoBGB)

Münchener Kommentar zum GmbH-Gesetz, hrsg. von Fleischer, Holger/Goette, Wulf

– Bd. 1, 4. Aufl. 2022, München (zitiert als: *Bearbeiter*in*/MüKoGmbHG)

– Bd. 2, 4. Aufl. 2023, München (zitiert als: *Bearbeiter*in*/MüKoGmbHG)

– Bd. 3, 4. Aufl. 2022, München (zitiert als: *Bearbeiter*in*/MüKoGmbHG)

Münchener Kommentar zum Handelsgesetzbuch, hrsg. von Drescher, Ingo/Fleischer, Holger/Schmidt, Karsten

– Bd. 2, 5. Aufl. 2022, München (zitiert als: *Bearbeiter*in*/MüKoHGB)

– Bd. 3, 4. Aufl. 2019, München (zitiert als: *Bearbeiter*in*/MüKoHGB)

Münchener Kommentar zur Zivilprozessordnung mit Gerichtsverfassungsgesetz und Nebengesetzen, hrsg. von Rauscher, Thomas/Krüger, Wolfgang, Bd. 3, 6. Aufl. 2022, München (zitiert als: *Bearbeiter*in*/MüKoZPO)

Neitzel, Noah: Vermögensbindung und Nachhaltigkeit, KJ 2022, 479–493

NEUE LÜBECKER Norddeutsche Baugenossenschaft eG: Durchblick: Geschäftsbericht 2021, abrufbar im Internet: https://www.neueluebecker.de/fileadmin/c/nl/flippbook/Gesch%C3%A4ftsberichte/FINAL%20DS.pdf (zitiert als: NEUE LÜBECKER Norddeutsche Baugenossenschaft eG, Geschäftsbericht 2021)

NEUE LÜBECKER Norddeutsche Baugenossenschaft eG: Hausordnung, Mai 2019, abrufbar im Internet: https://www.neueluebecker.de/fileadmin/c/nl/dateien/downloads/05%20Mai_19%20Hausordnung.pdf (zitiert als: Hausordnung der „NEUE LÜBECKER Norddeutsche Baugenossenschaft eG")

Neuling, Matthias: Auf fremden Pfaden: ein Leitfaden der Rechtsformen für selbstverwaltete Betriebe und Projekte, 1. Aufl. 1985, Berlin (zitiert als: *Neuling*, Auf fremden Pfaden)

Neuling, Matthias: Rechtsformen für alternative Betriebe, KJ 1986, 309–326 (zitiert als: *Neuling*, KJ 1986, 309–326)

Neumann, Manfred: Das kapitalistische Element in der modernen Genossenschaft, ZfgG 1975, 32–39

Noack, Ulrich/*Servatius*, Wolfgang/*Haas*, Ulrich: Beck'scher Kurzkommentar zum GmbHG, 23. Aufl. 2022, München (zitiert als: *Bearbeiter*in*/Noack/Servatius/Haas, GmbHG)

Nobel Prize Outreach AB: Nobel Prize Outreach AB, 2022, Elinor Ostrom – Facts, Stand 06. 12. 2022, abrufbar im Internet: https://www.nobelprize.org/prizes/economic-sciences/2009/ostrom/facts/

Noosten, Dirk: Die private Bau- und Immobilienfinanzierung: Eine Einführung für Planer und Anbieter von Bauleistungen, Erstaufl. 2021, Wiesbaden (zitiert als: *Noosten*, Die private Bau- und Immobilienfinanzierung)

Olson, Mancur: The logic of collective action: Public goods and the theory of groups, 2 Aufl. 1971, Cambridge, London (zitiert als: *Olson*, The Logic of Collective Action)

O'Neill, Dan/*Reichel*, André/*Bastin*, Claire: Enough Excess Profits: Rethinking Business and Production, in: O'Neill, Dan/Dietz, Rob/Jones, Nigel (Hrsg.), Enough is Enough: Ideas for a sustainable economy in a world of finite resources, 2012, Leeds, 87–94 (zitiert als: *O'Neill* et al., Enough is Enough)

Ostrom, Elinor: Understanding Institutional Diversity, Erstaufl. 2005, Princeton, Oxford

Ostrom, Elinor: Governing the Commons: The Evolution of Institutions for Collective Action, 2. Aufl. 2015, Cambridge (zitiert als: *Ostrom*, Governing the Commons)

Ostrom, Elinor/*Gardner*, Roy/*Walker*, James: Rules, Games, and Common-Pool Resources, Erstaufl. 1994, Michigan

Ostrom, Elinor/*Hess*, Charlotte: Private and Common Property Rights, Indiana University, Bloomington: School of Public & Environmental Affairs Research Paper No. 2008-11-01, 29. 11. 2007

Paul, Ulrich: Berlin: Landeseigene Unternehmen sollen wieder Wohnungen verkaufen, Berliner Zeitung vom 17. 05. 2022, abrufbar im Internet: https://www.berliner-zeitung.de/mensch-metropole/berlin-landeseigene-unternehmen-sollen-wieder-wohnungen-verkaufen-li.228432

PDG Genossenschaftlicher Prüfungsverband e. V.: SATZUNG des Prüfungsverbandes: PDG Genossenschaftlicher Prüfungsverband e. V. mit Sitz in Erfurt, Stand: 02. 07. 2013, abrufbar im Internet: https://genossenschaftlicher-pruefungsverband.de/dokumente/satzung_pdg.pdf (zitiert als: Satzung des PDG Genossenschaftlicher Prüfungsverband e. V. vom 02. 07. 2013)

Peekhaus, Wilhelm: Primitive Accumulation and Enclosure of the Commons: Genetically Engineered Seeds and Canadian Jurisprudence, Science & Society, Vol. 75, No. 4, 2011, 529–554

Peredo, Ana Maria/*McLean*, Murdith: Decommodification in action: Common property as countermovement, Vol. 27, Issue 6, 2020, 817–839

Pistor, Katharina: The Code of Capital: How the Law Creates Wealth and Inequality, Erstaufl. 2019, Princeton (zitiert als: *Pistor*, The Code of Capital)

Pöhlmann, Peter/*Fandrich*, Andreas/*Bloehs*, Joachim: Genossenschaftsgesetz, 4. Aufl. 2012, München (zitiert als: *Bearbeiter*in*/Pöhlmann/Fandrich/Bloehs)

Polanyi, Karl: The Great Transformation: The Political and Economic Origins of Our Time, Erstaufl. 1944, Boston (zitiert als: *Polanyi*, The great Transformation)

Pörtner, Hans/*Roberts*, Debra/*Poloczanska*, Elvira/*Mintenbeck*, Katja/*Tignor*, Melinda/*Alegría*, Andrés/*Craig*, Marlies/*Langsdorf*, Stefanie/*Löschke*, Sina/*Möller*, Vincent/*Okem*, Andrew (Hrsg.): IPCC 2022: Summary for Policymakers, in: Climate Change 2022: Impacts, Adaptation and Vulnerability – Contribution of Working Group II to the Sixth Assessment Report of the Intergovernmental Panel on Climate Change, 2022, Cambridge/New York (zitiert als: *Pörtner* et al., IPCC 2022: Summary for Policymakers)

Prinz, Ulrich/*Winkeljohann*, Norbert (Hrsg.): Beck'sches Handbuch der GmbH, 6. Aufl. 2021, München (zitiert als: *Bearbeiter*in*/Prinz/Winkeljohann, Beck'sches Handbuch der GmbH)

Prüfungsverband der kleinen und mittelständischen Genossenschaften e.V: Satzung vom 07.09.2018, abrufbar im Internet: https://www.pruefungsverband.de/fileadmin/user_upload/Pdfs/2018-11-28_Satzung_PkmG.pdf (zitiert als: Satzung des Prüfungsverbands der kleinen und mittelständischen Genossenschaften e. V. vom 07.09.2018)

Public Interest Management Group: Introducing Grounded Solutions Network: A New National Organization Promoting Inclusive Communities, 21.02.2016, abrufbar im Internet: https://www.pimgconsulting.com/pimblog/2016/2/19/grounded-solutions-network (zitiert als: Public Interest Management Group, Introducing Grounded Solutions Network)

Purtschert, Robert/*Schwarz*, Peter: Genossenschaftsmarketing, ZfgG 2007, 78–94 (zitiert als: *Purtschert/Schwarz*, ZfgG 2007, 78–94)

Quilligan, James: Why Distinguish Common Goods from Public Goods?, in: Bollier, David/Helfrich, Silke (Hrsg.), The Wealth of the Commons: A World Beyond Market and State, Erstaufl. 2012, Amherst, 73–82 (zitiert als: *Quilligan*, Why Distinguish Common Goods from Public Goods?)

Reiff, Marvin: Entwurf eines Gesetzes für die GmbH in Verantwortungseigentum (VE-GmbH) vorgelegt, ZIP 2020, 1750–1754

Reiff, Marvin: Verantwortungseigentum, Nachhaltigkeit und Kapitalismus, in: Nachhaltigkeitsrecht: Selbstverständnis, Status Quo und Perspektiven, Erstauf. 2022, München, 207–228 (zitiert als: *Reiff*, Verantwortungseigentum, Nachhaltigkeit und Kapitalismus)

Reiff, Marvin: Verantwortungseigentum, Erstaufl. 2024, Tübingen

Reuther, Kevin/*Schumann*, Christian-Andreas/*Strobel*, Anne: The behavioural model of homo cooperativus and its value for understanding intrapreneurship, in: Conference Proceedings for the BAM2017 Conference, Warwick University from the 5th – 7th September 2017, 363, British Academy of Management (zitiert als: *Reuther/Schumann/Strobel*, The behavioural model of homo cooperativus)

Rittenberg, Libby/*Tregarthen*, Timothy: Principles of Microeconomics, 2. Aufl. 2012, Boston

Rock, Edward B.: For Whom Is the Corporation Managed in 2020? The Debate over Corporate Purpose, The Business Lawyer, Vol. 76, 2021, 363–395

Rodotà Kommission: Per la modifica delle norme del codice civile in materia di beni pubblici (14 giugno 2007) – Relazione, 14.06.2007, abrufbar im Internet: https://www.giustizia.it/giustizia/it/mg_1_12_1.wp?facetNode_1=0_10&facetNode_2=0_10_21&previsiousPage=mg_1_12&contentId=SPS47617 (zitiert als: Rodotà Kommission, Bericht vom 14.07.2007)

Röhl, Klaus-Heiner: Die Zukunft der Familienunternehmen in Deutschland: Potenziale und Risiken in der globalen Wirtschaft, 2008, Köln

Rose, Carol: The Comedy of the Commons: Custom, Commerce, and Inherently Public Property, The University of Chicago Law Review, Vol. 53, No. 3, 1986, 711–781

Rost, Stefan: Mein Haus, mein Windpark, mein Direktkredit: Das geplante Kleinanlegerschutzgesetz gefährdet linke Projekte, Forum Recht 1. Ausgabe 2015, 30–31

Runge, C. Ford/*Defrancesco*, Edi: Exclusion, Inclusion, and Enclosure: Historical Commons and Modern Intellectual Property, World Development Vol. 34, Issue 10, 2006, 1713–1727

Russo, Manfred: Projekt Stadt: Eine Geschichte der Urbanität, Erstaufl. 2016, Basel

Sacharow, Andre/*Habdank*, Kristina/*Horlitz*, Sabine/*Hengge*, Magnus: Der Spekulation den Boden Abgraben, Broschüre 1, Stadtbodenstiftung, 2019 (zitiert als: *Sacharow/Habdank/Horlitz/Hengge*, Broschüre 1, Stadtbodenstiftung)

Saenger, Ingo/*Merkelbach*, Matthias: Die investierende Mitgliedschaft im deutschen Genossenschaftsrecht – eine interessante Beteiligungsmöglichkeit für Genossenschaften und Investoren?, BB 2006, 566–569

Sanders, Anne: Eine Gesellschaft in Verantwortungseigentum im GmbHG, ZRP 2020, 140–143

Sanders, Anne: Vermögensbindung und „Verantwortungseigentum" im Entwurf einer GmbH mit gebundenem Vermögen, NZG 2021, 1573–1583

Sanders, Anne/*Dauner-Lieb*, Barbara/*Kempny*, Simon/*Freeden*, Arne von/*Möslein*, Florian/*Veil*, Rüdiger: Entwurf eines Gesetzes für die Gesellschaft mit beschränkter Haftung mit gebundenem Vermögen, 2021, abrufbar im Internet: https://www.gesellschaft-mit-gebundenem-vermoegen.de/der-gesetzesentwurf/ (zitiert als: *Sanders* et al., Entwurf eines Gesetzes für die GmbH-gebV)

Savitt, William/*Kovvali*, Aneil: On the Promise of Stakeholder Governance: A Response to Bebchuk and Tallarita, Cornell Law Review, 2021, Vol. 106, 1881–1895

Schenk, Matti: Eigentümerstruktur am Wohnungsmarkt, Savills, 2019, abrufbar im Internet: https://pdf.euro.savills.co.uk/germany-research/ger-2019/spotlight-eigentumerstruktur-am-wohnungsmarkt.pdf

Scheuplein, Christoph/Hans-Böckler-Stiftung (Hrsg.): Wie entwickeln sich Unternehmen mit Private-Equity-Eigentümern in Deutschland?, 2020, Düsseldorf

Schmid, Michael J.: Die Hausordnung in Miete und Wohnungseigentum, NJW 2013, 2145–2150

Schmitt, Joachim/*Hörtnagl*, Robert: Kommentar zum Umwandlungsgesetz und Umwandlungssteuergesetz: UmwG, UmwStG, 9. Aufl. 2020, München (zitiert als: *Bearbeiter*in*/Hörtnagl/Schmitt)

Schockenhoff, Martin: Der wirtschaftlich tätige Idealverein, NZG 2017, 931–941

Scholz, Philip: Die Genossenschaft in der notariellen Praxis, RNotZ 2021, 441–466

Schönball, Ralf: Städtische Wohnungen im Ausverkauf, Tagesspiegel vom 07.08.2004, abrufbar im Internet: https://www.tagesspiegel.de/wirtschaft/immobilien/staedtische-wohnungen-im-ausverkauf/537520.html

Schrell, Thomas/*Kirchner*, Andreas: Mezzanine Finanzierungsstrategien, BKR 2003, 13–20

Selchert, Friedrich Wilhelm: Die genossenschaftliche Gründungsprüfung als Spezifikum eingetragener Genossenschaften, ZfgG, 1980, 93–99

Shiffrin, Seana Valentine: The Incentives Argument for Intellectual Property Protection, in: Gosseries, Axel/Marciano, Alain/Strowel, Alain (Hrsg.), Intellectual Property and Theories of Justice, Erstaufl. 2008, London, 94–105 (zitiert als: *Shiffrin*, The Incentives Argument for Intellectual Property Protection)

Shiva, Vandana: Foreword, in: Ricoveri, Giovanna (Hrsg.), Nature for Sale: The Commons Versus Commodities, Erstaufl. 2013, London, vii-xii (zitiert als: *Shiva*, Foreword)

Sichtermann, Barbara/*Sichtermann*, Kai: Das ist unser Haus: eine Geschichte der Hausbesetzung, Erstaufl. 2017, Berlin

Sigmund, Thomas/*Hoppe*, Till/*Holzki*, Larissa: Widerstand gegen die „GmbH für Verantwortungseigentum“ formiert sich, in: Handelsblatt vom 04.10.2020 (zitiert als: *Sigmund/Hoppe/Holzki*, Widerstand gegen die „GmbH für Verantwortungseigentum“ formiert sich)

Simmel, Georg: Die Grossstädte und das Geistesleben, in: Die Grossstadt: Vorträge und Aufsätze zur Städteausstellung – Jahrbuch der Gehe-Stiftung Dresden, hrsg. von Th. Petermann, Bd. 9, 1903, Dresden, 185–206, wiederveröffentlich durch das soziologische Institut der Universität Zürich, abrufbar im Internet unter: https://socio.ch/sim/verschiedenes/1903/grossstaedte.htm (zitiert als: *Simmel*, Die Großstädte und das Geistesleben)

Smith, Adam/*Soares*, Sálvio (Hrsg.): An Inquiry into the Nature and Causes of the Wealth of Nations, 4. Aufl. 1786, wiederveröffentlicht von ΜεταLibri, 2007, Amsterdam, u.a. (zitiert als: *Smith*, The Wealth of Nations)

Smith, Robert: Resolving the Tragedy of the Commons by Creating Private Property Rights in Wildlife, Cato Journal, Cato Institute, 1982, Vol. 1, Issue 2, 439–468

Sozialdemokratische Partei Deutschlands (SPD)/BÜNDNIS 90/DIE GRÜNEN/Freie Demokraten (FDP): Mehr Fortschritt Wagen: Bündnis für Freiheit, Gerechtigkeit und Nachhaltigkeit – Koalitionsvertrag 2021–2025 zwischen der Sozialdemokratischen Partei Deutschlands (SPD), BÜNDNIS 90/DIE GRÜNEN und den Freien Demokraten (FDP), 07.12.2021, Berlin

Stadtbodenstiftung: Land: die Eigentumsfrage, o. D., abrufbar im Internet: https://www.stadtbodenstiftung.de/community-land-trust/clt-teil-eins/ (zitiert als: Stadtbodenstiftung, Land: die Eigentumsfrage)

Stadtbodenstiftung: Mit Erbbaurecht gestalten, o. D., abrufbar im Internet: https://www.stadtbodenstiftung.de/projects/projekt_02/

Stadtbodenstiftung: Projekte gemeinsam entwickeln, o. D., abrufbar im Internet: https://www.stadtbodenstiftung.de/projects/projekt_03/

Stadtbodenstiftung: Satzung Stadtbodenstiftung vom 16. 12. 2020, abrufbar im Internet: https://www.stadtbodenstiftung.de/wp-content/uploads/2021/05/20201216-satzung-stadtbodenstiftung-1.pdf

Stadtbodenstiftung: Was und Wer ist die Stadtbodenstiftung? Struktur und Organe, o. D., abrufbar im Internet: https://www.stadtbodenstiftung.de/ueber-uns-2/struktur-und-organe/

Stadtbodenstiftung: Wege zum Boden: Die Handlungsfelder der Stadtbodenstiftung, o. D., abrufbar im Internet: https://www.stadtbodenstiftung.de/projects/projekt-gemeingut-statt-leerstand/

Stappel, Michael: Die deutschen Genossenschaften 2020: Entwicklungen – Meinungen – Zahlen, 2020, Wiesbaden (zitiert als: *Stappel*, Genossenschaften in Deutschland)

Statistisches Bundesamt (Destatis): Pressemitteilung Nr. N 071, 19. 12. 2022, abrufbar im Internet: https://www.destatis.de/DE/Presse/Pressemitteilungen/2022/12/PD22_N071_12_63.html#:~:text=N%20071%20vom%2019.,Dezember%202022&text=WIESBADEN%20%E2%80%93%20Wer%20in%20einer%20Gro%C3%9Fstadt,nach%20eigenen%20Angaben%20im%201.

Steding, Rolf: Die Produktivgenossenschaften und ihre Stellung im Gesellschaftsrecht, NZG 2000, 617–622

Stengel, Arndt (Hrsg.)/*Semler*, Johannes (Begr.)/*Leonard*, Nina (Hrsg.): Beck'scher Kurzkommentar zum Umwandlungsgesetz, 5. Aufl. 2021, München (zitiert als: *Bearbeiter*in*/Semler/Stengel/Leonard, UmwG)

Stiftung Verantwortungseigentum: Eine Rechtsform für Verantwortungseigentum: Bedarfssituation, Einschränkungen rechtlicher Optionen, Eine neue Rechtsform für Unternehmen in Verantwortungseigentum, Rechtsformen im Ausland, o. D. abrufbar im Internet: https://verantwortungseigentum.com/dist/download/Policy_Brief_Gesetzentwurf.pdf (zitiert als: Stiftung Verantwortungseigentum, Policy Brief – Gesetzesentwurf)

Stiftung Verantwortungseigentum: Eine Rechtsform für Verantwortungseigentum, Mai 2020, abrufbar im Internet: https://stiftung-verantwortungseigentum.de/fileadmin/user_upload/rechtsform_one-pager_stiftung_verantwortungseigentum_mai_2020.pdf

Stiftung Verantwortungseigentum: Verantwortungseigentum: Zur Resonanz von Familienunternehmen auf eine spezifische Option für die Nachfolgeregelung, 2021 Berlin, abrufbar im Internet: https://www.neue-rechtsform.de/app/download/11088455979/Allensbach-Studie+Verantwortungseigentum.pdf?t=1649063866

Stiftung Verantwortungseigentum: Liste der Unterzeichnenden, Stand 20.10.2022, abrufbar im Internet: https://www.neue-rechtsform.de/liste-der-unterzeichnenden/

Streinz, Rudolf (Hrsg.): Beck'scher Kurzkommentar EUV/AEUV, 3. Aufl. 2018, München (zitiert als: *Bearbeiter*in*/Streinz AEUV)

Swann, Robert/*Gottschalk*, Shimon/*Hansch*, Erick/*Webster*, Edward: The Community Land Trust: A Guide to a New Model for Land Tenure in America, Erstaufl. 1972, Cambridge

Theurl, Theresia: Genossenschaften und Wohneigentum, APuZ, 70 Jahrgang, 41/2020, 02.10.2020 (zitiert als: *Theurl*, APuZ, 02.10.2020)

Töben, Jan: Mediationsklauseln, RNotZ 2013, 321–345

United Nations (Vereinte Nationen): World Urbanization Prospects: The 2018 Revision, 2019, New York

Verband Sächsischer Wohnungsgenossenschaften e.V.: Der VSWG – Ein Portrait: Der Verband nach innen, o.D., abrufbar im Internet: https://www.vswg.de/der-vswg/ (zitiert als: Der VSWG – Ein Portrait)

Vogel, Hans-Jochen: Mehr Gerechtigkeit! Wir brauchen eine neue Bodenordnung – nur dann wird auch Wohnen wieder bezahlbar, 1. Aufl. 2019, Freiburg (zitiert als: *Vogel*, Mehr Gerechtigkeit)

Voormann, Volker: Die Stellung des Beirats im Genossenschaftsrecht, ZfgG 1984, 237–259

Waldner, Wolfram/*Sauter*, Eugen (Begr.)/*Schweyer*, Gerhard: Der eingetragene Verein, 21. Aufl. 2021, München (zitiert als: *Bearbeiter*in*/Sauter/Schweyer/Waldner, Der eingetragene Verein)

Weckwerth, Christopher: Der Konflikt um bezahlbare Mieten eskaliert, Zeit Online vom 22.02.2013, abrufbar im Internet: https://www.zeit.de/gesellschaft/zeitgeschehen/2013-02/berlin-wohnungspolitik-spd-linke/komplettansicht

Weitemeyer, Birgit/*Weißenberger*, Barbara/*Wiese*, Götz: Eine GmbH mit ewigem Gewinnausschüttungsverbot: Bahnbrechende Innovation oder volkswirtschaftlich bedenkliche Perpetuierung?, GmbHR 2021, 1069–1079

White, Kirby (Hrsg.): Preface 2011, in: Community Land Trust Technical Manual, 2018, Oakland (zitiert als: *White*, Preface)

Wicke, Hartmut: Beck'scher Kompaktkommentar zum GmbHG, 4. Aufl. 2020, München (zitiert als: *Wicke*, GmbHG)

Wiktorin, Anne: Ratgeber Immobilienkauf – Teil 5: Was ein Annuitätendarlehen ausmacht, in: Handelsblatt vom 09.11.2017, abrufbar im Internet: https://www.handelsblatt.com/finanzen/immobilien/ratgeber-immobilienkauf-teil-5-was-ein-annuitaetendarlehen-ausmacht/20545614.html (zitiert als: *Wiktorin*, Was ein Annuitätendarlehen ausmacht)

Winkler, Karl/*Schlögel*, Jürgen: Erbbaurecht, 7. Aufl. 2021, München

Wirth, Louis: Urbanism as a Way of Life American Journal of Sociology Vol. 44, No. 1, 1938, 1–24

Wohnungsbau-Genossenschaft „Treptow Nord“ eG: Schlichtungskommissions-Ordnung Wohnungsbau-Genossenschaft „Treptow Nord“ eG, 01.07.1996, abrufbar im Internet: https://www.wbg-treptow-nord.de/wp-content/uploads/2015/06/WBGTN_Ordnung_Schlichtungskommision.pdf

Wohnungsbaugenossenschaft Solidarität eG: Ordnung über die Grundlagen, Zusammensetzung und Arbeit der Schlichtungskommission der Wohnungsbaugenossenschaft Solidarität eG, 13.06.2007, abrufbar im Internet: https://wg-solidaritaet.de/service/schlichtungskommission/

Wohnungsbaugenossenschaft „VORWÄRTS“ eG: Hausordnung der Wohnungsbaugenossenschaft „VORWÄRTS“ eG, 01.01.2011, abrufbar im Internet: https://www.wg-vorwaerts.de/assets/Uploads/dokumentendownload/4VORWAERTShausordnungweb.pdf

Wohnungsgenossenschaft Aufbau Dresden eG: Einziehen und wohlfühlen: Das Mitgliedermagazin der WG Aufbau Dresden eG, Nr. 1, 2019, abrufbar im Internet: https://www.wgaufbau-dresden.de/documents/178B18E057C.pdf (zitiert als: WG Aufbau Dresden eG, Einziehen und Wohlfühlen)

Wohnungsgenossenschaft Aufbau Dresden eG: Hausordnung – Anlage 1 zum Mietvertrag, 01.07.2011, abrufbar im Internet: https://www.wgaufbau-dresden.de/documents/177D9E336AC.pdf (zitiert als: Hausordnung der „WG Aufbau Dresden eG“)

Wolff, Reinmar: Der drittbestimmte Verein: Satzungsrechte Dritter zwischen Vereinigungsfreiheit und Vereinsautonomie, 2006, Berlin (zitiert als: *Wolff*, Der drittbestimmte Verein)

Wüst, Thomas: Urbanität: Ein Mythos und sein Potential, Erstaufl. 2004, Wiesbaden

Zech, Herbert: Die „Befugnisse des Eigentümers“ nach § 903 Satz 1 BGB – Rivalität als Kriterium für eine Begrenzung der Eigentumswirkungen, AcP, 219, 2019, 488–592

Stichwortverzeichnis

Tim Wistokat

Verbraucherschutz im Immobilienmaklerrecht

Der Widerruf des Maklervertrages im Zeitalter der Digitalisierung

Die Digitalisierung des Maklergeschäfts hat dazu geführt, dass der Abschluss eines Maklervertrages zwischen dem Maklerkunden und dem Makler regelmäßig online im Internet zustande kommt. Der Makler ist dann verpflichtet, seinen Kunden über das Verbraucherwiderrufsrecht zu belehren. Sofern dies nicht ordnungsgemäß geschieht, ist der Maklervertrag innerhalb einer Frist von einem Jahr und 14 Tagen widerrufbar. Macht der Maklerkunde davon Gebrauch, ist er auch dann nicht zur Zahlung der Maklerprovision verpflichtet, wenn er die Früchte der Maklerleistung nutzt und den notariellen Kaufvertrag schließt. Vor diesem Hintergrund beschäftigt sich die Arbeit mit weiteren zahlreichen praktischen Problemstellungen, die aus dem Abschluss eines Online-Maklervertrages resultieren und plädiert, insbesondere vor dem Hintergrund der rein erfolgsabhängigen Vergütung des Maklers, auf eine Abkehr von der Pflicht zur Belehrung über das Widerrufsrecht bei Abschluss des Maklervertrages.

Schriften zum Bürgerlichen Recht, Band 570
284 Seiten, 2024
ISBN 978-3-428-19021-8, geb., € 79,90
Titel auch als E-Book erhältlich.